The Racket

A Rogue Reporter vs The Masters of The Universe

这个经济杀手绝对冷

著名西方记者关于美国精英勒索全世界的调查实录

〔英〕马特·肯纳德（Matt Kennard）◎著

何卫宁 ◎译

SPM
南方出版传媒
广东人民出版社
·广州·

图书在版编目（CIP）数据

这个经济杀手绝对冷：著名西方记者关于美国精英勒索全世界的调查实录 / (英)
马特·肯纳德著；何卫宁译. —广州：广东人民出版社, 2017.2
　　ISBN 978-7-218-11460-6

　　Ⅰ.①这… Ⅱ.①马… ②何… Ⅲ.①霸权主义－研究－美国 Ⅳ.①D771.20

　　中国版本图书馆CIP数据核字(2016)第305141号

Zhege Jingji Shashou Jueduileng

这个经济杀手绝对冷

[英] 马特·肯纳德 著　何卫宁 译　　　　　　　　　　版权所有　翻印必究

出 版 人：肖风华

策　　划：中资海派
执行策划：黄　河　桂　林
责任编辑：古海阳　张　静　郑　婷
特约编辑：王　影　赵振奎　梁桂芳
版式设计：王　雪
封面设计：仙境书品(请关注微信公众号)

出版发行：广东人民出版社
地　　址：广州市大沙头四马路10号（邮政编码：510102）
电　　话：（020）83798714（总编室）
传　　真：（020）83780199
网　　址：http：//www.gdpph.com
印　　刷：深圳市彩美印刷有限公司
开　　本：787mm×1092mm　1/16
印　　张：23.5　字　　数：303千
版　　次：2017年2月第1版　2017年2月第1次印刷
定　　价：52.00元

如发现印装质量问题，影响阅读，请与出版社（020-83795749）联系调换。
售书热线：（020）83795240

To all my friends in China —
This book is the story of a
superpower using its position
to exploit and oppress.
But it's not inevitable.
How the next superpower behaves
is largely contingent on you,
the Chinese people, and the
pressures you exert.
I'm hopeful and optimistic that
you will create a just and more
fair world for us all.
In solidarity, Matt K

致我所有在中国的朋友：

本书讲述了一个超级大国利用其地位进行剥削和压迫的故事。

但这并不是无法避免的。

这个超级大国的下一个动作，很大程度上取决于你们，中国民众，以及你们施加的压力。

我希望并乐观地认为，你们将为我们所有人创造一个正义而且更加公平的世界。

你们坚定的朋友
马特·肯纳德

朱利安·阿桑奇　维基解密主编、创始人

　　《这个经济杀手绝对冷》一书拨开重重迷雾，向我们描述了美国如何在 70 年的时间里，编织出一张错综复杂的全球经济控制网络，而战争与暴力是美国最后的选择手段。在这个过程中，财富与资源被源源不断地从贫困地区掠夺到美国富人手中。

艾弗拉姆·诺姆·乔姆斯基　《霸权还是生存：美国对全球统治的追求》（ *Hegemony or Survival: America's Quest for Global Dominance* ）作者

　　肯纳德通过生动与翔实的细节揭示了生活的现实，他告诉我们世界上绝大多数人口正在经历的斗争，以及他们的失败、胜利、痛苦、生命力和希望。

迈克·戴维斯　《布满贫民窟的星球》（ *The Planet of Slums* ）和《野蛮人颂歌》（ *In Praise of Barbarians* ）作者

　　肯纳德描绘了一幅"沉重历史"的绝妙画面，美国推行新自由主义以及对穷人发起的战争，其巨大的破坏力，如同龙卷风一样席卷了整个世界。

1

格雷格·帕拉斯 《钱能够买到的最好民主》（*The Best Democracy Money Can Buy*）作者

马特·肯纳德曾经供职于当权派的喉舌《金融时报》，但他最终放弃了这份既轻松又容易赚钱的职业，只为告诉人们一个秘密：你并不了解世界的真相，你看到的只是被美国粉饰过的表象。

欧文·琼斯 《小混混和体制》（*Chavs and The Establishment*）作者

《这个经济杀手绝对冷》是一次对强权、不公正以及掠夺穷人的战争的大曝光，它将激励我们所有人进行反击。

内奥米·克莱因 《这改变了一切》（*This Changes Everything*）和《休克学说》（*The Shock Doctrine*）作者

在这本重要的著作当中，肯纳德揭露了全球资本主义对地球上某些最落后地区的巨大冲击。他用犀利的观点和语言，展示了美国对海地的"休克疗法"，对洪都拉斯的禁毒战争，以及对非洲南部矿产资源的掠夺等内幕。最重要的是，他从未忽视数量不断增长的反抗者，包括他们展现出来的艺术创造力和民族自决力。

艾丽丝·沃克 普利策奖得主，《紫颜色》（*The Color Purple*）作者

《这个经济杀手绝对冷》是加强自我修养的强大武器：对于全球化、精英主义、剥削压迫、唯利是图的政府和国际组织等问题，本书为读者提供了至关重要的信息。

苏珊·乔治 《卢加诺报告》（*The Lugano Report*）作者

《这个经济杀手绝对冷》态度坚决，直言不讳，行文间可以感受到愤怒的气息；作者以深入的调查为基础，内容引人入胜；既有乔姆

斯基学派那样严谨的风范，又有记者的灵活性，其中有大量的现场采访。无论是讨论地理问题还是时事问题，肯纳德涉及的范围都非常广，但其目标只有一个，即揭示美国大企业和政治精英在国内外的所作所为，对于那些阿谀奉承的媒体不愿意报道的领域，本书都会将其暴露于天下。

安东尼·勒文施泰因　《卫报》专栏作家，《末日的利润》（*Profits of Doom*）作者

　　这本让人振聋发聩的作品由前《卫报》记者马特·肯纳德所著，他揭示了企业与媒体真实的掠夺历程，为读者开启了美帝在全球的疯狂之旅。从巴勒斯坦到玻利维亚，从美国到南非，马特·肯纳德描绘了一幅由畸形经济、国家暴力和奋起抵抗组成的画面。读一读这本书吧，你会受到惊吓，然后采取行动。

迈克尔·帕伦蒂　《帝国主义代表》（*The Face of Imperialism*）作者

　　马特·肯纳德揭示了全球帝国主义中的残酷犯罪动态。他的分析基于丰富的调查，条理清晰，切中要害。希望这本货真价实的书能够得到更多读者的青睐。

纳瓦勒·萨达维　《冰点女人》（*Woman at Point Zero*）作者

　　马特·肯纳德能写下这本如此残酷而又真实的书，我要向他送上我的祝贺。我们需要更多像肯纳德这样的作家。

沃尔登·贝洛　菲律宾共和国众议院成员，《资本主义的最后一战》（*Capitalism's Last Stand*）作者

　　从海地到突尼斯，马特·肯纳德深入调查了每个地方的剥削以及

反抗，并以此为基础，对世界上最大的犯罪集团进行了结构化和动态性的分析，实属新闻界难得一见的杰作。

高文·麦克费登 英国调查新闻中心主任

《这个经济杀手绝对冷》通过揭露惊天的腐败、暴政、贫困、劫掠、大屠杀，带领我们进行了一次叹为观止的政治之旅，最终以对美国和英国的艺术审查收尾。马特·肯纳德让帝国主义粮仓中的蛀虫原形毕露。

约翰·珀金斯 著名经济顾问，《一个经济杀手的自白》作者

马特·肯纳德揭露了美国新自由主义政策的失败，在美国的外交政策陷入无底深渊之际，阐述了中国作为一颗新星冉冉升起的原因。

目 录

THE RACKET

A ROGUE REPORTER VS
THE MASTERS OF
THE UNIVERSE

I

　　我的兵役生涯长达 33 年零 4 个月，而这其中的大部分时间我都在为大企业以及华尔街的银行家做高级打手。简单地说，我是一个勒索者，我在为资本主义做强盗。1914 年，在墨西哥，具体说是在坦皮科，我为美国的石油利益争取到更安全可靠的环境。我把海地和古巴变成了供美国国家城市银行那帮家伙敛财的绝佳之地。为了华尔街大鳄的利益，我劫掠了五六个中美洲共和国。1902 年至 1912 年间，我为布朗兄弟国际银行对尼加拉瓜共和国进行了大清洗。1916 年，我为美国制糖业的利益摆平了多米尼加。1903 年，我为美国果蔬企业摆平了洪都拉斯。1927 年，我帮助标准石油公司在中国畅通无阻地开展业务。回顾往事，我或许还给芝加哥黑帮头目阿尔·卡彭提过几个好建议，他手下的匪徒顶多只能在 3 个街区活动，而我的活动范围却遍布了 3 个大洲。

　　　　——摘自斯梅德利·巴特勒少将 ①发表于 1933 年的一次演讲

---

① 斯梅德利·巴特勒少将是美国海军陆战队历史上获得勋章最多的将领。

1

世界并不美好，但我愿意为它奋斗

金融危机爆发后不久，当那场所谓的"反恐战争"正处于高潮阶段的时候，我成为《金融时报》的一名记者。作为一个雄心勃勃的年轻记者，我打算在这个世界上最受人尊敬的报社，向全球老百姓揭露一切真相。但不久之后，我就发现这里并非说真话的地方。也许我早该料到会如此。尤其是在 2011 年 9 月 11 日纽约和华盛顿遭受恐怖袭击之后，我对此更是深有体会。在战鼓雷鸣的 2003 年，虽然美英两国都气势汹汹意欲剑指萨达姆·侯赛因，但在 20 世纪 80 年代这两国都曾支持过他。萨达姆几年前还是我们的密友，如今却被描述成再世的魔鬼。

不久之后，我更看到美国政府面不改色地篡改情报，哄骗美国公民去支持一场非法的战争。我当时甚是天真，以为在《金融时报》工作能让我了解更多真相。从某种意义上讲，我也没错，因为我确实了解了一些他们不想让我知道的真相。但也是在这个阶段，我看到了战争工业的另一方面：金融寡头的世界。我们所看到的战争，可不是糊里糊涂的统治者们搞的形象工程，而是全球精英对世界人民发动的漫长战争的最新阶段，他们的唯一目的就是敛财。我近距离地看到了真正统治这个世界的人，他们不是政客，而是政客背后的金主，他们操纵着世界上所发生的一切。在他们创办的宣传机构中，我的职位很关键，但是他们放松了对我的警惕。

此后几年，我亲眼目睹了美国强大的宣传体系是如何掩盖其勒索行径的。在一番尝试之后，我才发现，一个体制内的人根本无法与他们对抗。

在担任《金融时报》常驻华盛顿和纽约记者的那段时间，我频繁地旅行，采访报道的足迹遍及四大洲十几个国家。我所看到的一切，都与我从前理解的不同。但我只能违心地工作，因为我深知，作为一名记者，我去曝光这些社会矛盾并非明智之举，因为我的职业生涯很可能会被立即毁掉，这也是大多数记者保持缄默的原因。胆敢反对那些勒索者的人，都会被视为在反对美国、反对自由、支持恐怖分子。

在我工作过的支持勒索者的西方媒体里，这类意识形态的"教育"极为有效（其实就是把独立思考的人赶走）。事实上，我在哥伦比亚大学新闻学院进修硕士学位时，就被灌输了这种此前我从未听说过的、令人大开眼界的"哲学"。显然，他们在洗脑方面的功力简直是独步全球；在他们的教育下，我和其他美国精英分子一样，成了那些勒索者及其谎言的奴隶。在这个体系中，我了解得越多，就越想揭穿那些谎言。离开《金融时报》那天，我的老板讥讽道："去吧，去做你'拯救世界'的工作吧。或许等你年纪大一点之后，你会回来的。"我离开了，但绝对不会再回去。

👉 被掩盖的真相

第二次世界大战（以下简称"二战"）后，美国成为世界上的超级强国。长达6年的破坏性战争，使西欧和苏联成为废墟，此前统治世界的帝国体系分崩离析。1929年，华尔街股市崩溃，引发经济大萧条，美国的经济和"一战"以来处心积虑获得的世界头号强国都遭到严重影响。然而，美国却在不久之后奇迹般地从这场大萧条中恢复过来。1945年，美国借着大发战争财使得经济得以恢复实力，此后美国的注意力便转移到为精英们扩展生意上，所以说勒索者在"二战"结束时就出现了。

哈佛大学的演化心理学家史蒂芬·平克说，权力会腐蚀人们的道德观和正义感，"独霸、公平、共有是三种极为不同的社会关系思维模式。有权的人不会公平地对待他人"。美国的精英是商业寡头，他们以及盟国的动机是独占资源。有权的人都知道这一点，但他们却对人民大众撒了谎。当然，我们早就应该去戳穿这种虚假宣传，自古以来拥有超级权力的人，包括皇帝以及有钱有势者，都乐意把自己的举动神化，利用人民的善意来追求罪恶的事业。克奈里乌斯·塔西佗[1] 在罗马帝国处于顶峰时曾有过一番最好的说明，他写道："罗马人把一块土地变成了沙漠，然后称之为和平。"美国人从小就被灌输神话，这种意识形态的训练甚至扩展到国外，他们把自己美化成世界奇迹，因为美国与从前的超级大国不同，美国声称自己是一个"讲道理"的大国，秉持美好的原则和价值观，绝对不会强行支配他人或攫取他人的利益，声称美国是"正义满满"的世界警察。我们被灌输了这种观念：

---

[1] 普布里乌斯·克奈里乌斯·塔西佗，罗马帝国的执政官、雄辩家、元老院元老，也是著名的历史学家与文体家，最主要的著作是《历史》和《编年史》。

美国并没有侵略他国，它只是在从事"更加高尚的事业"而已，美国是"令人仰慕的圣城"。但只要你深刻地观察这个世界，你就会发现这都是谎言。但要清醒地观察世界很困难，因此美国的神话才得以延续。我会展示我的调查和研究结果，并让你清楚：美国的和平就是恐怖，美国的合作就是统治，美国的稳定就是让所有人都畏惧它。

真相就是这么简单。

☞ 美国：控制一切

在《金融时报》从业记者数年后，我才认清楚几件事。我意识到我与那些勒索者不同：既不同于美国国际开发署的工作人员，也不同于国际货币基金组织的经济学家。在得知他们是如何巧取豪夺的内幕后，我深感他们就是大骗子。他们声称自己的使命高尚，他们为自己在全球进行掠夺的行为都披上"发展"和"进步"的外衣，凡是能帮助他们掩饰罪恶行径的理论，都统统加以利用。我采访过美国驻玻利维亚大使、驻海地大使以及许多其他政府官员，在他们身上，我看到的是盲从，他们由衷地相信美国神话。当然，他们也会因此而获得丰厚的报酬。为了能够攫取到想要的东西，勒索者在西方豢养了大批知识分子，后者存在的唯一价值就是让美国公众和盟友接受勒索者的盗窃行为和野蛮本性。这种思想导向深深地根植于传媒体系和大学体系之中，根本难以动摇。

我记得我曾为《金融时报》撰写过一篇文章，其中提到美国为埃及独裁者穆巴拉克提供 10 亿美元的援助物资。后来，编辑毫不迟疑地把"美国捐助的"这几个字删除了。而我在另一篇文章中提及"伊朗支持的"黎巴嫩真主党武装力量，则顺利通过了。

这一事例可以说明思想是如何被控制的，要想在这种体制里生存需要披上什么样的道德外衣。权力已经彻底地腐蚀了某些知识分子的思想。

厄瓜多尔总统拉斐尔·科雷亚决定关闭美国在厄瓜多尔境内的曼塔军事基地，他对美国说，只要美国人允许厄瓜多尔在迈阿密建立军事基地，他就允许美国继续使用在厄瓜多尔的军事基地。对华盛顿及其走狗来说，这番话简直是荒谬至极：美国破坏其他国家的主权，在全球拥有数百个军事基地是天经地义的事情。这是典型的帝国主义思维模式，而美国精英都深受这种思维的感染。

读完这本书，你会发现一件事：巧取豪夺的行径每天都在世界各地上演。例如，我在玻利维亚看到美国的"援助机构"和美国民主基金会肆意组织推翻政府的活动。我还看到，它们组织政变的方法在厄瓜多尔、委内瑞拉、巴西等南美洲国家以及世界其他地方被重复利用。这些巧取豪夺的活动，参与者的身份可能不一样，但操控手法却如出一辙。这些参与者都是压迫者，是替"美国时代"进行勒索的人，他们的手法是如此聪明和隐蔽。这些勒索者均为几个机构服务，而这些机构的唯一目的就是剥夺他人的权利，破坏其他国家的主权，加强寡头们对世界的控制。无论这些机构里的工作人员是善或恶，是好或坏，是理智健全或精神错乱，都无法掩盖这些机构在破坏他国主权的事实。

此外，本书后面还会揭露他们更加险恶的企图：控制全球。借助巧取豪夺，除了美国精英获得了统治权之外，美国的企业也获得了成功，这使得"美国文化"开始走上台面，并开辟出一种被称为"软实力"的新发展方向。不过，你会看到，掠夺者其实很害怕艺术创新。因为在文化与艺术中存在一种潜在的力量，不仅可以揭露勒索者的真实面目，还能帮助人们驱逐他们。正是因为这个原因，那些勒索者才竭尽全力地想控制艺术与文化：美国中情局自冷战以来就进行价值观与文化输出，他们在这个方面的资助在未来肯定会继续下去。

☞ 撕下虚伪的面具

勒索者的数量远多于美国精英，你也许会认为这是资本主义制度造成的。是的，世界上有许多像世界银行这样的机构，它们在很大程度上代表了全球的资产阶级。然而，美国是资本主义体系中的决定性力量，美国军队是世界警察。美国巧取豪夺的手段很高明，他们建立起的机构假装施惠全球，暗地里却进行野蛮的掠夺，他们在世界各地使用这种手段的历史由来已久。例如，2009 年，我目睹他们推翻了洪都拉斯的民选总统，以打造他们的商业圈和政治傀儡。正如我说过的那样，该事件与美国在 1954 年协助推翻危地马拉的民选总统哈科沃·阿本斯，以及 1973 年推翻智利的萨尔瓦多·阿连德的性质一致。此后，危地马拉和智利人民深陷苦境长达数十年之久。凡是属于帝国统治阶层的掠夺者，都需要这种巧取豪夺的本领，因为帝国不仅需要为其产品寻找更大的市场空间，还需要有彻底愚弄世界人民的手段。

美国的精英不仅掠夺了世界其他国家人民的大笔财富，而且连美国百姓也不能幸免。20 世纪 70 年代后，这帮白领歹徒竟然对美国人民发动战争，而且赢得了胜利，他们所用的手段极其阴险和反动，他们向美国人民输出披着"自由市场"外衣的错误的意识形态，虽然这个过程进展缓慢，但最终竟然获得了成功，这就是"美国骗局"。一个超级大盗一手操纵的巨大骗局。从这个角度看，勒索者的受害人，不仅存在于太子港和巴格达，在芝加哥和纽约也能见到他们的身影。那些在国外制造神话的人，在美国国内也建立起一个类似的意识形态体系，以便使他们在国内的巧取豪夺行径合法化，使最富裕的人得以从最贫困的百姓中夺取财富。海地的穷苦工人与美国黑人住宅区中的穷人，其处境非常相似，但海地的精英却与美国的精英相去甚远。当然，美国的勒索者们必须掩盖这一点。

在现实中，美国政府所采取的行动，常常对本国最贫困人口的利益造成巨大损害。北美自由贸易区就是一个例子。1994年1月，北美自由贸易区正式成立，这为美国攫取商业利益创造了极好的机会，因为市场开放了，美国的投资和出口开始蒸蒸日上。但与此同时，成千上万的美国工人却失去了工作，他们被劳动成本更低的墨西哥工人所取代，而后者也随时面临着被更廉价的劳动力所代替。

只能得出一个结论：全世界都被秘密地掌控在一群商业精英手中。这帮巧取豪夺者把经济利益看得比美国工人的安全更重要。在2003年伊拉克战争期间，五角大楼和英国的"情报"圈不想进军伊拉克，他们觉得这样只会助长恐怖主义威胁。然而，那些勒索者认为，牢牢地控制该地区庞大的石油储存，竟然比降低美国人民的生命威胁更重要。所以说，对那些被迫屈服于美国的贫穷国家而言，这些勒索者就是灾难，对大多数美国人民来说也是如此。可以归结为一句话：美国精英只追逐自身利益，而非为人民服务。

也许你并不清楚美国统治的范围有多大，也许你会怀疑这本书能否提供铁证，来证明美国存在着那些罪恶行径。有些读者已经知道美国外交政策带来的危害，这种认知来源于勒索者对美国的穷人和工人发动的战争。实际上，美国发动的国内战争与国外战争一样残忍。勒索者们建立起一座意识形态的大厦，把对国内外工人发动的战争说成是利他主义的行为。我们必须动摇这座大厦的根基，正如哈罗德·品特①在获得诺贝尔奖的讲演中谈到美国时说的那样，"什么事都没发生过。即使真的发生过，也像没发生过一样。但这无关紧要，因为没有人对此感兴趣"。他继续说道："美国的犯罪行为是系统性的，是持续不断、充满恶意、冷酷无情的，但人们却很少谈及。你必须把实情告诉美国的老百姓。全球的权力体系都被这帮精英勒索者所操纵，他们伪称是在普度众生。这是充满智慧并且取得高度成功的催眠术。"

美国的媒体让你相信根本没有所谓的勒索行径，他们告诉你：在你生活的世界里，虽然全球一半的财富掌握在仅仅85个人手中，每年饿死的孩子比纳粹屠杀的儿童还要多②，但这一切都是偶然的。但是，我现在要告诉你，这一切都不是偶然的，而只不过是极度不公平的结果，是一大群歹徒操纵的结果。为了拯救人类和我们的星球，必须揭穿这个催眠术，让人民看到勒索者的真实面目。

现在，终于到了撕下勒索者的伪善面具，让人们看清谁是勒索者的时候了。

---

① 哈罗德·品特，英国剧作家、导演，2005 年诺贝尔文学奖的获得者。
② 纳粹在欧洲屠杀了超过 150 万名儿童。据估计，目前全世界每年饿死的儿童有 310 万人。

第一部分
勒索全世界
美国控制世界的手段

这是一个勒索者横行霸道的世界，这是一场资本的盛宴。在这里你会明白，被美国长期干预的海地为何变为人间地狱，阿根廷又是如何从一个"模范国家"走向破产悲剧，美国的忠实追随者哥伦比亚为何倒在血泊之中……

那些耳熟能详的名词，诸如"经济结构调整""自由贸易""外国投资""对外支援""可持续发展""企业社会责任"，你是否想过他们都是精英阶层勒索全世界的谎言和手段？国际货币基金组织和世界银行竟然都是美国的帮凶？而中国的崛起，为这个世界带来了何种改变？

第❶章

奴隶国家
一个国家的沦陷

◎ 震后余生的太子港

在地震摧毁太子港这座城市 18 个月之后，我站在总统府的外面呆呆地望着。这时，有一个人走过来，向我出售他的绘画作品。"你对那片废墟怎么看？"他指着我身后坍塌的总统府问道。我告诉他我的真实想法：面对眼前的残垣断壁，我找不到合适的词汇来形容。后来，这个人才微笑着告诉我他的名字叫查尔斯·雷诺丁。"把我们的生活状况告诉世界，"他请求说，"让别人知道这里的情况。"他停顿了一下，接着说道："我住在那边。"他指着路对面，在总统府废墟的对面有一大片帐篷，帐篷群中点缀着许多旗帜，有美国的，有比尔·盖茨的，有卡洛斯·斯利姆①的，这些旗帜都在不知羞耻地吸引着人们的眼球。"在这场地震中，我失去了爸爸、妈妈、女儿，我不得不移居到这个帐篷营中，但是我不喜欢这儿，因为这里到处是腐败，歹徒们无法无天，女孩子靠出卖肉体换取食物。"他对我说。"那些小女孩，"他又特别强调说，"是那些只有八九岁的小女孩，她们天天被强奸，但警察不管，这个国家的法律已经荡然无存。"他告诉我，

---

① 卡洛斯·斯利姆·埃卢，黎巴嫩裔墨西哥商人，出生于墨西哥城。他是墨西哥电信的最大股东，亦是墨西哥美洲电信的首席执行官，并持有墨西哥卡尔索集团，商业网络遍及世界各地，世界顶级富豪之一。

人们把我们身后的总统府称为"罪恶的宫殿"。"宫殿里充满了腐败，里面的人根本不关心人民疾苦，只想着如何捞钱，他们把赚到的钱全部据为己有。"雷诺丁正在等待政府为他分配一套房子，以便离开帐篷营，但他认为近期这个愿望不可能实现，因为"政府没有规划"。女性在帐篷营中的生存境况更为堪忧："她们没有工作，只能出卖肉体换取食物，唯一能赚钱的工作就是卖淫。男人们只能去偷窃，因为他们别无选择。"

像大多数海地人一样，雷诺丁对数千个在这个国家活动的非政府组织抱有极高的期待。"有些非政府组织能够提供帮助，有些只是为了赚钱。他们乐于看到我们生活在当前的状况下，因为这能让他们赚到更多的钱。"这种观点很难让人赞同，但全球的"救援业"确实是一笔大买卖。美国对一些弱小国家的影响越大，这些国家人民的呼救之声就越高，这个关联性确实经常存在。"地震后，他们应该为我们提供水和食物，但如今这一切都停止了。这个帐篷营地不供水，人们要到 6 英里外的地方去取水。这是犯罪率升高的一个重要原因。"他越说越生气，"一切都变得让人疯狂，我们像畜生一样生活。这里没有正常的生活，所有人都没有工作。"

有证据表明，在过去的 100 年里，美国对海地的干预是最多的，所以遇到眼前这样的状况并非偶然。正如格雷厄姆·格林在《喜剧演员》（*The Comedians*）这本书中所描写的，麦古特博士对美国人史密斯夫人说道："在西半球，在海地和其他地方，我们生活在你们这种霸权国家的阴影下，我们需要极大的耐心和勇气，才能保持冷静。"

第二天，我驱车沿着一条尘土飞扬、颠簸崎岖的道路前往太子港中部的一个地方，在那里我看到了一扇金属大门，里面是一家名为E-power 的发电厂，这里与城市中的其他地方截然不同。虽然地震已经过去了一年半，但城市中的大部分地区仍然是一片废墟。然而，这

3

里不仅有锃亮的钢板门，还有完好的柏油路。我这次是受《金融时报》的指派而来，世界银行派了一辆越野车护送我。这辆车的司机似乎因为有任务在身的缘故，所以丝毫不关心我们车窗外呼啸而过的巨大帐篷城市。就在这时，他们向我描绘了一个美好的愿景：如果首都每天晚上都断电，那么国际金融机构在海地运作的发电厂就应该推动当地的"改革"，我们不仅要削弱海地国营发电厂的实力，还要靠发电来赚钱。那个给我带路的世界银行的向导顽固地认为，只有这样才能让海地摆脱过去和现在的悲剧。

不久之后，我就发现这家发电厂是几个风险投资家在 2004 年建立的，他们因为看到社会民主党总统让·贝特朗·阿里斯蒂德①下台而感到异常兴奋。按照他们的说法，建立发电厂的目的是"为海地的供电问题提供一个解决方案"。果然，到了 2006 年，美国支持的勒内·普雷瓦尔②上台后，为了解决太子港的供电问题，政府向外界进行了公开招标。总共有 7 家公司投标，最后 E-power 发电厂胜出。

对于许多海地的商业精英来说，这样的经济自由化是海地在 2010 年遭受毁灭性地震之后的新发展模式。"可以好好利用一下地震造成的创伤。"E-power 的总监皮埃尔·玛丽·波松对我说，当时我俩站在厂区里位置最高的一间装有空调的办公室里。

"地震后有一些政治方面的事情需要处理，这占用了我们一些时间。"他接着说道："地震应该是个机会，因为地震破坏了一切。哪个地方被破坏了，我们就去那里搞建设。只要搞建设，我们就能创造工作机会，能创造许多变化，因此我们能改变一个国家。"但是，波

---

① 让·贝特朗·阿里斯蒂德，1990 年 12 月当选为海地总统，执政 8 个月后被军事政变推翻，流亡美国。1994 年回国复任总统。1996 年 2 月 7 日任满卸职。2000 年 11 月再次当选为海地总统。2004 年 2 月海地发生武装叛乱，阿里斯蒂德被迫离职，流亡南非。2011 年回国，表示日后将不再参与政治。
② 勒内·普雷瓦尔，1995 年 12 月高票当选海地 41 届总统，1996 年 2 月 7 日就职。2001 年任满后，远离海地政坛。2006 年 2 月再次当选总统并于 5 月 14 日就职，2011 年卸任。

松讥讽当前的工作进展太过缓慢，没能充分地"利用"地震提供的"机会"。但我认为他的这种说法并不十分准确。海地遭到破坏性地震后，立即出现了资本介入重建的机会。太子港的地震尘埃尚未落定，世界银行、国际货币基金组织、美国代理人就瓜分了海地社会，它们都捞到了各自的好处。泛美开发银行获得了教育和自来水产业。世界银行取得了能源产业。美国国际开发署心怀感激地接受了策划新工业区的任务，这个机构后面我们还要谈到。世界银行驻海地特使亚历山大·阿布兰特什告诉了我真实情况："我们根据各自的竞争优势，把海地划分为几块，但有些领域需要我们共同来应对。"

海地的国有资产被大规模地私有化，海地变成了一个加勒比海地区的血汗工厂，即一个靠廉价劳动力支撑的服装出口基地。美国和国际金融机构自 20 世纪 90 年代中期就开始推行这项运动，并一直持续到了 21 世纪初，如今终于有可能实现了。海地人民死伤惨重，政府国库空虚，推行私有化不会遇到什么阻力。海地所有的外国机构，特别是美国的机构，都持有这种看法。"我们达成很多共识，所以我要说，这个项目有一个不寻常的积极特点，那就是合作共赢。"

美国国务院负责海地事务的官员吉恩·路易斯·旺霍兹在我回到纽约后对我说（旺霍兹要求匿名采访，但深受其害的海地人有权知道谁是搞破坏的元凶）。海地将成为世界银行和国际货币基金组织推销展示会上的明星。这种"合作共赢"模式（海地人民一点份儿都没有）坚信，在恢复海地重建家园的能力时，当地政府不需要扮演任何角色。而解决海地人问题的方案是建立繁荣的私营经济。"这次努力与从前不同，就是要发展私营经济，这肯定能带来变化。我认为大家对此有共识。"

泛美开发银行负责海地的经理奥古斯丁·阿盖尔对我说。这家银行在 2010 年投入了 1.77 亿美元推行这项运动，这在众多国际机构中投入是最多的。[①] "私营经济能带来巨大的变化，它能创造财富，并提供工作机会，而国营经济做不到。"他补充说，这个国家似乎除了发展私营经济之外，别无选择。

2011年，米歇尔·马尔泰利[②]当选总统，发展私营经济的"共识"大行其道：国际金融机构和美国不仅获得"休克事件"（地震），而且还"休克"了海地的总统。当时，阿里斯蒂德总统（他分别在1991年，1993～1994年、1994～1996年、2001～2004年担任过总统）仍然是海地最受欢迎的政治家，但被禁止再次担任总统。

在马尔泰利身上，美国政府看到了"货币主义经济学家"[③]的影子，这种人非常愿意推行美国提供的经济方案（芝加哥大学的一群经济学家曾帮助独裁者进行了早期的新自由主义经济改革）。在海地太子港，我与所有的大型商业团体和国际金融机构的人员交谈，我发现他们都满怀激情地支持这位总统。

E-power的总监皮埃尔·玛丽·波松对我说："马尔泰利说私人投资很重要，尤其是在选举中，他谈及要让私营企业提供公共服务，我听到之后很高兴。"当时的美国驻海地大使肯尼斯·默腾也对新总统的私有化计划感到兴奋。"过去数十年里，海地仅仅私有化了几个面粉厂，"他告诉我，"这儿就是缺少这个要素，你需要一个理解投资重要性的政府，我认为马尔泰利那班人马懂得这个道理。"经过漫长的等待，美国终于等来了像马尔泰利这样驯服的人。在此之前，美国虽然付出了数十年的努力，但海地仍然没有按照其主要资助者的期望行事。这让华盛顿感到越来越焦虑。

---

① 此处系世界银行向本书作者提供的细节。
② 米歇尔·马尔泰利，流行歌手，2010年7月，宣布参加海地总统选举，海地临时选举委员会2011年4月4日公布总统选举第二轮投票初步计票结果，米歇尔·马尔泰利以压倒性优势获胜，当选海地新一任总统。
③ 货币主义是20世纪50～60年代在美国出现的一个资产阶级经济学流派。以挑战凯恩斯主义的面貌出现。其领袖人物为美国芝加哥大学教授米尔顿·弗里德曼，主张实行单一规则的货币政策。

◎ 活在历史的漫长阴影中

1990 年，有 200 年历史的海地举行了首次民主选举。在此之后，美国希望能终结"老爸医生"和"娃娃医生"，即杜瓦利埃父子① 把持的腐败政权，因为他们把国家当作是自己的私人领地进行统治。实际上，他们正是在美国的支持下，才得以在海地实行了长达 40 年的独裁统治。民主选举之后，美国认为私人资本可以长驱直入了，符合霸权国家利益的经济模式从此可以在此生根发芽。但事情并未一帆风顺，因为那些要走美国道路的"改革者"，并没有完全按照美国的期望取得胜利。当时爆发了一场被称为"洪水"的大规模运动，社会民主党议员让·贝特朗·阿里斯蒂德在运动中获得了压倒性的胜利。在接下来的 20 年里，在美国的干预下，这位民选的总统两度被赶下台，海地人民的民主希望和梦想多次破灭。阿里斯蒂德成了美国的眼中钉，所以当他在 2001 年再次上台后，便默许世界银行、国际货币基金组织以及美国推进他们的计划。海地的民主选举历程已有 20 年，但经济"改革"却进展缓慢。这个国家必须有所改变：民主虽好，但必须有用才行。

就在这段时间里，阿里斯蒂德的前盟友勒内·普雷瓦尔似乎给美国人带来了希望，普雷瓦尔本人曾经在 2006 ~ 2011 年担任过总统。"从发展中国家的现实来看，我们称他是新自由主义派最合适不过，他特别支持自由市场和外国投资。"一份美国大使馆的外交电报这样写道。这份电报是 2007 年发出的，后来被维基解密曝光。

---

① 杜瓦利埃家族，1957 ~ 1986 年在海地实行独裁统治的家族。弗朗索瓦·杜瓦利埃于 1957 年当选为海地总统，1971 年，其年仅 19 岁的儿子让·克洛德·杜瓦利埃继任总统。在新旧交替期间，美国调动军舰赴两国之间的海域予以支持，多米尼加也按照美国的意旨采取了相应的措施。美国为杜氏父子的顺利交接提供了重要的外部条件。因为弗朗索瓦·杜瓦利埃曾为美国驻海地卫生代表团工作，因此被称为"PapaDoc"（老爸医生），民众称其儿子为"BabyDoc"（娃娃医生）。

但是，在那段时间里，美国真正寻找的海地领袖更倾向于像海地籍美国商人杜马斯·西缪斯这种人，他原是美国得克萨斯州的居民，在 2005 年的一份外交电报中他向美国保证："他将像管理生意一样管理海地。"这份电报还说："这位 65 岁的老人充满魅力和能量，他说他竞争海地的总统，不仅是为海地人民谋取利益，还会建立海地与美国之间的友好关系。"西缪斯明确了他将要做的事情："这位芝加哥大学的毕业生承诺把芝加哥大学的那一套经济理论带给海地，使海地走上变革的道路，并承诺给投资者带来回报。"这正是美国大使馆希望听到的话，西缪斯就是美国正在寻找的代理人。这份电报最后总结说，这位得克萨斯州的百万富翁是"潜在可行的候选者"，此人与阿里斯蒂德不同，不仅可以担负起统治的责任，而且他可能会很"高效"，这是暗指在满足"美国的利益方面"。此外，美国认为普雷瓦尔也是一位"负责任"的人。

但是从多个角度看，我们很难想象当时美国对海地统治者的恼怒情绪，因为美国觉得海地在廉价出售国有资产以及为外国资本提供便利等方面一直犹疑不决。从 20 世纪 90 年代中期到 21 世纪初，野心勃勃的"芝加哥经济学派"来到海地，他们已经成功打开了海地的经济大门，并让外国资本前来劫掠。海地人已经形成了对外国资本的崇拜。例如，根据维基解密披露的一份海地政府电报，在 1996 年之时，海地政府已经"建立起国有企业现代化立法，允许外国资本参与、管理、控股海地的国有企业"。不仅如此，一部在 2002 年 11 月形成的法律公开承认，"外国投资在保证经济增长中发挥了关键作用，所以海地的目标不仅是要协助外国投资，还要使之自由化，并给予支持"。这部法律给予外国投资者与海地公民同样的权利和保护。在 2002 年最初的几个月里，海地议会投票同意设立一个新的自由贸易区，为"区内"的外国企业提供财政和关税优惠，比如，免除外国企业 15 年的关税。

换句话说，在这个后阿里斯蒂德时期，海地政府已经看见了"光明"，并开始欣然接受美国为海地设计的发展蓝图。

然而，海地政府采取的措施似乎还不够。只有按照"芝加哥经济学派"说的那样做才能达到要求。根据另一份维基解密披露的电报，1996年海地成立了一个名为"现代化委员会"的机构，目的是研判诸如在合同管理、长期租赁、资本化等措施中，究竟哪种形式最适用于将要私有化的企业。这个委员会还有权决定海地政府在国有资产处理中所能取得的份额，并规定最高不得超过49%，这意味海地人民被剥夺了拥有自己工业的权利。

海地政府采取的新措施产生了立竿见影的效果。1998年，美国海岸公司和大陆谷物公司收购了海地70%的国有面粉厂。尽管这是一个"进步"，但2005年的一份外交电报仍然悲叹道，"有些投资仍然受到政府审批"，并补充说，"在电力、自来水、电信这几个行业里，仍然需要得到政府的批准。另外，在公共卫生领域的投资必须先获得公共卫生部和人口部门的批准"。这听上去都是主权国家的合理要求，但美国压根不想让海地成为一个主权国家。

就在布什总统和当地的寡头暗地里诱骗阿里斯蒂德出国后两年，即在2006年"新自由主义者"普雷瓦尔取得胜利之前，美国大使馆在一份外交照会中尴尬地说："自从水泥厂私有化之后，私有化的进程就停滞了，并被搁置起来。"接着又哀怨地补充说："与基础设施相关的主要企业都没有私有化，包括机场、海港、电话公司和电力公司。"这份文件继续说道："这些机构本应该在2002年前完成私有化。然而，由于持续的政治危机，前政府的强烈反对，人民政治意志的普遍缺乏，导致了海地的国有产业在私有化进程中出现了停滞。"之所以私有化进程没有像美国希望的那样顺利发展，这份外交照会还给出了貌似合理的解释："一些组织反对国有企业私有化，比如工会组织，他们反对私有化可能带来的裁员。"最后，他们感叹道，这些讨厌的海地人！

到了 2008 年，美国看到私有化进展得如此缓慢，而本地人又在拼命地反对，美国大使馆变得郁郁寡欢。"虽然私有化仍然是政府工作的重点……但我们越来越怀疑全盘私有化是否还会发生，"一份电报这样评论道，"已经没有时间了。"但美国政府态度依然坚定。"我们将继续大力提倡私有化和私营管理。"一份电报评论道。后来，主要的解决方法变为利用国际金融机构和国际货币基金组织去贿赂海地政府，这种做法被认为是私有化进程中进行"结构性调整"的备选措施之一。即使能够如此行事，但极少有人敢于明言揭穿。"（美国大使馆）再次建议……私有化是国际金融机构未来进行谈判的基本要求……需要与新政府谈判解决。"一份给华盛顿的电报这样评论道。

◎ 休克疗法：资本的盛宴

在西半球，贿赂是对付贫穷国家的有效方法，但也因肮脏不堪而被人诟病。海地毕竟还有一个议会，里面充满了民族主义人士，他们依然可以阻止美国的私有化计划，甚至是彻底地毁掉。就在美国为最后一击而琢磨应对策略的时候，一场大地震在 2010 年 1 月 12 日袭击了太子港及其周边地区，造成了人类历史上最严重的人道主义危机。在这场事故中，30 多万人死亡，数百万人无家可归。首都成为一片废墟，大部分政府部门的办公大楼连同总统府都被摧毁了。海地仅存的最后一点公民社会和政府机构被摧毁后，便彻底成为一个空白的国家。

美国及其在国家货币基金组织和世界银行内部的盟友丝毫没有浪费时间，因为这是他们自 20 世纪 90 年代开始推进激进的新自由主义计划以来遇到阻力最小的一次。私有化进程的阻力，包括三心二意的民族主义政客以及工人组织，此时全都消失了。由于海地的政府已经彻底瘫痪，因此美国和国际金融组织可以在海地推行"休克疗法"了，它们实际上已经接手并管理这个国家。在经济领域，"休克疗法"是一剂激进的药方，美国及其盟友在世界范围内都在使用，其基本要旨被概括在娜奥米·克莱恩写的同名书中。克莱恩强调说，在接受改革的国家中，改革措施经常在人民大众中很不受欢迎，所以大资本的代理人，比如世界银行或国际货币基金组织，需要等待这些国家出现重大危机，因为届时的人们再也无力反对改革措施。这就是海地当时的情况。

第一步是建立起一个决策系统，把权力从海地的民主权力机构中夺走。地震后，海地重建临时委员会（简称"IHRC"）成为该国最高权力决策机构便是最好的例证。在海地政府缺席的情况下，设立IHRC表面上是为了协调抗震救灾措施，并分配捐助款。这个委员会有 26 名成员，其中海地人只占 12 席，这样在投票时海地人便不能占多数（就如同海地人不允许控制本国的工业一样）。对这些海地成员来说，他们只是起着装饰门面的作用。2010 年 12 月，这几名海地成员给 IHRC 的主席，即美国前总统比尔·克林顿写了一封投诉信，抱怨他们被完全地排斥在 IHRC 的活动之外，因为他们没有时间去阅读、分析和梳理委员会所提交的项目，因此无法作出明智的回应。一名驻太子港的记者说："这 12 名成员认为他们的作用就是充当橡皮图章，正如海地人认为的那样，所有事务已经由 IHRC 的执行委员会提前作出了决定。"

但是这种印象正是美国和国际金融机构极力避免的。当美国官员和国际机构驻海地的负责人接受采访时，他们竭尽全力地解释他们是如何"为海地人努力工作"，而且宣称各项措施由"海地人主导"。美国及其代理人在全世界都是如此，他们擅长伪装自己，使人误以为他们的统治是出于受害者的请求。事实上，海地在重建过程中几乎没有本地人参与其中（商业精英除外），现在如此，未来也将会如此。2011 年 1 月，《华盛顿邮报》坦白地说："在美国领导的国际社会与海地人之间，权力分配极度不平衡。前者牢牢控制着海地的经济和政治大权，因此能决定一切。"这样的安排对美国私人经济的益处非常明显。

美联社做过一份调查，发现美国政府的重建项目资金每投入 100 美元，其中有 98.4 美元会流入美国企业囊中。重建的重点绝对不是重建海地本地经济；IHRC 把所有的工作都外包给外国企业和非政府组织（NGO），其用意就是让富裕的美国人继续赚钱。米歇尔·马尔泰利在 2011 年 5 月宣布就任总统，这位前流行歌手、野蛮的"杀人恶魔"民兵组织前成员（由"老爸医生"杜瓦利埃创建）花了两个月的时间才组建起政府，因为他的内阁成员提名不断地被议会否决。当他的政府在 2011 年 6 月开始执政的时候，地震已经过去了 18 个月，此时重建工作的协调机制早就建立起来了。马尔泰利的手脚被自称是服务于海地人民的国际金融机构给束缚起来了。实际上，根本不必去束缚马尔泰利的手脚，他自己心甘情愿做一个"休克"总统。

美国和国际金融机构希望"新海地"由三部分组成：高端旅游业、出口加工区以及因控制前国有资产而再次崛起的私人企业。这是巧取豪夺的标准剧本，实际上海地重建的模式借鉴了其他国家的经验。其中便有海地的邻居多米尼加共和国，私人资本早把这个共和国视为加勒比海上的绿洲。通过借鉴海地邻国的经验，美洲开发银行谋划出资 2 200 万美元在拉巴地①地区的一座 19 世纪的城堡附近打造一个高端旅游胜地。美洲开发银行的海地区经理阿尔梅达对我说，银行"可以为私人前来投资提供必要的手段"。他还补充说，"多米尼加共和国

① 拉巴地是一个位于海地共和国北部海岸的港口。

的一切都是私人的。无论是机场还是公路，甚至连住宅区内的道路也是私人的。所以，我们在（海地）也可以照此行事"。美洲开发银行挥下了瓜分海地的第一刀，它率先取得了道路基础设施方面的权利。

另一个可以充分把握的有利时机则是私有化进程的加速。世界银行用海地前国家电信运营商 Teleco 来举例说明，2009 年 Teleco 成为了私人银行的分支运营机构，而国际金融公司（IFC）在此进程中提供了部分支持（顺便提一下，IFC 是纳尔逊·洛克菲勒在 1951 年的智慧结晶）。世界银行在海地的负责人纳伊姆对我说，Teleco 的做法是海地政府在处理港口和机场方面的榜样。"（他们）真的可以使从前经营不善的资产脱胎换骨，"他说道，"政府最好集中精力关心社会问题"，然后把国有资产全部私有化。Teleco 目前正在 IFC 的监管下进行私有化。世界银行认为，在西半球最贫穷的国家进行私有化异常艰难，甚至相当于自杀。因此，在 2010 年 3 月，世界银行承诺资助海地 4.76 亿美元以推行私有化；此外，IFC 在海地私营经济中的直接投资额也达到了 4 900 万美元。

当 Teleco 正在进行私有化的时候，美洲开发银行已经为国家自来水公司和卫生部门制定了私有化计划，这两个部门是美洲开发银行最初的战利品。不久之后，这家银行便把自来水公司的业务分包给了西班牙大型公司巴塞隆纳水公司，后者获得了一份为期 3 年、涉及金额达数百万美元的合同，其中包括对工人进行培训和救助。"许多外企正在控制小城市的供水系统！"美洲开发银行的阿盖尔先生激动地对我说。这种人类赖以生存的必需品，如今却成为投机赚钱的机会。"我们看到在此之前，许多地方的人们不缴水费，如今他们要逐渐缴费了。"他补充说。来自巴塞隆纳水公司的专家，不仅主导了投资海地自来水领域的研究工作，还控制着为建设新管道和升级系统装备而招投标的过程。

在教育方面，美洲开发银行的计划与上面的所作所为并无二致。得益于数十年来新自由主义政策的推行，在教育领域，私企的作用比海地教育部门的作用还要大，以至于在地震前80%的教育服务不是由海地国家提供的（主要是由国际机构或私人企业提供）。结果海地只有一半适龄儿童能接受教育。对美洲开发银行而言，这并不能证明私人企业是多么愚蠢荒唐。恰恰相反，他们认为这是因为教育领域的私有化程度还远远不够导致的。"想到你能扭转这种状况，简直是太有雄心壮志了。"阿盖尔先生说。美洲开发银行决定启用一种证书认证系统，以便让政府能够对教育领域实现某种程度上的"质量控制"，但这意味着整个教育系统完全被私人所操纵。为了实现适龄儿童全部入学的目标，美洲开发银行计划建立一种由公共基金支持、私人企业运作的教育系统。根据附属细则的要求，海地政府每年要为此公共基金提供7亿美元的财政支持，这是当下政府教育资金支出的7倍。由于海地政府已经没有收入来源（全都被地震破坏了），这意味着所有海地儿童都能入学的愿望注定落空（甚至连愿望都算不上）。

美洲开发银行承诺旨在3年内提供5亿美元的资金支持，但是当这笔钱用光后，超过半数的海地儿童仍然会被排除在学校的大门之外。美洲开发银行找借口说，私营企业会帮助这些懒惰的孩子，并声称要利用这些孩子来勒索好莱坞明星。"许多演员私下里向我们捐款，"阿盖尔先生说，"半个好莱坞都对此感兴趣。每个人都想办一所以自己的名字命名的学校。"顺便说一下，马尔泰利已经批准了那个证书认证系统和资助私人学校的计划，他希望藉此重建海地的教育系统。

在完成了对电信、自来水、教育等领域的私有化后，国际金融机构和美国开始关注拼图板上的最后一块区域，那就是"新工业园"或"综合工业区"。他们宣称这些工业园区能保证海地的经济增长，并使海地人民从此富裕起来。然而，在地震发生两年之后，仍然有50

万海地人生活在太子港附近的临时安置房中，有800万人没有电力供应。街道上聚集着大量的人群，这是在提醒人们这里的失业率高达70%。"我们需要现实一些，在卡特里娜号飓风① 袭击新奥尔良之后5年，重建工作仍然在进行之中。'9·11'事件之后10年，事发地点仍然没有完成重建。重建是非常耗费时间的。"美国驻海地大使肯尼斯·默腾对我说，"有一件事海地人可以加快步伐，那就是让商业环境变得更加友好。"

让数十万住在临时安置房中的海地人做这件事情恐怕很困难。我去了海地的拉帕斯特难民营，那里坐落着一排排尖顶的"房子"，每个房子只有一间卧室。有一位房主是位中年妇女，在翻译的帮助下不紧不慢地跟我交谈。她是个单身母亲，育有3个孩子，她们几乎没有经济收入，而是主要依赖红十字会的救济生存。除此之外，她出售小装饰品来贴补家用，但是买家非常少，而且住得也很远。"现在比之前住的那个难民营要好。"她对我说。在上一个难民营里，她和孩子们跟其他人一样都住在帐篷里，这意味着一旦下雨或者有动物闯进来的时候，她们就会遭殃。"现在能住在一栋房子里，感觉会安全一些。"她说道，但又补充说，难民营地的栅栏应该建得高一些，因为附近有盗贼。她还说因为缺少灯光，这里充满危险，因为每到晚上周围一片漆黑，坏人很容易闯进来。你能看到生活在这个难民营里的人，无论男女，完全受大自然条件的限制。这里没有安全，没有法律，没有渠道供他们释放痛苦。他们仅存的希望就是有人能够发现他们，并将他们带离此地。在这种环境下，人是无法正常生存下去的。"我想怀有希望，"她对我说，可脸上一片苍白，面无表情。"但我不知道谁能

---

① 飓风卡特里娜于2005年8月中在巴哈马群岛附近生成，8月29日在密西西比河口登陆时为威力巨大的3级飓风，对路易斯安那州、密西西比州及阿拉巴马州造成灾难性的破坏。估计卡特里娜造成最少750亿美元的经济损失，造成至少1836人丧生，成为美国史上破坏最大的飓风。

改变现状。"如果我在此时询问她，如何才能让海地的商业环境更利于外国投资者，这似乎非常无礼。

◎ 苟延残喘：失去主权的"民主"

从海地北面的机场驱车前往寇德威工业园需要 30 分钟，这段路在海地算是最畅通无阻的。这个国家的基础设施之落后尽人皆知，尤其是路面特别不平整，工业园附近的道路算是沙漠中的绿洲。过了一座小桥，又进入一道大铁门，寇德威就与外面的世界分隔开来，这里有普通海地人没有的东西：铺砌过的路面，良好的公共医疗卫生服务，充足的工作机会，甚至还有这个国家唯一的一个小型工会组织。寇德威工业园的面积有 200 万平方英尺，最初是由边境另一边的多米尼加纺织公司 Grupo M 建造，2003 年，工业园扩展到了海地这一边（世界银行投入了大笔资金）。

"建设这个工业园是 Grupo M 的愿望，因为多米尼加的竞争优势出现了问题。"公司的销售副总裁约瑟夫·布卢姆伯格这样告诉我。在说这番话时，我们正坐在园区装有空调的办公室里。"在这个地区，海地能够满足我们维持在美国市场上竞争优势所需的条件。"他又说："海地的工资在本地区是最低的。"海地工人的最低工资是每天 150 古德（约 3.7 美元），这仅仅是多米尼加的一半。这样所谓的竞争优势，在普通人眼里简直就是"奴隶的工资"，加上海地与美国存在贸易优惠条约，因此在地震之后，这里吸引了国际金融机构的注意力。他们的目标是要把海地建成加勒比海地区的血汗工厂，以便充分享受《海地机会伙伴促进法案》（简称《HOPE 法案》）带来的好处。美国国会在 2006 年通过《HOPE 法案》，给予海地纺织品出口美国市场免关税的待遇。2008 年，美国国会又通过了优惠幅度更大的《HOPE II

法案》，2010 年大地震发生后，美国国会还通过了《救助法案》。

像寇德威这样的工业园，在国际金融机构的术语里叫作"综合经济区"：只有少数幸运儿才能享受金属门背后的基础设施、福利待遇和其他服务。有人写文章论证其存在的意义时说，海地残破的道路以及水电供应的匮乏，阻碍了潜在投资者，而这座设施齐备的小型城市可以为他们提供便利。在太子港机场的附近已经有一座巨大的工业园，名叫索纳比工业园区，海地政府完全拥有这座工业园，这儿曾经有 40 家企业进驻。但新的综合经济区完全受控于初始投资者，主要是美国国际开发署和美洲开发银行。这就存在一个问题，除了这些经济活动的"极点"之外，海地的其他地方怎么办。如果要在全国推广类似这些微小城市里面的基础设施和服务，中央政府又能捞到什么好处？建设所需的经费又从哪里来？世界银行驻海地特使亚历山大·阿布兰特什承认这的确是个问题。他对我说，建设工业园区的做法"如果作为政策而向全国各地推广的话，可能根本无法维持"。

寇德威工业园区实际上就是一个出口加工区（这在发展中国家越来越普遍），这里的企业不必向中央政府纳税，在进口原材料时也不需要交纳关税。"你身处一块特殊的领土之上，这里货物进出速度非常快，不需要做纸面文章。"阿曼德·海尔布伦说，他是世界银行驻海地综合经济区专职研究发展私营经济方面的专家。所以，海地的重建仅发生在一些孤立的"极点"上，这些"极点"主要分布在海地的北部，而其他地方的基础设施和福利建设则远远地落后。

或许工业园内最大的问题是充斥着肆无忌惮的企业。在历经了地震给这个国家造成的严重破坏之后，来寇德威进行一次公共关系之旅，并顺便体会一番此处的医疗服务和训练设施，简直是一种享受。但这次访问行程没有涉及工业园区在建立过程中的一些重要环节。寇德威工业园最初是建立在农田之上的，这在当时违背了农民的意愿，因为这是一个为建立血汗工厂而去破坏当地农业基础设施的过程。地震后的经济重建成为一个遥不可及的寓言故事。外交文件说道："在多米尼加制造商 Grupo M 与奥安纳敏斯的工人之间存在劳动纠纷。"另一份外交文件也谈到："根据劳工代表扬妮克·伊泰尼的说法，纠纷源自于自由贸易区的谈判，因为农民没有参与谈判过程，直到 2002 年动工仪式开始时，农民才知道他们的土地被征用了。Grupo M 在 2003 年提出了一份补偿方案，但这对那些已经失去土地的农民来说为时已晚，他们已经对多米尼加人疑窦丛生。"

当然，Grupo M 和世界银行的后台老板们总是不知疲倦地指出寇德威工业区给当地居民带来的无数好处。任何形式的剥削，都附着一份向世界证明其合法性的意识形态。但对那些获利的人来说，没有几个人能照照镜子并看到那个正凝视着自己的魔鬼。当我要求与工人交谈时，有两名工人被带过来，他们异口同声地夸赞自己的工作，或许这是因为他们的经理坐在身边的缘故吧。但是不久之后，我发现他们二人都不是工会成员。事实上，Grupo M 声称不知道工会里有多少人。布卢姆伯格先生只是对我说，"工会人数非常少"，"工人们也不关心工会，因为他们都很幸福。当员工感到幸福时，无论你为他们做什么或者没做什么，他们都不会介意"。然而，根据维基解密披露的外交文件显示，布卢姆伯格先生说的都是安慰话，他没有把故事讲完整。"多米尼加的工会组织指控 Grupo M 歧视工会干部，并解雇工会成员。他们为了绕开真正合法的工会，还拼凑了一个御用工会。"那份外交电报评述道。

很显然，海地也发生了类似的事情。Grupo M 曾经有一个比较强大的工会组织，但因为要求自己的合法权利而被解散了。在寇德威工业园开放后几个月，工人们就开始抱怨被 Grupo M 管理层"剥削和虐待"。因此，工会成员举行了几次罢工和暴力抗议活动，结果导致

"公司在那个夏季里解雇了一连串的员工"。

布卢姆伯格先生对此给出了解释："从前我们有个工会，但后来出现了越来越多的麻烦。没有民权组织为他们提供指导，他们中有很多激进人士和左派分子。"但他又说："最后一切问题都解决了，我们与工会之间已经没有矛盾。"因为工会最后成了他们的同伙。为海地设计的新经济模式没有把工人的权利作为关注重点。实际上，工业园在规划过程中很少考虑到工人的合法权利。在一份国际金融公司给海地政府的文件中，他们恳求政府修改《劳动法》，放开对"7×24小时轮班制的限制"，并为"精简流程"而取消夜班的加班费。工业园的设计还缺少税收方面的规划。在海地运行的外国公司能获得"经济自由区"带来的免税特权。实际上，这些所谓的"经济自由区"并不是独立的存在，而是覆盖了整个国家。换句话说，海地如今对外国投资者完全免税，这进一步损害了海地政府重建公共设施的能力。2011 年，海地政府的税收总额为 10 亿美元，这要比撒哈拉以南非洲地区的平均水平低很多。

利用"乘数效应"可以解决美洲开发银行遇到的这个困境。企业通过给国民提供更多服务，不仅能获得更多利润，而且能为政府带来更多的税收（在未来某个时间点上）。"我们赞成先把工业区建设好，以吸引企业入驻，即便在当前还不需要给现政府纳税。"美洲开发银行驻海地总监阿尔梅达说。最根本的办法是寄希望于工业园区附近的小企业，比如旅行社或百货公司，他们将弥补政府损失的税收。国际金融机构面临问题是，即使有奴隶般的工资，宽松的劳动法规，但还是难以吸引外国投资。面对全球资本的缄默，海地政府应该集中精力建设本国的产能，比如可以进行大规模的国有项目建设，就像当初建设索纳比工业园区那样。但海地人却把自己置于国际资本的控制之下，这等于是自甘堕落。对美国大使馆来说，海地人天生就是为赚取低工资而生的。"海地的工资水平在西半球是最低的。"一份美国大使馆的电报夸口说。但是对海地人来说，这不是什么可以炫耀的事情。本土经济学家卡米尔·查尔莫斯告诉《金融时报》，纺织业作为海地最大的产业，其工资水平简直是"名副其实的丑闻"。

面对国际投资者和工人权利组织施加的多重压力，美洲开发银行和美国国际开发署完成了海地重建的旗舰项目：卡拉科尔工业园。工业园距离北部首府海地角有 40 英里的路程，而且道路情况良好。卡拉科尔工业园是吸取了寇德威工业园的成功经验才兴建起来的，那些设计打造海地新经济面貌的人希望借鉴类似于吸引 Grupo M 的优惠条件来吸引投资者：低成本、出口免税、在地理上靠近美国这个世界上最大的市场。这样的工业园一共规划了 5 个。美国向卡拉科尔工业园投入了数百万美元，但只有韩国一家纺织品贸易公司 Sae-A 进驻了这座工业园（根据参与谈判的相关人士的说法，这家韩国企业获得了 4 年的免租优惠）。实际上，在 20 世纪 80 年代，即使是通过大力发展血汗工厂，也从未提供超过 10 万个工作机会。

用美国纳税人的钱为韩国企业建设工业园，这着实让人惊讶。美国也许是参与海地重建过程中最积极的一个国家，但美国本土企业却保持着距离。"我们是职业乞丐"，美洲开发银行的海地经理阿盖尔在华盛顿对我说。海地人民也会变成乞丐的。例如，一份国家金融公司的文件在谈论设立综合经济区时强调，海地的重建需要依靠"私有企业的发展来推动"，但这份文件不得不承认海地现有的"自由经济区、工业园、投资政策、规章制度都没有有效地吸引投资和创造工作机会"。

"事实上，私人企业还没有大批地涌入海地。"世界银行负责拉美和加勒比海地区的副总裁帕梅拉·考克斯对我说，当时我在华盛顿会见了她。这些机构为何投入了如此大的精力专注于由外国投资主导的经济重建上？为什么不把精力放在提高国内产能和海地人的公共福利上？是不是因为这样做无法让西方人赚到钱？或者说这仅仅是一个巧合？

还有更加复杂的情况。用如此慷慨的优惠条件吸引外国企业，不可避免地会给海地已有的外国企业带来负面影响。例如，Grupo M 就担心卡拉科尔工业园等新园区的优惠条件可能给自己带来不利影响。"（新来的国外企业）需要培训自己的员工，他们必须有能力处理将会遇到的问题，"Grupo M 销售副总裁布卢姆伯格说，"我们想要一个公平的竞争环境，我们知道外国企业从不同的渠道获得了大量拨款或者资助。"但是如果海地没有吸引外来投资，而国内企业又已经被扼杀了，那么就像许多人预料的那样，海地的发展将会停滞不前，进而又会出现穷困潦倒的下一代人。

捐助者的热情正在消减，外国政府的各种投资正在下降，国际社会的兴趣也在降低，而金融危机又在持续折磨着世界。海地重建基金（HRF）希望从各国和各非政府组织那儿筹集资金以填补重建所需的资金缺口，但至今仅筹集到了 3.51 亿美元。然而，"我们已经达到了一个新高度，"HRF 的主席雷特曼先生对我说，"我认为捐助者非常小心谨慎，他们很不情愿继续为重建提供新的资金支持。"2010 年，在一次纽约召开的大型认捐会议上，与会者承诺在未来两年内，将为海地重建提供 46 亿美元的资金支持。但至今只筹集到 19 亿美元。"如果你看一下对震后重建所需费用的估计，就会明白这个数目很大，大约需要 150 亿美元，或许会更多。"华盛顿经济和政策研究中心的协调员马克·威斯布罗这样对我说，"他们根本没有这么多钱，甚至连零头也没有，那是一个很小国家，但人口却达到了 1 000 多万。所以，如果你不去清除废墟，没有道路和房子，也没有饮用水和卫生设施，那么经济将会何去何从？这才是问题的关键所在。"

但是遥远的华盛顿真正担心的问题是移民和毒品，尤其是那些政客，他们对此更是忧心忡忡。"他们害怕阿里斯蒂德成为将来的卡斯特罗，"华盛顿的一位分析师拉里·伯恩斯对我说，"美国的政策从来不关心其他国家的经济能否做到自给自足。相反，美国的政策摧毁了海地的经济。"罗纳德·里根在任期间曾提出了"加勒比区域计划"，力图把外国投资引入该地，这听上去是一个让人耳熟的故事。但这不过是获得该地区控制权的手段而已，因为此时这个地区似乎正在走向独立自主。为了达到这个目的，1983年，基于捏造的理由，里根政府甚至入侵了格林纳达。

里根的计划在一定程度上失败了，因为他几乎没有为该地区带来投资，但他获得了对此地的控制权。从这个角度看，里根的计划与肯尼迪的"拉丁美洲争取进步同盟"非常相似，这个同盟的目的是让南美洲摆脱苏联的影响，却打着"发展"和"投资"的幌子。在华盛顿，流行的观点是海地已经乱成一团。人们会通过非官方渠道告诉你，海地已经无药可救，改革注定要"失败"。他们热衷于让海地继续躺在"生命救护台"上苟延残喘，这样就不会有太多的难民涌向美国（20世纪80年代，有海地难民死在佛罗里达的海滩上，这引起了美国南部政客们的一片恐慌）。但似乎美国并不了解海地和其他一些地方的实际情况，如果美国花费数年的时间顽固地去破坏某个社会的正常秩序，那么这个社会绝对不会像钟表一样走得分秒不差。如今，海地的人均收入比1960年时还低，在这段时间里，海地是西半球唯一一个没有取得进步的国家。

具有讽刺意义的是，从1960年至1980年之间，在杜瓦利埃的独裁统治下，海地的经济一直在发展，虽然他统治残暴，但整个国家有一个完整的发展战略。虽然这不是什么伟大的成就，但整个国家确实进步了。在这个地区，许多国家都有类似的情况，即国家经济在独裁统治下取得了长足的发展，因为国家能够掌握大政方针的控制权，但到了民主时代以及之后的新自由主义时代，政策的控制权反而转移到了世界银行和国际货币基金组织手中，因此这些国家失去了制定政策的决策权，也不被允许拥有自己的发展战略。从 1991 年到 1994 年，再从 2000 年到 2004 年，这些国家的经济被精心设计的阴谋摧毁了，这就是为什么阿里斯蒂德总统两次被赶下台的原因。"这不仅是权力问题。即使人们很难相信，但美国确实很在意是谁在台上执政。"威斯布罗说，"他们两次颠覆了海地政府，不仅美国参与了这件事情，美国的盟友加拿大、法国也参与其中。1991 年那次虽然做得比较隐蔽，但后来真相大白，是 CIA 资助发动了这次政变，还为之后出现的暗杀小组提供资金支持。"

罗宾逊·迪斯的故事揭示了人性中残忍的一面。"地震后，一切都变得可怕，"他对我说，当时我俩坐在他的卧室里。他失去了家园，只好带着 4 个孩子和妻子前往首都唯一的高尔夫球场，那是太子港最大的难民营之一。在那里，他能够勉强生存。红十字会作为海地最有影响力的非政府组织，为他提供了一部分租金补助，能够让他举家迁入永久性建筑物中。这家慈善机构为他提供了 4 000 海地元的资助，以便偿付每年 6 000 海地元的租金。地震后，由于物资供应短缺，导致海地物价飞涨。如今他与 6 个人同居在闷热的小房子里，包括他的妻子、孩子、兄弟。迪斯原是一位裁缝，但是地震破坏了所有机器，他失去了生计。

"我们必须忍受现状，因为我没有能力租更大的房子，我必须给别人打工。"他说，"我愿意接受这笔补助金，因为我没有土地盖房子。我觉得最好的办法是做一点小生意，为此必须先存点钱，并购买一块土地。"他获得了 500 美元的创业资助金，然而现在进展得并不顺利。因为在当前的生活状况下，很难能有存款，他要给孩子支付学费、书费、制服费。红十字会通过提供创业资金的方式帮助了无数人，实际上，这是红十字会为至今仍然生活在太子港难民营中的 50 万人提供的三种选择方案之一。

另两个方案是：在绿地上为难民搭建临时住房，或者让别人帮助建设。但这些计划在海地重建过程中都属于临时性措施。迪斯先生虽然有资格获得一年的补助，但一年以后，除非他找到工作，否则还得重返高尔夫球场的难民营。如今的失业率高达 80%，他很可能找不到工作。"我没有钱支付明年的租金，"他坦言道，"现在我没有被压力击倒。因为我能工作，我有能工作的双手。"

◎ 打造血汗工厂

众所周知，海地是一个难以管理的国家：政府机构十分脆弱，多年的投资不足加剧了这种状况，社会被严重的腐败所撕裂。地震后，那些经济方面的管理者，很自然地把私人企业和"出口导向"视为重建的必经之路。但重建之路并非唯一，其实有许多重建方案可供选择，而且可能为海地创造出更加公平、更具可持续性发展的未来。问题是这些计划违背了美国、世界银行、国际货币基金组织的意愿。例如，海地政府可以利用捐助款，施行现代版的"马歇尔计划"，以重建这个国家破败不堪的基础设施。这样政府可以为海地人创造大量的工作机会，海地人可以去建设道路、港口、能源设施，而这些设施在海地要么不存在，要么急需修缮。理由再也明显不过，所有人都认为基础设施是海地发展面临的最大障碍。仅清除废墟这项工作就能创造出 1 万个工作机会。红十字会让海地人利用碎石制造砖头和其他建筑材料，这既可以让城市变得清洁，还能创造工作机会，对此，红十字会太子港计划协调员对我说："目前只有我们在从事这项工作。现在一切都变成瓦砾了，用瓦砾制作建筑材料的成本跟丢弃瓦砾一样低。"

　　或许还有一件更重要的事情要做，那就是集中精力发展新农业。海地的农业曾经欣欣向荣，但在 20 世纪 90 年代，克林顿总统向这个国家倾销美国大米，导致供需关系失衡，当地农业遭到破坏，这个问题稍后还要讨论。海地 60% 的人口生活在农村，大约有 400 万人。如果在农村倡导集体所有制的土地政策，能立即减少过度拥堵的首都人口，而且能够提供一种可持续的发展方式来养活海地人民，如果粮食有所剩余，还可以用来出口。但这个方案甚至从来没有被讨论过。

　　"农业仍然没有受到重视。"国际金融公司的纳伊姆对我说。国际金融公司至今还没有投资过一家中小型农业企业，他们把精力都放在了大型的农业综合企业上，而不是海地那些真正需要帮助的小农户身上。同样，世界银行也承认没有对农业给予足够重视。这家银行已经向一个新的农业项目投入了 5 500 万美元（海地能大量生产的经济作物是花生）。"这是我们第一个真正的农业项目。"阿布兰特什先生坦白地说。美国宣称没有忽视农业。美国驻海地大使告诉我，美国已经为当地农业发展投入了 2 亿美元；但美国的问题依旧是只顾关心出口，而不关心如何养活海地人口，哪怕很大一部分海地人民正在忍饥挨饿。另一方面，美洲开发银行除了强调基础设施的重要性之外，还认为海地有"其他的需求"。比如，为了进口种子需要向私人企业投资。这家银行制定了一份计划，让一家私人企业购买芒果，进行集中分配，然后发送给出口商。"我们正在改变海地的农业运作方式。"美洲开发银行的阿尔梅达说。这种新方式仍然出自新自由主义的指导手册：为小生产者提供购货券，以便让他们通过进口商购买种子。但是没有公共土地或集体土地的支持，这些小生产者根本无从做起。"实际上没有创造多少工作机会。"阿尔梅达承认。

　　海地的国内市场，一直被各方所忽视。滑稽的是，海地人消费的鸡蛋和鸡肉，有 90% 需要从多米尼加共和国进口。此外，80% 的大米也需要进口。通过资助自给农业以改变这种状况，从来没有被当作拯救海地农业的一个选择。"当我说农业这词时，我指的是农业综合企业。"阿尔梅达说。在这些金融机构的世界里，有一个替代方案是他们连想都不敢想的，那就是向海地小规模稻米生产者提供资金补贴。

在美洲开发银行的力促下，产生了一个具有象征性的"新模式"项目：该项目由可口可乐公司发起，目标是创造一款名为"芒果探戈"的新饮料，饮料所需的芒果来自新发展的供应商。星巴克也发起了一个类似的项目，这个项目力图把个体小农户转化为合作社，然后向星巴克提供咖啡，并以海地咖啡的名义在市场上推销。有分析家批评说这是"血汗芒果"模式。"他们需要道路，他们的农村需要灌溉系统，但这些家伙就是不给。"马克·威斯布罗说，他是华盛顿经济和政策研究中心的分析家。但马尔泰利政府的农业政策几乎是一字不差地死搬硬套布雷顿森林体系所倡导的出口型农业综合企业模式。"我听说（海地政府）想走出口导向型的发展道路，其中包括农业。"阿布兰特什先生说道。实际上，马尔泰利还催促国际金融机构要沿着这条道路继续前进。"我们为海地的小农户准备了一些传统的农业项目，重点是削减贫困，"阿布兰特什先生接着说，"马尔泰利政府的人看后说，'我们想走一条不同的道路。希望看到在鼓励农业综合企业方面的措施，'这点完全出乎我们的预料。所以，我认为，从整体上看，即使在农业领域，政府在鼓励地方农业企业转向出口型导向型生产。"

海地是一个以农业为主的国家，它需要有自己的农业发展模式，以让那些无家可归的人分配到土地，并使广大民众在农业生产中实现自给自足。但这个国家的经济管理者对此不感兴趣。长期以来形成的"建设加勒比海血汗工厂"的梦想依旧在燃烧着。在人类历史上最悲惨的灾难之后，我们有了"芒果探戈"。勒索者的胜利就是海地人的失败，这一切并不是偶然的。

第❷章

巧取豪夺
控制一个国家的办法是让它负债

◎ 布雷顿森林体系：升级版债务奴隶制

在一个以商品交换和服务交换为基础的世界里，控制人民最有效的办法，或者说控制一个国家最有效的办法，就是让他们负债。美国政府对此有清晰的理解，因此，在"二战"后，美国的政策制定者开始设计一种国际货币体系，将全世界的人民置于他们的皮鞭之下。然而，美国一边欺压大众，一边还要打着传播民主、维持经济公正的幌子，这确实不是一件容易的事情。美国克服这个困难的手段是建立一系列全球性的机构，让这些机构决定该如何去管理最贫穷国家的经济。这些机构的核心意识形态正是美国的政策者们所主张的资本主义，而且他们无法容忍人们对这种意识形态的任何异议。旧的帝国统治体系被一种更阴险的、更加隐蔽的统治体系所取代，时至今日，这个体系仍未被世人所充分认知：债务奴隶制。任何胆敢摆脱制度枷锁的人，都将被债务绞杀。

国际货币基金组织率先站出来为美国维持秩序，它宣称能拯救急需资金的国家，以防止后者出现经济崩溃。该组织很快成为一名世界级的明星，一位真正的"带头大哥"。在它身边还有一名小伙伴，专司在全球提升巧取豪夺者的利益，它原名是国际复兴开发银行，后改名为世界银行。这两个为美国的商业寡头操控世界经济的机构，诞生于一个很不吉利的地方，具体地说，是在新罕布什尔州布雷顿森林火车站旁边的一家旅馆。有关这些机构缘起的故事几乎都是虚假的宣传，但这些谎言直到今天仍然在流传。根据官方公布的历史，世界银行成立的目的是"推动私营企业投资和欧洲重建"。因为第二次世界大战摧毁了整个欧洲，因此，重建任务极其重要。除此之外，这家银行还会处理一个更加普遍的问题，即"发展"问题。所谓"发展"问题，是指有些国家的经济发展得不够快。而之所以不够快，是因为主管经济"发展"的人实施了错误的经济政策。后来，随着世界银行变成了贫穷国家借钱的场所，其第二个角色，即处理"发展"问题变成了这家银行的主要任务。

在这个设计全球经济新秩序的过程中，有两个人发挥了关键作用。哈里·德克斯特·怀特是一名美国外交官，他去参加会议的目的就是为了确保一切秩序设计都要符合美国的利益。与他相对立的是一位更加诚实、更受人尊敬的英国经济学家约翰·梅纳德·凯恩斯，但凯恩斯的想法没有胜出。会议最终的结果是优先考虑美国的利益。毕竟，怀特拥有巨大的影响力，这得益于彼时美国雄霸全球的经济实力。怀特奉罗斯福的国务卿科德尔·赫尔的指示行事，后者在"二战"时曾说过："因为我们拥有超强的经济实力，因此世界贸易和经济新秩序的领导权应该委托给美国。我们应当负担起领导世界的责任，这样做也有利于壮大我们自身的实力。"真相就是如此。

如果我们把凯恩斯和怀特二人的建议进行比较，你会发现，美国的自私自利一目了然。在讨论过程中，美国的利益始终被优先考虑，任何公正的方案都被排除在外。可以说，国际货币基金组织和世界银行就是扩大美国出口市场的工具，能够加强美国正在不断膨胀的经济实力，确保美国的超级大国地位。然而，凯恩斯认为，除非债权人和债务人双方都同意变更，国家之间的贸易关系不能被随意改变。从这个意义上讲，国家无论是强大还是弱小，都应担负相应的责任。基于这个理论，凯恩斯建议成立一个国际清算同盟，使用一种叫"班科"（Bancor）的独立货币单位。这种货币应当成为国际财会记账单位，各国都要用它来跟踪财政赤字和盈余。这种相对"客观"的货币单位将确保债权人和债务人都公平地承受压力，最终实现贸易平衡。但这种方式会限制像美国这样强大的债权人，因为它们把债务当作控制他人的手段。正因为触犯了美国的利益，这一提议遭到了怀特的强烈反对，国际清算同盟的提议最终破产。

相反，怀特提出了成立国际平准基金和国际复兴开发银行的建议。之所以成立国际平准基金，就是为了削弱对外币交换过程的控制，维持稳定的汇率，以便借钱给有财政赤字的国家。具体而言，是通过银行将贷款发放给战后急需资金进行重建的国家。这便是双方最后达成的决议，该决议让像美国这样的债权人彻底摆脱了承担贸易平衡的责任。简单地说，实力强大的出口国将不受限制地享受商品出口带来的贸易顺差。一个国家借钱越多，其利率就会不断上升。这个方法对加速勒索者的控制过程起到了催化作用。美国产品大量涌入其他国家，后者沦为美国商品倾销的场所，随后这些国家将越来越严重地依赖美国资本，它们的债务水平越来越高，美国对这些国家的意识形态和经济生活的束缚也会随之越来越紧。

虽然美国的宣传蛊惑人心，但其自私自利或赤裸裸的帝国主义本质才是它的主要动机：美国意图按照自己的心愿雕刻整个世界，并驱使全世界的人民为美国精英工作。与此同时，它还制造出一种让人们以为自己正在为自身奋斗的幻觉。

这不是一个古老的故事，而是现实中正在发生的事。有一次，我向美国外交政策领域最受尊敬的代言人沃尔特·拉费伯提出了一个问题。出乎意料地是，他的回答比大多数人都诚实："没有哪个政府提出的计划不是为自己着想的，"紧接着他又补充说，"'二战'后的经济体系是自然而然地发展出来的，并非凭空创造。当然，这个过程是通过美国官员之手完成的，他们的出发点是为了提高美国的影响力和生产力。"实际上，他的论点很平常：布雷顿森林体系，也就是后来的国际货币基金组织和世界银行，最初是一个"理想主义的产物"。但后来被滥用了，美国利用这两个机构去控制那些虽然摆脱了殖民统治但又要面临崩溃的国家，以巩固自己的实力，或者用美国的政策制定者和精英记者们喜欢用的说法，那就是"为了保持稳定"。

当然，在1945年的时候，发展中国家确实觉得这一体系大有裨益。随着世界上越来越多的国家和人民争取到了独立，他们必须重新融入到这个巧取豪夺性质的体系之中，这样才能像创建这个体系的先行者那样，获得丰厚的利益回报。这些都没有问题。布雷顿森林体系自建立之日起，就一直在处心积虑地增强自己的控制力，其中，会员国的投票权设定得极不公平：投票权与认缴的资金成正比，由于美国是世界上最大的经济体，所以它认缴的资金自然最多，也就拥有了事实上的控制权。例如，如果美国不想借钱给尼加拉瓜的桑地诺民族解放阵线政府，理由是他们在1979年推翻了美国支持的独裁者，那么世界银行及国际货币基金组织肯定会按照美国的指示拒绝提供贷款。如果不按美国的意图行事，任何事情都将举步维艰。

此外，由于美元是全球的"储备货币"，也就意味着美元是各国政府最喜欢的储备货币，美国因此而获得了更多的权力。华盛顿的美联储通过设定利息，赋予美国操纵世界经济的大权。有些国家甚至交出经济主权，采用美元作为本国的货币。例如，萨尔瓦多是中美洲的一个贫穷国家，1980～1992年间深陷内战。美国提供了财政上的支持，因此萨尔瓦多从2001年起开始采用美元作为本国流通货币，彻底地放弃了自己的货币政策。毋庸讳言，"对美国有利的人"赢得了那场战争，这些人日后当然也会从美国那儿得到价值不菲的回报。

对拉费伯来说，"真正的问题"是布雷顿森林体系是否公平地解决了各方面的问题。最初，各种问题似乎被解决了，但这依赖于你选择以何种指标去衡量问题。经济学家和政府衡量经济增长的指标是看一个国家的经济活动是否增加了，即国内生产总值（GDP）。这个指标毫无用处，它既不能告诉你国家的财富是如何分配的，也无法告诉你这些经济活动是否对社会有益。尽管如此，大部分国家仍然将把GDP当作最终目标。

在布雷顿森林机构建立30年后，全球的经济增长确实很快，而且明显要快于战前。但这不能改变这些机构建立的初衷是控制全球经济的事实。如果想确认这个体系的初衷，你只需回顾一下自20世纪70年代中期以来发生的事情就足矣。1971年，理查德·尼克松总统宣布美国放弃金本位制度。在金本位制度中，流通的货币数量要对应一定量的黄金。一旦放弃金本位制度，就意味着释放出了大量"不受约束的资本"。

最初，这被视为布雷顿森林体系"失控"的信号，但不久之后，世界各国便接受国际货币基金组织和世界银行提供的新资本了。从非洲到拉丁美洲，贫穷国家的人民被迫为这些资本创造利润。这些国家的社会面貌发生了改变：民主机构的权力被移交给了私人机构，后者则悄无声息地为剥削者进行统治。就在这个过程中，世界各国经济进入周期性的萧条之中。

这就是所谓的"商业周期"，市场的非理性必然导致经济出现急升或暴跌的现象。在低潮期，穷人只能退出市场，富人藉此获利：在经济处于底部时进场抄底是赚钱的最有效方法。此时，帝国主义已经改头换面，它们不再需要派军队去征服其他国家。掠夺变得更隐蔽，也更为强大和持久。这是巧取豪夺者的最新策略：不要让被统治者知道自己处于被统治的状态，不要让在前线执勤的人员知道他们正在实施残酷的帝国主义政策。让全球的老百姓都认为自己享有自由，在这个世界里，美国充当的仅仅是一个大公无私的仲裁者。但实际上，在仲裁的同时，美国却在悄悄地把财富收入囊中。

◎ 经济结构性调整：负债、破坏和控制

20 世纪 80 年代，里根政府实行的通货紧缩政策导致世界经济不景气，发展中国家因负债而承受了巨大压力。这是"二战"以来的第一次经济衰退，负债国家发现自己陷入极度的困苦之中：通货紧缩使他们面临违约的风险，违约则意味着国家经济的控制权要被国际货币基金组织所控制。

暴徒的行事法则就是：一旦负债的人无法偿付债务，你就可以随便处置他们。国际货币基金组织强人所难，发出指令："我们不会给你们新的贷款，除非你们做几件事情。"这些事情，正式的称谓叫做"结构性调整"，这正是跨国企业想从发展中国家那儿得到的东西。

在国家货币基金组织的控制下，这些国家必须进行私有化，并削减本来有益于普通公民的公共开支，比如公共卫生和教育。此外，这些国家不仅要全力偿还债务，还要给跨国企业最优惠的待遇。这些待遇只对剥削者有利，却有损普通人民的利益。就如同你向朋友询问是否可以借 20 美元，他回答说："我可以借给你，但你要答应我的条件是：我能随时穿你的衣服，用你的电脑，在你床上睡觉，并且你每周要支付我 10 分钱的利息，直到把钱还清为止。"有一点值得注意，这些国家之所以背负了沉重的债务负担，是"二战"后美国及其盟友支持这些国家的独裁者而长期累积的结果。比如苏哈托将军，他是印尼大

屠杀①时的独裁者。这些国家的人民必须用本应供应自己的物品去偿还贷款，他们对贷款毫无发言权。这样的债务被称为"恶债"，这种债务不仅是错误的，而且还是非法的。但"恶债"却控制着整个世界。

这里有几个不错的例子：印尼的债务高达800亿美元，然而据估计，其中约有95%的债务属于50位个人。在西方用资金把苏哈托推上台后，又借给他大量金钱。他治下的百姓却分享不到这笔财富的任何好处（特别是被苏哈托谋杀的20万东帝汶人），但这些债务却立即变成了社会的公共债务，由印尼的下一代人民去偿付，今天的印尼年轻人仍然在为苏哈托及其朋友的奢侈生活偿还债务。还有一个经常被遗忘的事实，那就是在20世纪30年代，英国、法国、意大利都曾经拖欠过美国的债务。

在20世纪80年代，拉丁美洲爆发了所谓的"债务危机"，全球的商业银行都停止贷款给该地区的政府和企业，于是拉丁美洲就变得更加依赖布雷顿森林机构。这些热衷于控制其他国家经济的主宰者们正在着手做的就是破坏拉丁美洲原有的经济模式，后者曾经依靠传统的经济模式成为世界经济的发动机，并取得了巨大的成功。这种经济模式被称为"进口替代"工业化模式，即指谋取建立本国工业体系，并制定保护性政策以排斥外国资本。通过这个经济发展模式，拉丁美洲成为世界上的经济强者。

可以理解，那些巧取豪夺者不喜欢这个模式，因为这妨碍了他们寻找新的市场进行投资。因此，他们千方百计破坏这种经济模式。他们推行"出口导向型工业化"模式，该模式的主要目标是为外国生产商品，原材料供应商来自世界各地。这是巧取豪夺剧本中的老段子，目的就是让贫穷国家更穷，永远处于"不发达状态"：外企在发展中

---

① 印尼大屠杀，指从1998年5月13日至15日，印度尼西亚（主要是棉兰、巨港、楠榜、雅加达、梭罗和泗水）暴徒发动的一系列针对华人的暴动，亦称为"1998年印尼排华事件"或"印尼5月骚乱"。

国家开采矿石，只需要缴纳少量的税或开采特许权费用，就能把原材料运出发展中国家，然后在发达国家进行生产，为后者提供工作岗位并发展当地工业，最后把成品以高价售卖给原材料出口国。这些"不发达国家"的经济就会受制于全球经济的波动，出现不稳定的现象；这意味着这些国家根本不可能进行独立自主的发展。

"结构性调整"有一个中心主旨，即破坏发展中国家对本国工业的控制权。这样做相当于漠视主权国家拥有的其中一项重要职责：必须为本国创造出繁荣的工业体系。美国应该懂得这一点，毕竟美国曾经是世界上最保护本国工业的国家。刚刚起步的工业必须受到保护，其方式只能是通过设置障碍以阻止外国资本进入，并与之竞争。"结构性调整"疯狂地反对工业保护措施，理由是只有通过"'结构性调整'，弱国的经济才能与西方接轨"，但弱国根本做不到这一点，因为它们没有西方主宰者那样雄厚的经济基础。实际上，这些国家会变得更加依赖它们的"西方主人"，因此根本不可能追求独立的发展道路。如果人民选出的新领导人把本国百姓的利益置于西方跨国企业之上，你肯定会发现布雷顿森林体系的狗腿子们会马上赶来向这些领导人施压，并逼迫其就范。

对拉丁美洲诸国而言，"出口导向型的工业化"是一场漫长的灾难，大量的资本流出该地区，导致货币加剧贬值（因为没有多少人愿意接收它们的货币，其价格自然就会下跌）。另一方面，为了减轻通货膨胀，这些国家的政府被要求提高利息，这又进一步降低了经济发展速度，从而变得越来越难以获得借款。在此后的5年间，也就是到了1985年，拉丁美洲的经济规模萎缩了9%。而就在该阶段，布雷顿森林体系获得了支配地位，这并不是巧合。美国的经济管理者们推行"结构性调整"，让国际货币基金组织和世界银行利用债务杠杆控制了拉丁美洲国家的经济。贫穷国家不得不接受"一揽子救援计划"和"贷款协定"，

34

而作为附带条件，他们必须对经济作出调整。调整后的拉丁美洲经济，优先考虑西方资本的利益，因此新的拉丁美洲经济"完全符合跨国企业的需要"。一位专家总结说："（这些国家的）生产方式将会私有化，放松对经济的管制，鼓励竞争……（它们将）融入到更广泛的全球资本主义体系之中。"人民对医疗保健和教育的需要全部被抛诸脑后，因为公共机构早已被私有化。当穷人被不断地吸纳进"全球市场"之后，他们的基本人权也就失去了，大资本家遇到的障碍将越来越少。一旦贫穷国家的政权被西方大资本所控制，那么向这个国家的经济内部渗透就会变得相对容易。富人和美国，由于他们处于全球经济体系的中央，就会变得越来越富有，资本会吸干世界上贫困国家的血汗，在"结构性调整"的铁蹄下，本来就已经匮乏的人性会进一步被碾碎。勒索变成了资本主义进攻的新形式，"新自由主义"会摧毁任何拒绝为西方资本代言的机构。

两位来自纽约的教授解释了后果："地球上一半的人口和三分之二的国家丧失了对本国经济政策的控制。这些国家的微观经济、投资项目、社会支出等领域，全部被外国'专家'所控制，而这些'专家'则受来自工业发达国家和华盛顿的管理和指导。"更为糟糕的是："那些人发出的指令背后所坚持的原则竟然就是所谓的'华盛顿共识'。"实际上这个共识只是世界上最富裕的几个人之间达成的共识，他们就是本书所说的巧取豪夺者。当然，想让你的国家逃脱布雷顿森林体系的控制极为困难。例如，世界上有一位领袖曾经发起过一场运动，试图反抗该体系的控制，他就是巴西前总统卢拉。卢拉很早就意识到，如果他采取激进的措施与这些巧取豪夺者作斗争，那他将难以借到贷款，因为巴西会失去信用额度。如今，全球政治格局中存在一条铁律：社会民主党人士变得无人问津。为什么？因为西方资本以及资本背后的世界警察美国实在太强大了。卢拉上任伊始曾给巴西人民写过一封信，解释外国资本家对他治理的国家的束缚程度有多么强。换句话说，巴西已经不是一个主权国家。这不是偶然现象。"由于布雷顿森林体系实在是过于强大，因此无论民主领袖是上台前还是上台后，都受到了巨大的限制，他们可做的选择也极其有限。"宾夕法尼亚州立大学的经济学家爱德华·赫尔曼这样对我说。他还补充道："这个体系的组成十分完整。"所以受害者在宣传的炮火中根本难以分辨敌我。

◎ 阿根廷走向崩溃：从"模范国家"到破产悲剧

另一个南美洲国家阿根廷，其经济在 2001 年崩溃，实际上成为了新自由主义思潮失败的典型案例。阿根廷曾经是这个世界上最富裕的经济体之一，本不应变成一个烂摊子。但到了 21 世纪初，阿根廷已经成为一个"废人"，这都要归功于华盛顿的赞助者和阿根廷本国的高官。在按照布雷顿森林体系开出的"药方"治疗了很长一段时间后，阿根廷的经济彻底垮台，因为阿根廷已经为外国资本的利益而调整了本国的经济结构。然而，最初的情况并非如此。20 世纪 90 年代，根据布雷顿森林体系的规则，美国控制的媒体给予阿根廷很高的评价。阿根廷被称为新自由主义世界里的"模范国家"。

我们还被告知，创造这个"经济奇迹"的是真诚的卡洛斯·梅内姆[①] 总统，他开启了经济自由化进程。梅内姆于 1989 年上台，当时的阿根廷经济被公认为非常糟糕：通货膨胀率，即货币贬值的幅度非常高，达到了 200%。实际上，梅内姆之所以能上台，是因为他承诺给阿根廷人民"好生活"，凡是有利于赢得选举的话，他都说了，比如提高生活标准、改善公共服务。当他走进布宜诺斯艾利斯的玫瑰宫[②] 时，

---

① 卡洛斯·萨乌尔·梅内姆，1989 年他领导右翼的正义党竞选总统，并获得成功，他推行市场经济政策，大力推行公共财产私有化，1995 年成功连任。
② 玫瑰宫，阿根廷总统府因为其外墙为粉红色，故得名玫瑰宫。

他的理想撞上了布雷顿森林体系这块顽石。他变成了一名新自由主义分子，或许他本就是一名自由主义分子，只是一直掩盖着而已，因为大多数人民不喜欢那样的政策。

梅内姆做的第一件事是允许私人资本从阿根廷的国营机构里获利。"我们是实用主义者，"他说，"国营企业将会进行一定程度上的私有化，只要满足政府的利益即可。"除此之外，还有几项措施也出自国际货币基金组织的手笔：阿根廷将移除所有阻碍资本自由流动的关税和障碍。如今，即使阿根廷经济行将破产，美国企业也不会担负任何责任，它们依旧能自由地投资，自由地撤资。比索①与美元相挂钩，这使得美国对阿根廷经济的控制更加隐蔽，美联储的利率变动对阿根廷的经济影响相当大。社会福利项目被掏空，金融管制被取消，一场人类悲剧就这样诞生了。

一份世界银行的研究报告赞美了阿根廷在1993年采取的行动："如今各个省份都在教育、健康、安全、住房社会服务中担负起了最主要的责任。提升各省份相关社会服务的效率是改善阿根廷生活标准的最有效途径之一。"梅内姆上台后的高通货膨胀率，使他有机会推动其不受欢迎的"休克"式改革，这种改革将使阿根廷的经济受制于外国资本。事实上，梅内姆的改革结束后，恶性通货膨胀仍然在继续。最初，大量的资本在1991年涌入阿根廷，后来美国的经济跌入不景气的深渊，资本开始寻找可以啃噬的新肥肉，由于阿根廷取消了金融管制，因此各国资本蜂拥而至。在1991至1992年这段时间里，阿根廷的外国投资额翻了两番，从32亿美元上升到了110亿美元。到1997年之时，《经济学家》认为应该热情地赞美这个国家的富裕，"使人想起一个世纪以前的黄金时代，当时，阿根廷的潘帕斯草原给大英帝国提供大量的麦子、牛肉、羊毛，因此成为最富饶的七个国家之一"。

———————————————
① 比索，阿根廷货币名称。

　　但这全部是谎言，阿根廷是一栋没有主梁的建筑，很快将会坍塌。华尔街，这个全球资本主义的巢穴，聚集了许多世界上最强大的银行，它们正埋头做着种种卑鄙勾当。但不幸的是，美国再次遭遇了经济衰退。这次经济衰退被称为"互联网泡沫破裂"，阿根廷的外国投资泡沫与之类似。当华尔街出现股票暴跌时，虽然外国资本曾受到阿根廷人民的盛情款待，但它们此时丝毫不讲任何情义，说走就走，而且是以最快的速度逃离这个国家，就如同当初它们闯进来时一样。此时，由于改革的缘故，梅内姆已经失去了阻止这类资本大逃亡的控制机制，结果是阿根廷无法阻止外国资本出逃。经济史学家罗伯特·布伦纳说，到 20 世纪 90 年代末的时候，美国吸收了"全球所有的流动资本。在这种情况下，那些倾家荡产去吸引外资的国家却陷入了绝境"。他接着又补充说，与此同时，经济的衰退也"敲响了那些与美元挂钩的外围国家的丧钟"。

　　阿根廷不仅倾家荡产地吸引外资，其货币还与美元相挂钩。在随即到来的经济低迷期，阿根廷不得不实施苛刻的紧缩性货币政策。此时，国际货币基金组织虽然提供了 400 亿美元的贷款，但阿根廷每天的外逃资本仍然高达 10 亿美元。新上任的费尔南多·德拉鲁阿^①总统宣称："我绝不让货币贬值。"但这只不过是一句空话而已，货币贬值最后还是发生了，后来还出现了历史性的债务拖欠。

　　2001 年，在阿根廷的数个城市里爆发了民众抗议游行，27 名示威者死于非命。由于德拉鲁阿没有同意国际货币基金组织提出的削减公共开支的条件，因此阿根廷从该机构贷款的最后一丝希望也宣告破灭。德拉鲁阿引咎辞职，留下了一个被毁灭的国家。公共服务被系统性地破坏，金融管制也被取消，外国企业没有担负任何责任，阿根廷的政府机构和银行纷纷倒闭。至此，布雷顿森林机构的任务终于圆满完成了。

◎ 新自由主义：巧取豪夺的新圈套

这是一场以穷人的失败而告终的阶级斗争。居住在西方的巧取豪夺者财力雄厚，影响力遍布全球，而各国的工人们却在相互竞争工作岗位。虽然存在抵抗力量，如强大的工会组织，此前也曾做出过某种程度上的反抗，但此时都已经被削弱甚至瓦解了。如今的企业与从前不同，它们通过制定法律，逐步削弱和消灭工人的权利，破坏工人的工作环境，同时操控媒体舆论，而公众却毫无还手之力。这是一个此消彼长的过程：由于企业的权力越来越大，人民表达不同意见的空间就越来越小。确实，必须有更多的工会组织和工人站出来反抗，但迎面吹来的逆风异常强烈。整个世界都在拼命地追逐利润，这主要是布雷顿森林体系的功劳，巧取豪夺者做得既聪明又有利可图，他们让资本和生产全球化，让工人相互竞争，如此一来，聚焦于资本家与工人之间的矛盾就被转移了。在有些国家，工人们愤怒的阀门已经被打开，滔天的愤怒被释放，他们对高管的红利感到愤怒，对不负责任的投机者感到愤怒，对疯狂的债务重组机制感到愤怒。可如今，其他国家的工人也获得了良好的培训机会，虽然他们也受到同一群资本家的剥削，但是不同国家的工人之间形成了竞争关系。这种鹬蚌相争渔翁得利的手法早就为商业圈所熟知，"自由贸易"之所以流行，就是基于上述考虑。

以北美自由贸易区为例，这是美国极力推出的一个综合性的"自由贸易区"，范围覆盖美国、加拿大、墨西哥三个国家。根据制定的贸易协定，美国企业被允许进入墨西哥，继而降低生产成本，因为墨西哥对经济环境的管制，以及劳动法规都相对宽松。结果是，美国工人的工作岗位被墨西哥工人取代。此外，获得高额补贴的美国农产品以低于墨西哥本土的价格开始在这里倾销，如此一来，墨西哥的农业遭到大规模破坏。《北美自由贸易协议》的最终赢家只有一个,那就是跨国企业。但奇怪的是,美国工会不仅不与墨西哥工会团结起来反抗,反而却求助于沙文主义。学术圈把这种动态现象称之为"逐底竞争"[①]。可以说,整个全球经济体系都处于逐底竞争的控制之下,因为几乎所有跨国企业都在不断地寻找法律监管最松弛的国家,如此才能将生产成本降到最低,从而获得最高的投资回报率。这极好地描述了外国投资者的心理世界。在这个过程中,能以最低价格把自己的劳动力出卖给大资本的工人,最容易找到工作。因此,如果没有形成新的跨国工会,以团结全球的工人一起反抗"逐底竞争",那么最终结果将会是工人们之间开始相互倾轧。

如同管理帝国一样,要想顺利地巧取豪夺,就必须在当地的知识分子中寻找支持者,这些支持者的任务是将残酷的资本合理化,使当地人民接受资本的思考方式。在美国,托马斯·弗里德曼[②]是完成这项任务的超级代言人,他把外国资本的巧取豪夺行为称为"金色紧身衣"[③],即贫穷国家为了自身的利益,必须接受压迫。他以实际的案例加以佐证,在1975年时,全球只有8%的国家实行自由市场经济制度,国际投资总额为230亿美元。但截至1997年,此时布雷顿森林体系造就的世界大势已经形成,国际投资总额高达6440亿美元。对弗里德曼来说,虽然贫富差距越来越大,但这无关紧要,隐藏在数字背后的残酷现实也无法动摇他的想法,而且他不是唯一具有这种想法的人。对投资的迷恋是一股四处蔓延的歪风邪气。然而,投资或者

---

① "逐底竞争"是国际政治经济学的一个著名概念,意指在全球化过程中,资本流遍世界,就是为了寻找最高的回报率。因此,政府在有关福利体系、环境标准和劳工保障的政策执行方面会受限制,意味发展中国家必须竞相削减工资水平和福利待遇以吸引国际企业投资设厂。
② 托马斯·弗里德曼,出生于1953年,美国著名新闻记者、作家,《世界是平的》一书作者。
③ 金色紧身衣(Golden Straitjacket),是指减少经济规定,限制政府权力,降低税收和福利,经济充分私有化、自由化、市场化,把权力从政府转向市场,实现小政府、大社会。汤姆·弗里德曼认为:全球经济竞争环境正在趋于越来越公平。并且认为一个社会若想成功,就必须穿上华盛顿共识所配置的"金色紧身衣",即国际金融组织为发展中国家所指定的新自由主义经济政策。

投资额的增长，并不意味着发展中国家的大多数人民的生活有所改善。本地的精英阶层会因此受益，弗里德曼在媒体圈和金融圈的亲朋好友们会因此受益，那些剥削发展中国家的人会因此受益。但人民一无所知，也永远得不到什么好处。

实际上，美国狡黠地推行这种战略，绝非是为借款人提供帮助，而是因为这个战略能给美国的跨国企业带来收益。当发展中国家被迫私有化，在国际货币基金等组织的"命令"下开放市场后，这些国家只能去乞求外国投资。"最成功"的国家是那些能够为以美国为首的跨国企业提供最适宜的投资环境的国家。毫无疑问，最适宜的投资环境是指"劳动法松散、环保法律法规不健全、企业税税率低"。

在过去 25 年里，跨国企业一直在要这种把戏，它们寻找最贫穷、最缺乏社会治理能力的国家，从而以最低的成本进行生产，让地球上最贫穷的地方变成一片废墟，废墟上的人民心如死灰，生存环境也遭到彻底破坏。这就是那群为勒索者唱赞歌的知识分子所宣称的"全球化"带来的结果。谈到这一点，第三世界网络①的总监马丁·霍尔说："'全球化'在我们第三世界中被称为'殖民化'已经有数个世纪之久。"没有人认为相互关联是一件坏事，我们反对的是那种只强调"投资者权利"的全球化，因为这只不过是新版的帝国主义，它压制了数十亿人的积极性。所谓的"华盛顿共识"，其实就是不允许贫穷国家的人民拥有选择的权利，并迫使他们在选择发展模式的时候，必须优先考虑国际资本的需要，而本国公民的权益却被放在其次。

"逐底竞争"意味着外国投资在发展中国家不可能会维护公平正义。虽然弗里德曼赞美了外国投资额的增长，但他没有提及外国资本

---

① 第三世界网络是一个从事研究发展相关议题的国际非营利性智库与研究中心，成立于 1984 年，专门研究与全球经济及环境相关的问题。它密切注视及分析不同地点举行的全球性谈判，包括世界贸易组织、联合国贸易及发展会议、可持续发展委员会、生物多样性会议、气候变化会议等。

造成的发展中国家之间的严重失衡，有几个美国直接领导的高层次发展中国家登上了"新自由主义"的巅峰，而其他发展中国家则没有那么幸运。还有一点也很清楚，在这段时间内真正取得成功的国家或地区实际上都位于东亚，这些国家或地区并没有像拉丁美洲和非洲国家那样采用粗暴的新自由主义。在韩国和中国台湾地区，当地政府发挥了重大作用，启动了许多项目以帮助穷人，它们并没有照搬新自由主义的教条。韩国更是一个特例，它与通常的发展模式不同，实际上，韩国实施的并非纯粹的自由市场经济制度，恰恰相反，国家对经济的控制极其严格，政府在经济发展中起到了极大的指导作用。韩国之所以能够取得成功，正是因为它没有生搬硬套"结构性调整"的规则。中国台湾地区的情况也与之类似。

那些前新自由主义"殖民地"，比如玻利维亚和委内瑞拉，正在与西方企业就不公平的合同进行谈判，这必然会招致西方的谴责。但诺贝尔经济学奖获得者约瑟夫·斯蒂格利茨评论道，它们的做法"非常有意义"。斯蒂格利茨是世界银行前首席经济学家，后来却成了世界银行的反对者。之前的合作关系，几乎没有给玻利维亚和委内瑞拉的人民带来任何好处，这就是为什么我们称之为投资，它们却称之为帝国主义。

"在健康和教育领域增加投资的想法是合理的，"斯蒂格利茨补充说，"我们不知道委内瑞拉当局能在前政府失败的领域取得多大的成绩，但他们必须为经济社会发展打下一个稳固的基础，因此必须发展教育和健康事业，但这些事情耗时费力，目前我们还不知道该如何做。"如果你走的是与委内瑞拉前总统乌戈·查韦斯相同的道路，那么你肯定会与西方的寡头们产生冲突，他们将会千方百计地赶你下台，就如同 2002 年美国企图在委内瑞拉发动政变一样。对海地这个处于绝望之中的贫穷国家来说，美国及其布雷顿森林体系中的盟友则采取了等待的办法，它们静待危机的到来，直到海地陷入彻底的绝望后再趁火打劫。

由于资本主义已经改头换面，正如哲学家齐格蒙特·鲍曼①所说，资本主义变成了"流动状态"，因此世界人民很难团结一致发动反击。因此出现了一种不对称的情况：拥有生产工具的资本家不再依赖固定的工人群体为他们创造利润。如果有工人举手要求为自己和同胞争取更好的条件，资本家可以随时将生产线转移到生产成本更低、对资本更友好的地方。而工人们只能生活在某个地方，因为他们还要承担许多责任，比如养家、抚育孩子、偿还债务等。所谓"工人可以自由移动"的说法是巨大的谎言，许多人因为不同的原因只能待在原地。所以，富人增加了生活的选择机会，获得了更加美好的生活前景，而穷人只能被束缚在悲惨的现实中无法脱身。这是两种不同的存在，两个不同的阶级。"由于一方被固定在土地上，无法自由地移动，所以流动性极大的现代生活对他们而言是没有意义的。"鲍曼对我说，"这造成相当大的生活差异，在未来生活、发展机会、活得是否快乐等诸多方面，一切都变得两极分化。"

当我采访斯蒂格利茨的时候，他告诉我，"华盛顿共识"实际上包含了一长串条款，有些条款在特定的年代是"合适"的。斯蒂格利茨认为，从某种意义上讲，"新自由主义"意识形态成为一种宗教信仰，其中包含着诸多极端的理念，而且这些理念被视为普世价值，甚至是一种能够解决发展中国家任何经济问题的灵丹妙药。用普通人的话说，这就是"市场原教旨主义"②。斯蒂格利茨坚持说，布雷顿森林体系已经认识到自身的政策有误，在他的《三万亿美元的战争》（*The*

---

① 齐格蒙特·鲍曼，英国利兹大学和波兰华沙大学社会学教授，当代西方现代性与后现代性问题研究领域最重要的社会理论家之一。
② 市场原教旨主义是指市场可以自动恢复平衡，不需政府以任何方式进行干预。市场原教旨主义，其实没有任何理论和经验的依据，这实际上是人们的一种信仰而已。

Three Trillion Dollar War）一书中，他审视了美国在战后占领伊拉克期间实施的经济体制。"我认为最后一个实施'新自由主义'教条的地方是伊拉克，"他对我说，"在世界银行放弃了这些理念之后，布什政府却在伊拉克推行新自由主义：速成的自由化，迅速推行私有化，即使违背国际法也在所不惜。这导致那个国家在恢复过程中步履蹒跚。"布什政府企图监管伊拉克经济中所有自然资源的私有化进程，并把这一点写入伊拉克宪法之中。

当我在《金融时报》任职时，曾对一名日本投资银行的高管野村进行过一次非正式采访。在采访过程中，他对我说："哦，我们都清楚，我们攻打伊拉克就是为了保证每天能得到 3 000 桶原油。"他觉得我如果在这个问题上与他的看法不一致，那就实在是太可笑了。这才是勒索者关起门来吐露的真心话。"我认为（伊拉克）的私有化进程有个大问题，那就是缺乏法律保障，私有化进程可能会出现波折。"斯蒂格利茨对我说，"如果伊拉克政府对私有化犹疑不决，就会影响投资，这很有可能会使私有化达不到预期的效果，我们的资产不仅无法增加，反而会减少。所以，干涉私有化进程是非常愚蠢的。"斯蒂格利茨说的有道理，伊拉克战争被证明是一场灾难。然而，斯蒂格利茨也有说错的地方，他认为世界银行和国际货币基金组织已经吸取了教训，但实际上，它们没有吸取到任何经验和教训，因为它们的系统逻辑不允许它们有所改进。它们的理念虽然是错误的，但却仍然非常受欢迎，因为这些理念可以让富人变成更加富裕。除此以外，它们将会想出更多疯狂的馊主意，来让富人变得更加富裕。

第**3**章

操控世界
自由贸易下的谎言和抗争

◎ 自由贸易的真相

"这个世界存在着无数问题，比如，转基因食品的安全问题，气候变化问题，生物多样性问题，本土知识和资源保护问题，改造像世界贸易组织和国际货币基金组织等专制独裁的机构的问题，全球贸易是否公平正义的问题……这些大大小小的问题，全部被美国简化为'自由贸易'问题。"

"自由贸易"是一个谎言，它是美国的武器库中最有力的武器，被用来逼迫贫穷的国家让步，并使这些国家永远失去发展的机会。更准确地说，"自由贸易"指的是美国有按照自己的意愿摆布全球贸易关系的自由，而其他国家必须为美国产品的倾销创造有利条件。这个词自诞生之日起，就是布雷顿森林体系的一部分，也是关税及贸易总协定①的一部分，后来又成为世贸组织的一部分，美国一直使用这个词语来鼓吹"公平和自由贸易"的优点。

在现实中，美国的言行并不一致。有个臭名昭著的例子能够说明这一点，1930年6月，《斯姆特—霍利关税法》经胡佛总统签署后

---

① 关税及贸易总协定，简称关贸总协定，1947年由美国、英国、法国等23个国家在日内瓦签订，是关于关税和贸易准则的多边国际协定和组织。

成为法律，该方案把美国的关税提高到历史最高水平，目的就是阻止外国产品进入美国[①]。这是美国极端贸易保护主义的表现。如今，《斯姆特—霍利关税法》被视为当年加剧美国陷入大萧条的催化剂。美国的官方历史记述道，"《斯姆特—霍利关税法》是20世纪美国贸易保护主义的巅峰"。在发生这个"错误"之后，美国总结了经验教训，"逐步披上了支持国际自由贸易的外衣"。但实际情况并非如此。自由贸易永远只是美国的一个理想，或更确切地说，只有在符合美国利益的情况下才会被使用。当情况不符合美国的利益时，美国可以毫不犹豫地放弃自由贸易。

1947年，美国等23个国家签署了《关贸总协定》，该协定对外宣传的宗旨是促进贸易自由化，使用的手段是削减进出口关税，营造更加紧密的国际贸易合作关系。但历史学家约翰·贝拉米指出，美国推出关贸总协定，是"为了把经济的控制权集中在几个核心国家手中，特别是掌控在美国手中，这样外围国家的市场，或者说全球市场都将成为美国的囊中之物"。一个新的世界格局就此出现。

从本质上看，关贸总协定成为了一个贸易谈判的论坛，并开展过无数次的对话。最著名的一次是1962～1967年的"肯尼迪回合"谈判[②]，这次谈判取得了某种程度上的成功，参与国都削减了贸易壁垒。谈判结束后，关贸总协定成为实现美国利益的工具，在此后的10年里，整个世界都因此而改变。经济学家安东尼·甘布尔说："从此时起，美国开始在贸易自由化方面采用双轨战略。"甘布尔指的是美国此后的发展趋势：在关贸总协定的谈判中追求多边谈判方式（这最终导致1986年的乌拉圭回合谈判[③]，并衍生出世贸组织）。与此同时，美国

[①] 当时在美国，有1 028名经济学家签署了一项请愿书抵制该法案。而在该法案通过之后，许多国家对美国采取了报复性关税措施，使美国的进口额和出口额都骤降50%以上。
[②] 肯尼迪回合谈判，也称第六轮多边贸易谈判，于1964年5月到1967年6月在瑞士日内瓦举行。这次谈判使组织成员间的工业品进出口一律削减35%的关税。
[③] 乌拉圭回合谈判，是1986年9月在乌拉圭的埃斯特角城举行的关贸总协定部长级会议，会议决定进行一场旨在全面改革多边贸易体制的新一轮谈判。

在谈判之外直截了当地追求自己的国家利益。为此，美国不仅采取了一些新的贸易保护措施，还与诸如加拿大、以色列这样的战略伙伴展开双边贸易自由化谈判。一位学者注意到，"美国实际上并没有加入关贸总协定"，因为美国参议院从来没有批准过关贸总协定。这位学者还说，但美国参议院"允许关贸总协定在基本合法的情况下运作"。美国之所以如此随意地对待关贸总协定，是因为这可以让美国不受协定的限制，避免美国经济遭受损害，而另一方面又能公开从该机构中获得市场利益。威廉·布洛克是 1985 年里根政府的贸易谈判代表，针对关贸总协定之外的双边谈判，他坦率地表达了对这种安排的看法，"这些安排背后的原因在于，经济保守派都开始为国内经济感到焦虑的时候，那些为创造自由贸易而开展的符合关贸总协定的自由化措施不应该被拖延下去。"根据《外交事务》杂志所刊载的说法，里根总统本人可能是最热衷于自由市场经济和自由贸易的西方布道者，但"他的贸易政策是美国自 1930 年以来最偏向贸易保护主义的"。

最著名的产物当属美国和加拿大之间的双边自由贸易协定，这个协定签署于 1989 年。这件事表明美国确实要在关贸总协定之外另起炉灶，并希望为美国的企业带来益处：加拿大是美国主要的单边贸易伙伴。1989 年，它对美国的进口额达 790 亿美元，占加拿大贸易总额的 22%，是日本对美进口额的 2 倍。在美国边境的另一边，美国向墨西哥的出口额从 1986 年的 124 亿美元，增长到了 1989 年的 250 亿美元。美国、加拿大、墨西哥这三个国家之间的共生关系，最终演化为《北美自由贸易协议》，该协定签署于 1992 年，于 1994 年 1 月 1 日生效（本书后面的章节会谈到，对于这个协议并非没有反对者）。《北美自由贸易协议》宣称会把大约 3.6 亿人带入到一个 GDP 总量大约为 62 390 亿美元的市场中。实际上，这项协议遵循了 20 世纪 70 年代以来产生的区域经济合作范例。

　　《北美自由贸易协议》所推动的经济模式，以及其他与南美洲国家签订的双边贸易协定，都是一种强制性的经济结构调整，反映了"贸易自由化的凯旋，出口驱动型经济的凯旋，以私人企业为发展中心的凯旋"。这意味着任何希望与美国进行贸易的国家，都必须服从美国的经济安排。发展中国家更是别无选择，否则就无法保证经济的持续运转。由此，美国达到了自己的目的，将整个西半球都按照自己的想法进行了一番改造。按照安东尼·佩恩的说法，老布什的政府"完全是根据国家利益去设计《北美自由贸易协议》的，并视之为一种逐步整合西半球经济的手段。通过这一协定，美国可以以更具竞争性的方式，将更多的产品出口到更多的国家和更远的市场，这个贸易效果等同于扩容后的关贸总协定"。这个论点得到了美洲国家对话组织总监彼得·哈基姆的支持，他在 1991 年 3 月对美国国会说："拉丁美洲每进口 1 美元商品，就有 50 美分落到美国的口袋里。我们在其他地区可无法享受到这样的好处。"美国及其代理人鼓吹的另一个大谎言是"贸易自由化"，他们宣称这是经济发展的必备条件，但这其实只是消除美国产品出口障碍的条款而已，真实情况并非如美国所言。

　　东亚经济在 20 世纪后半叶的发展给人留下了深刻的印象，但韩国的经济绝不是真正意义上的市场经济。实际上，韩国经济受到韩国政府的高度控制，他们严厉地拒绝结构性调整的法则。中国的台湾地区也拒绝放弃保护本土工业的经济措施，因而他们取得了成功。

　　我与佛蒙特州的议员伯尼·桑德斯进行了一次谈话，他自称是社会主义者，是自由贸易协定的反对者。根据他的说法，自由贸易协定象征着全球经济走上了错误的道路，他说道，"本土农民怎么办？他们要耕种土地，还要养活家人。但他们有可能被赶出自己的土地，因为其他国家正在以巨大的优势出口农产品，无论是咖啡还是其他农作物。"这就是我在海地看到的情况，当地农民的生计被破坏了，因为美国在 20 世纪 90 年代向海地倾销大米。当时，海地的农民们被告知，自给自足的耕作方式行不通，必须从事由外资支持的"出口导向型"生产。

自由贸易协定也对美国国内的工人造成了灾难性的影响。桑德斯继续说："我有一个主要是针对美国的看法。证据再也清楚不过，这些自由贸易协定不仅仅是为了让美国产品寻找海外市场，也让大企业有机会关闭其在美国的工厂，并将之转移到海外，以便使用更加廉价的劳动力。"这对美国工人以及弱小国家经济的影响显而易见。桑德斯继续说："这场争论让我很吃惊，我认为证据已经确凿无疑，中国获得了数百万个原本属于我们的工作机会，《北美自由贸易协议》中的其他国家也获得了数百万个原本属于我们的工作机会。为什么美国还要继续执行那个明显对本国工人不利的政策呢？因为这个政策是为大企业服务的。共和党人一直宣称，自由贸易对美国人没有好处，但实际情况是，很多共和党人和民主党人违背公众意愿，忽视所有证据，无视人民利益，大力支持所谓的自由贸易，因为他们要为金钱服务。"大型企业从自由贸易中获益，这就是为什么政策能够继续执行的原因。

自由贸易协定的大部分内容都是在为"神圣不可侵犯的投资者权利"搭建法律保护制度，但这意味着在很多情况下，某些国家的宪法要服从于外国的资本利益。把更多国家卷入国际贸易体系，是为了国际大资本的利益，而非那些国家人民的利益。实际上，自由贸易协定往往与贸易无关，更非削减关税。这些协定其实是为了保证大型企业的对当地社会的控制权，藉此获得修改当地法律的权力，使之对投资者更有利。自由贸易协定，以及双边贸易协定，一般都包含一种被称为"投资者与国家诉讼制度"的机制，有了这种机制之后，跨国企业如果受到某个国家的法律或行为的阻挠，它们就有权起诉这个国家。这相当于是从主权政府和人民手中窃取了权力。通过这个巨大的交织在一起的协定网络，我们这个世界的真正统治者就要开始操控整个世界了。

◎ 别有用心的"支援"和"投资"

"自由贸易"并不孤单。援助，特别是配合"外国投资"的援助，是美国的另一个法宝。我们可以从"马歇尔计划"说起。这项援助计划又称"欧洲复兴计划"，是指美国在 1947 年给予西欧 16 个国家总额高达 133 亿美元（15 亿美元有息出借）的援助计划。一位哈佛大学历史学家形容"马歇尔计划"是"给予外国政府无报酬转移支付的巅峰"。德克斯特·帕金斯在 1948 年写道："国务卿（马歇尔）感到世界不安全，且想保护处于危难中的自由制度，这才提出这项计划。"美国前总统乔治·布什称这项计划是"一次道德的胜利，结果是每个人的生活都得到了改善"。这份"礼物"之所以被吸收进美国慈善的意识形态体系，原因很容易理解。表面看，美国的动机似乎大公无私，就是复兴被战争破坏的欧洲经济。但仔细研究后会有不同的发现。根据历史学家梅尔文·莱夫勒的说法，"马歇尔计划"的设计思想很简单，就是"为了使美国的经济获益"。

我曾在华盛顿翻阅世界银行的档案时发现一份"马歇尔计划"形成后撰写的文件，这份文件坦率地总结说，"二战"后的"对外援助"是为了助推美国经济的发展。"大体上看，战后从美国流向欧洲的资金，是美国政府通过类似于'马歇尔计划'这样的方式赠予或贷给欧洲的。"这份文件写道，"美国的对外援助计划，在 1946～1952 年提供了 300 亿美元的出口贷款，这个数字是美国同期总出口额的三分之一。"这份文件指出，这不仅是对外援助。战争能够促进商业贸易："朝鲜战争和西方重整军备政策，为美国的产品出口提供了额外的刺激。""马歇尔计划"的真实动机，或者在某种程度上说，整个布雷顿森林体系，都是在对文件中所称的"美元缺口"进行纠正。

在"二战"前的三角经济模式中，美国从欧洲的殖民地中获取原材料，然后将由此生产出来的产品出口给欧洲。对美国来说，战后恢复这种三角经济模式极其重要。战后，各殖民地纷纷独立。由此，欧洲以及日本进入发展中国家的市场就成了一种非常重要的战略考虑。对马歇尔及其亲信而言，要想保住这样的贸易关系，就必须向欧洲投入大笔援助，这样才能确保欧洲拥有足够的购买力，以继续购买美国的产品。这些厚颜无耻的说法就清清楚楚地记录在案。1947 年 5 月，副国务卿迪安·艾奇逊呼吁对欧洲进行经济援助，他费了许多口舌，宣传欧洲大陆遭受到的"物质破坏"和"经济混乱"。最后，他哀叹道，欧洲的统治结束了，希望美国从此能维持至高无上的地位。在罗列了欧洲遭遇的破坏之后，他悲叹道："这些严酷的现实累积在一起，使美国与世界其他地区之间的生产力出现了某种不平衡，而且程度严重到令人吃惊。"这就是前面说的"美元缺口"。当时他声称："这届国会和政府今天正在进行的救济和重建，主要是为了本国的利益。"真相就是这么简单。

极右势力在德国、意大利和日本都遭到惨败，并失去了人民的信任，这使得苏联式的共产主义开始具备相当大的吸引力。在欧洲的抵抗力量中，有许多共产主义者，虽然这些抵抗力量后来都被解散了，但他们仍然是美国"阶级"利益的威胁者，特别是在面对苏联这个超级大国的时候。根据一位历史学家的说法，"马歇尔计划"被用来"迫使欧洲实现不过分张扬的福利社会，并限制工资水平，抑制通货膨胀，创造有利于投资的环境。此外，其中部分资金需要从工人的口袋里掏"。

美国意识到，如果能让欧洲依赖美元，那就是对企图将势力范围扩张至西方的苏联的致命打击。莱夫勒对美国重建联邦德国进行了评论，他写道："尽管美国希望联邦德国能改头换面，成为一种能够团结起来的、可控的、足以震慑苏联的力量，但像许多西欧人害怕的那样，从长远来看，重建联邦德国可能会造成不幸的结果。"苏联非常担心美国重建欧洲的企图，其忧虑程度可以从苏联拒绝让东欧国家加入"马歇尔计划"这一举动中便可看出，当时后者属于苏联的控制范围。因此，可以说它们敌视美国援助的行为并非无的放矢。几份提倡"马歇尔计划"的内部文件中曾经提到，美国对外援助的主要目的被规定为："就是要削弱或防止出现某些将威胁美国的安全和幸福的国家和国际力量，并反对各种胁迫和渗透活动，特别是那些由小股武装分子发动的，目的是传播混乱和极端主义的活动。"这些冠冕堂皇的措词，其实就是针对苏联，因为在 1945 年之后，出现了越来越多的苏联式游击队。

在冷战期间以及冷战结束之后，所谓的对外援助其实就是扶植一些企图搞民族分裂的势力。西方的知识分子喋喋不休地谈论外国援助，以哄骗国民："自由"的资金流入发展中国家，帮助它们改善医疗卫生条件和解决其他问题。事实上，那些援助"通常被用来搞私营贸易和金融"。这是一种操控当事国的方式，这一点将在后面涉及美国国际开发署的章节中还要谈到。西方提供的"债务援助"和"援助计划"，实际上跟过去几个世纪里掠夺南半球国家的行为方式相去不远，是在延续过去的可耻行为。西方的宣传中总有冠冕堂皇的表达方式，比如"非洲新时代""西方的利他主义"，在这些闪光的词汇后面隐藏着那幅沉闷的、众人皆知的"出口导向型"经济蓝图，即被称为"新自由主义"经济模式，更恰当的说法是新帝国主义。

在 2000 年召开的一次八国集团①峰会上，财长会议发布声明，要

---

① 八国集团，简称 G8，是指八大工业国美国、英国、德国、法国、日本、意大利、加拿大及俄罗斯的联盟。2014 年 3 月 24 日，由于克里米亚问题的发酵，白宫宣布，美国总统奥巴马和其他国家领导已经决定，暂停俄罗斯在八国集团成员国的地位。

想获得免除债务的待遇，发展中国家必须"推进私有经济的发展，削减对私人投资的障碍，这不仅仅是针对内资而言，还包括外资"。这些是实施新自由主义经济模式的必备条件。在一番自我庆贺之后，财长们的心情变得稍微轻松了些，于是泄露口风：给世界上债务最重的18 个国家援助的资金，其实就来自这些国家偿还的贷款利息。从好处着想，这意味着资助基金的增长幅度微乎其微；从坏处考虑，甚至根本没有增加。由此，几乎所有人都看得出 G8 的领袖们，企图通过债务免除来宣扬新自由主义，即通过放松对外援助的偿还。但只要仔细斟酌附属细则，我们就能发现，所谓的债务免除并非如我们大多数人所理解的那样，不附加任何条件，直接抹掉债务。实际上，那些巧取豪夺者是绝对不会不附加任何条件就给你免除国家债务的。

◎ 后院起火：新自由主义名声扫地

虽然美国巧取豪夺的行径在近几十年来没有遭受到任何挑战，但这并不意味着他们高枕无忧。在拉丁美洲，美国在政治和经济领域的实力和影响力迅速降低，其下降速度之快，世界其他任何地方都无法与之相比。美国的政策制定者过去常说拉丁美洲是"我们的后院"，但如今，拉丁美洲地区的"新玩家"基本都是亚洲人。"拉丁美洲的贸易方式正在经历着一个结构性调整的过程，这是非常重要的，很可能会继续沿着那个方向发展。"

世界银行拉丁美洲和加勒比地区首席经济学家奥古斯托·德拉托雷在华盛顿的办公室里对我说："这个区域变得高度差异化，因为南美洲的国家正在使目标市场多样化。"他补充说。10 年前，亚洲的投资在这个地区的贸易总量中约占 5%，但如今达到了 20%。大部分贸易增长来自矿产品，比如铁矿石，繁荣的中国对铁矿石的需求量极大。美国最大的贸易区，即北美自由贸易区，已经存在大约 20 年了，显得老态龙钟。美国、墨西哥、加拿大这三个签字国在全球的贸易中的份额从 1999 年的 55%，下降到了 2009 年的 46%。在竞选总统时，奥巴马明确表示反对当前状况下的《北美自由贸易协议》，并指责前总统布什"只要是贸易，就是好贸易"的态度，甚至发出哀叹："《北美自由贸易协议》没有可强制执行的劳工协定和环保协定。"这一点确实可耻。但奥巴马上台后却一改前态，拒绝兑现重新商定协定的承诺，就如同没有兑现其他许多承诺一样。后来，他甚至出人意料地与哥伦比亚签署了一份贸易协定，这项协定得到了身处华盛顿的共和党人以及商界人士的大力支持。虽然劳工团体和工会提出抗议，但最后他还是想方设法在协定上签了字。而美国和巴拿马之间的双边协议，虽然巴拿马方面已经于 2007 年签署，但该协议在美国却一直没有获得批准，企业界惯用的借口是，这会"给美国的竞争对手带来好处"。

为了削弱巧取豪夺者的控制，拉丁美洲的地区性贸易集团开始采取一些措施。在这些集团中，最重要的是南方共同市场①。该集团成立于 1985 年，包含了南美所有的国家，有的是正式成员国，还有的是"联系国"。但他们的措施进展得并不顺利，20 世纪 90 年代初，该集团在消除贸易壁垒方面一筹莫展，过程一直停滞不前，甚至出现了新的贸易壁垒。虽然这个集团很重要，但它仅占巴西贸易总量的 11%。这便是其中的一个例子。目睹南共市面临的这个困境，美国感到十分高兴，因为这意味着拉丁美洲国家仍然十分依赖美国。然而，拉丁美洲各国政府如今有选择的权利了，它们可以选择自己的贸易伙伴，这降低了讨好美国资本的重要性。

---

① 南方共同市场（Mercosur），南美地区最大的经济一体化组织，也是世界上第一个完全由发展中国家组成的共同市场。1991 年 3 月 26 日，阿根廷、巴西、乌拉圭和巴拉圭 4 国总统在巴拉圭首都亚松森签署《亚松森条约》，宣布建立南方共同市场。其后，南美洲地区的其他国家纷纷加入。下文称该集团成立于 1985 年，似有误。

美洲玻利瓦尔联盟^①是最近成立的合作组织，它的出现更令美国人感到害怕。与其说这个组织是一个经济集团，不如说它更像一个政治集团，因为它已明确表示要避免让美国主导拉丁美洲。目前，美国尚在一个地方拥有直接控制权，那就是哥伦比亚，其地位犹如拉丁美洲的以色列。

2011 年，我在《金融时报》的华盛顿派驻地工作，被指派去报道自由贸易协定议案通过的过程，当时美国国会正在就此进行激烈的争论。我们早就知道，这样的协定刻意为生产者提供有利的条件。在这一议案中，美国就相当于哥伦比亚的生产者，至少理论上如此。实际情况是，工作机会从富裕的国家流向人力成本较低的国家；与此同时，富裕国家的产品大量涌入贫穷国家，挤压贫穷国家的本土工业。那些跨国企业仍然是最后的胜利者，这些企业把触角伸进其他国家的土地，因为那里的规章制度不健全，所以它们可以不必担心因污染和破坏当地环境而遭到处罚。在这个事例中，哥伦比亚要彻底废除对美国产品征收的关税。所谓关税，是主权国家用来限制外国产品、保护本土工业所征收的赋税，通过征收关税可以保护本国产品，使之在与比较便宜的海外产品竞争时占据优势。关税的取消，意味着哥伦比亚政府在逐步摧毁本国的制造业。

共和党的议员们极力逼迫奥巴马总统通过这项协定，这一点不足为奇，因为他们就是巧取豪夺的代表。在华盛顿，我采访了共和党议员开尔文·布雷迪，他向我坦诚了他的恐惧："街上"来了个新伙伴，那就是中国，它正试图打入美国"祖传的后院"拉丁美洲。与拉丁美

---

① 美洲玻利瓦尔联盟（Bolivarian Alliance for the People of Our America），简称 ALBA，是一个以拉丁美洲及加勒比地区政治、经济、社会一体化为宗旨的地区性合作组织。美洲玻利瓦尔联盟的前身为美洲玻利瓦尔替代计划。该计划由委内瑞拉总统查韦斯于 2001 年提出，2004 年在古巴首都哈瓦那成立，旨在加强拉美和加勒比地区国家间的经贸合作和一体化进程，抵制美国倡导建立的美洲自由贸易区。2009 年 6 月，根据委内瑞拉的倡议，该组织更名为美洲玻利瓦尔联盟。

洲的贸易协定或许能帮助美国延缓中国在该地区崛起的速度。最近，美帝国的经营者们感到非常害怕，因为听闻哥伦比亚接受中国的投资，计划修建一条横跨巴拿马地峡①的"干运河"。传统上，由美国修建的巴拿马运河是美国控制巴拿马地峡地区的重要通道，从加拿大一直到阿根廷的南部，巴拿马运河是由太平洋海域通往大西洋海域的唯一通道。20 世纪初，美国工兵修建了这条运河，之后美国与巴拿马就运河的控制问题签署了协定。在美国的协助下，巴拿马于 1903 年从哥伦比亚分裂出来，这才有了巴拿马这个国家。

布雷迪是来自得克萨斯州的共和党议员，他是贸易协定审查委员会的成员。"这件事说明中国和其他的美国竞争者是如何雄心勃勃地试图在我们的后院建立市场的。"他对我说，"与哥伦比亚签署贸易协定的时间被拖延长达 5 年，这让中国有了可乘之机，因此这是不可原谅的。"

虽然巴拉克·奥巴马总统并非美国工人的真正朋友，但在签署这份贸易协定时仍然表现得很谨慎，因为协定一旦签署，他将失去民主党选民和工会的支持，尤其是后者正激烈地反对这份协定。反对的理由也很简单：这份协定会使美国的工人失去工作，因为更多的生产线将被"转移"到其他国家。自由贸易协定通常只能让贫穷国家的工人受益，并造就唯"投资者权益"马首是瞻的经济氛围。（我要多说一下"受益"这个词。贫穷国家受益的工人都是血汗劳力取得的，农民辛苦生产出来的产品已被美国和欧洲有出口补贴且免关税的同类产品所击垮，农民别无生计，他们只好离开农村，变为工人，并成为"新经济奇迹"的一部分，他们每周工作七天，领取奴隶般的微薄工资。）工会指出，哥伦比亚政府在工人权利和人权方面的表现令人毛骨悚然。

---

① 巴拿马地峡是美洲中部的一个地峡，从哥斯达黎加边界延伸至哥伦比亚边界，全长约 640 公里，连接南、北美洲。巴拿马运河开凿于其上，连接大西洋加勒比海和太平洋，大大降低了美洲东海岸和西海岸之间的海上旅行时间。

对工会成员来说，哥伦比亚是世界上最危险的国家之一，右翼民兵组织与政府在很多问题上串通一气，整个社会陷入一种恐怖的氛围中。在哥伦比亚总理胡安·曼努埃尔·桑托斯[①]承诺会进行一些改革（也只是修饰性的改革）之后，奥巴马得到了他想要的东西，因此签署了双方的协议。还是那个老故事，实际上一切如旧。

◎ 哥伦比亚倒在血泊中

在过去 40 多年里，内战席卷了哥伦比亚，政府与左派游击队爆发战争，美国深深地介入其中。双方对战略要地展开争夺战，平民深受其害。在过去的 20 年里，大约有 7 万人被杀，其中有 2 700 名是工会领袖，他们中的大部分人是政府资助的民兵武装的猎杀目标，这些民兵企图扑灭工人运动。

根据人权组织全球交流组织（Global Exchange）的说法，自从美国开始派战机前往哥伦比亚并提供战地训练之后，政治谋杀案件从每天的 14 起上升到 20 起，绑架和失踪案数量翻了一番。2004 年，布什请求国会把为哥伦比亚提供的"慷慨援助计划"延长数年，并在原承诺的前 5 年的捐助总量基础上再增加 30 亿美元（起始于比尔·克林顿发起的"哥伦比亚计划"）。

由于持续不断的暴力，十分之一的哥伦比亚人被迫背井离乡。估计该国有 350 万人迁徙到其他地方，迁徙人数之多仅次于叙利亚。暴力冲突不断，土地频频被抢夺，妇女受到严重迫害：远走他乡的国民中，65% 是妇女（美帝国主义必然会导致妇女受到更严重的伤害）。之所以会出现如此严重的性别不平衡，是社会动荡、家庭破碎的必然结果。

[①] 胡安·曼努埃尔·桑托斯，1951 年生于哥伦比亚首都波哥大，毕业于卡塔赫纳海军学院，后在英国伦敦经济学院和美国哈佛大学攻读经济学。2010 年 6 月 30 日，桑托斯当选哥伦比亚总统。

男人被迫离开或被杀害之后，妻子和伙伴只能携带家眷背井离乡。

17 岁的叶西卡·奥约斯的悲惨经历可让我们一窥究竟。她当时就读于哥伦比亚首都波哥大的法律学校，刚刚踏入校园一个月，她就被叔叔带走，后者声称要她去医院走一趟。乘车走了一小时，他们来到富萨加苏加镇上的小医院。在这里，她看到母亲与她的兄弟姐妹拥抱在一起。14 岁的妹妹看到父亲躺在朋友家外的地上，身下流了一滩的血迹。她试图唤醒父亲，但发现父亲的身体被子弹击穿，头部甚至中了 7 枪，已经死去多时。

"我父亲的名字叫乔治·大琉斯·奥约斯·佛朗哥，是一位工会领袖，于 2001 年 3 月 3 日被刺杀。"叶西卡说。当我和同事安娜·阿仁达见到她时，她已经 25 岁，说话很自信，但回忆那场悲剧时总掩饰不住内心的恐惧。"最初，像其他哥伦比亚工会领导遇刺一样，警察声称这是情杀……我们知道这不是真的，因为我父亲几个月来收到好几次死亡威胁，禁止他继续从事工会活动……所以我们一直在追查真相。"一开始，叶西卡和母亲希望刺客还她们公道。她们接受当地媒体的采访，与人权中心一起收集证据。"就在这时，母亲接到一个电话，命令我们必须闭嘴，否则下场跟我父亲一样。"叶西卡说，"我家周围开始有人监视。我们也受到威胁，当我们走在街上，也会被人跟踪。这就是为什么我们被迫离开故土、远走他乡的原因。我们去了波哥大。一年内，我们搬了 5 次家，因为每次搬家之后，那些人总能找到并威胁我们，我们不得不继续搬家。"

艾蒂·莫雷诺的故事与之类似，她丈夫在 1994 年被民间武装刺杀。她成为寡妇，带着 5 岁大的儿子，而且当时她还有 4 个月的身孕。"我们只能抛弃一切，抛弃我们的房子和土地，远走他乡。"她说，"迁徙中妇女最容易受到侵害。我们必须思考如何为孩子寻找食物，如何让孩子接受教育；而且我们还要考虑家人安全和吃穿用度等。"

国际难民组织的一份报告指出，哥伦比亚政府一直无法处理国内人口的迁徙问题，也没有对特定人群（妇女和儿童）的需求作出足够的回应。这份报告指出了迁徙人群中的性别问题，此前这个问题基本上无人问津。问题包括几个方面：缺乏良好的医疗卫生条件，特别是在产科方面；在社会高压下家庭暴力频发；丧失配偶后妇女的心理损伤；大量妇女为养家而外出卖淫；交战双方都频繁地将强奸和性暴力作为战争手段。正义受到如此亵渎，致使哥伦比亚最高法院作出判决，宣布政府没有向国内迁徙的妇女提供足够的人道援助。"政府现在似乎做了些事情，但几乎没有什么成效。"伊莎贝尔·奥尔蒂斯·佩雷斯解释说，她是哥伦比亚一个妇女人权组织的主席。"政府提供的规划缺少协调性措施。例如，它为迁徙中的妇女提供了住所，但没有提供教育设施。结果孩子无法上学，母亲不能上班，只能待在家里照顾孩子。"

伊莎贝尔认为政府应该把精力放在满足孩子的需求以及为妇女提供求职渠道上。"如今，大部分迁徙中的妇女都私下求职，比如在街上卖糖果，或从事家政工作。这些都属于非正式就业，因为她们几乎无法享受社会保障和医疗卫生服务。"

如今，叶西卡已经取得了法律学位，并在何塞·阿尔韦亚尔·雷斯特雷波律师事务所工作。这个律师事务所专门处理人权方面的事务，目前正在处理她父亲遇刺一案。虽然开枪杀害她父亲的凶手已经被捕，但其背后的买凶杀人者仍然逍遥法外。不过，叶西卡认为自己仍然算是幸运儿。当她的家庭迁徙到异地后，母亲还能保住一份在学校当老师的工作。在朋友的帮助下，她们最后去了波哥大。"我妈妈能继续工作，如果她没有工作，我就不会有今天，根本无法获得我的法律学位。"她说，"但大多数迁徙到波哥大的妇女都是农民，她们的生活习惯都是围绕着耕种土地形成的。她们既没有接受过教育，又没有任何财产，她们能有什么希望呢？"

如今，美国虽然支持这类野蛮的行径，但是已经达不到预期效果了，因为中国人已经踏足这片土地。"我们进入了一个新时代！"拉丁美洲事务委员会的主任拉里·伯恩斯对我说，当时我在华盛顿采访他。"这个时代的战略考虑，更多着眼于食物和商品的供应，而非建立海军基地和同盟条约。中国在这方面是领先者。美国过去是老大，大部分原因在于该地缺乏竞争者，如今美国终于迎来了几个竞争者。"他补充说道。

许多国家对美国的帝国主义行为感到厌烦，相对于美国强加给他们的"投资者权利"，中国被认为是摆脱这种压迫的一种途径。巴西是一个经典案例（1964 年，巴西在美国的协助下推翻了民主政府，扶持一位野蛮的军人上位，统治巴西长达数十年）。中国生产钢铁所需的铁矿石大部分来自巴西。而巴西通过出口矿石进入全球贸易体系后，动摇了美国和欧盟的传统霸权。过去，美国一直通过世界贸易组织主宰贸易谈判，如今他们被遗弃在路边，因为现在已经有数个新兴经济体崛起了，而且它们不属于消费型经济体，因此在贸易双方都获益匪浅。过去美国享有的贸易优势，如今天平发生了倾斜，倒向了贫穷国家一边，因为这些国家拥有丰富的农产品和石油资源。但美国掌控的矿产开采和资源攫取行业仍然是全球勒索体系中的恶毒分支，这些行业从地下攫取矿产品，获取丰厚的利润，在世界范围内制造出无尽的苦难。

第**4**章

被诅咒的财富
"资源祸"与"资源民族主义"

◎ 为财富而杀戮

到国外挖掘矿产资源，是一门极为古老的致富之道，非常受勒索者欢迎。采矿业是一个价值数十亿美元的产业，挖出来的矿产被跨国企业运往世界各地。许多采矿企业的年收入比矿产所在国的国民生产总值还要高。为了使南半球各经济体对西方采矿企业开放，美国一马当先，冲在了最前面。然而，它们面临的首要问题便是如何摆脱当地政府的干预。采矿的大企业都来自富裕的西方国家，它们经常破坏矿产所在国的环境，当地人的反抗从来不会有好下场，因为这些大企业在当地的代理人会铲除所有反抗者。

我供职于《金融时报》时，有一段时间专门负责报道关于采矿业的新闻，所以知晓其中的真实情况。简单地说，就是反抗的人会被不断地杀掉。或许是在意料之中，我在矿区的联系人都不与我交谈，但不断地有消息报道有人在街上被枪杀，并且不清楚凶手到底是谁。例如，在2010年圣诞节的6天假期里，我当时仍然在伦敦为《金融时报》工作，2名杰出的萨尔瓦多矿工活跃分子在白天被人枪杀。第一个人是拉米罗·里韦拉·戈麦斯，她是卡瓦尼亚斯地区环境委员会的副主席，当时正在领导一次抗议活动，她希望阻止加拿大环太平洋矿业公司在这个地区开挖某个金矿。被杀时，她正与 14 岁的女儿在街上行走。6 天之后，多拉·艾丽西娅·雷西诺斯·索托在去往附近的湖里洗衣服时被枪杀。她当时已经有 8 个月的身孕，她是卡瓦尼亚斯环境委员会的另一名杰出会员。国际特赦组织[①] 要求萨尔瓦多政府进行调查，但毫无结果。

为此，我拜访了死者所在的企业。"这个事件与环太平洋矿业公司无关，那仅仅是一起家庭纠纷而已。"公司首席执行官汤姆·施拉克这样对我说，听话音他似乎是生气了。我想，这大概是因为过去《金融时报》的记者极少问及这类事情吧。他接着说道："有几个异议分子企图让人们相信我们在这儿采矿会出现问题，但这是错误的言论。"然而，在发展中国家，矿区发生暴力破坏事件已经司空见惯。在墨西哥，同样是在 12 月，政府临时关闭了一处加拿大黑火勘探公司运营的重晶石矿区，因为当地的工人领袖和活动分子马里亚诺·阿巴尔卡·罗布勒热头部中枪，随后又被摩托车碾压并当场身亡。阿巴尔卡·罗布勒热是"墨西哥矿山受害人网络"的领袖，他牵扯进了一桩针对恰帕斯露天采矿的抗议活动。我很快就意识到类似的死亡事件一直存在，并且随处可见。这些事件说明，那些胆敢阻拦外国矿业企业的人，都会遭到有计划的胁迫和谋杀。

这些故事使我们回想起这个产业声名狼藉的历史，企业主们在过去数十年的时间里，花费大量金钱，试图洗白自己的形象。当然，这并非是因为他们真的关心那些无家可归的人，而是负面形象开始影响到他们的收益。2007 年，《跨国企业评论》（*Multinational Business Review*）刊登了哈文娜·达什伍德的一篇文章，解释了采矿企业"在 20 世纪 90 年代深陷于社会期待与产业运作模式之间的矛盾……从采

[①] 国际特赦组织是一项全球性运动，其成员通过行动，为所有人争取国际公认的人权能受到尊重和维护。

矿业的整体来看，矛盾是如此之深，以至于采矿企业遇到了合法性危机"。在世纪交替的几年间，采矿企业切身感受到了企业声誉是如何深刻地影响企业的正常运作和利润水平，所以整个采矿业开始痴迷于"可持续发展能力"和"企业社会责任"这样的概念。当时出现了大量的新组织和机构，它们专门宣传企业的社会责任，以改善采矿业的声誉，最终，他们通过这种方式化解自身危机。1999年，9家世界上最大的矿业公司共同创立了"全球矿业倡议组织"（Global Minig Initiative），打算为"采矿业的持续发展"提供一些新的概念和策略。

2001年，采矿业的代表们改头换面，成立了"国际采矿及金属协会"（ICMM），这个协会提出了10条采矿业必须遵守的原则，覆盖了从教育到环境保护领域的方方面面。在此期间，"企业社会责任"这个概念在采矿界是如此受欢迎，以至于澳大利亚昆士兰大学在2001年成立了矿业可持续研究院，其目的是推广可持续的采矿实践经验。校方宣称之所以建立这个研究院，是为了"回应日益高涨的有关对采矿业在现代社会中地位的兴趣和争论"。

不过，这些都是华而不实的表面文章，采矿业的现实基本上没有任何改变。资本主义的本质特征也不会改变：采矿企业之所以到贫穷国家采矿，并非是去做慈善事业，而是想挖走贫穷国家的矿产资源，从中赚取利润。如果它们为矿工支付高额工资，或用金钱解决与矿工的纠纷，这必然会降低企业利润，损害股东的利益，这才是矿产企业最关心的根本性问题。"最近，墨西哥和危地马拉发生了多起谋杀案，坦桑尼亚的北马拉金矿也发生了有毒废水泄漏事件，这些事让我们很难相信采矿企业的恶行有所改善。"亚历克西斯·斯吐姆比利斯对我说。她是萨尔瓦多人民团结委员会的执行主任，该委员会对萨尔瓦多发生的谋杀案高度关注。"唯一改变的是采矿企业变得更关注自己的形象，并把自己打扮成对社会和环境负责的样子。"她说得很正确。

　　西方的商业寡头们有自己的代理人，公司的首席执行官就是代理人之一，但还有其他的代理人。各矿业企业都会花钱雇人去改善自己的形象，这就是公关市场中的黑市交易。蒂姆·珀塞尔是 CO3 公司的公共关系总监，不出我的意料，他表达了不同意见："大型采矿企业如今已经开始处理国际采矿及金属协会提出的原则性问题。"他说："有些问题跟矿山一样古老，比如原住民问题、政治无知问题、安全和健康问题。但实际上采矿业正在认真地解决这些问题，业内人士都很关心这些事情，我们正在共同讨论应对策略……大约 10 年前，大型采矿企业出现了声誉问题，"他继续说，"人们的批评……开始影响业务，有些企业甚至被吊销了营业执照，诸如此类的问题有很多。"业务既然受到影响，就必须作出调整，至少在表面上要作出调整。实际上，在对外国投资及其所提供的工作机会大唱赞歌的背后，是这些国家里那些为古老而又稳固的帝国主义卖命的奴隶，他们被置于欠发达境地已经有数个世纪之久。

　　也就是在这段时间里，我拜访了肯梅尔资源公司，这家公司在莫桑比克拥有并开采一座钛矿，在采矿业界维护企业名誉的浪潮中，这家公司被视为一个"成功故事"。2009 年，他获得了爱尔兰肯梅尔—莫马发展协会（Kenmare Moma Development Association）颁发的"企业社会责任奖"，该奖项成立于 2004 年。该公司还以相同的名义获得了"南非莱利银行社会经济奖"。"基本上，我们可以这么说，从开始采矿那天起，我们就努力让人们感受到采矿会给他们带来经济效益，这不是为了国家，而是为了他们自己。只有这样，才能在未来实现成功。"肯梅尔的总经理迈克尔·卡维尔说，但他这是鹦鹉学舌般的官方假话。"为了实现这个目的，我们成立了一个非盈利性的发展机构，其目标就是让本地社区能够分享开采矿山带来的好处。"在采矿业领域，让矿区人民通过开采他们本地的资源获益，竟然能为采矿企业赢得大量奖项，这不能不说是一个巨大的讽刺。

卡维尔告诉我，肯梅尔—莫马发展协会向莫桑比克当地社区提供了诸多便利，其中包括工作机会、卫生健康以及农业方面的培训。"我们甚至还启动了一项野生动植物基金合作项目，请农业技师为当地人提供农业培训，教授他们如何种植那些可以卖给矿区的农作物，所以他们要依赖采矿业生活。"卡维尔说，"这可以给那些处于绝对贫困中的人带来一些收入，这会形成一种涓滴效应^①。我们还设立了几所学校。"然而，肯梅尔公司真正带给莫桑比克人民的东西是不敢大书特书的。莫马矿区位于工业自由贸易区内，矿山加工厂不必缴纳公司税、进口税、出口税、增值税，公司在生产了6年后仅缴纳了1%的营业税。据估计，莫马矿的年收入达到8 500万美元，而且已经连续营利20年。这种"安排"直接来自于巧取豪夺的剧本：你不必因为采矿而缴税，而是只需要像上帝那样建立学校和医院来拯救当地百姓即可。无论你提供的东西质量多么低劣，或者宣称投入了数百万美元，都远远低于你所要上缴的赋税。至此，企业公关的作业完成了。

这类交易一般是在当地政府和外国企业之间达成的。当投资规模比较大的时候，发展中国家的社会团体对这类交易最为恼火，因为它们认为这样的交易等于把工作机会和好处都给了矿山附近的居民，其他地区除了获得交通设施方面的投资之外一无所获。矿业公司认为，矿业公司有发展中国家所缺乏的资本和经验。这个说法也许有道理。但对于发展中国家来说，解决这个问题的办法应该是建立一所工程大学。当然，矿业公司不会听从这个建议，因为这会导致它们变得毫无用处。所以，这个趋势就这样延续下去：发展中国家继续处于落后状

---

① 涓滴效应也称作"涓滴理论"，指在经济发展过程中并不给予贫困阶层、弱势群体或贫困地区特别的优待，而是由优先发展起来的群体或地区通过消费、就业等方面惠及贫困阶层或地区，带动其发展和富裕，或认为政府财政津贴可经过大企业再陆续流入小企业和消费者之手，从而更好地促进经济增长的理论。

态，继而不得不依赖于外国资本，直到有一位真正关心人民疾苦，而非一味满足外国资本家的领袖出现。玻利维亚就是一个具体的例子，我们后面将会讨论到。

"30年前我刚进入这个产业时，还是一个毛头小伙子，脾气极为暴躁。"约翰·艾京顿说，他是可持续能力战略咨询和智囊公司的创始人。"那些采矿业的家伙跟我差不多，都是一些莽汉。俗话说得好，不打破鸡蛋，做不出煎蛋卷。同理，采矿肯定会破坏环境，但他们根本没有耐心与环境保护分子坐下来讨论问题。"不过，艾京顿认为现在的情况有所不同。"我真心地认为国际采矿及金属协会提出的程序推动了事情的进展。有一些业界领袖在过去十几年里产生了某种良心危机。"

但这全部是谎言。他们除了做了点儿表面文章，实际情况没发生任何改变。在采矿业界，有些企业主说他们根本不知道"可持续发展能力"是什么意思，只是跟着别人赞美几句而已。"我很想知道到底该如何去定义这个概念，因为现在这个词的定义很混乱，包含的内容太过宽泛。"伯纳德·奥利维尔博士在南非对我说，他是第一坦桑宝石采矿公司的执行董事。"我们很希望把本地社会引入我们的讨论议题之中，但我不知道那算不算'可持续发展'。"采矿企业的首席执行官们讨论的是如何获得外国的"社会许可"，或如何减少社会对此的负面评论。新的采矿企业规范使这个问题变得容易解决。

我去参加了采矿业在南非开普敦举行的见面会，这个会议持续了仅4天时间，其中一半的时间都在讨论企业的社会责任问题。虽然如此专注，但许多大采矿企业都给不出在承担社会责任方面的确切花费。我询问了5家公司，包括布罗肯希尔、力拓、韦丹塔、英美资源集团、斯特拉塔，请他们告诉我公司在这方面的花费情况。只有韦丹塔提供了相应的数据，但也仅仅是近2年的数据。其他4家企业说它们不单独记录公司在社会责任方面的花费，而是纳入到本地社区项目和环境保护这两个方面。英美资源集团说根本没有这方面的数据："企业的社会责任以及负责任的经营方式，已经完全融入到了企业日常的运营当中。"其他4家企业提供了最接近本公司在承担社会责任方面的花费类型，这类花费自2004年之后有很大的增长，但每年的数据都十分混乱且不一致。力拓说最接近的记录是"外部费用"款项。斯特拉塔提供了"企业社会参与"方面的花费，但只包括初始投资或对相邻社区的补贴这两个方面的花费，这显然不是与日常运作有关的"重大花费"。但"企业社会参与"方面的花费突然从1 050万美元上升到1.02亿美元，但又在2008年突然下跌到了5 850万美元。

◎ 一切为了利润

尽管采矿企业在"企业社会责任"和"企业社会参与"方面增加了投入，也努力进行了各种公关补救，但现实情况并未改善。这一点很明显，只要你看看当今的法律案例就会一清二楚。本地民众阻止韦丹塔公司开挖一座新矿山就是一个引人瞩目的案例。印度有个部落叫东加里亚空达，该部落的民众展开了一次非暴力反抗运动，阻止韦丹塔公司在东印度奥里萨邦的纳亚姆吉利山上开采露天铝土矿。东加里亚空达部落把纳亚姆吉利山的顶峰视为神灵。在此之前，韦丹塔公司已在那座山底下拥有一座铝土矿。

英国国家联络据点（UK National Contact Point）是英国的一个政府机构，负责协助经济合作组织①监督企业行为。它对韦丹塔公司提

---

① 经济合作与发展组织（Organization for Economic Co-operation and Development），简称经合组织（OECD），是由34个市场经济国家组成的政府间国际经济组织，成立于1961年，总部设在巴黎，该组织旨在共同应对全球化带来的经济、社会和政府治理等方面的挑战，并把握全球化带来的机遇。

出了批评。总体来看，英国国家联络据点认为："在开挖矿山这个问题上，韦丹塔公司没有预先与东加里亚空达进行充分、及时的磋商，也没有利用其他机制评估公司的活动对社区的影响，比如进行一次本土人权评估。"随后，世界范围内爆发了金融危机，到 2009 年 1 月的时候，韦丹塔公司的股价跌到了 584 点；而此时的股市翻了 5 倍，达到 2106 点。在这段时间里，关于韦丹塔公司的负面消息特别多，英格兰教会和约瑟夫·朗特里慈善信托基金也纷纷抛售该公司的股票。与此同时，英国国家联络据点也抨击该公司。就在朗特里发出公告之后 4 天里，韦丹塔的股价上扬了 72 点，每股价格达到了 26.26 英镑。

2006 年 8 月，孟加拉的福尔巴里地区计划开采一处煤矿，引发了当地民众的强烈抗议，严重影响了煤矿的拥有者 GCM 资源公司的股价。本地的抵抗力量不断壮大，最后甚至聚集起 5 万人，在 GCM 资源公司的办公区举行游行示威。该事件中，警察开枪杀死了 3 名和平抗议者，并打伤了许多人。"就在采矿企业主们在'企业社会责任'的表面功夫时，现实情况是他们仅关心社会动荡是否影响了采矿企业的实际运作。"FinnCap 公司的分析师乔·伦恩这样对我说。"一般而言，大型采矿公司的资产分布很广，比只有一个矿区的小公司所受的影响要小。"同一个月，基于英国国家联络据点的裁定，英国最高法院冻结了另一家采矿企业蒙特里科金属公司 500 万美元的资产，因为据称有 27 个人被非法拘禁在秘鲁北部里奥布兰科的矿区，时间长达 3 天。这 27 个人当时正在抗议采矿。采矿圈里由此创造了"资源祸"一词，用来指丰富的矿藏使得矿藏所在地的人民正逐渐变得贫穷和暴力，因为利润都被输送到了国外。当然，这样的结局不是偶然的。

2012 年，我在南非遇到几个采矿企业的老板，他们每个人都兴高采烈，笑容满面，一如漂亮的宣传册上的工人。这些企业主都在没完没了地夸耀采矿企业制定的"完美的"安全标准。然而，安全标准虽然提高了，但相关采矿企业的矿难死亡人数并没有有效减少。我研究了 4 家在英国上市的采矿集团，包括力拓、韦丹塔、斯特拉塔、布罗肯希尔，其矿难的死亡人数自 2005 年以来增加了一倍。根据这些企业的记录，2005 年死亡人数为 23，到了 2008 年这个数字上升到 54。《金融时报》刊登了一篇名为《随之而来的嘲笑》的文章。"我认为目前的情况很艰难，所有企业都看到了后果。"卡尔·赖布谢根说，他是国际注册审核员协会（International Register of Certificated Auditors）的首席执行官，这是一家安全风险管理咨询公司。"问题是管理层接受文化变革是个逐渐的过程。"力拓采矿集团保证说："安全是我们的一切，这个递增的数字也要考虑到我们矿工队伍人数在扩大的现实。当然，多么低的死亡率都是多余的，我们也在努力把死亡率降到最低。"有约束力的采矿安全规定还没有建立起来，但却有国际"标准"：采矿业的国际标准全是君子协定，执不执行完全在于企业的自愿。

我曾经与一位采矿企业的高管谈话，他总结了为什么采矿企业会去改变形象，以及为什么说哪怕是微不足道的改进，也一定是出于利润的原因。"我想说我们的项目是完全利他的，"布拉德·桑普森说，他是探索金属公司的执行董事，这家企业在博茨瓦纳开采铜矿。"但从大约 10 年前开始，采矿企业就意识到，除非你与当地社区搞好关系，得到当地社会对你的许可，否则你无法开采矿产。我说的不是纸面的许可书，而是指本地社区可以阻止你采矿。你必须让它们站在你这边。你是在遥远的地方进行矿山开采工程，所以必须作出某种调整，这是非常困难的。我认为采矿企业的名誉确实不好，但这种调整是否值得呢？这个问题可以讨论。"

在过去的 10 年里，全球的采矿企业似乎都顿悟了，它们感到有必要考虑可持续发展的问题。但为了在未来 10 年里实现这个目标，有许多采矿业人士认为下一步必须制定有约束力的规范制度。"单凭自愿主义是很难维持的，"可持续能力咨询公司的艾京顿说，"自愿主义鼓励试验各种方法，促进某种程度上的竞争，但总会有几家企业不愿跟随其他企业和公民的集体意愿行事。必须通过监管控制这些企业的行为，这个时候就需要立法。"但目前还没有这方面的立法。

◎ 国有化 VS 私有化

在诸多发展中国家领导人中，玻利维亚总统埃沃·莫拉莱斯率先改变了对待外国采矿企业的态度，尤其是对西方采矿企业的态度。玻利维亚拥有世界上一半的锂矿资源，如果开发得当，可以获得非常可观的利润。

莫拉莱斯领导的政府不想让西方采矿企业参与其中。矿业部部长路易斯·阿尔韦托·埃查苏说："我们不想再重复 15 世纪以来的历史，如果我们继续把原材料出口到西方工业国家，我们将会陷入贫困。"因此，玻利维亚拒绝了常规的经济发展模式，即把采矿和生产的任务外包给拥有生产经验和资本的外国企业，而是让国营企业努力去开发资源。为此，他们回绝了无数西方企业的请求。莫拉莱斯还需筹集 8 亿美元，才能建立起矿山开采场以及与之配套的处理厂。根据一份工业报告，玻利维亚的采矿量在 2009 年增长了 13%。

2012 年，我会见了玻利维亚驻英国大使，询问这种新发展模式的现状。她说还没有什么媒体对这个话题做过采访。当西方的财经新闻报道南美洲的时候，一定会刊登一篇赞颂玻利维亚的邻居巴西"经济奇迹"的文章，或散布一篇有关委内瑞拉"红色恐怖"的骇人听闻的文章。但如果放眼观看世界其他地区的新闻，特别是东亚地区的新闻报道，会发现情况并非如此单调乏味。实际上，中国官方媒体新华社几乎报道了莫拉莱斯总统的全部发言。这是为什么呢？道理很简单：

中国希望得到锂这种柔软的白色金属。

玻利维亚是一个拥有 900 万人口的内陆国家，同时也是南美洲最贫穷的国家，但它却拥有 21 世纪发现的世界上最大的矿藏之一。锂金属可以用来生产电池，而锂电池为当前电动汽车革命提供原动力，许多国家都希望能够引领这场革命，尤其是中国。

自从 2005 年开始，争取社会主义运动党^①便掌控了玻利维亚的政权，如果该党试验的新发展模式取得成功的话，它将成为全球发展中国家的模范。跨国企业及其支持者可能会对一事感到担忧，即玻利维亚不再重视国际货币基金组织和世界银行的说教，这两家机构一直提倡尽量取消对外国直接投资的限制。"我知道他们正与法国、韩国、日本讨论在玻利维亚开发锂的事情，但我们不想做原材料的出口者，我们要利用锂资源创造更大的价值。"大使玛丽亚·贝阿特丽兹·索维龙说，当时她正坐在地处伊顿广场的玻利维亚大使馆里。索维龙女士说的"创造更大的价值"，指的是在玻利维亚建造生产锂电池的工厂，而非把开采出来的锂出口到国外。这个想法在新兴市场里吸引到越来越多的支持者。

2011 年，尼日利亚农业和自然资源部部长阿金·阿金尼戈贝格对国内的可可豆出口商说："我们也在做可可豆的增值业务。就是先在家中处理可可豆，然后再出售到国际市场上，这能让农民赚到更多的钱。过去，可可豆被直接出售到国际市场上，我们的农民对价格没有发言权。"这意味着西方企业未来的日子会过得更加艰难。"我国政府的政策是对进入我国的投资行使主权，"索维龙说，"如果有谁想在我国投资，只要它遵守增值原则，那就没问题。如果它不遵守原

---

① 争取社会主义运动党（Movimiento al Socialismo），委内瑞拉国内政党，1971 年 1 月 19 日成立，拥有党员 47 万人。由脱离委内瑞拉共产党的一部分中央委员组成，主张革新马克思主义理论，建立一个委内瑞拉式的民主、多元、主权、人民自治的社会主义社会。2001 年，党内分裂为反对政府和支持政府两派。党主席是费利佩·穆希卡，总书记为莱奥波尔多·普奇。

则，那么我们就自己去增值。"截至目前，玻利维亚对西方正统模式的挑战是成功的。2007年，玻利维亚政府的国际收支经常项目①顺差在占GDP的12.1%，2008年占11.6%，2009年占3.4%，之所以逐年减少的原因是政府正在增加开支以抵御经济衰退。

2010年，在南美洲和加勒比海地区，国际货币基金组织预计只有玻利维亚以及委内瑞拉、阿根廷三国在国际收支经常项目中产生顺差。到目前为止，莫拉莱斯当局已经与韩国签署了备忘录，约定共同发展锂产业，因为总统发现韩国"正在大力推广使用清洁能源"，而且"愿意支持玻利维亚正在谋求的内生增长模式"。

中国人的出现改变了贸易模式。澳大利亚的贝尔松矿业公司与中国人签订协议，允许后者投资他们在几内亚的铁矿石项目。协议规定中国人提供建设基础设施的资金，以换取矿石资源的供应。这个位于西非几内亚境内卡利亚地区的铁矿石项目非常庞大，估计铁矿石的总储量达24亿吨，贝尔松矿业公司计划每年开采5 000万吨铁矿石。中国对钢材的需求量极大，中国国际基金（China International Fund）同意提供30亿美元，为该项目建设基础设施。如今，中国的企业越来越愿意为采矿企业建设交通和能源基础设施，以换取购买矿石的合同或包销协议。

"这是一种新的实用主义，"安永会计师事务所分析师蒂姆·威廉姆斯对我说，"中国人并不在意是否拥有绝对的控制权，他们不会去购买公司的大部分股份，但愿意花钱去建设基础设施。"他接着说："有些企业资产优良，但缺乏运行资金和专项融资。目前产权投资市场很不景气，所以很多企业只能另谋出路。"玻利维亚与中国企业合作开发了几个项目，据说中国企业与他们坦诚相待，这正是美国资本家一直以来欠缺的品质。

---

① 经常项目是指本国与外国进行经济交易而经常发生的项目，是国际收支平衡表中最主要的项目，包括对外贸易收支、非贸易往来和无偿转让三个项目。

近些年来，采矿的企业主们发明了一个奇怪的词汇。当一个国家决定让本国人民而非境外企业挖掘国内的矿产，并以公平的价格获取收益时，外国企业将这种行为称之为"资源民族主义"，这个词语实在是过于阴损。

我与津巴布韦的一家名为非洲联合资源公司的采矿企业谈过话，该公司在津巴布韦的马兰吉地区拥有一座钻石矿。在打了一桩长达几个月的官司之后，最终非洲联合资源公司被矿业部部长参克夫·穆苏库特瓦取消了经营执照。"实际上，我们在高等法院打赢了这场官司。判决认为，直至9月份，我们的经营执照仍然有效。"非洲统一资源公司的首席财务官罗伊·塔克对我说，"但政府向最高法院起诉，最后作出了我们不能继续采矿的判决。"

政府方面援引了《矿山和矿物法案》，该法案规定某些地区因受到保护，不得擅自进行开采活动。"这其实与法庭判决无关，"塔克说，"他们找到了取消我们经营执照的新理由，因为他们突然发现我们经营执照的注册地不允许开采矿产。我们对此非常怀疑，因为某些内容被改动了。"非洲联合资源公司和其他在津巴布韦运作的企业都在反对总统罗伯特·穆加贝及其政党非洲民族联盟爱国阵线提出的一部新法律。根据该法律，任何在津巴布韦运作的外国企业，其大部分股权都归津巴布韦所有。对外国资本家来说，这个要求委实太过分。他们希望像海地那样，当地人只拥有海地工业的少数股权，而且必须经由法律明文规定。"在4月的某一天，政府要求各企业提交计划，并要求将企业的51%股权都收归本地人手中，这项工作必须在5年内完成，因此我们不得不提交计划。"塔克非常生气地说。

在南非，自从种族隔离制度结束之后，一部分由非洲人国民大会党①所领导的部门就宣布即将进行采矿企业国有化，这个提议早在非

---

① 南非非洲人国民大会党（African National Congress），现为南非执政党，是南非最大的黑人民族主义政党，也是南非唯一跨种族的政党。

洲人国民大会党编纂《自由宪章》时就已提出。当我在南非的时候，非洲人国民大会青年团主席朱利叶斯·马勒马说，采矿业国有化是要优先完成的重要任务，而且早就该如此行动。很不幸的是，南非的种族隔离制度从来没有被打破。他说："我们意识到有人企图破坏黑人解放运动，并扶持傀儡政府上台……他们正在开采南非的矿产资源。"

2010年，在非洲最重要的资源大会，即南非国际矿业大会（Mining Indaba）上，南非矿业部部长苏珊·莎本古认为有必要对聚集在台下的采矿界大佬们喊话，也就是针对那些西装革履的白人富豪们表明自己的态度。于是，她十分明确地说："只要我活着，就不会把采矿业国有化。"那些试图从采矿帝国主义中获利的人，唠叨着俗不可耐的观点。"采矿企业国有化在世界任何地方都行不通，没有证据表明在南非就能行得通。"大卫·内尔对我说，他是战略自然资源公司的首席执行官，这家企业在南非从事采煤业。"南非的GDP非常依赖采矿业和外国对南非的投资，如果资本从南非出逃，结果将是灾难性的。"

但如果他们把矿山国有化，置于南非人控制之下，结果将会如何？如果把采矿的利润从伦敦和纽约收回到南非人自己手中，在索韦托和约翰内斯堡投资兴建学校，那又将如何？但他们认为这不可能发生，甚至讨论一下制定更公平合理的矿区使用费或税收协定，都会引发外国企业的愤怒。

真正的决策是在会议厅之外作出的，参加谈话和展览的"门票"价值1 500美元：由公关公司买单，它们把腐败的企业财团成员请入开普敦的酒吧，各国的投资银行和掮客也混迹其中，它们都在寻找合适的客户，企图从他人手中抢走生意，他们都在比拼谁的表现更为出众。在此背景下，采矿业试图操纵各种政治势力。例如，会议最重要的议题之一便是投资者在非洲的安全问题。经济规模比较大的非洲经济体都派出了部长级的代表团前来演讲，以平息投资者的忧虑，并承诺，投资者们一定会受到非洲的款待。各经济体的部长们都试图避免发生类似 2012 年尼日利亚《石油法案》的事件，该法案试图改变利润丰厚的石油产业，以压缩外国企业的利润空间，征收更加严厉的税种和资源使用费。这种行为往往引发外国企业的勃然大怒：贫穷国家的独立和主权妨碍了巧取豪夺者为所欲为。然而，某个国家一旦失去主权，那么巧取豪夺者将会进入强制该国执行命令的阶段，这是罪恶的巧取豪夺事业的核心步骤。

第一部分

强制执行

开启罪恶的掠夺事业

　　在当今世界上，如果要列出流氓国家的名单，美国毫无疑问地排在首位，跟在美国后面的则是一群巧取豪夺的帮凶，无论是美国的"铁杆盟友"英国，还是美国的"利益共同体"以色列，或者是长期受到美国扶植的土耳其，他们被捆绑在美国的战车上，共同将巴勒斯坦人、库尔德人、阿富汗人、伊拉克人碾碎在车轮之下。联合国、苏联威胁都被当作干预别国的工具或者幌子，无助的洪都拉斯，奋起抵抗的玻利维亚，一场血与火的争斗正在全球上演……

第**5**章

乌合之众
将整个世界置于铁蹄之下

◎ 联合国：有用则用，无用弃之

1945 年，"二战"的胜利者确实有一种真实的愿望——希望构想出一种国际政治体系，以确保不会发生第三次世界大战。随着纽伦堡判决的临近，出现了一系列以此为目的的国际法，其中就包括《日内瓦公约》和《世界人权宣言》，前者规定战争的游戏规则，后者让人铭记人类不可剥夺的权利。与此同时，很多人怀着悲伤的心情回顾国际联盟[①]，因为它在两次世界大战之间（1918 ～ 1939 年）没有很好地仲裁国际纠纷。1919 年签署的那份过分苛刻的《凡尔赛条约》，仍然让很多人认为这是间接地导致纳粹德国崛起的原因。每当回想起这些事情，政策制定者们仍然心有余悸。因此，在战后构建合理的国际体系极为重要。

联合国作为国际间最重要的政治和外交机构，就在这个时间点上成立了，其目的就是要纠正过去的错误。当时出现了大量溢美之词，赞颂那种能使敌对大国变得友好相处的"新模式"。一些知识分子，比如德克斯特·帕金斯，就相信联合国是"一个世界大国（美国）的

[①] 国际联盟，简称国联，是《凡尔赛条约》签订后组成的国际组织，1934 年 9 月 28 日至 1935 年 2 月 23 日处于高峰时期，国联曾拥有 58 个成员国。其宗旨是减少武器数量、平息国际纠纷、提高民众的生活水平以及促进国际合作和国际贸易。

自我牺牲"的高尚之举，因为"联合国能使美国接受有悖于华盛顿意愿的决定"。在帕金斯看来，这证明美国已经充分显示出"提出自己的政策标准，与比美国弱小的国家一起进行评判"的意愿。但通过仔细研究这个新生机构的构成，你就会发现这一点：以美国为首的大国，并没有放弃自己的权利，而是在竭尽全力地收拢权力。

　　联合国建立之时有三个立法机关，但自建立之日起这三个机关就几乎没进行过大的改革。联合国大会是讨论国际政治问题和联合国自身问题的平台。把联合国与国际货币基金组织以及世界银行相比较，就会发现联合国的民主气氛更为明显：因为每个国家都拥有一张选票，一项议案若想通过，就需要获得三分之二多数的支持。经济和社会理事会是联合国大会的姊妹机关，协助联合国大会处理经济和社会事务。经济和社会理事会有 54 个成员国，由联合国大会选出。联合国最重要的机构，同时也是最容易腐败和被操纵的机构是安理会，在这里对最迫切的"战争与和平"问题进行讨论，并投票作决定。安理会成立于 1945 年，有 5 个常任理事国：美国、英国、法国、俄罗斯、中国。此外，安理会还有 10 个每 2 年轮换一次的非常任理事国。安理会有权让成员国强制执行《联合国宪章》（顺便说一下，美国几乎每天都在为对付其他国家而违背《联合国宪章》）。

　　安理会有一个极其重要的特征，即常任理事国有权单方面否决有待通过的议案。在 1945 年之时，3 个西方帝国获得了这种特权：美国、英国、法国，跟他们并列的是苏联。关于新成立的联合国这件事，极端保守的共和党参议员阿瑟·范登堡在 1945 年写了一段与之相关的日记："令人震惊的是，联合国在民族主义者的眼里也是极为保守的。其基本核心是四大国联盟……这就是疯狂的国际主义者梦想中的世界……看到科德尔·赫尔谨慎地在世界格局中精妙地设计了美国所拥有的否决权，我为此感到深深的感动和震惊。"历史学家埃伦·美斯金斯·伍德说得更过分,他竟然宣称联合国的"真正本质"是朝着"有利于几个大国集权的国际机构"的方向调整。安理会在本质上的不民主似乎支持了这种论点。不过,有些历史学家认为,"二战"结束之后,必须先让几个大国维持友好关系,然后再去实现民主的理想。

虽然历史的发展风云变幻,美国的政策制定者也有自己的私心,但从联合国成立之后50年的表现来看,其组织结构有意地为日后的人为操纵留下了空间。联合国自成立之日起,就让美国有空子可钻,以纠集其所谓的"国际支持力量",强制实现其外交政策目标。由于联合国在国际社会眼中具有合法性,所以美国努力让本国国民及其盟友看到,美国所发动的对外战争都得到了联合国的批准。当我与时任英国外交大臣的杰克·斯特劳谈及此事时,他多次敏锐地指出,美国和英国在2003年发动伊拉克战争是经过联合国批准的。"请注意,我们进入伊拉克是基于联合国的决议。"他对我说,当时我们身处伦敦白厅的外交部办公室里。"如今,你可以争辩说我们应该还需要一份决议,但那时我们手中已经有15份决议了。这些决议都有特定的条件。如果伊拉克没有核武器计划,没有化学武器计划,没有生物武器计划,它就不会陷入这种麻烦之中。"

美国在冷战中受到了苏联的牵制,因为后者也怀着和美国同样的目标。苏联解体后,国际局势出现了单极化趋势,美国失去了牵制力量。国际局势还有另外一个显著变化:在20世纪60年代和70年代,许多发展中国家摆脱了美国的控制。弗朗西斯·福山[①]把这个变化表述得清清楚楚,他当时在里根和布什政府的国务院担任幕僚,如今已成为历史学家。他公开且毫不留情地宣称,联合国变成了"美国推行单边主义的利器,或许是未来实现单边主义最主要的机制"。由于美

---

① 弗朗西斯·福山(Francis Fukuyama),日裔美籍学者,生于1952年。哈佛大学政治学博士,现任约翰霍普金斯大学、保罗·尼采高级国际问题研究院、舒华兹讲座、国际政治经济学教授,曾师从塞缪尔·亨廷顿。

国是联合国最大的捐助者，所以联合国的生存有赖于美国。截至 20
世纪末，美国总共捐助了 24 亿美元，占联合国总预算的 25%。我问
历史学家迈克尔·曼恩，联合国是否已经变成了推行美国政策的橡皮
图章。他向我暗示，联合国的结构存在基础性的问题，联合国虽然会"讨
论一些问题"，但不可避免地会"围绕着美国的领导地位展开，而且
这也是美国政客的看法，大多数共和党人和民主党人都对此表示认同。
就拿欧洲各国来说，它们能做什么呢？如果你要在世界上的某个地方
采取行动，比如卢旺达或苏丹，欧洲人能做什么呢？他们连 1 000 人
的队伍都指挥不动。唯一可依赖的力量就是美国，特别是行动所需的
后勤保障"。

　　美国之所以能主导联合国，主要是利用了对外援助这个手段。从
现有的统计数字以及美国的援助与联合国投票之间的结果来看，两者
之间存在着必然的联系；基本上可以说，根据美国承诺的援助金额，
相关国家或国家集团就会保证在投票中支持美国。例如，海地首都太
子港的机场是美国建造的，作为交换条件，海地的独裁者支持美国阻
止古巴加入美洲国家组织①。布莱恩·艾特伍德是美国国际开发署的
署长，他在 1998 年 3 月对国会说："从多个角度看，对外援助是一
种基本的、恰当的手段，能帮助其他国家推动经济发展以及开展人道
主义计划，可以有效地帮助这届政府实现外交目标。"如果某项议案
无法通过金钱取得投票者的支持，那么美国就投反对票否决它。

　　自 1960 年以来，美国是在安理会上投反对票最多的国家。美国
不断地否决关于呼吁各国遵循国际法的决议。排在美国之后的是英
国，他们投反对票的次数也远远多于后面的法国和俄罗斯。即使美国
没有投票否决某项议案，它也会浑水摸鱼，或者不让问题摆在桌面上。

① 美洲国家组织由美国和拉丁美洲的国家组成的区域性国际组织，其前身是美洲共和国国际
联盟。成立于 1890 年 4 月 14 日，1948 年在波哥大举行的第 9 次泛美大会上改称现名。目前
有 34 个成员国，并先后有 58 个欧美及亚非的国家或地区在该组织派有常驻观察员。

1999 年的科索沃战争，联合国根本没有通过任何决议，但美国及其打手英国，企图利用联合国使它们的帝国主义行径合法化。"你不认为英国和美国部队进入伊拉克会使当地局势恶化吗？"在 2006 年之时，我向时任外交大臣的斯特劳询问，"不会，"他回答道，"是联合国委托我们前往伊拉克的，我们在那里的时间也是有限定的。除非中途有所变更，否则委托期到年底前就会结束。还有一点要特别说明，那就是只要选举产生的伊拉克政府让我们继续留下来，我们就可以留下来。美国和盟友力图组建属于伊拉克人自己的部队，然后我们就可以逐省撤出军队。"这是典型的巧取豪夺者的论调：我们之所以前往那个地方，是因为受到了当地政府的邀请。但请不要忽略附加条款——当地政府是由我们扶持起来的。

如果这些办法都以失败告终，接下来美国会否定联合国，谴责联合国的决议是在反美，指责联合国犯下了时代错误，并拒绝与联合国进行任何协商。1983 年，美国入侵格林纳达，虽然联合国否定了美国的做法，但里根总统说："联合国有 100 多个国家不同意我们摆在他们前面的东西，但这并没有打扰我吃早餐。"

安德鲁·罗伯茨是鹰派历史学家，我问他如何评价联合国在 2003 年初"伊拉克危机"中的表现，他机械地模仿美国总统的讲话，并嘲笑联合国："让我吃惊的是，许多美国人和不列颠岛民似乎假定，合法战争必须有联合国安理会的批准。但当你看一下联合国安理会，再看看联合国安理会非常任理事国（安理会轮值成员国），你会看到其中有像喀麦隆这样的国家。我们被一堆腐败的非洲政府包围着，如果你认为在这样的环境下我们仍然有行动的自由，那简直是荒谬至极。很自然，它们会投票反对推行民主制度，那不是它们的兴趣所在。回想一下 1982 年发生的事情，幸运的是，在入侵福克兰群岛时，我们根本没有在乎联合国的想法，虽然后来证明他们与我们的立场一致。

但我们还是要继续做我们想做的事情。"如此蔑视联合国是那些巧取豪夺者的共同特征（尤其是当联合国不按照他们的意愿进行投票的时候）。不过，在大多数时间里，联合国和其他国际机构的行为方式属于新帝国主义的模式，虽然你看不见殖民地，但仍然存在附庸国；这些附庸国与美国有军事往来，并接受国际货币基金组织和世界银行的贷款。贫穷国家与联合国这个体系的联系是松散的。

◎ 美国：向苏联开战

美国所有的援助计划，都会宣称其目的是利他主义。杜鲁门主义就是一个典型的例子，它的出现是为了应对苏联在中东地区的扩张企图。1945 年，美国对待苏联的态度是复杂的。美国商会主席埃里克·约翰斯顿说得最到位："苏联即便不是我们最大的客户，但至少也是我们最迫切希望得到的客户。"沃尔特·拉费伯尔提出了"三巨头"的概念：苏联、美国、英国。确实有些人希望三巨头能够齐心协力地维持世界秩序，因为后者深深地依赖于它们。但这个愿望短命而亡，因为美国越来越怀疑苏联，并认为苏联将要向西欧扩张。美国总统哈里·杜鲁门在 1945 年私下说，"我们与苏联的协定是单行道"，那条路的终点说出来有点违背外交礼仪，苏联的终点"就是地狱"。最后，一位在美国国务院颇有影响力的官员乔治·凯南提出了一项名为"遏制"的政策，并付诸实践。

当时，共产主义在土耳其、希腊以及数个阿拉伯国家已经取得了不同程度的成功，遏制政策的主要目的就是要阻止共产主义。根据凯南在 1946 年从莫斯科向华盛顿发回的一封"机密"电报，他在其中透露出自己的观点，"即使我们彻底放下武器，把我们的空军和海军基地都交给苏联，将政权移交给美国共产党"，也安抚不了斯大林的

"疑虑"。1947年3月12日，杜鲁门在参众两院联席会议上发表了那次具有重大影响的演讲。他说："美国的政策必须是支持自由国家的人民抵抗少数武装分子，或外来压力的征服企图。"所谓的"外部压力"，在1950年的国家安全委员会第68号报告中有明确的说明："苏联与之前企图获得霸权的力量不同，它受到一种疯狂的理念所驱动，这种理念与我们的价值观截然对立，它们谋求对整个世界拥有绝对权力……我们所面临的问题是巨大的，不仅关乎这个共和国的生死存亡，而且还关系到整个文明的延续。"杜鲁门主义就是要向那些敢于抵抗"疯狂理念"，并坚守"文明"的任何政府提供军事和经济援助。

此外，只要某个国家显示出有破坏文明的企图，杜鲁门主义便以从容的方式宣布这个国家的反政府组织具有合法性；因此，任何计划经济模式或者对美国企业无益的国家，都是美国干预的对象。对迥异于资本主义的意识形态赶尽杀绝成为美国在未来50年里多次发动战争的借口。保守派历史学家塞缪尔·亨廷顿写道："你必须从事推销工作（干涉或军事入侵），要让人们产生一种错觉，并认为你正在与苏联进行斗争。这就是美国从提出杜鲁门主义之后一直在做的事情。"

1945年之前，中东基本上笼罩在大英帝国的阴影之下，当然其他帝国在中东也拥有自己的地盘，比如法国。随着西欧各帝国在"二战"中逐渐分崩离析，美国接过了它们的斗篷，并借鉴了许多大英帝国曾经使用过的统治方法，其中分而治之是英国最喜欢使用的统治技巧。这个地区对美国的政策制定者来说具有特别重要的意义，因为中东的地下埋藏着世界上最大的原油储备。1945年，美国国务院明确地称沙特阿拉伯是"一个拥有巨大战略力量的源泉，世界史上最伟大的战利品"。对那个地区而言，这个说法是恰当的。美国继承了英国留下来的遗产。它与顺从的国家建立战略同盟关系，这些国家因此成了超级大国美国的附庸。如果哪个国家胆敢谋求"民族独立"，当然这里所说的"民族独立"指的是那些不听从美国经济政策的政权，便会立即成为被颠覆的目标（政治上和经济上）。肯·利文斯在英国政坛混迹 30 多年，在他还担任伦敦市长的时候，我与他有过一次谈话。他告诉我："英国、美国、法国干预阿拉伯和伊斯兰国家已经有 80 年的历史了，这些干预都是围绕着控制石油资源展开的。"

1954 年，伊朗总统穆罕默德·摩萨台被推翻是一个极具启发性的案例，因为它昭显了美国在那个地区的政策重点，这一事件也标志着英国非正式地把该地区的控制权转交给美国。摩萨台是一位议会民主制国家的首脑，按照流行的意识形态来划分，他应该是美国的"朋友"。但他又是一个"热情的民族主义者"，他把英国运作的英伊石油公司（原英波石油公司）的油田再次国有化了。推翻摩萨台的政变是美国和英国联手策划的，这表明这两个帝国在战略利益上的共同点。在摩萨台试图将本国油田转交给伊朗人民之前，英伊公司只允许伊朗从本国的石油中获得 20% 的利润。一旦摩萨台威胁到美国和英国的经济利益，他的统治就会出现危机。

除了经济利益之外，还"明显"地存在着所谓的苏俄共产主义威胁。在"二战"结束时，苏联占领了伊朗北部地区，并获得了一项开采该地区石油的特许权。美国的政策制定者很担心摩萨台可能会"危险地"变为伊朗共产党的附庸。他们预感到即将出现的"经济独立"和"苏联"是一种双重威胁，美国中情局联合英国的同道中人，组织了一次政变。中情局在伊朗的街头拉拢支持者，尤其是当地军人，同时贿赂了大量政府内部人员。在发起声势浩大的示威游行之后，伊朗的城市陷入混乱之中，摩萨台被逮捕，而伊朗国王在美英的支持下成功复辟。由于中情局在推翻摩萨台的行动中发挥了关键作用，英国从伊朗的石油收入中拿出其中一部分献给了中情局。艾森豪威尔总统的国务卿约翰·福斯特·杜勒斯鹦鹉学舌般地从杜鲁门主义那里虔诚地借鉴了一些意识形态方面的措辞，赞扬这是一次针对"受共产主义控制的政权"的胜利。有一位历史学家写了一个比较接近事实真相的故事，其中说到，那个被他们推上王位的伊朗国王，"对伊朗国情一无所知，似乎只知道感谢美国"。

◎ 英国：美国的贵妇犬？

"二战"后，美国在挑选盟友这个问题上，表现得既小心谨慎又残酷无情。许多盟友的寿命极短，因为美国挑选盟友的基础是政治机会主义和地缘政治关系。例如，萨达姆·侯赛因在 20 世纪 70 年代和 80 年代曾经是美国的盟友，而有些盟友的寿命要持久一些。我要阐述一下美国与英国以及以色列的"特殊关系"，因为英国和以色列在国际社会中的政治影响力都非常大。

自 1945 年之后，人们便认为英国和美国之间存在"特殊关系"。当时的外交大臣斯特劳对我说，他比较倾向于使用"亲密关系"这个词语："我一直觉得，尽管人们都在谈论美英之间存在'特殊关系'，但我认为'特殊关系'这个词语有排他的意思。而与美国存在'亲密关系'的国家则很多。我们与美国的关系不同，但我们与法国和德国的关系也不尽相同。与美国的关系极为重要，首先是因为我们之间存在着历史纽带。事实上，我们是依靠美国才取得两场世界大战的胜利的。毫无疑问，我们之间进行合作而非对抗更能让这个世界变得安全。另一个事实是英美两国的经济总量占据了世界经济总量的四分之一，在科学发明方面也存在类似的情况。所以，如果有谁拒绝与美国保持亲密关系，那它一定是疯了。"

但斯特劳的观点并非完全正确，因为自"二战"结束之后，几乎每一届英国首相都被这个"特殊关系"所引诱。自 1945 年以来，只有一次英国没有支持美国的侵略行径。20世纪60年代，越南战争期间，工党首相哈罗德·威尔逊拒绝派出哪怕是象征性的部队前往越南。这一举动在美国的政策制定者中引发了一阵喧嚣，它揭露出英国在美国对外政策中所扮演的真实角色。当英国外交大臣乔治·布朗在1968年访问美国时，一位美国官员惊呼道："英国人，你们怎么能背叛我们？"英国国会议员、前内阁成员克莱尔·肖特对我说："战后每一届首相，无论来自两党中的哪个党派，除了爱德华·希思之外，都热衷于把美英特殊关系作为外交政策的核心。我认为这很悲哀，这表明了'在失去帝国后，我们一直没能找到一个可扮演的角色'这种想法。如果英国首相能拿起电话，比如像哈罗德·麦克米伦那样在古巴导弹危机中与肯尼迪通话，并提出相关建议，那么英国首相就会觉得自己成为世界舞台上的一个角色了。这真的很悲哀，但这又的确是英国在世界中应该扮演何种角色的真实想法。我认为，这次危机之后，英国必须抛弃这种想法。我们不是想与美国吵架，但我们也不是哈巴狗，我们必须去建设一种多极化的世界秩序，我们要用手中所掌握的所有关系资源去打造这个时代所需要的秩序。有趣的是，希思被认为会热衷于获得工会的支持，但他却没有这么做。"

英美关系对美国人来说也很重要，因为英国还能"在美国和欧洲之间扮演协调者的角色"。在国际机构内部和国际政治间狗咬狗的缠斗中，经常是在美国与西欧的某个国家之间展开的，而英国总会站在美国一边。英国是安理会常任理事国之一，事实已经证明，英国毫不犹豫的支持对历届美国政府都很重要。有大批的英国知识分子和记者争相为美国清理并打扫意识形态的战场，以便让美国领着几只英国贵妇犬去劫掠世界。但在这种关系中，除了英国士兵战死沙场之外，我们不清楚英国还能够从中获得什么。美国的其他盟友至少还能获得大规模杀伤性武器，教训一下本国民众和邻居。例如，以色列利用美国几十年来所提供的慷慨援助去教训巴勒斯坦人。巴勒斯坦地区的大片领土已经被以色列占领将近 70 年了，这导致众多的巴勒斯坦原住民流离失所。

第❻章

中东真相
美国的狐朋狗党

◎ 谢赫贾拉的暴力拆迁队

在东耶路撒冷山岗上的一个小房间内，我亲眼目睹了一个慢性杀人的场景。对于那些只能阅读主流报纸，观看主流电视新闻节目的美国人来说，他们根本不可能知道巴勒斯坦地区究竟发生了什么事情。但不可否认的是，这里所发生的一切可谓罪大恶极。美国在巴勒斯坦地区不仅挥霍着纳税人的钱财，而且这种行为竟然还得到了美国外交政策的支持，这些事情都是我亲眼所见。

当我在巴勒斯坦的时候，其中有一周的时间，我都睡在哈农家的地板上。哈农夫妻都是巴勒斯坦人，育有三个孩子。我的采访对象是"国际团结运动"（International Solidarity Movement），这是一个由一群勇敢的国际活动家组成的组织，他们试图帮助巴勒斯坦人通过非暴力手段抵抗以色列的压迫。根据国际法和基本道德规范，东耶路撒冷是未来的巴勒斯坦国的首都。1967年，巴勒斯坦地区爆发了"六日战争"[①]，以色列非法占领了东耶路撒冷，而且从此之后再也没有撤离该地，这严重违背了国际法。

[①] 六日战争，即第三次中东战争，阿拉伯国家方面称六月战争，爆发于1967年6月初。它发生在以色列国和毗邻的埃及、叙利亚及约旦等阿拉伯国家之间。战争从6月5日开始，共进行了6天，结果埃及、约旦和叙利亚联军被以色列彻底打败。

实际上，以色列本来就计划占领整个耶路撒冷。在我写这本书的时候，大约是在 2014 年 8 月，以色列在加沙已经杀死了大约 2 000 名巴勒斯坦人，其中大部分是平民。在以色列的主流媒体上，有人讨论如何减少加沙人口，并将其变为以色列的旅游观光胜地。在我身处巴勒斯坦的那段时间里，最紧迫的问题是以色列人企图逐步赶走东耶路撒冷的阿拉伯人，这种情况在东耶路撒冷附近的谢赫贾拉尤为严重。这是一个美丽的小峡谷，置身此地便能望见伯利恒①。除我之外，还有长期驻守此地的社会活动家。因为大家预计以色列的驱逐行动即将开始，所以都已经作好去记录将要发生的一切的准备。

数月之后的一个清晨，当地时间 5 点 30 分，以色列的边境警察部队果真出现了，他们使用暴力手段驱逐了哈农一家人，警察是如此之暴力，导致哈农的儿子拉米住进了医院。社会活动家也被逮捕了，接着抗议者涌上街头。红十字会为哈农家提供了一顶帐篷。长达 10 年的胁迫和折磨在此时达到了高潮，谢赫贾拉地区的生活就这样被摧毁了，仅仅是为了满足以色列令人作呕的宗教狂热行为。

谢赫贾拉地处峡谷之中，峡谷之上就是美国人经营的饭店。托尼·布莱尔②，可能是世界上最愿意给美国主子当仆人的英国前首相。他当时就住在其中的一间豪华套房内，他此行的目的是要充当美国的"和平大使"，并在耶路撒冷进行谢恩祷告。从哈农家的窗户向外望去，布莱尔下榻的饭店就在 30 米远的地方；我敢肯定，布莱尔在早晨游泳时，也能看见哈农家的房子。当我与布莱尔的发言人联络时，他没有对驱逐行动发表任何评论，事后也没有回应。这就是峡谷这一侧发生的事情。在峡谷的对面，英国领事馆的态度稍微好一些，称最后这

---

① 伯利恒，以色列犹大山地的一个小城，因耶稣基督降生于此，因此成为圣地中名声最大的圣城，享有"圣地中之圣地"的美誉。
② 托尼·布莱尔，1997 年至 2007 年担任英国首相，在"9·11"事件后，布莱尔宣布与美国站在一起，在阿富汗战争之前他参与了一系列穿梭外交，帮助美国巩固了国际反恐联盟，他也是美国总统乔治·W.布什进攻伊拉克计划的坚定支持者。

次驱逐行动"令人惊骇",但也没有采取任何实际行动去阻止这件"令人作呕"的事件。美国的沉默更加明显。

哈农的家庭像其他许多巴勒斯坦家庭一样,数十年来一直是以色列恐怖行动的受害者,他们一直都在反抗以色列企图霸占他们家园的行为。抵抗运动的领袖马赫尔·哈农用平静的语气和雄辩的口才与我交谈。在数个夜晚里,他一根接着一根地抽烟,向我讲述他的家庭所遭遇的不幸。哈农的父亲是"纳克巴"的难民,或称"灾难日"难民。所谓"灾难日",是巴勒斯坦人对1948年以色列建国那一天的称呼,当时犹太军人用暴力手段把80万巴勒斯坦人驱赶出家门。哈农的父亲被赶出了纳布卢斯①,同时,他的祖父也被赶出了海法②。1956年,为了弥补他们的损失,约旦政府在东耶路撒冷为他们提供了房子,并在1962年把房屋产权移交给了他们。哈农生于1958年,所以他一生都生活在东耶路撒冷,他在这里抚养孩子长大。

以色列定居者公司,也就是纳哈拉提西蒙公司(Nahalat Shimon)在以色列法院的支持下,拿着一份伪造的一个世纪之前奥斯曼帝国时期的合同来索要房子的产权。像对待所有东耶路撒冷人一样,以色列人也试图用空头支票来贿赂哈农,试探他能否平静地离开,但被哈农断然拒绝。他对我说:"这是我的家,如果我把自己的家卖了,我不会原谅我自己。这是我们最挚爱,也是日夜牵挂的土地,而以色列人企图在此建立犹太人定居点。"但最后,以色列人还是达到了目的。

哈农认为以色列人使用的手段就是"缓慢地折磨",包括逮捕、贿赂、暴力。1998年,在哈农拒绝向以色列定居者支付租金后,以色列士兵来到他家中,当时他的母亲正患有严重的白血病,士兵强行带走了家中所有的家具,甚至包括床。哈农请求士兵为他的母亲留下

---

① 纳布卢斯,巴勒斯坦中部城市。
② 海法,以色列北部港口城市,以色列第三大城市,仅次于耶路撒冷和特拉维夫。

一张床，以便她能在平静中死去，但士兵拒绝了他的请求。2002 年，以色列人成功地把哈农赶出了家门，导致他流离失所长达 4 年，当时他的两个女儿才 9 岁，儿子也只有 13 岁。

2006 年，他携带家眷重返故土。他们在道路的对面，也就是布莱尔先生和英国领事馆目力所及之地，搭建起一顶临时帐篷，其中还住着一位 62 岁的老妇人，因为以色列的定居者抢走了她的房子。最初，以色列人夺走了其中两个房间，她原本可以继续在其他房间居住，但最后仍然被赶出家门。当时，她丈夫患有心脏病，50 多名以色列士兵强行夺走了他们的房产（当天晚上奥巴马在总统选举中获胜）。在医院里住了一段时间之后，她丈夫心脏病再次发作，两周之后医治无效死亡。这家人再次拒绝接受以色列开出的上百万美元的贿赂支票，实际上以色列人只是用空头支票诱骗他们离开家园而已。"丈夫死了，房子也没有了，我活着已经没有意义。现在，我只希望上帝能帮助我们阻止以色列人继续占领我们的家园，这样我们才能够回家。"我不知道这个女人在以色列军队暴力驱逐时受到了何种虐待，但随后有一条新闻报道说，她的帐篷也被彻底摧毁了。

我从谢赫贾拉走到英国领事馆（步行需要 5 分钟），向领事馆发言人凯伦·麦克拉斯基提出一个问题：关于以色列对未来巴勒斯坦首都进行种族清洗时，英国方面持何种态度。"英国的态度是耶路撒冷是两国共同的首都，"她对我说，"我认为发生在谢赫贾拉的事并不是个案，这令人深感同情。耶路撒冷有好几处都发生了此类事件，充斥着破坏、驱逐、鼓励非法定居。"针对谢赫贾拉所进行这种非法和非人道的破坏，我问她英国政府有没有进行抵制，她避而不谈。但麦克拉斯基女士还是作出让步："吞并耶路撒冷使和平协定更难实现，也破坏了谈判的机会。"我又联络了布莱尔的发言人，却被告知："布莱尔已经向以色列政府询问过此事，但至今没有明确答案。"我问布莱尔先生是否能走 3 分钟的路，到哈农家看看他们面临的困境。那位发言人安抚我说：“布莱尔的助手已经访问了那些被驱逐的家庭。”请注意，她说的是“已经访问”。或许当哈农被驱逐后，布莱尔会派一个使者去他家的帐篷探望。美国人则直接拒绝接受采访。

如果在东耶路撒冷四处看看，你会发现许多空着的宅基地。如果以色列真想建立新的定居点（当然是非法的），他们不需要赶走巴勒斯坦人也能做到。谢赫贾拉的事分明就是种族清洗，以色列打算藉此将东耶路撒冷统一成为犹太人的耶路撒冷。正如哈农问的那样：“为什么他们不去别的地方设立定居点？”过去掌握权力的以色列内塔尼亚胡·利伯曼政府有一点做得很好，他们对殖民计划直言不讳，不像前一届“中间派”政府那样遮遮掩掩。内塔尼亚胡政府现在想舍弃一些外围定居点，继续扩充东耶路撒冷，并在约旦河西岸让已经建立的定居点“自然地”发展。这项政策与埃胡德·奥尔默特[①] 和乔治·布什在 2007 年安纳波利斯会议前谈论的政策是一样的。内塔尼亚胡只是更加诚实地说，这样做是为了防止巴勒斯坦人建国。“如果没有土地、房子和人民，我不知道我们该如何才能拥有一个首都。”哈农承认道。

清除未来巴勒斯坦首都本地人口的暴行还将继续下去，下一步是塞勒瓦的艾布斯坦地区，后者坐落于萨赫莱清真寺[②] 和哭墙[③] 下面的峡谷里。当我刚到以色列的时候，我到大卫之城进行了一次旅行，3 个小时的旅途就像是在观看以色列的豪华宣传盛典一样（以色列把这座城市打造成一场考古学盛宴）。根据《圣经》，大卫王是犹太人第一位领袖，都城设在耶路撒冷，他的儿子所罗门王据说在公元前 960 年建造了第一座神殿。2005 年，一些考古研究发现传说中的都城确

---

① 埃胡德·奥尔默特，第 12 任以色列总理。
② 萨赫莱清真寺，伊斯兰教著名的清真寺，是伊斯兰教的圣地。穆斯林称为高贵圣殿，犹太人和基督徒称为圣殿山。它一直是耶路撒冷最著名的标志之一。
③ 哭墙，犹太教的第一圣地，教徒至该墙例须哀哭，以表示对古神庙的哀悼并期待其恢复。

实存在。如今，以色列政府计划把塞勒瓦改造成考古学主题乐园：88处民居要被拆除，涉及 1 500 名巴勒斯坦人的家。在旅途结束的时候，我们去参观了连接老城和城墙外小溪的排水沟。旅程结束后，我还没有意识到那条小溪就位于塞勒瓦地区。几天后，我去了艾布斯坦居民的帐篷，他们正在抵抗以色列人拆毁他们的家园。这时我看到山上有"大卫之城"的旅游大巴停在我曾经去过的地方，这时我才恍然大悟。在谢赫贾拉，当地民众再次表现出不屈不挠的精神。"如果他们想要拆毁我的家，除非踏着我的尸体过去。就算死，我也要死在祖国的土地上。"扎伊德·朱·兰尼说道，他今年 54 岁，一家人都住在"58"号房子中，但这座房子马上要被拆了。"我们能去哪里呢？"他质问道，"难道让我们睡大街？"

◎ 中东的"流氓国家"

无论用哪一部国际法来评判，以色列都是一个流氓国家，几十年来一直执行殖民主义政策，不断发动针对巴勒斯坦人的战争，而这一切都得到了美国人的支持。我们有足够的证据证实这个论断。1948年，为了给新生的犹太国腾出土地，巴勒斯坦人被赶出家门，被迫生活在一条狭长的地带上，这条地带是以色列和附近的阿拉伯国家提供的：加沙地带和约旦河西岸。自此之后，任何犹太人，只要能证明自己的犹太血统，就有资格在以色列的土地上定居，但以色列却不允许任何一个在 1948 年被驱逐的巴勒斯坦难民迁回原地。这出现了一种极其荒谬的现象。我可以去那个遥远的、陌生的、没有任何亲朋戚友的土地上生活，而大约 400 万散居在中东的巴勒斯坦难民，他们是在1948 年或 1967 年被迫逃亡的，虽然他们出生并生长在那片土地上，却再也不能回去了。

　　摩西·达扬，此人后来成为以色列的"国防部长"，他告诉巴勒斯坦人："你们要继续像狗一样生活，谁想走就走，我们倒想看看最后结果如何。"这个观点至今仍然在以色列的精英中流行。1967年6月，以色列与几个阿拉伯国家打了一场"六日战争"，自此之后，以色列就开始了通过占领和修建定居点来蚕食约旦河西岸和加沙地带的过程。虽然加沙地带的以色列定居者在2006年撤出此地，但以色列用中世纪围城的方法控制加沙的人口，这违背了国际法，为此联合国多次谴责以色列的违法行为。1967年"六日战争"之后，安理会一致通过安理会第242号决议。根据《联合国宪章》第6章的规定，这份决议要求"以色列军队撤出被占领的冲突领土，结束一切好战言论和交战状态"。但这至今都没有实现：暴徒根本不会遵守为大众制定的法律。

　　顺便说一句，美国从1972年开始，大约先后40次否决了安理会针对巴以冲突的解决方案，这些决议都获得其他安理会成员的一致赞成，美国政府对以色列的庇护可见一斑。正是因为以色列对巴勒斯坦的入侵，才激起了巴勒斯坦人的暴力反抗和自杀式爆炸事件，这是国际社会不断谴责以色列的根源。但在过去的38年里，以色列的国策一直是以牺牲安全来换取领土上的扩张。

　　美国宣称，约旦河西岸和加沙地带曾经数次让与巴勒斯坦人，但却都遭到后者的拒绝。从1993年的奥斯陆和谈[①]到2000年的戴维营首脑会议[②]，我们可以知道这个说法是不正确的。不断提交给巴勒斯坦人的方案是把约旦河西岸分裂成更小的、成为南非式的班图斯坦自

---

① 奥斯陆协议，指1993年8月20日以色列总理拉宾和巴勒斯坦解放组织主席阿拉法特在挪威首都奥斯陆秘密会面后达成的和平协议。但在协议签署后两年，拉宾遭以色列极端分子刺杀，其后巴勒斯坦极端势力亦连续发动针对以色列的袭击事件，街头冲突逐渐演变成双方武装对抗，奥斯陆协议的执行遭无限期搁置。
② 戴维营首脑会议，指2000年7月在美国马里兰州戴维营举行的巴以美三方首脑会谈，但最后因巴以双方在最终地位问题上的分歧陷入僵局。同年9月，巴以和谈因巴以间爆发大规模流血冲突而中断。

治区①，并且巴勒斯坦人重返家园的权利也被不断地否决。2001 年在埃及的塔巴②，和谈的结果似乎是一次公平的安排，但最终因以色列退出和谈而告终。

2002 年，南非自由战士、诺贝尔和平奖得主大主教图图去了一趟约旦河西岸，他把以色列统治下的巴勒斯坦人与南非种族隔离制度下的黑人作了比较。"我这次来到圣地，感到深深的忧虑；这里的状况使我想起南非黑人的遭遇。"他说，"在检查站和路障前，我看到巴勒斯坦人所遭受的羞辱。他们的遭遇与我们当年被年轻的白人警察禁止走动如出一辙。在看到我们遭受屈辱时，他们似乎还十分享受。"以色列还在约旦河西岸修建了"安全墙"，这再次违背了国际法。海牙的国际法庭裁定："以色列必须停止破坏国际法；必须停止在被占的巴勒斯坦领土上修建安全墙，包括东耶路撒冷内部及其周围地区，必须立刻拆除所有的建筑。"但以色列置若罔闻。

实际上，在主要的历史问题上，各方的争议并不大，得出正确的结论也不难。情况之所以如此混乱，是因为以色列在搅局。以色列把巴勒斯坦人拉进 20 世纪最后一场激烈的殖民地战争中。诺曼·芬克尔斯坦是研究美国和以色列关系的学者，他说以色列与巴勒斯坦之间的冲突是"非常简单的……严酷的现实令人非常不快"，他对我如此表示，"所以，（以色列）把严酷的生存环境当做借口，放弃最基本的道德和良心，心安理得地无视巴勒斯坦的现实吗？"侵占他人的土地难道不是错误吗？

"侵略是错的，筑墙把人群围起来是错的，开枪击毙扔石头的孩子是错的，掠夺别人的土地是错的，这一切并不复杂。"

---

① 班图斯坦自治区，源自南非班图斯坦制度，后者又称黑人家园制度，是南非政权为推行种族隔离政策对南非班图人实行政治上彻底"分离"的制度。
② 巴以塔巴和谈，是指 2001 年巴勒斯坦和以色列谈判代表在埃及红海海滨城市塔巴开始举行的新一轮会谈，双方以美国前总统克林顿离任前提出的巴以和平新建议为基础，着重讨论耶路撒冷归属、巴勒斯坦难民回归、犹太人定居点和边界划分等重要问题。

　　"他们从占领中获利，"巴勒斯坦中央银行行长杰哈德·沃兹尔对我说，当时我供职于《金融时报》，在纽约对他进行采访。"他们控制着无线电，控制着地产，控制着 60% 的约旦河西岸土地，这就是为什么他们喜欢保持现状的原因，这就是为什么他们不想看到有一个巴勒斯坦国出现的原因。因为现状很美好，他们已经占领了别人的土地，而且没有人奋起反抗。"尽管这一切明显不公平，但以色列是美国政治话题中的"雷区"，因为有大量政治捐款涉及其中。当我仍然在哥伦比亚新闻学院求读时，曾想写一篇批评以色列的文章，但供职于《纽约客》杂志社的导师却坦率地告诫我不要这么做。他说："你可以去做你想做的事情。但在美国批评以色列，就如同责骂特蕾莎修女①，你在美国媒体界将再也找不到工作。"

◎ 美国的"执勤警察"

　　美国与以色列之间的政治和经济关系在 20 世纪 60 年代和 70 年代才变得重要起来。芬克尔斯坦告诉我："在以色列建国后的 20 年里，美国几乎没有人关心这个国家。"变化源自美国对阿拉伯的幕后操控逐渐失控。因此，当诸如像埃及的贾迈勒·阿卜杜·纳赛尔这样的阿拉伯领袖靠拢苏联时，以色列可以成为对抗阿拉伯民族主义和中东彻底独立的完美缓冲地带。在尼克松主政期间，美国为实现自己在中东的野心而寻找代理人，这就是国防部部长梅尔文·莱尔德宣称的"在当地执勤的警察"。

　　在中东地区，最合适充当"当地警察"的是犹太人建立的"民主制"以色列。用当时中情局的话来说就是：反抗阿拉伯民族主义的"逻

---

① 特蕾莎修女（1910 ～ 1997），世界上著名的天主教慈善工作者，主要替印度加尔各答的穷人服务。因其一生致力于消除贫困，于 1979 年得到诺贝尔和平奖。

辑推论"就是"支持以色列,因为以色列是中东唯一亲西方的可靠力量"。有一件事情颇具讽刺意味,中情局人员试图摧毁中东的民族主义力量,他们发现以色列和伊斯兰极端主义分子(中东伊斯兰极端组织"哈马斯"最初得到以色列的支持)是实现其目标的最有力工具。此后,两国之间这种合作双赢的关系迅速发展起来。两位学术界人士,约翰·米尔斯海默和斯蒂芬·沃尔特写了一篇引发广泛争议的短文,他们认为华盛顿为支持以色列而进行的游说活动,只对以色列有利,却损害了美国的外交政策目标。这篇文章在美国亲以色列政策的支持者中引发了一阵恐慌,但他们的论点并不正确。证据表明美国和以色列之间是共生关系,这一点没有引起两位作者的足够重视。

迄今为止,以色列是美国最大的外援国。从 1947 年开始,以色列花费了美国纳税人共计 84.855 亿美元的税款,这意味着每个美国纳税人为每个活着的以色列公民付出了 2.324 万美元。这既不是神秘的、偏执狂般的"以色列游说"所带来的结果,也不是因政治利他主义而从事的冒险行为。以色列为美国扮演着一个极具战略意义的角色,它为美国带来极大的政治利益。以色列除了从事"执勤警察"的工作之外,还充当着抵御苏联在中东扩张的角色。当以色列在 20 世纪 70 年代变得非常依赖美国援助的时候,其地缘政治的态度也变得接近西方,以色列的国内社会也变得更加不平等。

以色列是美国在中东甚至可以说在全球范围内最忠诚的追随者。这两个国家一起支持种族隔离制度下的南非,它们向拉丁美洲的独裁者提供武器。当然,这仅是他们众多罪恶的一小部分。以色列在联合国内毫不犹豫地支持美国。历史学家威廉·布鲁姆翻阅了美国国务院的幕僚们存留在联合国的投票档案,他发现无论某个议题对以色列是否具有战略意义,它都会在投票时无条件地支持美国。根据芬克尔斯坦的发现:"如果你看看记录,就会发现美国支持的以色列一直是解决中东冲突的障碍，而国际社会一直和巴勒斯坦人民站在一起。"即使以色列被联合国谴责过数百次，即使以色列继续占领约旦河西岸和加沙地带，即使以色列攻击邻国（1982年攻打黎巴嫩，杀死了2万人），美国仍然继续支持以色列。有证据表明，美国的援助不附带任何约束以色列行为的条件。历史学家迈克尔·曼恩在这一点上说得最到位："我认为以色列是一根狗尾巴，它在那个地区比美国还要强大。在美国的新保守派和犹太复国分子中，以色列有自己的第五纵队①，因此可以为所欲为。"美国所有的要求就是要让以色列继续充当其忠诚的"执勤警察"，为美国在中东争取更大的利益。

◎ 占领区的裂缝

当我身处巴勒斯坦地区的时候，我前往被占领的巴勒斯坦临时首都拉姆安拉。当我走在大街上时，能深刻体会到这座城市的脆弱。在与以色列人逐步破坏他们祖国的斗争中，巴勒斯坦人感到疲倦，但有些人的看法却是相反的，我听到人们说："我们斗争了这么长时间，却毫无结果。"人们还问，就在以色列人吞并更多巴勒斯坦人的土地时，世界上的其他国家怎么可能会袖手旁观。这个问题问得很好。

在一个名叫毕林村的村庄里，巴勒斯坦人的非暴力抵抗运动的火焰仍然在熊熊燃烧，他们每周都要前往此地进行抗议活动，反对在村庄里面修建隔离墙，这堵墙将要深入到这座古老的巴勒斯坦村庄的农田里，而且还会跨过绿线（国际上认可的以色列和巴勒斯坦之间的分界线）。从2005年开始，以色列人就在这里修建隔离墙（他们窃取了这个村庄60%的土地），这里的村民率先采用非暴力抗议的方式

---

① 第五纵队，是美国作家海明威于西班牙内战期间以记者身份亲临前线，在炮火中写出的剧本，在国际上，尤其是西班牙，常用"第五纵队"来表示内奸、叛徒等。

进行抗争。虽然绝望的情绪在被占领地区蔓延，但毕林村的斗争策略很成功，甚至提供了某种启发和希望。阿布杜拉·艾拉赫曼是人民抵抗委员会的会长，他介绍了村子里不同的斗争策略。迄今为止，他们成功地阻止了以色列人兴建新的定居点（以色列的法律称之为临时定居点）。首先要反对修建隔离墙。毕林村的居民把自己绑在橄榄树上，以阻止以色列的推土机铲平他们的土地。在开始建设定居点后，他们连夜在隔离墙对面建起一座小房子，将之用作斗争的法律武器。以色列高等法院两次粗暴地禁止他们联合以色列律师迈克尔·斯法德一起前去请愿，直到最后才承认，政府依据不公平的条文作出了错误的决定。总体上看，以色列人会使用两个借口抢夺土地：一是土地不适合耕种；二是存在安全威胁。在毕林村，他们把两者都用上了。

抵抗活动取得成功的必要条件之一，是众多媒体有兴趣参与其中。为了吸引媒体对毕林村的关注，人民抵抗委员会每个星期五都提出新的非暴力抗争措施。在 2009 年禽流感疫情高潮期间，我恰好在村庄里面，毕林村的村民在抗议的时候戴上口罩，并声称他们都患上了"占领型禽流感"长达数十年之久。在另外一个星期五，他们的抗议虽然不再那么温和，但依旧充满创造性：他们把鸡粪装进气球中，向以色列士兵抛掷。

虽然毕林村的村民坚持以非暴力形式进行抵抗，但以色列国防军却使用了暴力。一个月前，在另外一个村庄里，一位名字叫巴西姆·易卜拉欣·拉哈农的活动分子被一个高速飞行的催泪瓦斯杀死。有一位跟我交谈过的 16 岁男孩，他的头部也被击中，但侥幸活了下来。这些伤亡事件绝不是士兵的"失误"所致，既然以色列士兵不向空中而是向水平方向发射高速飞行的催泪瓦斯，那么他们的目的就很明确。他们瞄准拉哈农的心脏发射催泪瓦斯，这是蓄意谋杀。于是村民才有了鸡粪气球的想法。"他们用子弹射杀我们，我们就回敬他们动物粪便。"艾拉赫曼说道。在示威的时候，以色列国防军向巴勒斯坦人投掷了数百个催泪瓦斯，用橡皮子弹射击投掷石块的孩子。以色列人采取如此残暴的镇压手段，目的只有一个：用恐惧阻止抵抗。

在巴勒斯坦人第二次暴动时，所发生的情况就是如此。如今到了 2015 年，类似的情况再次发生，各地巴勒斯坦人零星的抵抗汇聚起来，形成了共同反抗以色列吞并他们祖国的浪潮。但以色列制造的恐惧还是产生了效果。我问一名巴勒斯坦朋友，星期五是否与我们一起前去参加抗议活动。"不，"她回答道，"我不想做无谓的牺牲。"加沙战争以来，特别是最近几个月，以色列开始使用几种新式武器来对抗毕林村村民的示威游行。其中之一便是威力更加强大的军用催泪瓦斯，这种催泪瓦斯含有神经毒素。另一种武器是铝制子弹，能导致中弹者残废。以色列国防军还在午夜进村抓捕人民抵抗委员会的成员，连 13 岁的小孩儿都不放过，他们还投掷了声音炸弹和催泪弹。

毕林村有位村民，名叫法尔汉·布尔纳特，今年 30 岁。根据他的说法，由于他参加了一次周五示威活动，他被以色列国防军抓到监狱里蹲了 8 个月。对于参加示威活动的小孩子，他们也会抓到以色列关押 4 ~ 6 个月以示惩罚。在奥佛监狱，25% 的因犯是孩子，布尔纳特告诉我："如此长时间的监禁，严重影响了孩子们的教育和成长。"

抗议活动的前一天，我去往隔离墙一带，采访了 44 岁的毕林村农民瓦希德·沙拉曼，当时他正好做完农活回家。他说："我们能否去田里干活，取决于以色列士兵的情绪，有时我们要等 5 ~ 6 个小时才能到自己的田里。"沙拉曼的农田在隔离墙的另一边，所以他每天必须通过检查站才能去田里干活。他指着一根顶端装有闭路电视监控系统的巨大杆子说道："他们整天监视我们。"以色列人给每个农民分配一个对应的号码，并在墙上标示出他们可以从事农活的时间。过了一会儿，我们看到一个男孩子赶着羊群通过检查站，他说："放学后，我为父母照看羊群，隔离区占了我们 60% 的土地。为了惩罚星期五示威活动，他们不许我们在这一天工作。"他说他的羊群被隔离墙附近的铁丝网刮伤了。像毕林村的所有村民一样，他也很想念被杀的村民拉哈农。"我感到非常悲伤，但我不会停止抗议。我们很强大，可以坚持下去。以色列人之所以射杀拉哈农，是因为我们已经取得了一些成果。"

以色列国防军针对示威群众的暴行，引起了许多来自世界各地的积极分子前来参加抗议示威活动，他们每个星期五便来到毕林村。因为他们来自那些为以色列提供武器的国家，所以以色列国防军不会轻易射杀他们。我在那里采访的时候，发现至少 15 名来自加拿大的工会积极分子、艺术家和慈善工作者，还有一群年轻的以色列人。以色列国防军有明确规定，如果有以色列人或国际人士在场，则不能用实弹射击。从这一点你就可以看出他们对待巴勒斯坦人生命的态度，也证明了国际人士和以色列友人与巴勒斯坦人并肩作战的重要性。巴勒斯坦人前途惨淡，建国毫无希望。在这种情况下，毕林村的示威活动如果能获得成功，就能为巴勒斯坦带来一线希望，它能够让巴勒斯坦人知道，该如何把毅力、勇气和创造性结合在一起，来与巨大的非正义势力抗争。但他们所面对的危险极其严重，对方是世界上最邪恶的军队，而且还得到了世界史上最强大的军事力量提供的大力支持。全世界人民都被欺骗了，根本不了解以色列这个强权国家对巴勒斯坦人所造成的巨大破坏。

外国人不要再去相信媒体向他们散播的谎言了。只要你去被占领区或者其他被美帝国主义摧残的地方看一看，亲身感受一下，正如我在巴勒斯坦地区的所见所闻，你就会明白这其中的重要性。在 2008 年 12 月至 2009 年 1 月期间，以色列攻击了加沙地带，进行了一场大屠杀。这不仅让许多人感到胆寒，还有绝望。但我们仍然有办法帮他们摆脱困境，并减少被占领区的犯罪行为：你只需在示威现场向以色列士兵展示你的护照，就能让以色列国防军立即变得文明起来。

我参加了"国际团结运动"，这个组织成立于2002年，其目的是为巴勒斯坦的解放事业争取国际同情和支持；其成员还在第二次巴勒斯坦人暴动中担任目击证人，他们与巴勒斯坦人一道抵抗以色列人的镇压。但自那以后，这个组织就被肆意攻击，如同任何试图保护巴勒斯坦人的组织都会遭到的诽谤一样，比如"支持恐怖组织""反犹太人"，等等。网上甚至还出现了几个组织，专门对国际团结运动的动机进行诬蔑，并声言要将国际团结运动摧毁："Stoptheism.com"就是一个试图曝光国际团结运动参与者的网站，声称国际团结运动代表了"哈马斯和阿拉法特领导的恐怖组织"；美国的"精准报道中东委员会"声称，"国际团结运动鼓励其成员去危险的环境中保护恐怖组织及其家属"。但只要在约旦河西岸与国际团结运动一起待一个小时，你就会明白所有这些诽谤都是没有事实根据的污蔑。从我到那里开始，国际团结运动成员的正直和专业精神就给我留下了深刻的印象。国际团结运动会在伦敦举办一个为期两天的周末培训，向未来的志愿者传授非暴力的精神实质和巴勒斯坦人的特殊做法（所有成员都要经过巴勒斯坦委员会的批准）。当你抵达巴勒斯坦后，会继续接受两天的培训，向你介绍巴勒斯坦非暴力抵抗的历史，以及一些与以色列国防军做斗争的具体方法。

当我在巴勒斯坦的时候，我遇到了来自苏格兰和捷克的积极分子，他们每个人都情绪激昂，他们已经住在东耶路撒冷的巴勒斯坦人家中数月，这些家庭都是被以色列定居点公司非法驱逐的。他们的生活毫无精彩可言，就是整夜蹲守在那儿。睡觉的时候也只能裹着薄薄的褥子，所有人都挤在一间小小的屋子里，日复一日，月复一月。我还遇到过来自瑞典的积极分子，他们守在检查站附近，防止巴勒斯坦人受到虐待。我也有这样的经历，在参加完一次星期五示威活动后，我离开毕林村的隔离区，看到一名以色列国防军士兵在村庄旁边的检查站殴打一个巴勒斯坦人。我让出租车停下并下车一探究竟。我不知道为什么，当那个士兵看到我举起照相机要拍照时，他的眼光都变了。这里有一群来自意大利的积极分子，他们就住在希伯伦①。在约旦河西岸的被占领区中，这个地区的形势尤其令人不安，以色列定居者已经占领了该地的市场，因为他们不断骚扰当地的巴勒斯坦人，导致市场已经被关闭。当你路过这个已经关闭的市场时，还能听得到头顶上发出刺耳的声音，那是天上飞舞的砖头、碎石以及其他投掷物。

希伯伦的以色列定居者有偏执狂的恶名。他们每年都举办纪念活动，以庆祝1994年巴鲁克·戈尔茨坦在希伯伦的大屠杀②。这里有500名以色列定居者，他们把城区变成了战场。在希伯伦，国际团结运动的志愿者护送巴勒斯坦人的孩子去学校，以保护他们不受以色列定居者的杀害，这些定居者习惯于从屋顶上野蛮地射杀孩子。

国际团结运动的志愿者汤姆·亨道尔非常勇敢，2003年4月，年仅22岁的他在加沙地带护送孩子的过程中被杀害。他带着几个巴勒斯坦孩子穿越以色列国防军狙击手的防线，虽然他当时身上挂有国际人员的标识，但还是被子弹射中头部。亨道尔的死导致媒体的注意力发生转变，它们开始关注以色列国防军在占领区的所作所为，这仅仅是因为亨道尔是一名英国人，而被射杀的巴勒斯坦人数不胜数。这就是为什么国际团结运动的积极分子如此勇敢的原因：他们不顾生命危险，就是因为知道自己在以色列国防军的眼中价值更高一些。这也就是以色列政府试图赶走国际团结运动积极分子的原因，任何与国际

① 希伯伦，巴勒斯坦中部历史悠久的城市，位于约旦河西岸南部、耶路撒冷西南部。
② 希伯伦大屠杀，又被称为第二次希伯伦大屠杀，发生在1994年2月25日。犹太右翼极端分子、美国公民巴鲁克·戈尔茨坦在西岸城市希伯伦的麦比拉洞清真寺用机枪向正在礼拜的1100名穆斯林乱枪扫射，打死29人，打伤约150人。

团结运动有关联的人都被列入黑名单。很多国际团结运动积极分子被禁止在 10 年内入境以色列，虽然它在以色列完全是一个合法组织。

　　我去参加了毕林村的星期五非暴力抗议示威活动，之后还参加了附近尼林村的抗议活动。当地的农民说，虽然在过去的一年里他们很多同胞被残忍地杀害（去年有 2 名毕林村人和 5 名尼林村人被射杀，其中包括一个 10 岁的孩子，他因为头部中弹而死亡），但如果国际人士不在场的话，情况会更糟糕。2011 年，一名来自美国的国际团结运动积极分子特里斯坦·安德森被高速飞行的催泪瓦斯打成重伤。我在尼林村的时候，以色列国防军瞄准了我们，随时都有可能开枪射击。而当时以色列国防军所面对的攻击武器仅是石头和瓦片。有一个星期五，一名巴勒斯坦男人被实弹射杀。"我们一直在请求国际人士前来参加示威活动，如果只有巴勒斯坦人在场的话，他们会更加野蛮。"示威领袖说。

　　在被占领区做志愿者，一定是充满危险的，但对于帮助巴勒斯坦人反对迫害是非常有效的，因为我们有护照，相对于巴勒斯坦人举起一根手指头所面临的危险，我们所面对的危险要小得多。我停留的时间很短，与那些杰出的、精神焕发的积极分子相比，我所做的简直不值一提。这些积极分子囊括了从十几岁的年轻人到已经拿养老金的老年人，他们花费了远多于我的时间，承受了远大于我的危险。但有一点很清楚，只要国际人士、以色列友人、巴勒斯坦人团结一致，是可以与侵占行径做斗争的。但目前他们的损失远大于收获，国际团结运动的积极分子和巴勒斯坦的积极分子还将继续遭受损失，但正如乔治·奥威尔在他的散文《回顾西班牙内战》（*Looking Back on The Spanish Civil War*）所写："我认为，即使从为了生存而战斗的角度看，被征服也要比不战而降要好。"他当时参加了与佛朗哥法西斯分子的战斗。从这个意义上讲，"战斗"并不意味着一定使用暴力。

巴勒斯坦的经历让我进一步明白了一个真相，政府打着我们的名义所做的一切，总是在媒体的宣传下被掩盖。我们通过媒体得到的印象与真相之间存在着巨大的差异，对于美国民众默许政府以他们的名义所犯的滔天罪行，这种差异是至关重要的。如果人民了解真相，他们就有能力去阻止暴行，比如 2014 年的加沙大屠杀，再比如自 2003 年开始、一直持续至今的伊拉克大屠杀。事实上，在所有种族清洗中，最隐秘而又不为世人所知的发生在土耳其东部，这场种族清洗得到了美国外交和军事上的支持，因此时至今日，种族清洗仍在继续。

◎ 库尔德人最后的堡垒

虽然我曾经去过土耳其，但一直没有到过被人忽视的土耳其东南部。在土耳其境内，这里是受到残酷压迫的库尔德少数民族最后的堡垒。2012 年，我抵达了迪亚巴克尔，这里被本地人称为库尔德斯坦的首都。当时是凌晨 4 点，航空公司把我的行李搞丢了。我走出航站楼后叫了一辆出租车，出租车带我来到环绕着老城区的宏伟城墙边上。我在这儿找到了一家条件恶劣的旅馆并度过了一夜。我看了一下旅客花名册，上面列满了伊拉克人的名字，有的来自摩苏尔，有的来自基尔库克，还有一个来自巴格达。迪亚巴克尔距离伊拉克仅 160 英里，后者对待库尔德人也很残忍。

如今，在美国和英国攻占了伊拉克之后，库尔德人享有了更多的自治权，这是从未有过的事情。与此同时，土耳其政府却害怕库尔德人出现这种独立的苗头。当我早晨醒来的时候，发现自己仿佛不在土耳其。迪亚巴克尔看上去比伊斯坦布尔古老数个世纪，这儿没有伊斯坦布尔才会有的古驰广告牌，也没有擅长表现自我的社会精英。我走出城南的城墙，眺望翠绿的山岗，远处有一座令人叹为观止的石桥，横跨在流入伊拉克的底格里斯河上。

我与努尔詹·巴伊萨尔相约见面，她是一名库尔德积极分子，是我朋友的朋友。她在城墙外的丽丝大街上有一间非政府组织办公室。这间办公室很大，整理得井井有条，房间里面的书桌上有一份集体完成的报告。巴伊萨尔与记者打交道很有经验，但她的声音里传递着无法压抑的愤怒。她是个年轻的库尔德女人，积极上进，一直是争取自由和独立的先行者，她的民族已经为此奋斗了数个世纪。为了反抗土耳其政府的压迫和土耳其媒体对冲突的虚假报道，她成立了一家名叫迪萨的研究机构。她说："有些人在遥远的西方研究库尔德问题，这让我很生气，伊斯坦布尔和安卡拉有许多研究库尔德人的机构，但他们都是土耳其人创办的。大部分外国研究者只知道库尔德问题的大致情形，但生活在这里的我们知道一切真相。"例如，许多研究土耳其南部强迫迁徙问题的机构称受害者为"国内迁徙人口"。"但这个说法在土耳其语里有两个意思，主要意思是指被动且漫无目的的迁徙，如同说库尔德人自发地来到了某个地方，然后又离开了。但库尔德人要用'被迫迁徙'这个词语，我们要让世人知道，库尔德人的迁徙是被武力所逼迫的。"

在 20 世纪 80 年代和 90 年代，美国不仅在外交上支持土耳其，而且在军事上还提供了大量武器，土耳其军队以反恐的名义清理了土耳其南部的大片土地。具体来说，就是要清除库尔德工人党。后来，这场清除运动演化为针对库尔德人的战争。这一点很像危地马拉的情况，当时美国鼓动危地马拉进行内战，无视本地人真正从事的活动，硬把他们说成是列宁主义分子。如今的迪亚巴克尔极度贫困，主要原因是数千人被从村庄里赶出来，并移居到这座城市。自从 1923 年土耳其共和国成立以来，土耳其内部的库尔德人问题就如同一个漫长的噩梦。现代土耳其的国父、战争英雄穆斯塔法·凯末尔，希望建立一个以种族为中心的国家，这意味着库尔德人必须放弃自己的民族性，改称"山地土耳其人"。

由于政府不允许库尔德人使用自己的语言，也不许他们谈论自己的历史文化，这致使在接下来的90年里，库尔德人一直反抗这个企图彻底消灭他们传统的种族主义国家。凯末尔对那些反抗其计划的库尔德人进行屠杀。后来，那些接过凯末尔衣钵的人，也就是今天被称为凯末尔主义者的人，他们比前任更加激进。自凯末尔时代起，一群世俗的独裁精英掌控了土耳其政权，当有人可能威胁到他们的权力时，他们便抛弃民主。

在20世纪里，他们的作风一贯如此。与此同时，这些精英们为了获取利益，不断地去改造土耳其：他们把土耳其与美帝国主义及其走狗捆绑在一起，因为美国正试图在中东建立霸权，所以只要顺从美国，就能获得后者通过国际金融机构分发的现金。现在掌权的这帮独裁民族主义者，仍然承袭了一部令人厌恶的宪法，这部宪法是法西斯将军凯南·埃夫伦在1981年发动军事政变时颁布的。从那以后，这部宪法就一直尾随着土耳其，导致数千人仅仅因为公开表达自己的意见就落得悲惨下场：不是被投入监狱，就是被处决。

土耳其政府对付20世纪80年代库尔德人起义的方法，直接参照了大英帝国的统治方法。当年土耳其人掀起独立战争，但被英国人击败。1985年，土耳其总理图尔古特·奥扎尔是英国首相玛格丽特·撒切尔的好朋友，他拉拢了东南部库尔德人村庄里的一小撮精英，并为他们提供了美国支援的武器，之后便命令他们与库尔德工人党开战。这支半军事化的部队被称为村庄卫队，他们接受土耳其政府的委托，在东南部充当起警察的角色，在人不知鬼不觉的情况下实施了种种暴行。人权观察组织说，自1987年起，他们就开始反对村庄卫队的所作所为，那一年他们发表了第一份相关报告：《变迁：土耳其的人权状况》（*State of Flux：Human Right in Turkey*）。这份早期的文件中也载有"村庄卫队野蛮和腐败"的证据。

在 20 世纪 90 年代，土耳其政府在美国的支持下，以反恐战争作为掩护，在土耳其东南部进行残酷的镇压。英国的约翰·梅杰政府和美国的比尔·克林顿政府都提供了武器支援，土耳其政府实行焦土政策，数百个村庄被摧毁，驱逐了数千库尔德平民。在 21 世纪初，土耳其正义与发展党（Justice and Development Party）放松了媒体和学校对使用库尔德语的限制，在此之前库尔德语是被禁止使用的。该地区实施的戒严令也被取消了，正义与发展党允许创建第一个库尔德语电视台，监禁库尔德政治家和查封他们党派的活动也有所收敛。虽然正义与发展党提倡开放和协商，但村庄卫队却被保留下来，虽然它已失去存在的理由。似乎终于出现了有所改观的希望，因为正义与发展党本身也是土耳其残暴政体的受害者，这个伊斯兰政党似乎提供了另外一种行事方式。正如库尔德人的格言所讲的那样，"受害者理解受害者"。但事实并非如此，2010 年，"民主的开端"突然中止了。当时有 7 名库尔德工人党战士抵达迪亚巴克尔，他们受到了当地民众的热烈欢迎，许多人见到了长期未曾谋面的亲戚。

库尔德积极分子巴伊萨尔对我说，她当天在办公室里。"我当时与一名年轻的库尔德学生在一起。我去查看人们究竟在干什么。我看到许多人正在欢迎战士归来，当时的场面就像过节一样隆重。我一边工作一边思考，'努尔詹，不要相信他们，不要高兴得太早，因为将会发生不幸的事情'。当时我 37 岁，我知道 20 世纪 90 年代发生的故事。"后来证明她的直觉是正确的。她继续说道："我看见库尔德妇女在哭泣，我问她为何流泪，那位老妇人说因为今天是'斋月'，这是值得庆祝的日子。我摇晃了她一下，并告诉她不要相信眼前这一切，没有什么值得庆祝的，你不知道明天将会发生什么坏事。"

与此同时，土耳其媒体歪曲真相，声称忘恩负义的库尔德人正在欢迎库尔德恐怖分子回家。但媒体偏偏没有报道人们欢迎的是他们的亲人。巴伊萨尔说："这些人是我们的孩子，这是一件非常重要的事情，我在街上目睹了许多妇女看到归来战士后，认为接下来她们的儿子也能够回来。正是因为这个原因，她们才出门参加欢迎活动。"这7名战士最后被关进了监狱，与其他数千名库尔德政治犯一起受到了不公正的指控。社会改良的机会已经错过，压迫像往常一样卷土重来。巴伊萨尔说："这一切难以引起西方媒体的注意，因为土耳其是美国的盟友，同时，这也很难引起土耳其公众的注意。有时候我觉得这是另外一个世界，我们在土耳其是外国人。我们在迪亚巴克尔所讲的话，与他们在安卡拉与伊斯坦布尔所讲的完全不同。但这很难引起别人的注意。"土耳其媒体从来没有新闻自由，土耳其的平民大众不知道究竟发生了什么事情。如果他们想知道真相，就必须自己去搜集并筛选信息。大多数土耳其人跟大部分美国人一样，他们从不亲自鉴别信息的真伪。

巴伊萨尔是被土耳其同化了的库尔德人，土耳其境内有数百万像她这样的库尔德人：他们不会说库尔德语，甚至连做梦都在讲土耳其语，所以土耳其语是他们的主要语言。有数百万库尔德人生活在土耳其西部，要么是在伊兹密尔，要么在伊斯坦布尔。其中，伊斯坦布尔拥有世界上最大的库尔德人群体（大约500万）。他们知道曾经发生的事情，他们也不会忘记过去，也不会把胜利拱手交给压迫者。

"我的理智和良心都不允许我忘记过去，"巴伊萨尔对我说。许多土耳其人认为，巴伊萨尔是现代土耳其的受益者，不知为何她还要抱怨。"他们告诉我，你难道是因为不懂自己的母语而感到悲伤吗？你成长在土耳其并懂得土耳其语是一件好事，你有机会去读大学，享受做土耳其人的生活吧。但是他们有所不知，正是因为我不懂母语，以及各种条件的限制，我竟然没有一个可以亲近的人，甚至包括我的母亲，我从来没有机会跟我的祖母或者叔叔交谈，我无所适从，不知来自何处。他们认为土耳其为我们做了一件好事，这简直是疯狂的想法。这次会面结束后，我要去买书和礼物送给我在监狱里的朋友。当我跟那些在伊斯坦布尔的朋友说，我在迪亚巴克尔的朋友都被关进了监狱，他们会问'这是真的吗？'这个时候我还有耐心与土耳其人打交道，试图告诉他们究竟发生了什么。但经过一段时间之后，我会反问道'究竟为什么会这样？'"

20 世纪 80 年代到 90 年代，在这段漫长的"平叛"战争期间，土耳其对库尔德人犯下了许多罪行，其中最典型的是宣布库尔德语言非法。土耳其试图消灭库尔德人的民族属性，因为语言是民族文化的根基，所以消灭库尔德语就变成了一项核心任务。巴伊萨尔告诉我，她看见有人因为在街上讲库尔德语而被枪杀。在她所在的学校，如果有孩子被人听见讲库尔德语，哪怕只说了一个字，就会立即被拖出去毒打一顿。

那些拒绝被同化的库尔德人，也就是"山地土耳其人"，遭受到酷刑或者谋杀，甚至失踪，有时候整座村庄都会在与"敌人"的战斗中化为焦土。库尔德工人党是土耳其政府公开的敌人，实际上整个库尔德人社会都是土耳其的敌人，特别是那些拒绝接受文化灭绝的库尔德人。在迪亚巴克尔，大多数人讲土耳其语，但在城市郊区，人们并没有忘记库尔德语，这种语言仍然在使用，即使有人逼迫他们彻底地放弃这种语言。

20 世纪 80 年代的库尔德孩子甚至不知道他们是库尔德人。政府和军队不断诬陷库尔德人有罪，所以许多库尔德孩子因为自己是库尔德人而感到耻辱。巴伊萨尔说："我父母从乡下来，他们没有受过教育，当时大多数家庭的主要想法就是要保护孩子。我当时想，既然老师不讲库尔德语，而且他们说库尔德人都是坏人，那么库尔德语就是不好的语言，讲库尔德语的人都是坏人。我当时的想法就是这样。可是同时我也在想，既然我的母亲也讲库尔德语，她是否也是一个坏人。我们觉得做库尔德人是一种耻辱，因为学校就是这样教育我们的。一方面，我们感到耻辱，另一方面，我们感到害怕。例如，我的牙齿坏了，需要每周去医院看牙医。但我很害怕会不会因为母亲讲库尔德语，他们便加害于我们？也许他们不会，但我真的很害怕。我记得在那段时间里许多人被杀害。比如，有人在大街上杀死了我朋友的父亲，因为他在卖报纸，而那些报纸甚至不是库尔德语报纸，只是因为其中报道了关于库尔德人权利的事情。"

◎ 金童

美国作为土耳其的坚定盟友已经有半个世纪之久，如今仍然向土耳其售卖武器，而库尔德人在历史上多次被美国出卖。众所周知的事件有：1975 年，基辛格允许土耳其进行大屠杀；1991 年，老布什鼓动土耳其人反抗萨达姆，允许土耳其屠杀库尔德人。2003 年，美国开始入侵伊拉克，局势发生了微妙变化，库尔德地方政府领导下的库尔德人相信他们能够成为美国的有力盟友，因为中东的力量对比发生了变化。道理很简单，美国在这个地区需要可靠的盟友，比如说库尔德地方政府和以色列。库尔德地方政府相信，或许是有些天真地认为，美国如今不会再次背叛他们。巴伊萨尔说："如果我是美国公民，我会质问，为何自己缴纳的税被用来购买武器杀人。我不知道为何美国人不去问这个问题。如果我们现在处于战争状态，当然，我的意思不是说美国人引发了这场战争，但美国不断地为土耳其输送武器，如果没有武器支援，战争就无法维持下去……实际上，武器确实来自美国。"

杰克·赫斯是一名勇敢的美国青年，他不希望有人盗用他的名义去做坏事，所以他决定做一点儿事情。他来到迪亚巴克尔和土耳其东南地区生活，调查那些用他所缴纳的税款购买的武器，以及利用这些武器所实施的侵犯人权的暴行。接下来发生的事情很可怕，但也磨练了他的意志。他先是被拘留，然后在 2010 年被驱逐出境，罪名是从事"恐怖活动"，并特别地指出这个罪名是指"知晓或愿意帮助恐怖组织，但还并未参与其中"。

杰克·赫斯对我说："我被羁押了大约 10 天，在审问我的时候，他们询问我关于那份侵犯人权的报告，以及我与英国和土耳其的非政府组织进行联络的事情，还问我持有何种政治倾向。"赫斯的遭遇比其他库尔德积极分子要幸运一些，他没有被严刑拷打。政府对严刑拷打的公开态度是"零容忍"，但如果你是被关押在土耳其境内的数千名库尔德政治犯之一（通常被关押数年也不判刑），这套高尚的待遇你可享受不到。美国大使馆给赫斯提供了领事援助，以免他被诬告，但被他拒绝了，而且他当面指责美国大使馆允许土耳其政府肆无忌惮地迫害库尔德持不同政见者和积极分子。

赫斯对我说："如果是在 20 世纪 90 年代，这些人会失踪或者被暗杀，如今变为将库尔德人长期羁押在监狱之中，美国政府这些年来一直在谋杀记者，要么亲自动手，要么雇凶杀人。美国轰炸了伊拉克和阿富汗境内的半岛电视台。1999 年，在叙利亚境内轰炸了无线电电视台，并杀死了 16 名平民。美国是土耳其的主要军事援助者，却眼睁睁地看着土耳其在 20 世纪 90 年代谋杀数十名记者。不仅如此，美国还在军事和政治上为安卡拉打击库尔德运动提供关键性的支持。所以，在这种情况下，我不能接受美国大使馆的帮助。"

知晓自己缴纳的税款被用来支持土耳其对库尔德人进行残忍的种族歧视和种族灭绝后，大多数美国人都会感到非常震惊。实际上，自冷战开始之后，美国和土耳其之间形成的安保协作关系就成为世界上最紧密双边关系之一，因为土耳其被视为北约对抗苏联的前沿阵地。还有一件未被公开的历史事件：因为美国在土耳其部署了能携带核弹头的"木星"导弹，这才促使俄罗斯人把核导弹运往古巴，直接导致一年后爆发古巴导弹危机。在冷战初期，北约启动了"短剑行动"（Operation Gladio），目的是在北约国家建立"后备部队"。许多分析家认为，这些部队后来成为臭名昭著的支持土耳其"地下王国"的中坚力量，按照赫斯的说法，它"基本上是未经选举产生的影子政府，涉嫌进行政治暗杀以及发动政变，致使土耳其陷入混乱之中"。从外表上看，虽然土耳其政府换来换去，但实际上，国家政权始终被同一批官僚和军人所控制。

类似的情况在其他重要的北约国家中也出现过，比如希腊和西班牙，这些国家当年协助同盟国打败了纳粹德国，如今却有可能转向共产主义。在 20 世纪 80 年代和 90 年代，为了谋杀库尔德人，在北约的体制框架内，土耳其建立起了专门负责杀人的土耳其情报与反恐宪兵队（JITEM）。在冷战结束后，美土之间仍然维持着一种特殊关系。20 世纪 90 年代，在针对库尔德人的肮脏战争中，美国为土耳其提供了 80% 的武器供应，总价值大约为 105 亿美元。许多人权组织记录了美国提供的武器是如何被用来滥杀无辜的，包括非法杀戮和毁灭村庄。在土耳其西南部的恐怖战争期间，华盛顿给予土耳其的军事援助数量，要比在整个冷战期间都要多。

相对稳定的土耳其是世界上最具有战略意义的地区，美国利用土耳其作为实现其帝国野心的基地。2003 年，土耳其拒绝美国通过其领土从北方攻击伊拉克。然而，安卡拉后来允许美国在其领土上建立运输中心，支持美军在阿富汗和伊拉克的军事行动。2007 年，在美国国会的一次听证会上，罗伯特·魏思乐这位土耳其的支持者，同时也是众议院外交委员会欧洲分会的主席，他指出："在支持阿富汗和伊拉克人民方面，美国非常依赖土耳其，我们有共同的目标追求。"他的意思就是要残忍地军事占领这两个国家。他接着说："土耳其允许为美国飞机提供空中走廊，这对伊拉克和阿富汗的军事行动极为重要。土耳其为美军在伊拉克的军队提供了广泛的后勤支援，这条关键的给养线包括印吉尔利克（Incirlik），那儿有我们的空军基地以及货运中转站，其中有74%的货物要通过这个中转站运往伊拉克。"的确，正如魏思乐所言，"美军使用的绝大部分军事装备首先要空运到土耳其，然后再运入伊拉克"。

1977年，在一篇为《华尔街时报》撰写的专栏文章中，资深共和党外交政策官员扎尔梅·哈利勒扎德总结了土耳其地缘政治的重要性。他认为美国和土耳其"应该联手保证波斯湾和里海地区的安全。美国已经对海湾地区作出安全承诺，该地区对全球的石油供应发挥着生死攸关的作用。但里海地区的重要性也在增加，因为这个地区拥有巨大的石油和天然气储备……土耳其的军事设施所处的地理位置绝佳，便于向波斯湾和里海地区投放军力。世界上许多能源开采点距离印吉尔利克空军基地不到1 000英里。如果能利用土耳其的基地，就可以减少在海湾合作委员会国家的兵力部署。一部分里海的石油和天然气需要通过管道输送到世界市场上，而土耳其能提供可行的路径"。

虽然几乎所有人都同意解决库尔德问题不能依靠"军事方案"，但美国仍然全面支持土耳其与库尔德工人党开战。布什和奥巴马政府都宣布库尔德工人党是"共同的敌人"，美国向土耳其提供有关库尔德工人党在伊拉克北部行动的军事情报。根据维基解密披露，美国积极地向土耳其提供无人机，完全无视土耳其曾犯下的极其恐怖的人权记录，这个问题在土耳其外交官员和美国官员的会议中似乎从来没有被讨论过。库尔德工人党是左翼政党，数十年以来，一直在挑战北约第二大军队及其后台老板美国，所以土耳其认为必须对其予以消灭。库尔德工人党虽然也有自己的人权记录问题，但其严重程度远不及土耳其，所以美国不能以人权为借口进行干预。

土耳其以"恐怖主义"为借口逮捕了数千名库尔德人，其中包括积极分子和政客，也包括选举产生的市长、人权卫士、记者、妇女权利拥护者、学生，等等。直至今日，在这些人之中，只有极少数人已经被判决有罪或者无罪。多年以来，数千人就这样在没有被审判的情况下关押着。赫斯说对我说："我研究了几个人所受到的指控，发现对他们的指控完全出于政治目的。"

近些年来，土耳其越来越频繁地介入中东事务。土耳其与哈马斯一起把触角伸向了叙利亚和伊朗，这就引发了与"美国—以色列—沙特"集团之间的冲突，导致华盛顿政策制定者的暴怒。虽然近几年来有关西方是如何"失去"土耳其的争论不绝于耳，但美国也许高兴地看到土耳其在中东地区表现得更加大胆，成为除了伊朗和真主党之外的、并能与之抗衡的另外一支重要力量。基本上讲，通过一个正在积极作战的土耳其，美国能恢复一些在该地区已经失去的影响力。另一方面，近几年来，土耳其在外交上也有挫折，安卡拉似乎不会与美国断然决裂。

赫斯对我说："我认为美国人并不知道这里的情况。"一些美国的非政府组织做了极好的工作——记录了美国支持下的土耳其在20世纪90年代所犯下的暴行，但没有获得相应的关注，或者说，不如波斯尼亚和科索沃的暴行更受人们关注。近几年里，美国很多知名媒体和智库开始批评土耳其，这主要是因为安卡拉在几个重要问题上挑战了华盛顿，特别是巴以冲突问题。赫斯又说："新闻媒体的覆盖率不够高，土耳其东南部没有外国通讯基地。媒体的覆盖程度最为重要。一些土耳其专家根本不了解土耳其内部矛盾的实际情况，这令人震惊。

例如，几乎所有媒体都说库尔德工人党是'分裂分子'，实际上他们在 1990 年就放弃了建立独立国家的要求。作家们总是不公平地引用西方和土耳其'专家'的说法去谈论库尔德人，不知何故，他们总像被别人强迫一样，指出欧盟和美国认为库尔德工人党是'恐怖组织'。但库尔德人如何看待库尔德工人党呢？库尔德人的看法值得一听吗？似乎只有那些说英语、有花里胡哨头衔的美国或土耳其'专家'才能评论库尔德问题，这实在是太狂妄自大了。除了库尔德问题，美国媒体对土耳其的报道也遵循着充满西方偏见的简单二分法，比如东方对西方，世俗对伊斯兰。新闻媒体没有反映土耳其的实际情况。"

2004 年，乔治·布什访问土耳其，他热情洋溢地对正义与发展党说："我非常感激你们国家树立了一个榜样，说明伊斯兰国家也是可以同时拥抱民主、法律和自由的。"布什没有把话说完整，他的政府是有私心的，他在国际货币组织的朋友也是有私心的，他们的私心就是试图将土耳其变成国家货币基金组织的试验品，即使埃尔多安在宗教上主张中庸，但正义与发展党在经济上却是极端派，所以最终他也会按照美国的意思去做。虽然正义与发展党在选举时向穷人和工人许下种种承诺，但在 2002 年选举胜出后不到一个月，他们便进行大规模的国有资产私有化，从国家航空公司到国家石油公司。当时的代理总理是阿卜杜拉提夫·谢内尔，他承认他的灵感来自英国首相撒切尔；他的密友图尔古特·博兹库尔特是私有化管理局的局长，他直接使用撒切尔的言辞来表明自己的野心："基本目标是把国有经济转化为由市场驱动的自由经济，把国有企业转移到有能力的私人企业家手中，这有助于使经济结构合理化，根据理性和科学的原则运作经济，使之达到令人满意的结果。"

跟许多美国的盟友一样，土耳其经济的发展模式也越来越像其幕后老板。由于 20 世纪 90 年代强迫性的人口迁徙，以及 20 世纪 80 年

117

代实行的新自由主义政策，土耳其东南部的农业渐趋消亡。这是"欠发达世界"的共同旋律。土耳其的东南部在 20 年前把牲口出售到世界各地，如同海地农民曾经出售大米或者墨西哥农民出售玉米一样。但那是发生在勒索者来到镇子之前的事了。如今土耳其地区却在购买牲口。在迪亚巴克尔附近有许多村庄，这些村子在不久之前还能生产出足够的粮食，以供迪亚巴克尔人食用。如今，饿得发慌的孩子纷纷从伊兹密尔运来的垃圾里寻找食物。由于缺少生产，大量的库尔德人从郊区涌向土耳其的大城市，特别是伊斯坦布尔。他们形成了社会底层，通常是 10 个人住在一间条件极其恶劣房子里。如果你到了伊斯坦布尔，会发现做清洁工作的都是库尔德孩子；如果你到了伊兹密尔，就会发现捡垃圾的也都是库尔德孩子。伊斯坦布尔大部分简易房里挤满了库尔德人。几乎和种族隔离一样，当然这显然是经济上的种族隔离。每年有 200 多名工人死于非命，其中大多数是库尔德人，他们的生命不值钱。努尔詹说："我总是在想，如果我们是有色人种，比如我们的皮肤是黑色或者红色，我敢肯定土耳其人能认出来。如今，他们虽然不去辨识肤色，但土耳其的贫困有颜色，即通过种族就可以看出来。贫困如同种族隔离一样，那些处境最恶劣的往往是库尔德人。"

但有一点土耳其政府没看清楚：库尔德人住在如此拥挤的房子里，周围的环境是如此肮脏，这反而助长他们产生高昂的政治意愿。如果有一天他们决定起义，那么释放出来的能量将是巨大的，但针对他们的战争也将是最可怕的。对穷人进行巧取豪夺的西方寡头们，绝不吝惜使用武力去实现他们的经济和地缘政治野心。

第❼章

强者有理
换汤不换药的新型战争

◎ 苏联威胁——美国招摇过市的幌子

"二战"后，美国成为世界三大经济体之一，另外两个是西欧和苏联。这种格局一直很稳定，直到后来，东亚出现了"亚洲四小龙"①，自此之后，苏联被"亚洲四小龙"所取代。而美国在军事领域一直具有压倒性的优势。早在 1945 年，美苏间就出现了冷战的苗头。从这个时候起直至苏联崩溃，美国和西方盟友都维持着对苏联的"牵制"态势。实际上，更为准确的说法是苏联"牵制"着美国。根据爱德华·赫尔曼的说法："苏联实际上处于守势，它只是一个弱小的地区性力量。"美国则不同，它在拉丁美洲和非洲建立一系列接受美国保护的国家，又通过北大西洋公约组织控制了西欧。苏联的军事威胁的确是个问题，但没有舆论宣传的那么大。

"民族独立的病毒"才是真正严重的问题，它很可能会传染给全世界，因为所有人都期盼民族独立和自由平等。由于美国的商业精英力图维持高昂的军费开支，政治精英则千方百计维持对美国人民的控制，因此苏联威胁就成为了一个常用的借口。美国军费在 20 世纪 50

---

① 亚洲四小龙，是指亚洲的中国香港、新加坡、韩国和中国台湾地区，从 20 世纪 60 年代开始，这些地区推行"出口导向型"战略，重点发展劳动密集型的加工产业，在短时间内实现了经济的腾飞，一跃成为富裕地区。

年代和 60 年代迅速增长。不过，肯·利文斯通有不同的看法，这位前英国议员、伦敦市长，当年深陷国际政治事务之中，他说："冷战是虚构出来的，因为美国的核武器数量是苏联的 20 倍。"历史学家尼尔·弗格森不同意这个说法，他写道："在冷战时期，美国政策的目的是阻止苏联扩张，而不是建立民主国家。"从现实的角度看，实际上是苏联在"牵制"着美国的扩张，但最后以失败告终。随着"邪恶帝国"苏联在 20 世纪 90 年代初期解体，美国庞大的军费开支也失去了继续存在的理由。然而，美国的军费开支仍然在膨胀，所以说，苏联仅是美国的假想敌之一。

从 20 世纪 90 年代至今，美国的军事实力无人能敌。自从冷战结束之后，世界其他各国的军费开支都在下降，唯独只有美国不降反升。2001 年，美国的军费开支占整个世界军费开支的 35%，是排在第二位的俄罗斯军费开支的 6 倍，是排在俄罗斯之后的三个国家（法国、英国、日本）军费总和的 7 倍。2003 年，美国的军费开支占全球军费开支的 40%，超过了排在美国之后 24 个国家的总和。这些国家中既没有像苏联这样的超级大国，也没有类似于苏联的行为方式。苏联垮台之后，美国开始寻找其他借口，比如"毒品战争"，借以维持其高额的军费开支，这一点我们有目共睹。

已故历史学家霍华德·津恩在波士顿对我说："帝国一般需要军事化的经济，但这会导致国内经济萎缩，并最终走向崩溃。"就军事霸权而言，比核武器或常规武器更加重要的是美国在冷战期间建立的遍布全球的军事基地。五角大楼声称目前美国在 132 个国家中存在军事设施。虽然目前只有一半基地在运行，但现存的基地仍然表明，全世界都在美国的打击范围之内。

自从"二战"伊始，美国高层就有意识地在其他国家建立军事基地，但这意味着要与一些令人厌恶的政权打交道。1966 年，为了在迪戈加西亚岛^①建立基地，美国甚至还需要遣散本地居民。诺姆·乔姆斯基告诉我，所谓的"代理人战争"之所以变得更加普遍，是因为"有些国家最初想利用美国军队……后来因为公众的反对意见过大，于是它们就借助'秘密战'来继续维持军事存在"。这意味着美国不再需要进行大规模的宣传战，也不必再散播那些听起来很高尚的理想主义说辞。乔姆斯基继续说："'秘密战'意味着几乎所有人都知道真相，但只有美国人不知道，因为美国人被政府蒙蔽了，参加战争的都是国际恐怖组织成员。不巧的是，英国便是其中之一，还包括以色列、阿根廷的新纳粹势力（后来被美国抛弃），以及沙特阿拉伯（提供资金）。所以这构成了一个国际恐怖网络，并被美国用来支持中美洲凶残的恐怖政权。尼加拉瓜是一个典型案例，这个国家的政府无力控制军队，以美国为首的恐怖网络对它发动了进攻。美国对尼加拉瓜的恐怖战争实际上受到了国际法庭和联合国安理会的谴责，但美国对联合国的谴责议案投了否决票，忠诚的英国人则投了弃权票。"

◎北约：从"防御同盟"到"人道主义干预"

北约是美国维持霸权的主要军事力量，该组织成立于1949年4月，是西方主要的发达国家为实现防卫协作而建立的一个国际军事集团组织。按照规定，如果其中的某个条约国受到攻击，那么北约全体国家都要上阵作战。在现实中，它变成了美国保护其在西欧利益的工具。

根据历史学家迈克尔·曼恩的说法："有几个北方国家受到北约的保护，因为从1945年开始，这些国家如果没有美国的帮助，就无法抵抗苏联势力的扩张，因此美国组织起了像北约这样的组织。"当时，

---

① 迪戈加西亚岛，印度洋中部查戈斯群岛最大和最南端的珊瑚岛，是英属印度洋领地的一部分，1966年英美签订协议后，美国向英国租借迪戈加西亚岛，这里成为美国在印度洋的重要海空军基地，属于美国全球军事基地之一。

北约的成立意味着一百七十多年以来，美国首次与欧洲结盟。一些像迪安·艾奇逊①这样有影响力的谋士，不断地吹嘘北约组织，声称其目标是"不仅要发展单个国家的防御能力，还要发展集体防御能力，以抵御武装入侵"。北约被美化成为一个完全防御性的组织。另一方面，历史学家沃尔特·拉费伯尔认为美国之所以创建北约，是另有企图的，他说："美国现在可以主导一个盟约组织，通过其成员国去完成美国的外交目标。"拉费伯尔提及了两个目标。第一是防止苏联的势力渗透到西欧，第二是恢复西德的独立地位和综合实力。对于这两个目标，北约基本上取得了成功。然而其间出现了一次波折，戴高乐在担任法国总统期间（1958～1969年），这两个目标受到了一定程度上的阻碍，但美国最终成功地确立了其在北约中独一无二的地位。

戴高乐在给艾森豪威尔总统和哈罗德·麦克米伦首相的一份备忘录中，抱怨"世界三极战略"（Tripartite World Strategy）没有将法国包括在内。艾森豪威尔在回信中写道："美国没有野心去完成北约交给美国的沉重任务。"

虽然北约一直很强大，而且在几十年的发展历程中还增加了数个成员国，但直到苏联解体后，北约才开展其第一次军事行动。1999年的科索沃战争，标志着北约从"防御同盟"向"人道主义干预"的转变。北约的好战姿态表明，美国的巧取豪夺计划发展到了一个新的高度。在1999年6月10日结束对塞尔维亚和科索沃的轰炸后，比尔·克林顿总统说："国际社会感到非常愤慨，因此达成了一致，如今国际社会的要求已经实现……正是由于我们的决心，人们才没有在绝望的愤慨中度过20世纪，而且人们对21世纪将会拥有的尊严和人权充满希望。"美国及其盟友甚至蓄意破坏了一次和平谈判的机会，即朗布

---

① 迪安·艾奇逊，美国在"二战"后国际关系的奠基者，他克服了国务院中的孤立主义传统，协助杜鲁门总统确立了北大西洋公约组织，组织了对日《旧金山和约》。在朝鲜实现了第一次集体安全行动。

依埃协议^①。它们要求把北约可以自由行使武力的范围从科索沃扩充到整个塞尔维亚，南斯拉夫总统米洛舍维奇绝对不会接受这个条件，而那些发动战争的人对此心知肚明。这是巧取豪夺的一着高招，堪称美国战利品展示厅中的精品之作。

仔细研究历史记录，就会发现美国发动战争的动机都有其私心，绝非所谓的人权和尊严。在 1999 年科索沃战争爆发前，美国国务卿威廉·科恩宣称："我们发现有 10 万适龄参军的男人（阿尔巴尼亚人）失踪了……他们可能被谋杀了。"在轰炸结束之后，美国没有找到任何万人坑，国际战犯法庭^②认为双方被杀的人数共计为 2788。战前的数字被严重夸大了，西班牙法律代表团哀叹道："这是战争宣传机器在表演芭蕾舞。"这次军事行动的目的是重新整顿已经衰败的军事组织，因为许多人认为，在冷战结束以及华沙条约组织（北约的对手）崩溃的情况下，北约这个军事同盟已经过时了。

一位白宫官员替克林顿总统表明了态度："从第一天起，他就跟我们说必须要取得胜利。这一点再也清楚不过，因为此事关系到美国和北约的前途，关系到他作为总司令的责任，所以我们必须取得胜利。"专栏作家威廉·普法夫作了进一步的说明，他在冲突前就宣称："有关干涉的争论不再是手段和目的之争，而是有关是否抛弃北约之争，是如何维护国际领导权之争。"塞尔维亚政府必须被推翻，这样才能维护美国的军事霸权，要想达到这个目的，就要依靠北约这个制度化的军事组织。

---

① 朗布依埃协议，是指在 1999 年 2 月由前南问题国际小组安排，在法国巴黎南部的朗布依埃，塞尔维亚和科索沃代表讨论美国提出的和平协议草案，并达成的相关协议。该协议主要内容：尊重南联盟的领土完整，科索沃实行高度自治，"科解"解除武装。三年后召开国际会议确定科索沃最终地位。南斯拉夫部队，除少量边防部队，其余撤出科索沃。由北约派部队保障协议实施。
② 国际战犯法庭，是指联合国审判前南斯拉夫战犯的国际法庭，属于国际法院（海牙国际法庭）的下属机构。1993 年 5 月 25 日，联合国安理会通过第 827 号决议，决定在海牙设立该法庭，由 11 名法官组成，任期 4 年，负责审理 1991 年以来前南地区犯有大屠杀、种族清洗等严重违反人道主义法的主要人员。

在苏联分崩离析后，北约存在的意义就变得不明确了。北约在1999年对科索沃的轰炸确保了南斯拉夫的分裂，"9·11"事件给西方带来了一个新的敌人，北约使用新计谋一边排斥俄罗斯，一边通过格鲁吉亚和乌克兰向东欧扩张。前面解释过，土耳其的角色也很重要，从1951年起，土耳其就开始无条件地支持北约。在2006年以色列与黎巴嫩的战争中，土耳其士兵被派到前线"维持和平"。此外还有一段时间，土耳其有1 300名士兵被派往阿富汗。北约利用土耳其与库尔德积极分子、工会成员、社会主义分子以及其他敌人进行战斗。北约军队本应该是抵御外国入侵的预备队，但实际上经常被用来对付民主人士。

◎ 反恐战争：新型冷战

美国的确很少对别国进行直接的军事干预。在此之前我们讨论过，美国是通过遥控右翼分子来控制其他国家的。军队直接介入是最后的选择手段。美国这种惯用的行为方式有几个极端的例外情况，分别是1953年爆发的朝鲜战争、越南战争、阿富汗战争、伊拉克战争。在冷战期间，美国总是以"防御"作为借口，使其直接的军事干预合法化。实际上，对于扩张中的苏联势力，美国有强烈的遏制欲望，借用基辛格生动的描述，即"民族独立的病毒"。至于阿富汗和伊拉克，都被归入"反恐战争"的范畴，总体来看，这仍然可以融入到相同的概念体系中，只要用"恐怖主义"取代"共产主义"即可。但无论是"恐怖主义"还是"共产主义"，都要不计代价地予以消灭。

从最近一段时期的历史来看，美国的军事力量根本没有支援"民主"，而是成为实现自我利益的手段。小布什总统时期的国务卿科林·鲍威尔在自传中记录了一件事情：克林顿的国家安全顾问马德琳·奥尔布赖特问道："你总是在谈论强大的军事力量，但是如果你不去使用它，又有什么意义呢？"

哲学家齐格蒙特·鲍曼把美国当下的"军国主义行为"与经济下行联系起来。他对我说："目前没有军备竞赛，这点毫无疑问。如果存在军备竞赛的话，那也是因为美国企图按照自己的想象去改造世界，也就是说，美国希望通过使用武力去左右这个世界：谁有更多的核弹，谁有更多的精确制导导弹或类似的武器，谁有更多的机动部队，等等。不过，这样很危险。因为世界的经济重心已经发生了转移。"2003年3月开始的伊拉克战争，极好地解释了美国试图使用直接武装干预获得经济利益的欲望。这场战争推翻了独裁者萨达姆，但伊拉克有世界上第三大石油储备这个事实并非巧合。表面上看，美国是在打一场"反恐战争"，就好像20世纪80年代里根时期的战争一样，而且"解放伊拉克是反恐的关键性一仗"。

实际上，2001年发生在纽约、费城以及华盛顿的恐怖袭击事件，与萨达姆根本没有任何关系，但"9·11"事件还是成为美国政府的托词，并激起了人们试图改变甚至推翻伊拉克政府的欲望。有一个名叫"新世纪美国构想"（Project for the New American Century）的游说团体，其中包括许多布什总统的幕僚。这个游说团体写了一份令人茅塞顿开的政策文件：《重建美国防务：新世纪所需的战略、力量和资源》（Rebuilding America's Defenses：Strategies, Forces and Resources for a New Century）。这份文件说："在谋取海湾地区安全这个问题上，美国所发挥的重要作用已经有数十年之久。虽然与伊拉克的冲突提供了恰当的理由，但在海湾地区大量部署美军的需求，超越了与萨达姆之间的矛盾。"过去美国把共产主义作为借口，用暴力获得对自身有利的经济地位，如今把借口换成了"恐怖主义"，但这其实是换汤不换药。冷战的历史表明，驱使美国发动战争的另一个因素是"威望"，美国特别在乎如何向盟友展示自己的能力。越南战争之所以爆发，主要是因为美国在朝鲜和老挝战败了：接下来的几届美国总统觉得有必要展示一下自己的力量。美国直接介入越南战争之后，却深陷其中难以自拔，因为承认失败实在是太丢脸了，所以战争时间越拖越长。如今，美国精英仍然很在乎其在国际上社会上的"威望"。

◎ 毒品战争：地缘政治的较量

美国使用的另一种统治方式是进行所谓的"毒品战争"或"缉毒战"，它包括两个部分：第一是对国内的穷人进行阶级战争，第二是与整个世界为敌。这场战争始于尼克松总统，重点是在西半球禁毒。美国在国内发动的毒品战争，主要是为了对付那些被社会学家称为"垃圾人口"的民众，他们是"长期失业者"，几乎每个资本主义国家都存在这种群体。自从有了工业区之后，就出现了所谓的"工业区监狱"，这里有私人经营的种种享乐设施，提供各种"让人堕落的刺激性服务"，但这对企业有益（政客们还能获得相关企业的赞助），结果导致更多人被判处重刑并遭到监禁。从 1970 年起，美国在这场两线作战中花费了超过 1 万亿美元，结果是数千人被杀害。

2010 年，美国花费在毒品战争上的经费超过 150 亿美元，相当于每一秒钟就消耗 500 美元。但几乎所有警察都认为这是一场失败的战争。"我认为许多人提出的理由都很有说服力，现行毒品政策不起效果。"迈克尔·斯威夫特纳对我说，他是美洲国家对话组织的主席。"证据很明显，也得到广泛的认同。"甚至奥巴马总统任命的缉毒局长吉尔·克利考斯科也在 2011 年表达了同样的疑虑。"大体来看，毒品战争没有打赢，虽然这项工作已经开展了 40 年的时间，但毒品仍然在扩散，而且愈发严重。"奥巴马政府改变了打击毒品的策略，

126

不再称之为"毒品战争"，其背后的原因是人们对目前的策略已经失去热情。但在过去40年里，庞大的官僚机构已经建立起来，想要作出改变非常困难。2012年，奥巴马政府要求获得262亿美元的打击毒品战争预算，用以支付联邦政府为解决毒品问题而采取的行动。预算经费比2010年增加了1.2%，其中的60%，即155亿美元，用于"减少毒品供应"。换句话说，执行法律和禁毒工作要在国际和国内两个方面同时开展。

有个问题值得思考，虽然消耗了如此多的财力，失去了如此多的生命，为什么问题仍然存在。这并非巧合，毒品战争始于冷战巅峰，仅是美国加强控制拉丁美洲这个"后院"而采取的方法，这是美国作出种种努力的根源所在。南美洲大陆地区已经流露出要脱离美国控制的倾向，所以必须加以控制。在"苏联威胁"消失之后，毒品战争成为美国在该地区部署武器的新借口。例如，有毒品问题的国家，比如哥伦比亚和巴拿马，都与美国保持了良好的关系。但即使是这些国家，也意识到发起一场战争有百害而无一利。尽管如此，这些国家还是接受了毒品战争，因为它们也需要借机打击自己的敌人，即那些主要由左翼份子组成的叛军，如此，它们也可以避开美国或其他国家的责难。

但相关的讨论越来越多。哥伦比亚总统胡安·曼努埃尔·桑托斯在2011年时声称他并不反对毒品合法化。他说："如果全世界认为毒品合法化是一个可行的解决方案，那么我会很高兴地赞成这个观点，我能理解这一点。"哥伦比亚前总统塞萨尔·加维里亚成立了一个研究毒品政策的委员会，并呼吁在这个地区实现毒品合法化。许多拉丁美洲国家希望美国能意识到其行动的不足之处，并开始讨论其他切实可行的选项。在真正的转机出现之前，这些国家不得不在多方下注。

墨西哥是美国控制下的最重要国家之一，该国与美国共同拥有漫长的边境线（1803年，美国花费少量金钱买下了墨西哥一半的领土）。

因为毒品战争的缘故，美墨边境成为人间地狱。2007年，墨西哥总统费利佩·卡尔德龙上台后不久，就发起了镇压毒品走私的行动。在这场行动中，有据可查的死亡人数已达3.6万。

美国通过梅里达计划①向墨西哥提供了16亿美元的支援。人权组织的报告显示，墨西哥军队以毒品战争作为掩护，对原住民社区和平民社会犯下了大量暴行。2011年，美国移民代理人雅米·扎帕塔被墨西哥毒品走私集团谋杀后，引发了一系列的暴力行径和逮捕行动，但毒品战争仍然毫无取胜的希望。如果你客观地去观察，一定会发现毒品战争不起任何作用。面对美国这个巨大的毒品需求市场，毒品走私犯会不断地种植并销售毒品，更遑论美国市场的需求量一直在持续增长。在国内，美国似乎无法采取任何行动去限制这种需求，因此供应必然无法断绝。而对哥伦比亚或玻利维亚的农民而言，种植一公顷的香蕉与一公顷的古柯②，两者的收益根本不可同日而语。

近年来，美国面临许多问题，比如拉丁美洲的左翼政府如雨后春笋般出现，这导致美国在该地区越来越难推行其计划。此外，通过发动政变推翻这些政府也变得日益困难。拉丁美洲出现的新情况令美国缉毒局的执法行动举步维艰。玻利维亚的左翼总统埃沃·莫拉莱斯驱逐了美国缉毒局人员，理由是该机构是在谋求美国的地缘政治利益，而非真正的毒品打击行动。毋庸置疑，莫拉莱斯总统的观点绝对正确。

此刻，只剩下厄瓜多尔还在追随美国，但这有可能会发生改变。美国对禁毒的态度异常坚决，这与玻利维亚向联合国提出的撤销禁止咀嚼古柯叶的请求产生了矛盾，而咀嚼古柯叶这个传统在当地已经有2 000年历史。在最近一段时间里，整个拉丁美洲都有将毒品合法化的趋势。阿根廷最高法院裁定，因个人消费而携带毒品并不违反法律。

---

① 梅里达计划，美国总统布什2007年年底提出的。根据该计划，美国将向墨西哥及中美洲国家提供资金，以协助这些国家打击有组织犯罪和贩毒集团。
② 古柯，生长于南美洲安第斯山区的古柯科植物，叶子可以提取可卡因。

　　在厄瓜多尔，不断有人尝试去修改那部在美国的指导下制定的残暴的禁毒法。该地区内的一些资深人士都在质疑毒品战争的合理性，比如费尔南多·恩里克·卡多佐[①]、埃内斯托·塞迪略[②]、塞萨尔·加维里亚[③]，他们分别是巴西前总统、墨西哥前总统以及哥伦比亚前总统。

　　但我们回头看看美国，当权派胆小如鼠，他们不敢作出任何改变。得克萨斯州的共和党议员荣·保罗说："人们不敢承认这是一场失败的战争。一旦承认，他们担心自己在毒品问题上会被认为软弱无能。"他接着又说："我认为我们正在取得进展。我觉得民众对毒品战争的态度已经发生了很大的改变，但政府却没有跟上步伐。"共和党内的自由派越来越倾向于支持毒品合法化，并反对在拉丁美洲的巨额花费，而茶党更是把这个问题摆到了台面上，有些政治派别要求美国停止现有的毒品政策。"毒品政策已经伤害了许多民众和家庭，人们已经认识到毒品战争所造成的伤害远大于毒品本身。"一些民主党人也有类似的看法。《西半球毒品政策委员会法案》的目标就是要建立起一个委员会，由总统任命部分成员，以重新评估美国毒品法在拉丁美洲的禁毒行动以及偏重于控制毒品生产所造成的影响。该法案的发起人是纽约的众议院议员艾略特·恩格尔。

　　起初，法案在众议院获得全体成员一致通过，但 2010 年却遭到参议院否决。2014 年，另一项同名法案也被提出。恩格尔对我说："毒品战争是一场失败的行动，现在我们仍然为毒品问题所困扰。在墨西哥，毒品走私犯变得更加猖獗。"但如果你认为毒品战争仅仅是一场因为禁毒而造成的失败行动，那么洪都拉斯的情况会让你明白毒品战争完全不是为了禁毒。

① 费尔南多·恩里克·卡多佐，1999 年至 2003 年期间任巴西总统。
② 埃内斯托·塞迪略，1994 年至 2000 年任墨西哥总统。
③ 塞萨尔·加维里亚，1994 年至 2000 年任哥伦比亚总统。

第❽章

洪都拉斯
毒品战争阴影下的殖民地

◎ 洪都拉斯：毒品战争的最前线

特古西加尔巴[①]的灾难是美国一手造成的。长久以来，洪都拉斯都是最顺从美国的国家，美国把这个中美洲国家牢牢地掌控在手中。洪都拉斯是美国发动反恐战争的基地（20 世纪 80 年代对尼加拉瓜的战争），美国还在这里引发了洪都拉斯邻国萨尔瓦多的残酷内战。在特古西加尔巴，绝大多数餐馆都由美国人经营。城市被绵延起伏的山峦包围，上面飘扬着特古西加尔巴的旗帜。然而，这些旗帜上印着的却是"可口可乐"的图案。在这座城市里，几乎每个角落里都能看到这个图案。

2012 年时，我曾经到访过特古西加尔巴。此时，距离推翻洪都拉斯民选总统的政变已经过去 3 年的时间，而这场政变的幕后主持人正是美国。我被告知，无论是白天还是夜晚，我都不能独自离开旅馆。如果我需要外出采访，必须乘坐出租车，因为整座城市都被封锁了。但是我没有听取他人的忠告，我独自行走在特古西加尔巴市中心的水泥马路上，感觉犹如身处鬼城之中。城市建筑物的墙壁上绘有各式各样的涂鸦，这是处在专制统治和暴力冲突的国家里，人们能够自由表

---
① 特古西加尔巴，洪都拉斯共和国首都，亦是弗朗西斯科—莫拉桑省首府。

达观点的最后阵地。涂鸦多半是诸如"人民不会忘记""我们要打败资本家"等口号。

洪都拉斯是地处美国毒品战争前线的国家之一。由于官员腐败，土地贫瘠，洪都拉斯的人民生活非常贫困，尤其是在该国北部，政府根本无法进行有效管辖，所以这个国家受到毒品走私贩的青睐。洪都拉斯的地理位置对缉毒警察也很有利：可卡因从南美洲流向墨西哥和美国，而洪都拉斯正好处于这条走私路线的中间点上。但打击毒品犹如挤压气球一般，一个地方被压下去之后，另一个地方便会鼓起来。掩藏在清教徒般的缉毒说辞背后，所谓的毒品战争，其实就是一场官僚机构之间的战争，它们在全世界雇用了成千上万的人参与毒品战争，而战争的目的永远都是为了夺取控制权。

冷战结束后，通过发动毒品战争来控制他国的方式变得越来越重要，因为美国已经没有其他借口来继续其在拉丁美洲部署军队的行动。于是毒品战争成为维持美国军事存在的完美战场，整个地区的人民都可能成为美国的奴隶：美国的政策制定者希望把洪都拉斯的情况复制到其他地区。但西半球其他地区似乎并不喜欢美国的计划，这一点都不让人觉得奇怪。当我到达特古西加尔巴后，我才意识到毒品战争的真正原因，但我要亲眼看看美国在此地作战的真实情况。因此，我争取在美国缉毒局进行采访，请工作人员介绍该机构的工作情况。美国缉毒局是美国在当地的主要代理机构，负责根除古柯的种植。杰夫·桑德伯格是美国缉毒局的特派员，他不希望我透露他的名字，但为了揭露内幕，我拒绝隐瞒他的身份。美国的特派员不配匿名，就如同他们在全球其他行动中不配匿名一样。

顺便说一句，他告诉我的名字可能都不是真的，因为大多数美国的特派员都使用假名。他是个矮胖、光头、大眼睛的男人，是一个典型的在洪都拉斯负责禁毒说教的美国缉毒局官僚。我问他是否认为对毒品走私犯的战争取得了胜利，他只是笑道："不，我们没有获胜，但我们正在努力。形势非常艰难，这里的政府很失败，或者说正在走向失败。我们需要花费很多时间和气力才能使其走上正轨。"他说得没错，但他忘记了美国对这个国家和政府已经进行了长达一个世纪的干预。无论是任何时候，只要这个国家的人民想摆脱美帝国主义的控制，美国就会赶过来发动一次政变，就如同 2009 年那次一样，那是奥巴马总统第一次操刀在国外发动政变。彼时，洪都拉斯总统曼努埃尔·塞拉亚试图提高贫困的洪都拉斯人民的最低工资标准，但这遭到洪都拉斯本地寡头们的激烈抗议，后者将这种稍具人性化的社会变革视为危险之物，于是他们向天然盟友美国求助。美国当仁不让，出手推翻了民主政府并绑架了曼努埃尔·塞拉亚总统，随后将穿着睡衣的总统丢弃在路边，转而扶植起一个由富人组建的自由党。美国最初称之为政变，后来改变态度，并承认了接下来"选举"产生的非法总统波尔菲里奥·洛沃，还将后者邀请至白宫作客。

政变发生后，侵犯人权的案件数量暴增，这个现象一直持续到今天。有一个人权组织告诉我，2008 年全年，他们一共处理了 125例人权侵犯案件。到 2010 年，这个数字增加到 2 700。在 2011 年至 2012 年间，一些特定人群成为侵犯目标。近些年来，在拉丁美洲诸国中，洪都拉斯是记者被谋杀人数最多的国家。还有一个人群也成为被谋杀的目标，即一个名为"自由"的新政党的支持者，这个政党由前总统塞拉亚及其妻子创建，党员大多是社会积极分子，他们参与抗议和抵制运动。

我在洪都拉斯时，这个国家的议会被洪都拉斯人称为"缉毒警察议会"，议员们全部由富豪组成，他们与缉毒警察以及毒品走私犯串通一气，而后者在表面上看是美国毒品战争的打击对象。缉毒局特派员桑德伯格表达了以下观点："我相信他们中有许多人涉嫌毒品交易，可以肯定，有些人确实参与其中，这些毒品交易在暗中是被允许的，因为参与者处在食物链顶端。"因涉嫌毒品交易而遇害的议员逐年增多，本地居民都清楚哪些市长或议员是利用毒品资金上台的。

◎ 美其名曰"前置行动点"

借毒品战争对洪都拉斯进行军事控制的方法很简单：建立一个军事基地。美国在世界各地都使用过这种方法。但不能公开将这些基地称为军事基地，而是称为"前置行动点"（Forward Operating Locations），因为这些地点都是临时的，他们没有脸面称这些所谓的"前置行动点"是美国的军事基地，因为建立基地的理由并不存在。在我去洪都拉斯之前，美国已经在当地建立起 4 个"前置行动点"，并对外声称用于毒品战争。之所以建立这些军事基地，是因为中美洲出现了脱离美国控制的征兆，比如在萨尔瓦多和洪都拉斯都出现了左翼政府（虽然存在时间很短）。事实上，美国在逐鹿中东十几年后，如今又开始争夺对拉丁美洲的控制权。因为在这段时间里，拉丁美洲出现了一系列主张独立的领导人，他们不再屈服于美国的威胁。

在特古西加尔巴的美国大使馆花园里，我采访了美国缉毒局特派员杰夫·桑德伯格，他拒绝承认"前置行动点"是新生事物，并对我说："它们在几年前就存在。或许是因为过去没有被启用，或许未来也不会有多大用处，但它们的确存在数年了。总之，它们不是新生事物。"这听上去似乎是承认了在"过去几年"里，美国在洪都拉斯的几处秘密地点建立了军事基地。我所采访的大使馆宣传人员则声称："我们没有军事基地，只有前置行动点。实际上，这都是洪都拉斯业已存在的设施，我们只是修葺了一下而已，使之适合美国空军的行动，所以这不是全新的设施。虽然行动规模比较小，但这些设施要确保直升飞机能够正常起飞，以便到达有毒品走私活动的地方。"这是帝国主义的文字游戏，实质上就是一种欺骗性宣传。"前置行动点"就是军事基地，但美国人不想让自己看上去像帝国主义分子。宣传人员甚至说："索托卡诺没有美军的军事基地，那是洪都拉斯的军事基地。"但就是在这个基地里，驻扎着美国布拉沃联合特遣部队（JTF Bravo Force），这支地区性部队的主要任务是"协助减轻灾害"，或消灭其他邪恶力量。这名宣传人员继续对我说："我必须坚决地否认这是美国在洪都拉斯的一个军事基地的说法。"想象一下：如果有一支洪都拉斯精英特种部队驻扎在佛罗里达州，你能相信这并不是洪都拉斯的军事基地吗？

为了更好的理解这场错综复杂的毒品战争，认清掩藏在其表面现象之下的帝国主义本质，那就必须研究美国正在竭尽全力从事的事情。美国向拉丁美洲国家提供资金、武器、缉毒人员以及相关培训，目的就是阻断毒品走私路线，这是一条从哥伦比亚等地出发，途经中美洲，最后抵达巴尔的摩和芝加哥街头的毒品输送线路。这条毒品走私路线确实在一定程度上被切断了，这说明美国的宣传并非全部是谎言。打击毒品走私的方式主要是夜袭和突击搜捕，但桑德伯格坦承："阻断毒品走私路线只是这个困局中的一小部分内容。"此外，美国的毒品战争虽然没有触及毒品的生产过程，但却导致了多达数百万人死亡，使这片大陆生灵涂炭，痛苦不堪。维基解密披露了美国的外交电报，其中显示：美国人知道洪都拉斯最大的寡头米盖尔·弗洛雷斯让满载毒品的飞机降落到自己的地盘上。弗洛雷斯拥有私人武装，用来杀害那些胆敢保护自己土地的农民。这样的寡头自然是美国的盟友，所以，他虽然涉嫌毒品贸易，却一直平安无事。许多洪都拉斯人相信弗洛雷斯就是 2009 年 6 月政变的操纵者，这样的指控不无道理。

总而言之，美国没有打赢毒品战争，但这不并重要，因为美国真正的目的并非禁毒，所以，毒品战争还会继续下去，因为它仅仅是个幌子。在苏联解体之后，毒品战争是美国在美洲大陆维持大规模军力以及控制该地区的完美借口。在像委内瑞拉这样的国家，毒品战争是维持美国控制权的最有效手段。一旦巴拿马运河关闭，索托卡诺空军基地将变为该地区平定暴乱的关键控制点。在最近一段时间里，这里甚至一度被用作跟踪毒品走私行动的观察点。更重要的是，一旦该地区的人民通过民主选举走上了"错误的道路"，美国就会出面干预。很显然，美国非常关心塞拉亚总统在 2007 年至 2008 年之间的政策。在此期间，洪都拉斯不仅参与独立贸易谈判，还与委内瑞拉总统乌戈·查韦斯保持密切联系。这些都给美国敲响了警钟，后者担心因此会丧失军事基地，于是发动政变，洪都拉斯人民再次被美帝国击败。

美帝国主义的前线作战人员无法认清这些问题，而且他们的看法也与众不同。当我说毒品战争似乎正在走向失败的时候，杰夫·桑德伯格反问："我们正在取得进步，而且我们也在努力取得更大的进展。除此之外，还有其他办法吗？难道让我放下双手说放弃吗？你知道这意味着什么吗？我估计将会爆发混乱。除了继续，难道有更好的解决办法吗？我想没有，也许别人有更好的主意，但我敢打赌，如果是他们置身于这样一片混乱之中，那他们肯定会改变原来的想法。"

后来，我计划去采访美国国际开发署，想听听这里的工作人员是如何解释美国的盟友竟然陷入如此悲惨的境地。像许多为美帝国工作的人员一样，美国国际开发署的人也相信美国在洪都拉斯的所作所为是合情合理的，根本未曾质疑过这些都是某些人捏造出来的谎言。实际上，他们对这些经过美国美化的理论深信不疑，我根本无法使之动摇。他们中的许多人都很善良，也很相信自己从事的是正义的事业。而这一切皆因美国病态的体制所致，他们只不过是这种体制中的办事人员，根本不清楚这个看似合法的体制背后隐藏的是多么残酷的现实。

偶尔也会有像爱德华·斯诺登这样的人突然良心发现，站出来揭露美国强权的真实面目。但相对于爱德华·斯诺登，我见过的美国官员简直连最基本的认知能力都没有，更别指望他们勇敢地站出来主持正义。在美国大使馆对面的美国国际开发署大楼里，我们围坐在桌边，听工作人员重复那些陈词滥调，我认为他们讲的尽是些神话故事，完全不值得我在文章中引用。

◎ 缉毒局：真正的贩毒集团

美国政府为了自身利益会在某个地区展开诸多行动，大部分行动都会给当地人民带来痛苦。在洪都拉斯的行动也是如此，对于生活在这个地区的人民来说，这简直就是一场灾难。实际上，当我在洪都拉斯的时候，这个国家已经变成世界上最危险的地方。这里的自杀率比处于战争状态的伊拉克和阿富汗还要高。伊拉克和阿富汗是另外两个被美国政府和军队摧残的国家。我与数位洪都拉斯的当地人交谈过，他们都失去了亲人和朋友，但却连凶手是谁都不知道。这里的人们看不到正义，与之相关的案例简直是顺手拈来。例如，在 2010 年初的特古西加尔巴，光天化日之下，胡里奥·富内斯·贝尼特斯在家门外，遭到一摩托车枪手的乱枪扫射。贝尼特斯曾经积极参加抵抗运动，这类运动在政变发生后如雨后春笋般出现。但贝尼特斯被害 3 年之后，依然没有任何人因此受到谋杀指控。贝尼特斯的遗孀莉迪亚·玛丽娜·冈萨雷斯对我说："我丈夫被杀之后，我从来没有获得过当局的帮助，没有人前来调查案件，罪犯仍然逍遥法外。本应负责调查案件的特工说，如果想要调查此案，必须支付费用。"事实上，贝尼特斯遇刺是现代洪都拉斯的正常现象。平均每 10 万人中就有 91 人被谋杀，大约每 74 分钟就有一个人遭到谋杀。几乎所有的案子都悬而未决，许多案子甚至从未被调查过，就如同贝尼特斯的案子一样。令人难以置信的是，当地刑事犯罪的调查质量让人咋舌：被判刑的犯罪嫌疑人只有不到 3%。

当然，政变并非导致这种现象的唯一原因，但犯罪率从 2002 年起就一直在增长。洪都拉斯政府声称正在集中精力使司法体系现代化以及对政府机构进行改革，并努力降低自杀率。洛沃政府的计划部部长胡里奥·凯撒·拉达莱斯对我说："毒品走私遍布全国各地，警务人员腐败不堪，问题根本难以解决。要想重新塑造我们的社会结构，还有很长的路要走，但任何事情都无法阻挡前进的步伐。"

美国在干预他国之时，一定会与寡头和谋杀者站在一起，虽然各国的抵抗组织成员都被大量杀害，但他们仍然毫不畏惧。这些组织中最典型的应属"洪都拉斯被抓和失踪人员亲属委员会"（Cofadeh），我来到这个非政府组织的办公室，与一位名叫蒂娜·梅萨的人权工作人员交谈。她表示非常担心自己的工作。在一家咖啡店里，她对我说："到处都是威胁，人权卫士面临的威胁尤其多。拿我自己来说，2 月之后威胁明显增大。有人给我发短信，告诉我最好小心点儿。有武装分子闯进我的房子。我必须彻底改变过去的生活方式，包括我的住处。我在人身安全上的花费明显增加，但政府没有尝试调查威胁的来源。这间办公室被人监视，我们所有的行动都被监视。我带着家人离开了我们之前的住所，因为有武装分子监视我的家庭。

即使"洪都拉斯被抓和失踪人员亲属委员会"向警察反映过这种情况，但他们从未派人前来保护我们。相反，他们希望我们都被杀死。实际上，警察只是留下了一个电话号码，告诉我如果遇到紧急情况，可以拨打这个电话号码，但这个号码根本没有用处，因为拨打过去之后无人接听。我们的国家已经不能正常运转了。"那她是如何坚持下来的呢？我问到。"我不想看到一个没有人权的国家，我们要为子孙后代战斗，哪怕献出生命也在所不惜。因为我们是为民主和人权而战，这会激发出一种发自内心的勇气。"

当你遍访世界，调查美国如何采取最恶毒、最野蛮的手段彻底消灭民众抵抗运动的时候，你就会遇到像梅萨这样的人。他们拒绝变成美国媒体笔下的统计数字，他们的名字或许在社区之外无人知晓，但他们仍然冒着巨大的危险在坚持战斗，即使他们面对的是世界史上最强大的国家和军队。梅萨直截了当地说："对于通过政变上台的政府，任何对其指手画脚的行为，都会被美国无情镇压，我希望美国人民能够了解这一点。"

在 2009 年政变之后，虽然人们进行过激烈的反抗，但都被野蛮地镇压了。这时出现了一个新的政党，声称可以代表数个不同的社会群体，并主张人们团结起来，共同反对既得利益集团。这些社会群体包括工会、同性恋团体、妇女团体。这个党的名字叫 LIBRE，领导者是希奥玛拉·卡斯特罗，她是被废黜的洪都拉斯前总统塞拉亚的妻子。我在特古西加尔巴与这个党的国际协调员吉尔博托·里奥斯·蒙希亚会面，他对我说："政府没有真正的实权，实权掌握在利益集团手中，他们控制着警察和军队。这帮人是从墨西哥和哥伦比亚来的毒品走私犯，他们与控制墨西哥的人出自同一个团伙。他们比洪都拉斯政府更有实力，能让政府瘫痪，并阻碍警察执法、法院调查和军队行动。这造成了极其严重的暴力现象。"

在美国和寡头联手推翻民选总统之后，缉毒警察完全控制了议会。虽然美国拒绝承认参与了政变，并私下说这次政变非法，但根据维基解密的披露，美国对通过政变上台的波尔菲里奥·洛沃政权给予了大力支持。许多洪都拉斯人怀疑美国直接介入此次政变。拉丁美洲有一个著名的笑话：美国是西半球从来没有发生过军事政变的国家，因为美国没有美国大使馆。"中情局与政变存在千丝万缕的联系。政变发生后，奥巴马不承认罗伯托·米切莱蒂·贝恩政府[①]，但奥巴马没有对洪都拉斯进行过类似古巴那样的经济制裁。后来，他只是批评了通过政变上台的政府，此时距离政变发生已经过去 6 个月。接着，奥巴马又承认了这个政府。"蒙希亚说道。

蒙希亚认为美国袒护某些贩毒集团，这个观点在中美洲越来越流行，墨西哥发生的一切也证实了这个观点。他坚持认为："（美国）缉毒局很腐败，它本身就是个贩毒集团。警务人员与其他贩毒集团合作，墨西哥的情况也是如此。"在伊拉克和阿富汗，如果你要除掉敌人，只要说他是"基地"组织的成员就可以了。同样，在中美洲，贩毒集团会告诉美国缉毒局他们的对手是谁，希望世界上最大的军事力量能帮助他们消灭敌人。

蒙希亚说："在墨西哥，毒品战争开始后，情况一直很糟糕。但在洪都拉斯，局势比墨西哥更恶劣。"一些为自由而战的积极分子感到处境危险，就像那些反对美国策划政变的人一样。蒙希亚告诉我："我们中的很多人面临威胁，我们收到了很多死亡威胁。在 6 个月之前，有一位市长和他的几位助手被刺杀了，他们都是我的朋友。还有一位来自 LGBT 社区的年轻参选者也被杀害了。"那个年轻的积极分子名叫埃里克·马丁内斯，他之所以被秘密组织杀害，是因为他直言不讳地批评美国支持的政权。蒙希亚说，大部分刺杀行动是警察或军人所为，这种情况在美国控制下的中美洲很普遍。

LIBRE 就像洪都拉斯的灯塔，照耀着这片充满绝望的土地。在这个国家里，持不同政见者和民主人士遭到残酷的镇压。LIBRE 党的活动分子面对暴力和谋杀，他们组织起普通民众，与寡头以及美国大使馆的傀儡作斗争。在获得成功之前，他们必然会付出大量的鲜血。与

---

① 罗伯托·米切莱蒂·贝恩，洪都拉斯临时总统。2009 年 6 月 28 日，洪都拉斯政变发生后，议会正式宣布，该国议会议长罗伯托·米切莱蒂出任洪都拉斯临时总统。

埃及人和沙特阿拉伯人一样，洪都拉斯人也在跟美国支持的独裁者进行斗争。蒙希亚说："洪都拉斯是拉丁美洲最反'民主'的国家。"因为真正的民主一旦出现，就会威胁到美国的利益，所以民主政府必须被推翻。美国所喜欢的或提倡的，应该是"一种低级的民主"，这种政治制度每四年进行一次正式的选举，但社会关系不会发生任何变化，富豪精英对社会的控制根本就不会受到任何影响，也从来没有人关注穷人的声音。

在我抵达洪都拉斯之前不久，这里发生了一次臭名远扬的大屠杀。5月11日，一架武装直升机射杀了4个人，其中包括2名孕妇。虽然直升机看上去属于美国人所有，但实际上由洪都拉斯人驾驶（受美国缉毒局人员监督）。杰夫·桑德伯格说："我与此事无关，当时我也不在洪都拉斯。"我问他洪都拉斯军队是否经常和一些地下团伙交战。他回答说："应该不会经常发生，但这类事件肯定有，政府的军队和贩毒集团肯定会交火。"我询问美国缉毒局在这场战争中所发挥的作用。他回答说："我们进行监督，并给出建议，同时也在努力提升洪都拉斯人的应对能力，让他们在我们缺席时能够自行处理各种事件。"这是一个老掉牙的借口，即提供有益的援助，就如同当初援助南越政权或者阿富汗一样，美国一直在使用这个借口。但许多人认为美国缉毒局的作用远非提供培训这么简单。

美国驻洪都拉斯大使丽莎·古比斯克在大使馆的办公室里对我说："这是一次警察行动，而不是军事行动，他们想在一个拥有大量武器的社区里搜查毒品。"这类行动在洪都拉斯引发了激烈的反美情绪。杰夫·桑德伯格补充说："这就是援助国和受援国之间的政治问题，不仅美国会遇到这样的麻烦，其他国家也会遇到。如果洪都拉斯请危地马拉提供援助，在危地马拉的警察和军队协助进攻时，必然也会发生平民被误伤的情况，届时，我敢肯定洪都拉斯人也会说同样的话。"

但是，桑德伯格和美国存在的问题是他们在全球 130 个国家都有军事存在，这在全球是独一无二的。当地人之所以反美，原因几乎一致：他们不喜欢杀害自己同胞的外来者，而这些外来者往往都是美国人。你只要去询问伊拉克人、阿富汗人、洪都拉斯人、危地马拉人，就会明白事情的真相。美国大使馆的宣传员使我想起，美国人之所以前往其他国家，是因为"这个国家的政府请求他们前来提供帮助"。这是美国古老的宣传策略，就像所有美妙的宣传一样，如果你只是聆听而不加思索的话，就会觉得这是真相。确实，美国人是洪都拉斯政府请来的，但这是一个由美国扶植起来镇压人民的政权，如果这样的政府不允许美国在境内建立军事基地，那才是怪事一桩。这就是美帝国的症结所在：他们必须不停地隐瞒自己，并躲藏在阴影下，以防被他人察觉到其存在。

当初，在美国的建国理念中，带有强烈的反帝国主义倾向，因此，当下的美国主流媒体不敢报道真相，否则美国国内将会发生内讧。所以，军事基地摇身一变成为"前置行动点"，军事存在是为了洪都拉斯人民的利益，军事行动必须由洪都拉斯人执行，美国人只负责"监督"。美国本是一个贪婪的帝国主义国家，为掩盖其侵略本性，便通过不停地表演来迷惑他人，并给自己披上合法的外衣。但只要你撕下其虚伪的外衣，美国的真实面目就会暴露无遗。

◎ 绝望的经济：新自由主义下的血汗工厂

虽然洪都拉斯是美帝国一个重要的前哨据点，但相对于墨西哥和哥伦比亚而言，其重要性就显得黯然失色。你只要看看美国派往墨西哥和哥伦比亚的"人头数"（桑德伯格的用词）就会一清二楚。桑德伯格说："中美洲每个国家都有美国缉毒局的人。"事实上，美国为墨西哥和哥伦比亚制定了耗费数十亿美元的计划（分别是梅里达计划和哥伦比亚计划[①]），此外还有中美洲地区安全倡议[②]（Central American Regional Security Initiative）。通过这些计划，美国把资金分配给该地区的各个国家。桑德伯格之所以列举墨西哥和哥伦比亚两个国家，是为了说明洪都拉斯也能获得类似的待遇。他继续说道："虽然障碍有很多，但我建议洪都拉斯可以参考墨西哥和哥伦比亚的情况。哥伦比亚花费了很长时间才解决毒品问题，并控制住各种各样的反政府团体。这个过程耗时甚长，按照目前的现实情况来看，洪都拉斯也需要很长的时间，但我们在哥伦比亚获得了巨大的成功，我认为我们在墨西哥也取得了相当好的成绩，所以在洪都拉斯的计划也是切实可行的。"

在西半球，哥伦比亚有着最恶劣的人权记录，而墨西哥自 2004 年到 2014 年之间，大约有 20 万人在军人和贩毒集团的斗争中被杀害。这就是洪都拉斯的榜样，这就是美国赐予的恩惠。但桑德伯格坚持认为"需要改变"的是洪都拉斯，而非美国。他继续说："他们的国家、观点、司法制度，都需要改变。而这需要数十年的时间，需要改变几代人对未来的看法，或者说改变人们对社会规范的看法，并让他们接受新的社会规范。"这是传统的帝国主义思维。那些殖民国家以及它们的代理人，总把被奴役国家出现的问题都归咎于本土的文化习俗。这样做会取得意想不到的效果：帝国主义国家管理层不会质疑造成混乱的殖民制度，而他们本该去改变这种不合理的制度。或许美国真正应该考虑的是事情的另一个方面，那就是所有毒品需求都来自美国国内，贩毒集团所使用的大部分枪械也来自美国国内。如果美国可以减

---

① 哥伦比亚计划，是指美国政府与哥伦比亚政府在 2000 年 6 月达成的一个旨在帮助哥伦比亚禁毒的多层次的一揽子援助计划。

② 中美洲地区安全倡议，是一个由美国向洪都拉斯、危地马拉及萨尔瓦多三个国家提供数亿美元安全援助的计划。

少对毒品的需求和枪械的供应，暴力活动也许会随之减少。

在有关毒品战争的讨论中，大多数政客都把注意力放在丑化贩毒集团以及贩毒者从事的毒品贸易上。贩毒集团是残暴的团体，但它们也是经济崩溃产生的畸形恶果。洪都拉斯和墨西哥北部的青年人可以选择老实巴交地从事农业耕种，也可以去参加贩毒集团，但相比而言，选择后者可能使他们变得极为富裕。结果自然是大部分青年人毫不迟疑地选择了后者。例如，在 5 月 11 日的大屠杀中，即便说那些被害者有罪，但他们可能都是穷困潦倒的青少年，之所以通过水路运输毒品，是因为他们别无选择。

美国缉毒局特派员桑德伯格其实触及了这个问题的根源，当时我问他为什么洪都拉斯出现这么多的暴力事件，他回答说："我认为洪都拉斯的法律体系和其他社会体系都很失败。只要拒绝承认罪行，你就不会遭到惩罚。在洪都拉斯，犯罪频发的原因并非仅仅是贩毒，贩毒不过是引发暴力的一个原因而已。另一个原因是成千上万的穷人为了生存而拼命挣扎。如果人们只能依靠犯罪生存，那么结果必然是犯罪现象丛生。所以我并没有把暴力频发的原因全部归咎于毒品和贩毒集团。"然而，他没有把洪都拉斯的现实与美国无休止的干预联系起来。海地、洪都拉斯等被美国控制的国家都彻底破产了，这难道是偶然现象吗？一个国家不仅沦为附庸国，而且还成为外国资本的奴隶，这个国家的民众还能幸福吗？

从经济层面来看，洪都拉斯堪称美国资本家的乐园，多次遭受新自由主义的蹂躏。在特古西加尔巴，跨国企业享有 20 年的免税待遇，这导致地方政府的税收收入大幅减少。这也是为什么洪都拉斯在法律、教育、卫生等领域长期缺乏资金的原因之一。巨额的利润被输送到美国和其他西方国家，而洪都拉斯人却不得不依靠仅剩的丁点儿钱财艰难度日。从这个角度看，洪都拉斯非常不幸，因为美帝国强权的各个方面都在这里汇聚：新自由主义经济、军事存在、疯狂的反左派意识形态。在这种情况下，人民要推翻压迫者、夺回尊严极为困难。洪都拉斯严峻的局势导致国内经济非常脆弱，我在洪都拉斯时，就听闻"模范城市"项目被视为重振经济的重要途径之一。这个计划是指由私人接管洪都拉斯的城市，然后吸引其他拉丁美洲的移民前来本市的血汗工厂卖命。洪都拉斯最高法院在 2012 年 10 月毫不犹豫地拒绝了这个计划，但鉴于洪都拉斯现在的处境，这个计划在未来一段时间里还会被反复提起。

美国驻洪都拉斯大使古比斯克说："公民是否有安全感，与国家的社会经济环境密切相关。如果人们能够赚到足够多的报酬，他们自然不会从事犯罪活动。如果他们走投无路，那必然会选择铤而走险。"此话不假，但令人无奈的是，因为美国的干预，洪都拉斯长期处于欠发达状态。与海地一样，洪都拉斯也深受新自由主义经济政策的迫害，这让本就糟糕的经济更是雪上加霜。2002 年，飓风"米奇"的突袭破坏了洪都拉斯大部分基础设施，成千上万的人民流离失所。2006年出现了一波男性移民潮，此后又出现了一波主要由女性组成的国内移民潮，他们纷纷移居至血汗工厂附近。大部分血汗工厂分布在北方，比如圣佩德罗苏拉，目前该市的死亡率堪称世界最高。正如已故记者查尔斯·鲍登所指出的那样，世界末日的场景是极端暴力和极端资本主义的混合物。世界各国的政府都被资本所改造，全世界的人民都沦为资本的奴隶。洪都拉斯是一个非常不公平的社会，美国的其他附庸国大部分也是如此。一方面，国民收入被 10% 的人口所掌控，并且情况还在继续恶化。另一方面，在过去的十年里，占总人口 20% 的底层民众所占的收入比例不断下降，从 3% 下降到了 2%。社会是如此的不公平，少部分人过着骄奢淫逸的生活，这些足以证明财富都集中在少数人手中。长此以往，暴力活动频发就会不可避免。

在美国无休止干涉的背景下，洪都拉斯的内债和外债都在增加。虽然这个国家需要迅速创造大量工作机会，但血汗工厂并非解决之道，因为洪都拉斯在薪酬上很难与中国竞争。总统塞拉亚试图一夜之间将最低工资提高 61%，以改善极度贫困的洪都拉斯人的处境。如此激进的改革措施，似乎没有发生像洪都拉斯的经济寡头们所预料的场景，即大量工厂立刻倒闭。事实上，这些寡头们完全能够承担工资上调带来的压力。这恰恰说明他们已经累积起了巨额资本。这些血汗工厂往往人数众多，规模庞大，比如，首都特古西加尔巴附近有一个生产纺织品、服装和足球的工业区，其中有 1.8 万名工人正在此工作。

莎莉·奥尼尔是一家爱尔兰慈善机构的主管，工作地点在特古西加尔巴，她告诉我："这里有一家生产迪奥香水的大工厂。不可思议的是，工厂禁止工人携带手提包进入厂区。我们是一家专注于研究妇女问题的机构，诸如长时间重复劳动对妇女造成的伤害。但工厂禁止我们向工人提问，也不允许与工人进行任何交谈。后来，当我们想法设法接触到一些女工时，我们才得知：她们每个月都要去做怀孕检查。工厂为女工免费提供口服避孕药，当她们通过旋转闸门进入工厂时，她们必须伸手接住工作人员递过来的避孕药，以前她们可以把避孕药丢掉，但如今她们必须被迫当众吞服。我们还观察到，女工在早上上班之前，会从一个大包里摸出一张时间表，上面写着一天之中唯一一次可以上厕所的时间。但如厕时间怎么能人为控制呢？有时候你可能是早晨 6 点开始上班，而直到晚上 7 点 15 分才下班。"

◎ 美国大使馆：墙外皆为虚幻

我获准采访丽莎·古比斯克，她自从开始担任美国大使之后，第一个前往上任的国家便是洪都拉斯。但在这里，没有几个记者会来采访她，因为洪都拉斯只不过是另一个被美国摧毁并被人遗忘的国家而已，已经没有新鲜事可言。她对我说："如果我们把洪都拉斯建设成为一个民主、繁荣、包容全体人民、拥有高效政府的国家，那肯定对洪都拉斯人有很多好处，对该地区也大有裨益，对美国也有诸多益处。"但我知道她说的是假话。一个真正民主的洪都拉斯，会把人民的利益置于跨国企业的利益之上，这绝对不是美国乐于见到的事情，美国想要的是扼杀民主的洪都拉斯。古比斯克对美国暗中资助政变，推翻上一届政府一事避而不谈。那届政府为了改善穷人贫困潦倒的处境，才提高了最低工资标准，但最后这竟然成为他们的主要罪名。

我向古比斯克问起有关美国援助洛沃政府一事，这个通过政变上台的政府，在举行的所谓"大选"中，参与投票的洪都拉斯人数极少，因此被认为是一场"非法"选举。古比斯克说："我们与他们进行合作，不仅是因为我们认为他们是合法选举产生的，而且认为他们是最合适的人选。因此，我们认同选举结果。"接着，我向她询问政变是否导致情况变得更加糟糕，因为许多洪都拉斯人怀疑选举非法。她回答说："导致社会暴力现象频发的原因有很多，这是我们首先要考虑的事情。其次，暴力在几年前就呈上升趋势，在政变之前就如此。至少从 2004 年或 2005 年就开始了，具体情况你可以去调查一下。所以，我认为暴力案件的增多的原因并非是政变。"她接着又说："洪都拉斯人有文化上的缺陷。他们漠视妇女权利的问题已经存在多年，许多妇女被殴打甚至杀害。家庭暴力问题也同样严重，而且这些问题在近些年来还在持续恶化。"

我问起有关在执法过程中过度使用武力的问题。在美军和法律政策的保护下，武装执法和毒品战争使社会形势恶化，并导致了像 5 月 11 日那样的谋杀。这位美国大使打断我的话说道："我不会称之为谋杀，应该说是枪杀吧。"我接着质问："有些人说洪都拉斯是主权国家，不需要超级大国派遣受过训练的官员前来该地区。"古比斯克大使回答道："我希望他们能先考察一下美国在这个国家从事的活动。首先，我们确实只前往那些邀请我们去的地方。"她指的是大多数洪都拉斯人请求美国进行干预，并将索托卡诺作为美国的禁毒基地（已经在使用中）。长久以来，洪都拉斯军队恶名远扬，人民痛恨他们的残暴和侵犯人权的种种行为。如今情况出现反转，警务人员成为新的邪恶势力，军队的名声反而稍有改善。但这并非进步的标志，而是说明警察体系也在走向堕落。

当我提及我曾与一些洪都拉斯的人权组织会面的经历时，古比斯克大使对此表示愤慨："他们的观点各不相同。"她指的是这些团体有的批评美国，有的却支持美国。美国进行殖民统治的一项主要策略是，在殖民地维持一种貌似开放的公民社会假象，使当地处于"低水平的民主"之中，然后资助一些非官方人权组织，按美国的指令行事。所以，从表面上看，美国似乎正在营造一个生气勃勃的公民社会和人权体系，但实际上，仅仅是创造了一些支持美国统治的团体组织。在这样的背景下，一些真正谋求独立自主的机构根本无力撼动现有的社会体系，或者有力地反对美国支持的寡头。因此，作为巧取豪夺者，如果你获得了对"人权"这个制高点的控制权，就不需要担心出现道德危机。

当然，并非所有的组织都被美国操控，像"洪都拉斯被抓和失踪人员亲属委员会"这样不受其摆布的组织还是存在的，它们还在为真正的社会正义而顽强抗争。正因为如此，美国才要将这个组织搞得名誉扫地。"洪都拉斯被抓和失踪人员亲属委员会"向我询问，为什么美国大使馆可以因为一名律师被杀而发布一份措辞强烈的声明，却丝毫没有提及阿固安峡谷大量农民被害一事。此前不久，一名本地的寡头雇用了一支私人武装镇压当地农民的抗议活动，在这起事件中，共有 80 名农民遇害。古比斯克大使说："这件事很复杂，凶手可能是私人保镖，也可能是农民团伙，也可能是贩毒集团。我们认为这背后的动机错综复杂。"当不公平政策造成混乱时，美国的官员们采取的往往都是这种逃避的态度。

阿固安峡谷发生的事件非常恐怖。当地的大富豪豢养了一批私人武装部队，用来肆意谋杀、镇压手无寸铁的农民。然而，对于美国大使馆来说，这件事实在太"复杂"：如果承认这是恐怖袭击事件，那就等于在攻击代表美国利益的寡头。古比斯克女士说："我认为我们在人权问题上是可以有所作为的，这一点得到了人民大众的认可，守卫人权对我们来说很重要。"

实际上，她这是在漠视大使馆墙外的现实。当我问及阿固安峡谷事件中那位寡头所拥有的大规模私人武装时，她随口的一句反驳竟然使那支私人武装合法化了："我无法评论弗洛雷斯本人，但我去过许多国家，那些国家的警察体系都很脆弱。你如果无法从国家那里获得安全保障，那就只能花钱来保护自己。我们在洪都拉斯看到的情况就是如此。警察总是不见踪影，中产阶级只能雇用私人保镖来保护自己。至于私人保镖规模庞大，那是因为他们有这个能力。这就是我对这件事的看法，我认为雇用私人武装很正常。"当洪都拉斯的人民被打倒在地，只能低声啜泣的时候，这位大使认为这种事很正常。然而，在这片大陆的其他地方，人们正在撕碎勒索他们的控制网，欢迎去玻利维亚看看。

第❾章

玻利维亚
一场争夺希望的战争

◎ 关键之战：消灭圣克鲁斯恐怖小组

2009 年 4 月 16 日午夜，一支玻利维亚特种部队进入了一家名为"美洲"的四星级酒店，这家酒店坐落在圣克鲁斯城东，是反对埃沃·莫拉莱斯总统及其政府的大本营。参加行动的特种部队从玻利维亚首都拉巴斯乘坐飞机出发，袭击的对象是一群住在高级套房内的危险分子。关于那天早晨究竟发生了什么，人们仍然争论不休。

据称，在战斗结束之后，有 3 名睡梦中的人被残忍地杀死，有传言说他们是被执行了死刑，而玻利维亚政府宣称特种部队在持续 20 分钟的交火中取胜。后来，这件事引发了国际关注，因为事件的真相被曝光，其中两名死者并非玻利维亚人。一个是来自爱尔兰科克县的迈克尔·德怀尔，26 岁，曾经是一名保镖，于 6 个月前来到圣克鲁斯；另一个是来自匈牙利－罗马尼亚的阿帕德·毛焦罗希，他曾是教师和音乐家，大约与德怀尔在同一时间段入境玻利维亚。第三名被杀死的人是这个团伙的头目，名叫爱德华多·罗兹萨·弗洛雷斯，他是一个行为古怪的玻利维亚－匈牙利人，出生在圣克鲁斯，在 20 世纪 70 年代美国支持的独裁者乌戈·班塞尔统治时期逃离了这个国家。后来，他移居到智利，但在美国支持的独裁者皮诺切克上台后，他又移居到

149

匈牙利。弗洛雷斯是天主教右翼教派主业会^①的支持者，他参与了 20 世纪 90 年代的克罗地亚独立战争^②，并创建了一个名为"国际连"的准军事组织，许多人认为这个组织的行为准则与法西斯主义并无二致。曾经有两名记者（包括一名英国摄影师）在调查这个组织时离奇死亡。

在玻利维亚特种部队发动突袭当天，宾馆里还有两个人，一个是来自克罗地亚的律师马里奥·塔迪奇，另外一个是来自匈牙利的艾罗德·图爱索，后来他们都被逮捕，并被关进戒备森严的监狱。此外，还有两名与这个团伙有牵连的嫌疑犯不在现场。

根据事发之后透露出的消息，政府在行动之前获得相关情报，得知这个团伙是一个恐怖小组，他们计划在玻利维亚全境策划战争和暴力活动，其中包括一个让人觉得匪夷所思的计划：在的的喀喀湖^③炸死总统埃沃·莫拉莱斯及内阁成员。政府的情报部门收到线报，跟踪这个恐怖小组已经长达数月。他们计划先炸毁圣克鲁斯大教堂主教胡里奥·特拉萨斯的房子，然后发动其他恐怖袭击。政府派出一个七人小组前往调查这桩阴谋，小组队长为塞萨尔·纳瓦罗，时任社会运动部和公民社会协调部的副部长。调查工作耗费了 5 个月，真相直到 2009 年 11 月才浮出水面。在发动突袭之时，调查人员缴获了一台弗洛雷斯的笔记本电脑，并认为后者与前中情局间谍、冷战时期的双面特务伊斯特万·拜洛沃伊之间存在邮件往来。纳瓦罗在拉巴斯的总统官邸的办公室对我说："这些邮件说明，拜洛沃伊才是真正的幕后主使，他为这个恐怖行动小组策划了很多事情，比如说后勤保障、逃跑路线、被政府或警察抓住后如何应对等。"拜洛沃伊自诩是"匈牙利

---

① 主业会，全名为圣十字架及主业社团，属于天主教自治社团，于 1928 年 10 月 2 日在西班牙马德里由圣若瑟玛利亚施礼华所创立。其使命是鼓励社会各个层面的基督徒在俗世的生活中，实践与信仰要完全吻合，并且将基督的福音传播至全球及社会的各个层面及角落。

② 克罗地亚独立战争，指的是 1990～1995 年，克罗地亚从南斯拉夫独立出来时，克罗地亚人和塞尔维亚人之间因民族对立引发的战争。

③ 的的喀喀湖，位于玻利维亚和秘鲁两国交界的科亚奥高原上的湖泊，是南美洲地势最高、面积最大的淡水湖，也是世界海拔最高的大型淡水湖之一，是南美洲第三大湖。

第一个北约战士"，他死于 2010 年。据分析，弗洛雷斯是在 20 世纪 90 年代巴尔干战争期间与拜洛沃伊结为朋友的。

突袭行动之后，美国大使馆表示质疑玻利维亚政府的指控，并担心反对派会牵连在内。从后来披露的美国大使馆发给华盛顿的数封电报中，我们可以清楚地知道这一点。这些电报中，其中有一段的题目是："'恐怖主义'会不会成为政府大规模逮捕的借口？"美国大使馆越来越担心"圣克鲁斯的政治反对派成员会因此遭到逮捕"。另一封电报承认，在"事后的一次采访中，恐怖小组的头目弗洛雷斯提议把圣克鲁斯省从玻利维亚分裂出去，该省是玻利维亚面积最大也是最富裕的省"。

反对派同样对恐怖小组成员表示同情。圣克鲁斯省的省长鲁本·科斯塔斯是一个右翼分子，事后指责莫拉莱斯总统所领导的政府是在"演戏"。通过政府后来公布的照片，又有一段隐情曝光。在照片中，小组成员弗洛雷斯和德怀尔在一堆重武器前面摆各种姿势，这些武器包括手枪、冲锋枪、带有瞄准镜的大型步枪等。莫拉莱斯总统表示，这个团伙企图"用子弹把我们打成马蜂窝"。

美国大使馆的一位官员与塔迪奇进行了会面，而塔迪奇是一位受到指派，专门为恐怖分子作辩护的律师。她告诉那位大使馆官员，"政府任命的圣克鲁斯省官员很可能与这个恐怖小组有联系"，而这些官员实际上与美国大使馆有秘密往来。她说，恐怖分子囤积了大量武器，在圣克鲁斯郊外的野地进行军事训练。后来，在大主教的房子里搜出爆炸装置，此事也得到了证实。接着，塔迪奇供述称下一个目标是圣克鲁斯省省长鲁本·科斯塔斯的住处。纳瓦罗曾建议科斯塔斯加固安全门，把可能遭受到的伤害降到最低。之所以将大主教和省长列为袭击目标，就是希望能将爆炸事件嫁祸给社会主义运动党的支持者。

令人奇怪的是，这伙恐怖分子一直住在四星级酒店里，没有采取任何行动，这说明他们从某处得到了资金支持。此后公布的照片显示，这伙外国人与本地著名的政治掮客过往甚密。这些掮客背景不简单，甚至可能是省内的高级官员。其中，最强大的莫过于布兰科·马林考维科，此人是克罗地亚的寡头，一直被美国大使馆奉为座上宾。如今他已经潜逃到美国，因为他被认定为"最有可能"涉嫌恐怖犯罪活动的人。胡安·库德卡是马林考维科的得力助手，他声称，在2010年3月，马林考维科曾指示他给纳瓦罗送去几袋现金，作为对这个恐怖组织的支持，这个组织的名字叫"拉托雷"。另一名嫌疑犯叫雨果·阿查·梅尔加，是一个不为人知的纽约人权组织的亲密战友。事发之后，他也逃往美国，并受到了美国政府的热情欢迎。

一封被维基解密披露的美国大使馆电报声称："玻利维亚政府之所以认为我们与圣克鲁斯恐怖小组有联系，是因为以下原因：受指控的恐怖分子雨果·梅尔加及其妻子曾向美国寻求政治避难；美国国际开发署资助了一个可能与圣克鲁斯恐怖小组有关的玻利维亚机构；玻利维亚政府根据恐怖小组的头目与华盛顿有交往的事实，推断美国政府涉嫌其中。"但是，这些推论后来都被证实了。实际上，现实情况可能更令人不安，美国计划把玻利维亚所有反对派纠集起来，组成一个超级商业游说团，试图推翻玻利维亚的"社会主义"政府。

与此同时，美国大使馆向玻利维亚副总统阿尔瓦罗·加西亚·利内拉再次保证说："关于圣克鲁斯恐怖小组一事，美国没有参与其中。"此后不久，在莫拉莱斯总统的质问下，美国总统奥巴马作出了同样的保证。但玻利维亚调查小组组长纳瓦罗仍然不相信美国，他对我说："美国人不可能不知道这件事情的内情。"当我把利内拉邀请到《金融时报》在伦敦的办公室，请他为工会人员做演讲的时候，他告诉我："玻利维亚发生的事情，美国一清二楚。"假如我们相信，美国大使馆不知道圣克鲁斯恐怖小组的存在，那它为什么要为这个恐怖团伙的头目提供庇护呢？而与美国会面的公共辩护律师塔迪奇，也当面告诉美国大使馆那几个人"很可能有罪"。说来话长，自从 2005 年莫拉莱斯总统上台以来，美国就一直处心积虑地试图推翻这个民主选举出来的政府。

◎ 潮汐逆转：玻利维亚的土地改革

这次造成人员伤亡的突袭事件，是玻利维亚历史上的关键时刻。玻利维亚是南美洲最贫穷的国家，该国人口中最大的族群是土著居民，占总人口的 60%。2005 年 12 月，这个国家的政坛发生震动，出现了历史上第一位土著总统，这是玻利维亚自摆脱西班牙统治并获得独立以来从未发生过的事情，这位总统就是信奉社会主义的工会领袖埃沃·莫拉莱斯。这不是一次偶然的事件，而是数十年以来普通民众长期抗争的结果。在最近 5 年里，这种抗争活动达到了高潮。2000 年，玻利维亚爆发了一场所谓的"水战"，地点位于东部城市科恰班巴及其周边地区。当地群众奋起反抗政府和世界银行主导的自来水产业私有化，因为私有化导致了当地水价飞涨。警察受命逮捕那些因无钱买水而不得不收集雨水度日的人。在此后的几年里，以一些规模较小的社区为基础，当地终于形成了声势浩大的公民抗争运动，而且形势愈演愈烈。2005 年，大规模抗议活动在玻利维亚迅速蔓延，数千名抗议者封锁了拉巴斯。在政府的指示下，军队开枪杀死了数十名示威者。

当时玻利维亚的总统是贡萨洛·桑切斯·德洛萨达①，人们通常称他为"贡尼"。抗议活动迫使德洛萨达逃往美国迈阿密市，并且在那儿生活至今。在这场骚乱中，莫拉莱斯作为古柯采摘工会的领袖，

---

① 贡萨洛·桑切斯·德洛萨达，1930 年出生于玻利维亚拉巴斯市。他的童年和大部分青年时代在美国度过，1993 年竞选总统获胜，任职至 1997 年 8 月。2002 年 8 月再次当选总统，任职至 2003 年 10 月。

率领他的"争取社会主义运动党"在大选中获得超高的公众支持率，他本人当选玻利维亚总统。对于这种政治转向，玻利维亚传统的精英阶层和他们的国际支持者们并没有给予善意的欢迎。在此之前，美国不断地派遣政治"专家"前往玻利维亚，试图阻止莫拉莱斯就职。2005 年出品的纪录片《我们的品牌是危机》（*Our Brand is Crisis*）向我们展示，格林伯格－卡维尔－施勒姆咨询公司是如何派遣一队精明的竞选经理，帮助"贡尼"在 2002 年的总统大选中击败莫拉莱斯的。但这次大选的情况有所不同。美国无力阻止莫拉莱斯上台执政，美国的政策制定者对此感到非常焦虑。玻利维亚是西半球贫富差距最大国家，部分人极为富有。

正如《纽约时报》对圣克鲁斯的描述那样："在巴西、欧洲、美国大企业的摩天大楼对面，生活着一群极度贫困的人。"除此之外，玻利维亚还存在土地分配不均的问题，一些分析家形容这个国家就如同"半封建的地主控制下的半封建国家"，占人口总数 5% 的地主阶层控制着 90% 的可耕种土地。争取社会主义运动党获得权力后，便谋求改变这种骇人听闻的不平等现象。实际上，这种不平等明显与种族歧视有关，因为没有土地的穷人大多数是土著居民。像往常一样，美国依旧支持当地的寡头，而寡头为了报答美国，让整个国家成为美国企业的奴隶。

莫拉莱斯开始进行土地改革，目的是为了打破少数精英对广袤的农村土地的控制，将土地分配给那些无地可耕的土著农民。政府规定，私人拥有土地必须遵循对"社会有用"的原则。但这种改革肯定会招致精英们的疯狂反对，他们想固守既得利益。有一个典型的事例，67岁的美国人罗纳德·拉森，于 1968 年从美国蒙大拿州来到玻利维亚，截至莫拉莱斯当选总统之时，他已经拥有（包括他的儿子们）17 份地产，遍布玻利维亚各地，共计 14.1 万英亩，其总面积比玻利维亚最大的城市还要大三倍。玻利维亚新政府指控罗纳德·拉森让瓜拉尼的土著居民成为"奴隶"。为了让农民摆脱被奴役的悲惨境地，政府计划向农民提供农作物种子。拉森反驳说："这些人生活中最重要的事情就是去寻找粮食。只要你给他们分发几袋子大米，就能获得很多支持。"政府报告显示，群众在领取大米时遭到了枪击。

在东部地区，地主们对土地改革的反对几乎达到了疯狂的地步。那里是玻利维亚的富裕地区，拥有该国大部分自然资源。大富豪阶层基本上是欧洲人的后裔，拥有大量企业。在之后的 3 年里，他们联合玻利维亚其他地方的反对势力，竭尽全力去推翻新总统莫拉莱斯的政权。在过去数十年里，美国政府及其代理人在玻利维亚拥有压倒性的经济和政治实力。如今，那些受到政府打压的精英们也加入了美国的阵营。这些人绝对不会安分守己，他们积极地扶植反对派，伺机破坏民主政府。美国的控制网非常广泛，冷战高潮时期组建的许多特务组织至今仍然在活动。表面上看，这些特务遵纪守法，但私底下却从事着极为肮脏的工作，他们过去是对付苏联的工具，如今却被用来破坏争取社会主义运动党建立起来的民主社会。玻利维亚虽然拥有庞大的天然气储备，但这些特务联合跨国企业以及本地的腐败官员，试图让该国继续维持贫穷落后的状况，并作为南美洲最不平等国家存在下去。

争取社会主义运动党试图改变社会现状的举动自然会让美国神经紧绷。莫拉莱斯总统上台伊始，美国就关闭了中情局设在玻利维亚的办公室。此前，中情局一直在总统官邸展开工作。莫拉莱斯宣称美国此前一直通过代理人暗中支持反对派，但遭到了美国政府的否认，并反驳称这是"阴谋论"。玻利维亚境内存在大量非官方组织，这些组织的总部多半设在美国的纽约或者哥伦比亚境内，它们与美国政府联合起来，一直试图推翻玻利维亚的民主政府。这些颠覆行动直至今日都没有停止过。

◎ 秘密访问：恐怖根源隐藏在曼哈顿

当我采访负责调查 2009 年圣克鲁斯突袭事件的塞萨尔·纳瓦罗时，我看见他的办公室里挂着切·格瓦拉的照片。此外，还有"玻利维亚公民社会"中杰出成员的照片。纳瓦罗语速很快，仿佛在拼命地把心里话倾诉出来。他说："弗洛雷斯不是孤身一人进入这个国家的，他是被雨果·阿查·梅尔加带进来的。"这个案件的检察官告诉他，调查人员从一名恐怖分子的背包里找到了一张梅尔加的名片。此外，检方还声称梅尔加与弗洛雷斯曾经有过 3 次会面，而根据被羁押的恐怖分子的证词，梅尔加为这个恐怖组织提供资金支持。玻利维亚政府试图引渡身在美国的梅尔加，但无果而终。

梅尔加的经历说明骚乱的根源最终隐藏在曼哈顿的豪华办公室里。梅尔加的妻子是玻利维亚版人权基金会的创始人和会长，同时也是有名的反对派议员。美国的人权基金会是一个非政府组织，总部设在纽约，成立于 2005 年，创始人托尔·哈尔沃森在非政府组织和人权世界里没什么名气。尽管如此，他还是得到了埃利·威塞尔和瓦茨拉夫·哈维尔的称赞。哈尔沃森是个颇有政治头脑的花花公子，你不仅能在曼哈顿的舞会上见到他，也能在福克斯新闻中听到他发表一些粗俗的言论。

2010 年，哈尔沃森在接受《经济学家》的采访时表示，他的基金会与众不同，他希望这个机构能与传统模式下的非政府组织区分开来。首先，根据《经济学家》杂志的描述，他的基金会没有明确的议程，重点是追查"拉丁美洲左翼政府的罪行"。此外，他的策略也不同凡响。《经济学家》继续爆料："他以新人的姿态宣称，人权界的大腕们已经官僚化，不敢秘密追查那些侵犯人权的国家。"

在曼哈顿市中心的办公室里，哈尔沃森说："他们在这些大理石

办公室里安心工作，怎么可能会真正的关心人权呢？"他想去的地方
是尘土飞扬的拉巴斯街道。然而，哈尔沃森跟那帮人权界的官僚们没
有太多区别。人权基金的工作重点是抨击"侵犯人权"的政府，特别
是委内瑞拉和玻利维亚政府，这一点毫无新意；而它所主张的秘密追
查行动也没有任何创意。

哈尔沃森的父亲托尔·哈尔沃森·赫吕姆原是委内瑞拉的一名商
人，他所掌控的家族是委内瑞拉最富裕的几大家族之一。1993 年，
赫吕姆遭到逮捕，罪名不仅包括谋杀，还包括在首都加拉加斯附近安
置了 6 枚炸弹。这起案件被称为"雅皮士① 恐怖阴谋"，因为据称策
划人都是银行家或其他富裕的社会精英，他们希望借助爆炸引发的恐
慌，帮助他们在股票市场里投机赚钱。根据当时《休斯敦纪事报》
(*Houston Chronicle*)的报道："警察发现幕后主使是托尔·哈尔沃森·赫
吕姆，此人是前电话公司 CANTV 的总裁、前总统任命的反毒品委员
会委员。而且根据官员描述，赫吕姆从前还是中情局安插在中美洲的
间谍。"哈尔沃森·赫吕姆在监狱里待了 74 天之后，一位最高法院
的法官经过审判，认为他无罪：他不仅没有杀人，也没有参与爆炸案。
许多人认为这一判决存在不可告人的内幕。赫吕姆被释放 2 小时后，
一家名叫"国际人权协会"的非政府组织就任命他为泛美委员会的总
监。20 世纪 90 年代，在中情局策划的"委内瑞拉反毒品行动"中，
赫吕姆是缉毒行动的头目。然而，就在他的眼皮底下，有 1 吨纯可卡
因被运进美国，他因此而陷入麻烦之中。《纽约时报》报道称："美
国缉毒局发现，赫吕姆不仅与中情局保持联系，还利用缉毒局的内幕
信息打压政治和商业对手。"

有其父必有其子。如今，小哈尔沃森也组建起自己的人权项目，
即人权基金会。按照他的说法，人权基金会的目的是"在美洲大陆保

---

① 雅皮士，指西方国家中年轻能干有上进心的一类人，他们一般受过高等教育，具有较高的
知识水平和技能，雅皮士兴起于 20 世纪 80 年代。

卫人权，提升自由民主水平"，人权基金会"将会研究和报道人权受侵犯的情况，形成备忘录，并作出独立分析，并提出解决之道"。不管说得如何冠冕堂皇，但有一点非常肯定，这个机构一定会诽谤委内瑞拉和玻利维亚政府。

人权基金会拥有充裕的资金去执行这项任务，它的财务报表也值得一读。截至 2006 年 12 月 31 日，在人权基金会运作的第一年里，项目花费为 300 518 美元。到 2007 年结束时，项目花费翻了一番，达到 644 163 美元。2008 年，这个数字下降至 595 977 美元，但在 2009 年又蹿升至 832 532 美元。而就在这一年，玻利维亚的暴力活动达到顶峰。令人感到有趣的是，2008 年底，"一般项目"是花费最多的类别，共计花费 85 525 美元，或者说占"项目花费"的 14.4%。在 2009 年，"一般项目"花费增加了 436%，达到 458 840 美元，这相当于总花费的 55%。从 2006 到 2009 年这 4 年间，人权基金会的运行成本几乎达到了 260 万美元。这些钱具体都花到哪里去了呢？我们要感谢维基解密披露的电报，在寡头布兰科·马林考维科从玻利维亚逃亡到美国后，他首先与曼哈顿的人权基金会取得联系。很不幸，我们无法知道他们通话的内容。人权基金会已经运作了 6 年，只发布了 2 份 30 页厚的年报、16 份主题不同但都与"侵犯人权的政府"有关的报告。公平地说，人权基金会确实在挪威的奥斯陆组织了一场人权会议。关于这次会议，《华尔街日报》的一名记者发表文章评论道："与我参加过的所有人权会议都不同，这个会议没有任何谴责美国和其他西方国家的意思。"

在同一篇文章里，对于那些认为哈尔沃森父子是中情局间谍的说法，哈尔沃森置之一笑，并称这种言论是"阴谋论"。他绝对不许人们把他与梅尔加联系在一起，而后者正是那位被指控在圣克鲁斯为恐怖分子购买车票的人。哈尔沃森坚持说，玻利维亚人权基金会"受到了美国人权基金会的启发，但我们是独立的玻利维亚组织……完全独立的，因为董事会成员全是玻利维亚人"。但事实真的是这样吗？梅尔加在那段时间里一直向美国大使馆通报他的情况，大使馆的官员还前去与他会面，因为"他是人权基金会在玻利维亚的头目"。大使馆的官员被告知，玻利维亚的人权基金会与总部设在纽约的美国人权基金会联系密切。有一封电报认为，梅尔加所领导的组织是"某个更大的人权基金会的一部分"，即哈尔沃森创立的玻利维亚人权基金会的一部分。

　　人权基金会否定梅尔加存在任何不良行为。根据某些人的看法，这是为了让梅尔加能留在美国。人权基金会的发言人对媒体表示："人权基金会的工作非同凡响，它谴责玻利维亚侵犯人权的行为。不幸的是，莫拉莱斯总统用侮辱性的并且毫无根据的指控回应我们的谴责……我们展开了一次内部审核，并没发现梅尔加先生与政府宣称的分裂分子有联系。"这家位于纽约的人权机构还指责莫拉莱斯贬低人权基金会的"声誉"，因为玻利维亚的人权基金会报告了"玻利维亚政府打压民主机构、大规模侵犯人权的行为，以及莫拉莱斯政府反民主的本性"。这是典型的狡辩。针对人权基金会的狡辩，玻利维亚的人权调查人员沃尔多·阿巴拉钦（曾为印第安部落作辩护）对美国大使馆表示："人权基金会的指责没有任何事实根据，他们有的仅仅是一个观点。"

　　梅尔加最终因涉嫌谋杀他人而被逮捕。有电报披露，对于逮捕"这位美国大使馆的联系人和人权组织的领袖"，美国大使馆忧心忡忡。梅尔加甚至向美国大使馆提交了一份逮捕令的复印件。这份逮捕令显示，他涉嫌参与玻利维亚潘多省的大屠杀（极右翼反对势力所为）。但像许多反对派人物一样，他成功地说服美国为他提供政治避难。这封电报的结尾说"梅尔加如今在美国"。美国的基本方针是给玻利维亚的政治犯提供避难所。事实上，美国还积极地为恐怖分子提供培训。根据维基解密披露，在 2008 年末，梅尔加参加了美国一个名叫"恐怖主义和反暴动"的培训项目，这是位于华盛顿的西半球防卫中心设立的课程。这门课程向他传授如何返回玻利维亚开展武装"反暴动"的恐怖行径。课程中的必读书目包括唐纳泰拉·德拉·波塔的《意大利的左翼恐怖行动》（*Left Wing Terrorism in Italy*）。

　　罗杰·平托是玻利维亚反对党社会民主力量党的议员，他告诉美国大使馆，政府有"证据表明梅尔加与圣克鲁斯恐怖小组有牵连"。他进一步表示："梅尔加牵扯进了向梅迪亚卢纳的反对派领袖募集捐款的事情，那里是反对派的大本营，但他的目的仅仅是为了在那里建立一个自卫点，而非刺杀总统。"平托最后说，除了这些事情之外，梅尔加与弗洛雷斯为了赢得支持，还一道去拜会了中部城市特立尼达市的市长莫伊塞斯·舍赖奎。平托说，舍赖奎直接拒绝介入此事，并认为组建那样一个小组是"一个很糟糕的主意"。

　　社会民主力量党的另一位议员克劳迪奥·巴内加斯告诉美国大使馆，玻利维亚议会调查了圣克鲁斯恐怖小组，发现梅尔加确实与恐怖小组有关联。梅尔加的同事认为他一直隐藏在不为人知的阴暗之处。在一份来自拉巴斯的电报中，梅尔加被描绘成一位"人权律师"，美国大使馆的官员在圣克鲁斯与他进行过两次会面，主要是为了调查 2008 年 9 月玻利维亚潘多省原住民被屠杀事件。这封电报还说："他正在准备写一份报告，以详细描述莫拉莱斯政府是如何在潘多省引发暴力事件的。"哈尔沃森从来没有提及这个"完全独立"的小组是否因为执行任务而从人权基金会获得资助，但他的人权基金会对潘多省大屠杀事件的态度表明，他与梅尔加具有相同的政治动机，并得出了同样错误的结论。顺便提一下，我曾经拿着一份明显具有"革命倾向"的简历，请求对哈尔沃森进行采访。当他得知我因为立场问题突然从

《金融时报》离职之后，他立即联系了这家报社打探消息。就像我们前面已经提到过的，这些"自由的信仰者"，只相信对他们有利的自由。

◎ 青年团：向法西斯致敬

玻利维亚人民，特别是商人们，总是蔑视中央政府，认为政府碍手碍脚，行事作风令人反感。因此，在玻利维亚国内大多数地区，他们都建立了所谓的公民委员会，这些机构代表的是地方的商业利益。在反对派聚集的梅迪亚卢纳地区，公民委员会的作用格外重要。在圣克鲁斯，也就是弗洛雷斯恐怖小组被取缔的地方，公民委员会已经变成了反对埃沃·莫拉莱斯的大本营，反对者还包括时任省长鲁本·科斯塔斯。在这个省里，有 220 家企业为公民委员会提供资金支持。一份由美国国际开发署撰写的报告（我通过《信息自由法案》获得该报告）认为，玻利维亚的人民分裂为两个对立的群体：公民委员会是右翼团体，大型工会是左翼团体。有人指责圣克鲁斯公民委员会有法西斯倾向，特别是公民委员会中的年轻成员，他们涉嫌对土著居民使用暴力。

伊格纳西奥·门多萨是苏克雷地区的议员，也是左翼争取社会主义运动党的支持者，他对我说："与我们对立的是圣克鲁斯公民委员会和青年团，这个青年团是一个新型法西斯组织。他们的存在对其他人是一种威胁。"《纽约时报》的记者西蒙·罗梅罗评论称："这一点都不奇怪，莫拉莱斯的许多支持者都视圣克鲁斯为种族主义和精英主义的堡垒。"他接着又说："这座城市是所有仇外组织的根据地，比如玻利维亚的社会主义团体长枪党，他们举手敬礼的方式，就是从西班牙独裁者弗朗西斯科·佛朗哥①创立的法西斯长枪党那学来的。"

---

① 弗朗西斯科·佛朗哥（1892～1975），他是西班牙内战期间推翻民主共和国的军队领袖，任职西班牙国家元首，大元帅，西班牙首相，西班牙长枪党党魁。自 1939 至 1975 年，他独裁统治西班牙长达 30 多年。

实际上，圣克鲁斯公民委员会也属于新型法西斯组织。在该组织的办公室里，我采访了他们的发言人。采访结束的时候，他默许我从办公室的一台电脑上下载了一批文件，其中包括针对埃沃·莫拉莱斯总统的种族歧视漫画和赞美老牌殖民帝国西班牙的诗篇。

其中一首诗这样写道：

伟大的西班牙，
拥有美好的命运。
在这里种下投降的征兆，
西班牙不得不在巨人的阴影中屈服。
一个杰出的民族，
清晰的面容，
真挚的感情。

这批文件里还包含了一份标题为《致西班牙同僚》的信件，这是一封由圣克鲁斯公民委员会主席写给西班牙极右翼公民委员会主席卡洛斯·杜兰·巴内加斯的信件，其中感谢了巴内加斯对他的支持和帮助。文件中还有一个盾状徽章，那是赫尔曼·布什①时期的象征，而赫尔曼·布什在 20 世纪 30 年代担任玻利维亚总统，许多玻利维亚人认为他有纳粹倾向。与纳粹有关联的"美洲联合组织"（UnoAmerica）的报告也被存放在圣克鲁斯公民委员会的电脑里。实际上，这批文件里还有许多照片，照片都是该组织的一名摄影师为"美洲联合组织"拍摄的，并作为潘多省大屠杀的证据提交给总部设在纽约的美洲国家组织②。

---

① 赫尔曼·布什，1937 年 7 月至 1939 年 8 任玻利维亚总统。
② 美洲国家组织，是由美国和拉丁美洲国家组成的区域性国际组织，其前身是美洲共和国国际联盟。成立于 1890 年 4 月，1948 年在波哥大举行的第 9 次泛美大会上改称现名。目前有 34 个成员国，并先后有 58 个欧美及亚非的国家或地区在该组织派有常驻观察员。美洲国家组织总部设在华盛顿，文中疑似有误。

我在下载的文件中发现了许多指证查韦斯和莫拉莱斯是恐怖分子的文件，这实在令人感到诡异。一名记者直击要害地评论道，圣克鲁斯公民委员会"正在东部地区点燃国家分裂分子的怒火"。很显然，圣克鲁斯公民委员会是一个右倾化的组织，但美国的纳税人仍在通过美国国际开发署为这个组织提供资金支持。

在维基解密的电报中，有一个名为《胡说》的子标题，下面是一封写于 2007 年 8 月的信件，它对玻利维亚政府指责美国国际开发署资助反对派一事进行了嘲笑，但这也在不经意间证实了美国确实是在大力支持反对派。这封信评论道："另一位美国国际开发署的工作人员胡安·卡洛斯·乌伦达认为，对争取社会主义运动党进行指控，可以转移人民的视线，让大家不再关注'这个国家面临的严重问题'。"我在这堆文件里搜索"乌伦达"这个名字，竟然真的找到了。事实上，他是美国国际开发署的合同工，曾为圣克鲁斯公民委员会撰写过一篇长文，文中赞美圣克鲁斯省为独立而作出的努力。乌伦达也是玻利维亚东部地区的著名律师，1987 年曾出版过一本名为《省自治》（*Departmental Autonomies*）的作品。在书中，他略述了实现自治过程所需遵循的基本原则。他还说："由于意识到这个国家的中央集权制度存在问题，所以在共和国的历史上，圣克鲁斯省一直没有停止过摆脱中央集权的努力。"

乌伦达后来被证实是圣克鲁斯省前独立委员会的创始人，他是当地有名的思想家，这一发现令"美国国际开发署不关心政治"的说法沦为笑柄。美国国际开发署在述职报告中宣称："很明显，玻利维亚左右两个派别（公民委员会和工会）所扮演的角色，没有带来真正的社会效益，只有在政治领域中造成的影响比较大。"圣克鲁斯公民委员会的负责人虽然有可能羞于谈论美国国际开发署提供的直接援助，但在与我交谈过程中，他却表示非常认可美国国际开发署的所作所为。这些文件还显示，他们为圣克鲁斯省的城市主题展览会"Ferexpo 2007"作了精心准备，因为美国大使菲利普·戈德堡将会出席展览会。该委员会的发言人鲁本·达里奥·门德斯对我说："在玻利维亚，美国国际开发署不仅支持民主机构，还支持旅游业和展览会。莫拉莱斯总统只对挑起政治风波感兴趣，他不喜欢我们从事的这些事情，也不喜欢自由。"

门德斯提到，圣克鲁斯公民委员会不仅获得了美国国际开发署的援助，还与美国大使馆签署了协议，后者答应帮助他们印刷书籍，以便在展览会上分发。这种协议在玻利维亚其他地方没有出现过。他又说道："在某些事情上，美国为我们提供了很多援助。我们只要提出要求，就能获得帮助。这几年来，我参加了国家治理、言论自由、人权等方面的活动。针对新颁布的刑事诉讼法，数年以来，美国国际开发署一直在举办相关的研讨会。"门德斯对美国国际开发署从事的工作感到乐观："在圣克鲁斯，有些机构和人民依然坚信民主，几天之前发生的一件事可以证明我的说法。当时我去为一个民主支援中心主持揭幕仪式，美国国际开发署为这个中心提供了资助。事实上，他们帮助当地的大学校长以及公民委员会副主席，共同成立了这个民主支援中心。"显然，他认为美国国际开发署真心支持他们寻求建立民主制度。他继续说："我们受到了专制统治的压迫，玻利维亚如果能建立民主政府，就不会产生那么多问题，现在我们最大的症结就是中央集权制。"美国国际开发署在报告中也附和了这个观点。我还在圣克鲁斯公民委员会的电脑里发现了大量该机构与美国国际开发署的报告。这些报告表明，圣克鲁斯公民委员会、人权基金会、美洲联合会三者之间存在着错综复杂的关系。这些文件显然是引爆玻利维亚局势的导火索。

后来，我还找到了一些美国支持苏克雷地区右翼势力的证据，苏克雷是玻利维亚的法律中心。2006 年 8 月，莫拉莱斯总统在该地宣布召开宪法大会。这次宪法大会耗时 6 个月，重新编纂了该国宪法。新宪法不仅提高了土著社区的权利，还加强了国家对自然资源的控制。另外，宪法还规定要进行土地改革。2009 年，新宪法最终在公民投票中获得通过。我当时正在当地政府的总部，左翼参议员门德斯对我说：“苏克雷地区是贫穷的西部和富裕的东部之间的分界线，这个地区可以成为穷人和富人和平相处的地方，但这里的激进组织与圣克鲁斯公民委员会建立了联系，苏克雷地区的局势顿时变得紧张起来。”整个立法过程被反对派阴谋破坏。他补充说：“最后的矛盾集中体现在种族问题上，参加宪法大会的大部分成员是土著农民，这引发了种族纠纷。有些人讥讽道：‘跳不起来的人都是骆驼！’这些人摆出高人一等的姿态，因为土著居民都来自出产骆驼的高原地区。”

虽然苏克雷地区频繁出现杀戮和抢劫事件，但美国仍然保持沉默。“他们放火烧毁天然气管道，美国政府为何不加以谴责？”这就是莫拉莱斯总统当时提出的问题。“那些暴徒就是美国人的盟友，所以他们怎么可能会出言谴责呢？”莫拉莱斯总统此言不虚。

圣克鲁斯公民委员会使用的手段，与 20 世纪 70 年代美国在智利使用的手段类似。当时美国正试图推翻阿连德政府的统治，最终阿连德政府确实在美国支持的反民主政变中被赶下台。在玻利维亚，不仅是年轻人制造骚乱，工人也举行罢工，这都是由商业精英们组织发动的，目的是让玻利维亚政府屈膝投降，让支持政府的大本营，也就是西部地区不断地失去民意。私营企业联合会呼吁，如果政府拒绝“改变现行的经济政策”，就让整个国家关门大吉。这次政变被美化为“公民政变”，但最终仍以失败告终。美国心有不甘，试图让反对派卷土重来，这一点可以从后来收集到的证据中得到证实。

在苏克雷，我与丘基萨卡省的公民委员会进行交谈，我们当时交谈的地点在丘基萨卡市，也就是反对派的堡垒。该省主席费利克斯·巴兹形容公民委员会的角色是保持"紧盯政府许诺的建设项目，确保其承诺能够兑现"。但美国大使馆提出了一项令人震惊的建议，他回忆说："几年前，美国资助全国所有的公民委员会在 2007 年召开全体会议，目的是把各个公民委员会取得的工作成果汇总起来，鼓励彼此间进行交流。"他接着又说："我不知道美国为什么要这样做，但根据从圣克鲁斯那边传来的消息，据说是要创建一个全国性的公民委员会。"美国显然知道（从美国内部文件可以证明）这样一个全国性公民委员会带着严重的右倾色彩，将扮演反政府组织的角色，但这就是美国的阴谋诡计。巴兹说，丘基萨卡的公民委员会拒绝了美国的建议，因为他们不接受外国资助，但他又补充说："我不清楚有多少公民委员会已经接受了美国的资助。"

回到圣克鲁斯公民委员会，我又与其他多名官员进行了交谈。他们都给我留下了一种印象：与美国的关系很密切。圣克鲁斯公民委员会的副主席尼古拉斯·里贝拉·卡多佐说："我们一直在努力为玻利维亚的公民社会争取自我发展的空间，我们也在与美国探讨这个问题。"他承认，在过去一年半的时间里，他作为圣克鲁斯公民委员会的副主席，曾经与负责对外交流的美国大使馆官员谈过两次话。他继续说道："美国方面清楚地表达了希望加强交流的意图，美国大使馆称他们将协助我们开展交流工作，并提供了数份传播美国观念的宣传材料。"在布什总统上台后，形势更加喜人。他又说道："在布什政府的领导之下，美国提供了数个更好的合作项目，有的项目属于美国国际开发署，也有的是美国缉毒局的反毒品走私项目。"美国资助的国家民主基金会"已经开办了研讨班，以培养年轻人的领导能力"。对他而言，这些项目无疑是在帮助反对派。他继续说："当然，那些年轻人都是反对派，这个项目培养人们的自由思想，使他们拥有更加清醒的意识，变得更加富有工作效率。"

最富有争议的是圣克鲁斯公民委员会的分支机构青年团。一位玻利维亚分析家认为这个组织是"准军事突击部队"。每次发生骚乱的时候，他们就会在圣克鲁斯的街头上游荡，不断地制造混乱，并暴力攻击土著居民，破坏政府办公大楼。美国大使馆注意到，青年团"经常攻击争取社会主义运动党的设施和支持者"。美国大使馆评论称："他们的动机指向种族问题，而非政治诉求。几个月前，一群主要由白人青年组成的团伙，攻击了一个来自山区的人……青年团对媒体吹嘘说，他们有 7 000 名成员参加了公民保卫民兵队（Civil Defense Militias），这个数字恐怕有夸大之嫌，但他们中的许多人确实好斗。"

另一封电报说："圣克鲁斯青年团似乎变得更加激进：他们驾驶着吉普车，在城区飞驰而过，挥舞着圣克鲁斯的旗帜，而旗帜上画有纳粹标识。"罗兹萨·费洛雷斯恐怖小组的阴谋败露后，警察逮捕了胡安·卡洛斯·伽巴尔·布鲁诺，此人据说是青年团的顾问，也是前圣克鲁斯公民委员会的积极分子，人称"指挥官布鲁诺"。

卡多佐对我说："青年团的暴力行为，基本上是针对外部威胁作出的自然反应。青年团确实参与了暴力活动，但这是因为他们受到了威胁，这种威胁来自争取社会主义运动党。"

我还与青年团的主席塞缪尔·鲁伊斯进行了交谈，地点在圣克鲁斯公民委员会的总部，墙上挂满了前任主席的照片，包括马林考维科和科斯塔斯。鲁伊斯说："这个委员会成立于 1952 年，目的是保卫圣克鲁斯整个地区。因为当时我们受到了其他省份的攻击，我们觉得有必要保护自己，虽然我们已经组建了公民委员会，但再建立一个青年团也无妨。"

根据委员会主席的描述，如今青年团已有 3 000 名普通成员，500 名积极分子。我问了他三遍是否有土著居民参与该团，他两次避而不答。当我第三次询问的时候，他回答道："土著居民具体占多大比例，我不知道。但我们确实有 20 名来自不同省份的土著代表。"他抱怨在莫拉莱斯上台后，驱逐了美国国际开发署和其他美国机构，他认为这是一个错误的主张，他接着说道："这造成了巨大的影响，当国际机构驻守玻利维亚的时候，社会还比较平静，如今街上充斥着游手好闲的人员，因此产生了大量绑架事件，到处充斥着暴力和危险，以前可不是这种情形。"所以，青年团才开始着手解决这个问题。他说政府从智利和秘鲁邀请顾问对农民进行军事训练，实际上，来自委内瑞拉和古巴的医生也在为农民提供军事培训。他对古巴和委内瑞拉在玻利维亚的影响力甚为忧虑，这与美国大使馆官员在电报中流露出的过度忧虑简直如出一辙。他声称莫拉莱斯总统在敏感时期派农民进入圣克鲁斯从事暴力活动，但有电报证实，真实情况是莫拉莱斯力图避免人员伤亡。

有一封电报说道："军事指挥官告诉我们，莫拉莱斯总统指示他们避免造成平民伤亡。前线指挥官不断地告诉我们，莫拉莱斯总统强调必须有总统手谕，才能对反对派示威者动武。"另一封电报显示："12 月 13 日，一名高级军事指挥官告诉美国大使馆，莫拉莱斯总统要求军队谨慎行事，即使玻利维亚警察请求他们前来帮助，也要避免与示威者发生暴力冲突。"

鲁伊斯声称："我们要监督政府的所有行为，例如，他们从秘鲁请来教官，训练农民打仗，让农民残杀我的朋友。面对这种情况，我们应该如何应对呢？"关于青年团针对土著居民的暴力活动，鲁伊斯认为那是自卫。"上次选举结束后，莫拉莱斯总统派农民进入圣克鲁斯，开始从事敌对行动，我们的组织也派出了成员应对这种局面，那仅是出于自卫……当然，他们并没有直接威胁到我们"，虽然他承认这一点，但依然表达了自己的忧虑，因为莫拉莱斯总统"正在培训不会读书写字，甚至连饭都吃不饱的农民"。鲁伊斯声称青年团从不携带武器，这显然是个谎言。

电报还显示，在那段时间里，美国怀疑"一些年轻人组成了武装队伍。因为情报显示年轻人正在组建战斗队或自卫队，武器包括步枪和手枪"，但美国人应该清楚事情的真相，因为他们正是青年团的资助人。鲁伊斯声称，委内瑞拉人与农民的冲突引发了潘多省大屠杀，他说道："委内瑞拉人杀死了农民，有照片为证……委内瑞拉人是随着古巴医生渗透进来的。他们到达潘多省后，制定了军事策略。当初并没有发生混乱，后来发生了农民醉酒闹事的事件，委内瑞拉人开枪误杀了他们，因为前者并不清楚自己站在哪一方。他们也不允许玻利维亚记者拍照，为此，还向记者腿部开枪。"

圣克鲁斯公民委员会还涉嫌参与费洛雷斯恐怖小组阴谋，说这番话的人是伊格纳西奥·维拉·瓦尔加斯，他是当地的毒品走私犯，也是圣克鲁斯公民委员会的一名司机。他说圣克鲁斯公民委员会有数人参与了费洛雷斯阴谋。但圣克鲁斯公民委员会认为，莫拉莱斯政府才是费洛雷斯恐怖小组阴谋的幕后组织者。圣克鲁斯公民委员的成员在我面前承认，费洛雷斯确实到过他们的办公室，但他之所以前来是因为接到了政府的指令，假扮记者渗透进圣克鲁斯公民委员会。在谈话过程中，我被允许浏览了几张费洛雷斯与副总统阿尔瓦罗·加西亚·利内拉之间的电子邮件截屏图片，但这些图片显然是伪造的。邮件的时间都在2008年8月至2009年3月之间，刚好是在那家宾馆被奇袭之前。

根据维基解密披露的信息，反对派"紧张得快要疯了"，他们想利用一些伪造的阴谋论来掩盖自己的真实意图。我们前面说过，圣克鲁斯公民委员的前主席布兰科·马林考维科牵扯进了费洛雷斯恐怖小组一案，马林考维科是玻利维亚最富裕的人之一，经营着庞大的黄豆产业，并在东部地区拥有大片土地。他的父母是20世纪50年代前南斯拉夫的移民，在取得商业成功之后，马林考维科又进入政治领域，这在玻利维亚是一种惯例。莫拉莱斯上台后，开始进行土地改革，也就是把耕地从地主手中收回，然后分配给无地可耕的农民，这使得马林考维科这类人遭受到巨大损失。2007 年，马林考维科在接受《纽约时报》的采访时，他预言玻利维亚马上就要成为另一个津巴布韦，"在津巴布韦，经济混乱成为常态"。虽然国际货币基金组织西半球负责人称赞莫拉莱斯政府的宏观经济政策"非常负责"，但曾就读于南方卫理公会大学的马林考维科，继续用他那得克萨斯州口音的英语阴险地威胁道："如果没有合法的国际干预来应对这场危机，将会发生对抗事件。很不幸，结果将会非常血腥，所有的玻利维亚人都会陷入痛苦之中。"他说完这番话不久，费洛雷斯的阴谋就破产了。

《纽约时报》还注意到，克罗地亚的一家报社调查发现，马林考维科"试图招募黑山①雇用兵，而黑山是他母亲的出生地，其目的是组建起一支半军事化的武装"。马林考维科否认了这个说法，但毫无疑问，他正在从事分裂玻利维亚的活动，就如同 20 世纪 90 年代，南斯拉夫被分裂一样。

2008 年 9 月 1 日，马林考维科飞抵美国，在他回国后不到一周的时间里，东部地区就爆发了大规模叛乱事件。大约在同一时间，美国大使菲利普·戈德堡秘密会见圣克鲁斯省长鲁本·科斯塔斯（被一家新闻机构所曝光）。最初，马林考维科起诉两名政府官员，声称政府官员"诽谤"他与费洛雷斯阴谋有牵连。他的律师宣称他"现在就在圣克鲁斯，未来也不会离开圣克鲁斯和这个国家"，这是为了证明他与恐怖小组毫无牵连。但现在他躲起来了，青年团的主席泄露了他在美国的行踪。但他辩称："他已经被政府定罪，无法为自己辩护，因此才请求美国提供政治庇护，而美国人也同意了这个请求。"这跟

---

① 黑山，即黑山共和国，位于巴尔干半岛西南部，是亚得里亚海东岸上的一个多山小国。

阿查的所作所为如出一辙。鲁伊斯又补充说，他不清楚马林考维科是否认识费洛雷斯。这并不奇怪。

　　争取社会主义运动党的部长纳瓦罗说："美国人与马林考维科的关系一直很好，当他还是圣克鲁斯公民委员会的领袖时，就与美国人一道反对莫拉莱斯总统。"马林考维科曾拒绝了途径阿根廷前往美国的计划，因为他不信任阿根廷的基什内尔[①]政府，后者与莫拉莱斯是盟友关系，他担心基什内尔会将他遣返玻利维亚。根据维基解密披露的信息，马林考维科此前曾前往美国，参加政治咨询公司格林伯格－昆兰－罗斯纳公司举办的战略会议。

　　当我们结束谈论圣克鲁斯公民委员这个话题后，我向发言人咨询，还有哪些人值得我前去采访。发言人建议我去拜会前将军格雷·普拉多，此人曾无耻地逮捕切·格瓦拉，并将其移交给刽子手，当时他还是一名年轻的玻利维亚军官。我问道："在哪里能找到他？"他回答说："他会在每天下午4点左右，准时前往附近的一家小咖啡厅。"但我后来才知道，普拉多其实已被软禁在家，但他显然没有遵守软禁令，仍然可以自由活动。于是，我前往他在圣克鲁斯郊区的豪华住宅。会面之后，普拉多对我说："虽然我在名义上被软禁在家，但我其实每天都去工作，软禁没有什么意义。"纳瓦罗曾经告诉我："当政府发动进攻时，有一群退休将军为圣克鲁斯公民委员提供了帮助。"据说普拉多就是其中之一。政府注意到，普拉多曾经在家中与费洛雷斯会面。他说道："我与费洛雷斯见面，就跟与你见面一样。他当时就坐在这间屋子里。我们谈到了玻利维亚游击队员切·格瓦拉的故事，他还与我合影留念，我们之间的交往仅限于此。"费洛雷斯显然觉得自己就是另一个切·格瓦拉，是新时代的海明威。

---

① 内斯托尔·卡洛斯·基什内尔，阿根廷政治家，2003 ~ 2007 年间任阿根廷总统，2007 底他的妻子克里斯蒂娜当选为阿根廷总统。

但根据普拉多所说，他不相信费洛雷斯计划刺杀莫拉莱斯总统。他说道："费洛雷斯没有刺杀总统的企图，从来没有过，也绝对不会有。"我又问，那为何费洛雷斯会把外国人带进玻利维亚？他回答："之所以雇用那些外国人，可能是想建立一支雇用军，来保护圣克鲁斯。"接着他又补充说："之所以组建那个小组，可能是由于受到了政治迫害的缘故。"他表示不太清楚究竟是谁召集了那几个外国雇用兵。后来，他又说，美国仅是"举办了有关民主和自由的研讨会"。

◎ 头晕目眩的乱局

2008 年 5 月，玻利维亚陷入政治混乱之中，国家濒临内战的边缘。圣克鲁斯进行了自治公投，政府认为这是东部省份谋取独立的一个步骤。圣克鲁斯省长鲁本·科斯塔斯在助选阶段说："虽然公投没有被最高法院批准，也没有被'美洲国家组织'认同，但我们终将建立一个全新的共和国。"根据恐怖分子塔迪奇的说法，正是这位省长，曾经与恐怖小组的组长有过三次会面，他们大致商讨了一下需要"做点什么"。随着局势逐渐失去控制，玻利维亚出现了大规模的抗议和暴力活动，莫拉莱斯总统取消了其他几个省份正在进行的公民投票，他呼吁举行一次针对总统的罢免选举，以决定他的去留。最后，他成功地赢得了这次选举，全国三分之二的选票支持他继续留任。

就在这个关键时刻，感到困惑和绝望的反对派发动了罢工，指使青年团攻击政府机构和土著居民。当他们被投票击败之后，反对派单方面宣布，东部 4 个省份实行"自治"。在自治运动中，有一份纲领性文件规定，拒绝中央政府控制东部地区的天然气资源。就玻利维亚的国情来说，这句话相当于委婉地表达，东部地区试图增强对当地税收、警察、公共事业的控制。如果中央政府真的赋予圣克鲁斯所追求的自治权利，那么莫拉莱斯总统宏大的改革计划将化为泡影，这无疑是"自治"运动的目的所在。

"自治"运动的策略是控制整个梅迪亚卢纳地区，从而引发一场全国性的危机，使政府失去对社会的控制。与此同时，说服军队保持中立，或者反对莫拉莱斯总统。在 8 月举行公投之前，圣克鲁斯的市长珀西·费尔南德斯已经呼吁军队推翻莫拉莱斯领导下的无能政府。就在这令人头晕目眩的乱局之中，2008 年 9 月 13 日，潘多省 13 名土著农民在一场暴力事件中惨遭杀害，事发地点位于支持政府和反政府的区域分界线上。对于这场暴行的定性本来没有任何争议，除非你是人权基金会成员，或者是阿查以及玻利维亚的反对派。联合国人权事务高级专员把这场大屠杀的责任归咎于地方政府，此地的当政者是反对派政客莱奥波尔多·费尔南德斯。费尔南德斯目前仍然被关押在拉巴斯的监狱里。大屠杀发生后，他遭到逮捕，罪名是下令攻击土著农民。根据维基解密披露的信息，美国大使馆的电报认为，逮捕费尔南德斯的"法律理由不充分"。

对于潘多省发生的惨案，联合国的调查报告明确地称之为"对农民的屠杀""严重侵犯人权"，并断定实施屠杀的人是当地公路管理员、潘多公民委员会成员，他们与地方政府有千丝万缕的联系。南美洲国家联盟派出了一个调查团，团长是阿根廷人权部副部长，他的调查结果是，玻利维亚政府对这次惨案的处理合情合理，反对派要对这场大屠杀负责。智利总统米歇尔·巴切莱特[1]呼吁在圣地亚哥召开一次南美洲国家联盟紧急会议，讨论玻利维亚当前的危机。这次会议形成了《拉莫内达宣言》（*Declaration of La Moneda*），南美洲 12 个国家的政府在宣言上签字，表达了"对埃沃·莫拉莱斯总统领导下的

---

[1] 维罗妮卡·米歇尔·巴切莱特·赫里亚，智利女医生、外交家、政治家、历史上首位女总统，2006 年作为民主联盟候选人当选为智利总统，2010 年卸任，2014 年再度当选为总统，任期至 2018 年。

政府完全的、坚决的支持",并警告相关国家"不要支持或者承认任何有可能导致政变的行动,因为那会破坏宪法以及社会秩序,或危及玻利维亚共和国的领土完整"。莫拉莱斯总统参加了这次会议,他感谢南美洲国家联盟的鼎力支持,并宣称:"这是南美洲历史上第一次在没有美国在场的情况下,本地区的国家自行解决自己的问题。"

但是阿查和他领导的人权基金会对该事件的看法则与众不同。10月,距离大屠杀已经过去一个月有余,人权基金会才派出一个工作小组,前往潘多省进行调查。最后,他们认为这不是一场大屠杀。事件的起因源于政府"随意拒捕反对派成员和一名记者",当时,人权基金会在玻利维亚的消息来源称,当地形势非常严峻,实际上这个消息来源就是阿查。人权基金会首席营运官萨拉·瓦瑟曼说:"根据我方调查,以及从玻利维亚公民委员会发来的报告,初步研究表明,逮捕记者和玻利维亚反对派成员的行为是有政治动机的。"阿查发给人权基金会的报告作了一个基本的假定:争取社会主义运动党领导下的政府引发了这场谋杀。人权基金会进一步把大屠杀与政府高官拉蒙·金塔纳的言论联系起来,他曾鼓动政府的支持人士将潘多省的省长莱奥波尔多·费尔南德斯送进"世界末日",并在他的墓碑上写上一行字:完美、和谐地与蚯蚓生活在一起。

美国人权基金会说:"这番言论发表之后,潘多省在9月11日、12日、13日连续3天发生暴力事件,有20人因政治原因被杀害。"人权基金会下属的玻利维亚分支机构,在向总部发送的报告中,谴责大屠杀是莫拉莱斯和他的行政官员所为。美国人权基金会的报告总结称:"法制状况和人权状况持续恶化……玻利维亚的民主体制无法维持。在这样的背景之下,埃沃·莫拉莱斯领导的独裁政体原形毕露。"

公平地说,还有另外一些非政府组织也得出了类似的结论。其中一个是前面提到过的美洲联合组织,还有一个总部设在哥伦比亚的

"人权组织"，该组织的标志中竟有一个枪支准星，这个组织成立于
2008 年，创始人是亚历杭德罗·潘拿·埃斯库萨，如今他已经被他
的祖国委内瑞拉拘留，因为他涉嫌在家中存放 2 磅炸药。委内瑞拉宣
称他与美国的中情局关系密切，涉嫌参与 2002 年美国支持的政变，
这场政变导致查韦斯总统一度下台。在一段录像中，埃斯库萨坚称要
在委内瑞拉全境开展大规模抗议活动，使政府无力控制局势，他说："制
造政治危机或社会混乱，能够更加有效地迫使当局废除改革措施。"

在潘多大屠杀之后，美洲联合组织介入到玻利维亚的事务之中，
他们派出了一个工作小组前去调查实情。为了进行这次为期 5 天的调
查，他们与阿根廷、哥伦比亚、乌拉圭、委内瑞拉的非政府组织进
行了合作（全都是法西斯帮派）。来自阿根廷的"真实历史运动"
（Movement for the True History）也是其中之一，这个组织谋求使用
法律手段对付"破坏分子"，后者反对 1976 年至 1983 年之间在阿根
廷掌权的法西斯集团，而这个法西斯集团得到了美国支持。在这个法
西斯集团的统治下，估计有 3 万人被杀害。调查小组中有一名代表名
为豪尔赫·莫内斯·鲁伊斯，他是一名阿根廷军官，同时也是前独
裁统治时期阿根廷驻玻利维亚的情报官。值得注意的是，玻利维亚政
府宣称费洛雷斯与阿根廷的"画面"（Painted Faces）组织有联系，
后者也是一个法西斯组织。

这些组织发布了一份联合报告，声称："莫拉莱斯总统领导的政
府策划并发动了暴力行动。"这份报告还声称："有足够多的证据证
明，莫拉莱斯政府要为所谓的潘多大屠杀负责。"根据维基解密，美
国大使馆从阿查和其他反对派联系人那里得到的信息非常不可靠，而
美国大使馆却从未质疑过这些消息的可信度，但对于争取社会主义运
动党的声明却满口质疑。有一名美国大使馆的线人在与大使馆官员谈
话时断言："9 月份，争取社会主义运动党蓄意在潘多省引发社会动荡，

借此对该地实行军事包围，以罢免莱奥波尔多·费尔南德斯，并逮捕反对派领导人，使争取社会主义运动党在参议院中的席位对自己有利。"这样的说法竟然没有招致反对意见。另一封电报评论了2008年9月发生在潘多的暴力事件："政府不仅非法拘禁了莱奥波尔多·费尔南德斯，还暴力逮捕了其他40多人，其中包括许多杰出的反对派成员。"联合国方面则表态说，拘禁费尔南德斯并不违法。

◎ 我们要干掉总统

在美国驻玻利维亚的众多机构中，美国国际开发署的表现最为积极，美国政府的对外援助主要靠它来完成。在1964年至1979年之间，美国国际开发署至少向玻利维亚提供了总额达15亿美元的资金，用来尝试建立一个有利于美国企业扩张的社会以及对外国投资友好的商业环境。在长达半个世纪的时间里，美国援助的幌子是"经济和人道救援"，这个礼物"是美国人民赠送的"。美国在全世界都设有代表处，它们扮演着类似的角色，每年的资助金额高达数十亿美元，资助项目从"鼓励民主"到"法律改革"，不一而足。总之，美国援助所涉及的范围很广。

但美国资助的项目引发了争议。莫拉莱斯政府一直认为，美国披着"发展"的外衣，用金钱推行其战略目标，但美国对此予以否认。玻利维亚政府讥讽美国的援助项目缺乏透明度，同时，赞扬了欧盟的援助项目。马克·费尔斯坦是美国国际开发署在拉丁美洲和加勒比海地区的助理部长，在2010年12月，他坦率地说明了美国国际开发署存在的意义："美国国际开发署不是慈善机构……其口号并不准确。实际上，美国国际开发署的钱不仅来自于美国人民，还要为美国人民服务。"顺便说一句，费尔斯坦是前总统德洛萨达的竞选顾问，这位总统因拉巴斯惨案而受审，2005 年逃往美国。如今，根据《外国人侵权法案》（*Aliens Tort Act*），政府正准备起诉他参与大屠杀。对于曾经充当德洛萨达的竞选顾问一事，费尔斯坦本人从不后悔。实际上，在 2009 年，他所在的竞选公司，曾为莫拉莱斯的对手曼弗雷德·雷耶斯·比利亚助选。

美国国际开发署使用极其隐蔽的手段，试图控制拉丁美洲和其他地区的民主政府，这一点与其他美国机构并无二致。但通过实地调查和《信息自由法案》（*Freedom of Information Act*）所提供的文件以及维基解密的电报，可以清晰地了解这家机构试图牢牢控制玻利维亚所使用的策略，他们的工作方法很有借鉴意义，因为这些策略是这个地区破坏左翼民主政府的模板。莫拉莱斯上台前，美国国际开发署的工作人员就对他进行了仔细的研究。一名美国学生曾亲耳听到美国国际开发署对付莫拉莱斯的计划。2005 年夏季，这名学生在拉巴斯学习西班牙语，当政治抵抗运动的火药桶被引爆后，他不得不休学一段时间。当时在拉巴斯，因为部分抗议者被杀害，总统卡洛斯·梅萨[①]被迫辞职，他于 2003 年从总统"贡尼"手中接过总统职位。这名学生决定在休学期间骑自行车旅行，他对我说"我和几个外国佬去了'死亡之路'，那是一条世界上最危险的道路。同行的几个人不愿意透露他们的姓名。其中有人来自美国大使馆，也有人来自美国国际开发署。我记得在去科罗伊科市的路上，他们一直在讨论如何避免让莫拉莱斯取得胜利。他们的基本态度是'不能让莫拉莱斯上台'。"

实际上，美国官员的谈话更进一步。"他们当时主要谈论了两件事情。第一件事情是'我们不能让莫拉莱斯获得权力'。第二件事情则更让我惊讶，竟然是'我们要干掉莫拉莱斯'。他们的表述很模糊，

---

① 卡洛斯·梅萨，生于 1953 年，是玻利维亚著名的记者和历史学家。2002 年 2 月担任副总统兼国会主席，2003 年，总统桑切斯辞职之后，副总统兼国会主席梅萨被玻利维亚国会任命为新总统。2005 年，梅萨宣布辞去总统职务。

因为这句话也可以理解为'我们赶走他'。当然，我不相信他们真的会除掉莫拉莱斯，但他们确实说了那番话。于是我心里想：'哇，简直是难以置信，我与他们素不相识，可他们却完全不避讳'。"下山的时候，这群人继续在讨论。那名学生又说："我认为，他们觉得我与他们是同道中人，那时正值抗议活动的高峰期，总统被迫辞职，大量旅游者逃离玻利维亚，也许他们觉得我持有类似的观点，或者我也是某家国际机构的工作人员，比如美国大使馆。他们的话令我十分震惊。第一，在公开场合肆无忌惮地谈论这个话题，让人觉得很奇怪，并非每个人都持有相同的观点。第二，他们似乎在干扰民主进程，但我认为他们不应该参与其中，美国大使馆和美国国际开发署不应该干涉玻利维亚的总统选举。"

最后，虽然他们干涉了总统选举，但莫拉莱斯还是上台了。

有关这个问题，在争取社会主义运动党获得权力之前，记者杰里米·比格伍德已经进行过很多重要的调查工作。但当他根据《信息自由法案》的规定，要求获得2005年选举后美国援助项目的具体情况时，他的请求没有得到任何答复。比格伍德在2005年之前的研究，支持了那位美国学生的说法。早期的争取社会主义运动党，被美国视为一个必须解决的麻烦。

2002年7月，一封解密的美国大使馆信件谈到美国国际开发署计划实施一个政党改革项目，其目的是"帮助玻利维亚建立一个现代化的、支持民主的政党，并能与激进的争取社会主义运动党相抗衡"。或许是因为该信件在细节上讲得过于露骨，所以，这封信的后半部分遭到了篡改。美国国际开发署驻玻利维亚的官员发出了一系列电子邮件，其中详细叙述了美国政府的各种计划。其中，他们打算与查帕雷（该地是莫拉莱斯总统的出生地）地区从事古柯种植的土著居民，以及东部诸省之间形成紧密合作的关系。根据比格伍德的分析，这个计划的目的是要"组建一个由美国国际开发署领导的……对抗争取社会主义运动党的阵线"。

在破坏争取社会主义运动党领导下的政府数年之后，美国国际开发署在查帕雷地区变得声名狼藉，当地施政者暂停了美国国际开发署的所有援助项目。他们表示，将使用委内瑞拉总统查韦斯提供的资金取代美国人的援助项目。2008 年，潘多省省长签署了一份文件，将美国国际开发署驱逐出境。那份文件表示："外国人的援助项目，尤其是美国国际开发署的项目，无法解决我们的贫困问题、团结问题、家庭问题、发展问题，除非我们能够掌握自己的命运，否则我们将一无所获。"

我成功获得了一份关于 2005 年以来援助项目的文件，这些项目的目的确实是削弱争取社会主义运动党的力量，并损害其声望。美国国际开发署的策略并不是直接推翻政府，而是引导玻利维亚逐步实现政治转变：由广大民众普遍参与的民主，倒退到从前的民主，即受到美国控制、对外国投资者有利的民主。玻利维亚的事例非常具有代表性，因为它是美国国际开发署试图控制拉丁美洲民主的标准手法。美国之所以如此，是为了把逐渐脱离其控制的拉丁美洲式民主，转变为"为美国人民服务""为美国企业服务"型民主。

当然，美国国际开发署向来言行不一。美国大使从拉巴斯发出的电报说："现在人们对美国国际开发署的透明度和非政治性存在误解，我们将不断地纠正这种偏差。"但实际上，这家机构不仅缺乏透明度，还牵扯到政治漩涡中，他们的内部文件很好地说明了这一点。美国国际开发署坚持说，他们在玻利维亚的投资是公开透明的，但玻利维亚政府却表示其援助资金大部分都去向不明，完全违背正常的投资规则。根据维基解密披露的信息，莫拉莱斯总统告诉美国，需要"公开地注册并监督援助项目"，但美国拒绝提供任何项目信息。玻利维亚政府估计，其中 70% 的援助资金不可信，虽说这个数字可能有夸大之嫌，但玻利维亚政府确实不清楚这些援助资金的使用情况。

在莫拉莱斯总统对美国国际开发署的援助项目发出强烈批评之后，美国大使回应道，玻利维亚"不能冒着失去 1.2 亿美元援助的风险"，而这些钱全部来自美国国际开发署（平均每个玻利维亚人 12 美元），他还评论说："我们每年花费 9 000 万美元，让玻利维亚历史上被边缘化的土著居民融入到当下的社会和经济生活之中，我们还支持民主机构，推动民主进程，包括削弱中央集权。"在受到了一轮新的批评之后，有一名住在拉巴斯的美国记者参加了一次美国大使召集的紧急会议，会议的目的是向外国记者解释美国国际开发署的活动。这名记者获得了美国国际开发署援助款的细目分类。她对我说："这一小撮被用来充当会议背景的记者获得了一定量的信息。"美国国际开发署资助的健康项目花费为 1 680 万美元，综合副业发展项目 1 920 万美元（种植非古柯作物），环境和经济发展项目 1 530 万美元，反毒品项目 2 200 万美元，共计 7 330 万美元。但美国大使说每年投入到玻利维亚的资金有 1.2 亿美元，剩下的 5 000 万美元去哪里了？

美国国际开发署的内部评估文件指出了为何有些项目最好保密。在莫拉莱斯政府被选举上台之后，我从美国国际开发署那儿获得了一批文件，其内容是关于美国在玻利维亚所实施的"民主提升"项目，其中有一个名为"政府正义性"的项目，该项目已经运行了 17 年，是美国在"拉丁美洲地区最大的援助项目"。这份文件不仅详述了这个项目的目的和成功经验，还明确说明了资金的去向。这份文件如此写道："美国国际开发署在玻利维亚的项目包括支持地方自治、加强对议会和政党的支持。"具体是哪些政党获得了支持，文件中并没有提及，但这个机构和美国大使馆从来没有在公开场合使用过如此坦率的语言。莫拉莱斯总统说，有位省长告诉他：如果谁能站出来反对总统，美国国际开发署就为他提供 1.5 万～ 2.5 万美元的资金。支持地方自治是加强反对派的委婉说法。自 2005 年之后，美国国际开发署在玻利维亚的核心任务之一就是削弱中央集权，这个努力方向显然与东部诸省的兴趣保持一致。

美国国际开发署和玻利维亚官员关于"政府正义性"的项目诞生于 2005 年莫拉莱斯上台之前。该项目的协调员承认，由于"政府高层人士出现变动"，项目运行的环境被彻底改变了。这个项目希望开办一所培养公众辩护律师的学校，但在 2007 年中期，该项目被迫中止。对此，相关评论是："这是最好的事例，说明推行项目的环境完全脱离了……美国国际开发署的控制。"美国国际开发署内部对莫拉莱斯总统在这个问题上的态度非常不满，评论称玻利维亚的律师协会"在过去几年被严重地削弱了"。关于这类项目，美国国际开发署的惯例是将项目分包给第三方完成，这使得机构之间的关系更加复杂，责任更加难以区分。这个项目由切基咨询公司运作，该公司成立于 1973 年，创建人文森特·切基是一位经济学家，也是美国民主党的捐助人，后来纽约大学和美洲合作组织也加入了公司董事会。美国国际开发署实施影响的主要手段之一就是提供培训，这不仅在"政府正义性"项目中有所体现，在其他活动中也是如此。这些项目的目的就是向玻利维亚青年灌输"美国的行事方式"。

在苏克雷地区，我与当地政府官员拉米罗·维拉斯奎斯进行了一次交谈，后者曾为美国国际开发署在该地区的项目工作。他告诉我，该项目由一个名叫 FIDEM 的咨询公司运作，资金来自美国国际开发署。维拉斯奎斯说："在玻利维亚的每个省，他们都在拉拢人参与该项目，FIDEM 找到了一个非政府组织来协助完成任务。同时，他们也在寻找其他愿意合作的人。那些参与其中的人，来自拉巴斯、欧鲁罗、波托西、苏克雷等地区。"维拉斯奎斯也受邀参与该项目，美国国际开发署请他去教授一门主题为"民主和参与"的课程。这个项目最终被莫拉莱斯政府取消。他说道："项目是为年轻人设立的，为了凑足人数，必须前往大学校园、社会团体、政府机构拉拢学员，有时甚至去教会。"最后有 600 人注册参加该项目。整个课程分为两个阶段，第一阶段是举办研讨会，目的是挑选出 20 名年轻人，让他们去拉巴斯参加第二阶段的课程。第二阶段由 FIDEM 和另外一个非政府组织承办，主题是"领导力培训"。很明显，其目的是试图培养新一代的玻利维亚领袖。当然，这些年轻人必须持有正确的政治观点。他又说道："美国人传授的民主概念，不同于莫拉莱斯和玻利维亚的民主观念，他们还传授代议制民主，而不是参与性民主……这显然是在制造反对派。"

从拉巴斯发出的电报支持维拉斯奎斯的说法。有一位官员参加了"一个公民培训项目，资金由美国国际开发署提供，具体由非政府组织 FIDEM 运作，地点在圣克鲁斯的两国交流中心（Binational Center）"。该项目除了提供教育和文化培训之外，其主要目的在于培养"公民责任"。"项目覆盖了当地 2.1 万名居民（该地共有 15 万名居民），这里据说是争取社会主义运动党的根据地。"之所以补充说明这一点，似乎是为了强调这是一个利国利民的项目。那份电报声称本地居民非常"积极"地参加该项目。同一份电报还宣称："圣克鲁斯省的居民决心避免让民主发生倒退。我们的要求就是，准确地向华盛顿和国际社会报告玻利维亚的现状。"

玻利维亚副总统加西亚·利内拉不断地警告美国大使馆，他反对 FIDEM 举办这类培训项目，因为会扰乱"人心"，而且该项目灌输的民主愿景与政府的目标截然不同。此言不虚，玻利维亚总计有 9 个省，FIDEM 在其中 8 个省开展工作（其中有 3 个省的省长是通过民主选举产生的争取社会主义运动党党员）。这些项目声称是在为国家建设提供技术支持，类似于美国国际开发署和其他资助者向全球推广的援助项目。有一些传授技术的课程，比如：区域发展规划、服务业务、财务规划等，虽然这些话题看上去跟政治无关，但真正的目的还是帮助省政府削弱争取社会主义运动党的力量。我们从电报中可以得知："争取社会主义运动党的目标是加强市政府，削弱省政府，这意味着争取社会主义运动党试图削弱反对派的力量根基。"

还是在苏克雷市，我与市长薇若妮卡·贝里奥斯·维加拉进行了交谈，她是争取社会主义运动党党员。自2008年担任市长以来，她就一直受到蓄意攻击。2007年，这座城市还是暴力活动的多发地，当时宪法大会在此召开，宪法大会负责制定一部新宪法。2008年，苏克雷投票选举产生了一位反对派市长，但因为受到犯罪指控而失去了成为市长的资格。市政委员会作出决定，让维加拉女士担任市长一职，结果引发了暴力和骚乱。

维加拉女士告诉我："反对派之所以愤怒，是因为这个决定损害了他们的既得利益，苏克雷因此而陷入长达数年的困苦之中。"她告诉我，有人向市长办公楼投掷炸弹，持不同政见者数次企图刺杀她。"我们当时有一个疑问，这些学生究竟是从哪里搞来钱买这么多炸弹？要知道，他们甚至没有足够的钱支付房租和购买食品。"当回忆起在玻利维亚混乱时期的工作经历时，她潸然泪下，接着说道："我担心那些帮派伺机卷土重来，对我痛下毒手。实际上，这是一个种族问题，当地政府和中央政府威胁到了他们的商业利益。"她认为美国国际开发署在暗中资助这些团伙："当时，在弗洛雷斯也发生了同样的事情，人们认为美国国际开发署试图推翻当地政府，这使我怀疑苏克雷的犯罪团伙也受到了美国国际开发署的资金支持。"维加拉女士认为，当街头上出现暴力事件的时候，美国国际开发署就是幕后黑手，她说："他们与反对派以及新闻媒体串通一气，破坏政府的发展计划。"

◎ "友好的商业环境"

美国国际开发署之所以厌恶莫拉莱斯总统和他的政府，还有另外一个原因：莫拉莱斯对外国投资不友好。在过去数十年间，玻利维亚的投资环境非常"友好"，投资的大门一直对美国的跨国企业开放，但如今却变得有些敌意。美国人与玻利维亚东部的天然盟友，也就是那些欧洲后裔的寡头们，心中充满了同样的恐惧。他们越来越害怕莫拉莱斯政府的经济改革计划，而且其他发展中国家也会向莫拉莱斯总统学习：实现经济高速增长，减少贫困人口，但需要对部分关键性行业进行国有化。

与过去残酷的独裁统治相比，现在的玻利维亚政府，实际上维持着对投资者友好的商业环境，美国人就像过去的西班牙人一样，从玻利维亚丰富的矿业资源中赚取利润，比如美国的科达伦矿业公司。玻利维亚主要向美国出口锡、金、宝石、木材等原材料。在过去很长一段时间里，外国企业被授予超国民待遇的特权，企业主们可以为所欲为。在 1996 年至 2002 年间，玻利维亚的外国直接投资增加到 70 亿美元，但几乎所有的投资都被用于满足东部地区的商业利益。

美国从拉巴斯发出的电报突然变得关心国有化问题。有一份电报说："有传言称，莫拉莱斯总统每年都会在 5 月 1 日发表演讲，今年将宣布对圣克鲁斯的私有企业进行国有化，包括古柯产业和食品产业。对于后者，许多人相信布兰科·马林考维科的食用油公司和其他食品公司会被国家以'食品安全'的名义国有化。"从拉巴斯发出的电报，对社会主义运动党的经济思想进行了强烈的批评。莫拉莱斯总统的顾问中有一位经济学教授，对于这位教授，有一份电报评论道："他沉浸在过时的社会主义理论里，尚未接受经济全球化的事实。不久后，他会理解自由贸易对创造工作机会的影响。他似乎相信委内瑞拉和中国可以取代美国，不再相信美国在贸易中所发挥的至关重要的影响，因此他竟然建议玻利维亚的出口商去寻找美国之外的投资者。"这简直不可饶恕。这份电报还谈到，他最近前往委内瑞拉，签署了一份出售玻利维亚大豆的合同。"此外，他经常得罪其他行业，比如，他要求以较低的价格为玻利维亚国民供电，声称这是'总统尊严税'，企业必须缴纳，否则将会受到惩罚。"

美国国际开发署制定了应对计划。美国援助的司法项目有一个重要目标，那就是"提高法律安全度"，如果实现了这个目标，"玻利维亚的商业和投资环境有希望获得改善"。该项目的主要赞助者是美国国际开发署，项目为期 5 年，预算为 480 万美元。这与拉巴斯发出的电报不谋而合，有一份电报提及："玻利维亚的关键领域是民主、禁毒、保护美国投资（我需要特别强调这一点）。"这个司法项目谋求"改革商业行政法律，并对商业机构提供支持和培训"。

为此，美国国际开发署将会帮助玻利维亚的法律学院，开设一门涵盖民事、商业、政府法律等内容的新课程。美国国际开发署已经渗透到玻利维亚司法体系的最高层，象征之一就是美国国际开发署联合玻利维亚最高法院共同发布了一份文件，即《玻利维亚的民事和商业司法：诊断和变革建议》（*Civil and Commercial Justice in Bolivia: Diagnosis and Recommendations for Change*），这份文件要求实行特殊的商业法律裁判权，这将会"改善玻利维亚的投资环境"，并且"营造对吸引投资必不可少的商业气氛"，这样还可以"维持并提高竞争能力"。这份文件写道："这项工作对玻利维亚取得总体成功非常重要……实际上，这个项目赢得了许多私人企业的支持，因此可以达到进一步改善玻利维亚投资环境和商业环境的目标。"美国国际开发署与"合作伙伴"玻利维亚国家商会一道，通过地方商会加强仲裁中心的作用（地方商会是公民委员会的主要捐助者）。这份文件写道："如果玻利维亚想吸引外国投资……那就需要为投资者提供司法保障，如果这项工作能够继续推行下去，那会对玻利维亚的发展非常有帮助。"美国国际开发署的天然盟友是诸如 CAINCO 这样的组织，后者是圣克鲁斯的一家商业联合会。

在弗洛雷斯枪战爆发后，另一名嫌疑犯亚历杭德罗·梅尔加逃往国外，他是 CAINCO 的主要人物。爱德华多·帕斯是 CAINCO 的总裁，也是圣克鲁斯公民委员会的投资人之一。有一份电报写道："国有化的主要影响是，政府中止了在能源领域的新投资，而玻利维亚政府为满足该领域的国内需要，与巴西和阿根廷签署了合同，并履行了相关的义务。"这份电报还说："国有化只不过是一个政治手段，但受到了人民群众的热烈欢迎。"实际上，国有化不仅受到了人们的欢迎，而且还大获全胜。2011 年 6 月，标准普尔[1] 把玻利维亚的信用级别调高了一级，并赞扬埃沃·莫拉莱斯总统推行的"稳健"的宏观经济政策，使玻利维亚的负债率稳步下降。

事情的真相是美国大使馆担心美国的矿业投资会受到影响，其实玻利维亚的高官已经"多次保证，现有的美国矿业利益不会受到影响"。玻利维亚政府威胁对采矿业进行国有化，包括接管瑞士嘉能可[2] 旗下的冶金厂（玻利维亚前总统出售给瑞士人的企业），美国人对这样的威胁感到惊恐万分。

一份电报写道："我们继续要求玻利维亚政府尊重现有采矿特许权，控制缴税比率，不要提高特许开采权利金。"换句话说，美国是要通过牺牲全体玻利维亚人民的利益，换取"友好的商业环境"。美国大使馆认为，莫拉莱斯政府实行的政策不符合美国利益。一份电报

---

① 标准普尔，世界权威的金融分析机构，总部位于美国纽约市，由亨利·瓦纳姆·普尔（Henry Varnum Poor）于 1860 年创立。

② 嘉能可（Glencore International AG），全称"嘉能可斯特拉塔股份有限公司"，成立于 1974 年，总部设于瑞士巴尔，是全球范围领先的商品的生产商和经营商，客户遍布全球。

写道："强化和支持玻利维亚的民主是我们的主要使命。"但在电文的下一行又写道："虽然掌权的争取社会主义运动党和埃沃·莫拉莱斯总统是在一次公平的大选中胜出，但他们在上台后的举动经常显示出反民主的倾向。"这份电报还写道，争取社会主义运动党在大选中获得了"压倒性"优势。尽管如此，美国称莫拉莱斯是"一个具有强烈反民主倾向的总统，并且操纵了该国媒体"，与莫拉莱斯总统关系最密切的几位顾问则被污蔑为"偏僻小巷里的暴徒"。

事实上，争取社会主义运动党的民主性毋庸置疑，人民赋予了他们明确的权利和义务，从全世界范围来看，争取社会主义运动党称得上是一流执政党。莫拉莱斯第一次当选总统是在 2005 年 12 月，他赢得了 54% 的选票。相比之下，最接近他的竞争对手获得了 29% 的选票，莫拉莱斯的支持率几乎是第二名的两倍。他第二次当选总统是在 2009 年 12 月，这次他赢得了 67% 的选票，最接近他的竞争对手是曼弗雷德·雷耶斯·比利亚，但莫拉莱斯的得票率也是这位竞争对手的两倍。在两次压倒性的胜利之间，莫拉莱斯还赢得了那次"罢免选举"，当时他正面对"自治"运动的风波。2008 年 8 月，67% 的得票率使他重获总统职位。仅 5 个月后，在 2009 年 1 月，莫拉莱斯又赢得了宪法公投，61% 的民众支持他修改宪法。之后，他在 2014 年又赢得了一次压倒性的胜利。

然而，美国大使馆一再贬低他的成就，称莫拉莱斯"像一个在经济学和国际关系这两门课程中的差生"。美国大使馆还宣称莫拉莱斯想成为一名独裁者："莫拉莱斯非常崇拜古巴的卡斯特罗和委内瑞拉的查韦斯，他很可能受到二人长期执政的诱惑，因此也希望复制这种'成功'。"这简直是一派胡言，实际上，在 2009 年的公投中，已经明确规定，他的总统任期最多只能是两届。有一位外国高官造访玻利维亚，美国大使催促他"鼓励莫拉莱斯走民主路线"。与此同时，美国还在要挟莫拉莱斯"如果要获得自由贸易带来的好处，必须尊重美国的采矿利益"。

美国人的电报里充满了对美国投资的担忧。一份电报说："圣克鲁斯托瓦尔矿是一个容易受到攻击的美国投资项目，其中阿皮克斯银矿公司（Apex Silver）拥有65%的产权，圣克鲁斯托瓦尔矿的权益将会受到严重损害，因为玻利维亚议会正在讨论一项议案，准备提高采矿税。虽然玻利维亚政府宣称与采矿企业平分利润，但新的增税议案意味着，政府会拿走60%的企业利润。"虽然玻利维亚拥有丰富的矿藏资源，但人民从来没有从中得到好处，他们的生活依然贫困。

◎ 疯狂的美国缉毒局和民主捐赠基金会

美国还利用贸易协定作为威胁手段，试图迫使争取社会主义运动党改变其经济路线。2008年9月，布什总统下令暂停执行对玻利维亚的贸易优惠政策，即《安第斯贸易优惠和根除毒品法》（*Andean Trade Promotion and Drug Eradication Act*），同时被取消享受这种优惠政策的国家还包括哥伦比亚、厄瓜多尔、秘鲁。这一惩罚性措施，使玻利维亚损失了数百万美元的出口额。虽然美国给出的理由是玻利维亚不配合美国根除古柯种植，但政治和经济方面的动机更加明显。数周之后，路透社在一篇文章中写道："有几个大型商业组织，它们要求布什政府和国会结束对玻利维亚和厄瓜多尔的贸易优惠政策，理由是这两个国家没有对外国投资者提供足够的保护。几天之后，布什政府就作出了那个决定。"一个月之后，也就是在11月之时，莫拉莱斯总统宣布驱逐美国缉毒局的工作人员。在此前的数十年里，数百名美国缉毒局人员遍布玻利维亚北部的潘多地区和贝尼地区，专门负责根除古柯的种植，在这个过程中，他们大肆屠杀种植古柯的土著农民。由于之前的历届玻利维亚政府都极力讨好美国主子，所以没有对美国人的军事行动作出任何限制，尤其是根除古柯作物的行动。然而，莫拉莱斯总统曾经是一位古柯农民，因此，要想让他对美国俯首帖耳，简直是天方夜谭。他指责美国缉毒局开展"政治间谍活动，资助犯罪团伙反抗政府和总统"。

关于美国缉毒局的目标，有一份电报写道："为实现美国的目标而服务，同时避免让玻利维亚政府掌控局面。" 2008 年，莫拉莱斯总统暂停了美国缉毒局在玻利维亚的活动，驱逐了 37 名执法人员。莫拉莱斯还指名道姓地说，在圣克鲁斯地区执法的史蒂文·福塞特是一名间谍，他前往梅迪亚卢纳地区的贝尼和潘多，目的是为公民委员会提供资助，因为那些人承诺发动"公民政变"。同时，美国利用援助作为借口，把缉毒局的工作人员留在玻利维亚。有一份电报写道："大使暗示，如果根除毒品的行动被终止，美国政府对查帕雷地区的介入也将陷入停顿……我们便会终止数百万美元的援助项目。"在玻利维亚，许多人认为缉毒局是中情局的前线部队。根据《信息自由法案》的规定，我向缉毒局请求提供相关信息，但是他们拒绝了我的请求，美国国家安全局同样拒绝提供任何信息。在美国大使馆的电报中，充满了对莫拉莱斯总统的批评，指责他没有彻底清除美国指定地区的古柯。欧盟也受到了美国的指责，理由是"对待玻利维亚的态度过于温和且目光短浅"。

从电报内容来看，美国在玻利维亚的缉毒行动简直达到了疯狂的地步。但有一个现象非常奇怪，根据一份电报提供的信息，美国缉毒局估计"美国追踪到的可卡因，只有 1% 来自玻利维亚"。这个数字实在是小得可怜，只有一个百分点！ 2011 年，联合国通过决议，允许个人使用古柯叶，美国是唯一投反对票的国家。后来，虽然莫拉莱斯政府几乎屈服，但仍然无法缓解与美国的紧张关系。有几份电报汇报了美国的战果，在 2008 年的前 10 个月里，埃尔阿尔托有 133 座工厂遭到袭击。莫拉莱斯执政的第一年，玻利维亚的古柯种植量仅增加了 5%。根据联合国的统计，在此期间，哥伦比亚的古柯种植量增加了 27%。

我与一些反对派人士进行交谈，谈话结果值得玩味，因为他们一致支持美国缉毒局。圣克鲁斯公民委员会的发言人说，当他还是记者的时候，看到缉毒局和美国大使馆在处理毒品问题上的所作所为，他觉得非常合理："缉毒人员教会我们认清他们的工作流程，以及毒贩们如何贩卖毒品，这对我们帮助很大。"美国国家民主捐赠基金会（National Endowment for Democracy）是美国在玻利维亚的一个重要机构，由里根总统在 1983 年创立，目的是"推动民主进程"，但它所起到的历史作用与其所宣扬的理念恰恰相反。在玻利维亚，这家机构的工作重点是在反政府地区秘密潜伏，把"美国方式"传播给当地年轻人。我曾经在玻利维亚考察过几个美国国家民主捐赠基金会资助的项目。这些项目使用的策略是"培训公民社会"，目的是夺取根据地，这与美国国际开发署的项目如出一辙。有一个颇具示范作用的项目，名为"观察家"，该项目从 2008 年持续到 2009 年，项目经费为54 664 美元。这个项目在玻利维亚 8 个城市同时展开，目的是"协助培训城市官员和公民社会"，以培养"城市管理候选人"，继而将他们"安插进政府中"。

另外还有一个项目，从 2006 年持续到 2007 年，耗费 48 000 美元，该项目针对的重点地区是乌里翁多和塔里哈地区，这两个地区都位于反对派大本营梅迪亚卢纳的范围之内。该项目获得资金的时候，正处于政治动荡时期。根据相关报道，玻利维亚最大的油气储藏区就位于塔里哈。此外，这个项目试图帮助乌里翁多"增强自身能力""强化地方政府实力"，特别是提高媒体与本地人的互动交流水平。此外还有一些项目侧重于鼓励"年轻人提高政治责任意识"。

在科恰班巴省的托托拉地区有一个援助项目，其项目计划书写道，这里大多数人讲盖丘亚族语，比乌里翁多更具政治化倾向："此地顽固的反对派，被称为'新自由主义派'，他们拒绝任何党派提供的任何改进建议。"最后，项目计划书写道："托托拉地区的民众按照'合作主义'的原则组织起来，集体讨论地区事务，但这属于一种强迫式的'多数主义'，他们拒绝接受任何其他形式的民主。""这提醒我们，未来应该向社会各阶层普及民主价值观，我们不仅要在公民选举代表的时候对他们进行培训，还要让他们明白，当今世界还存在其他民主形式，要促使他们从内心深处尊重其他社会的民主价值观。"该项目建议书如此写道。事实上，玻利维亚的土著居民在做出决定之前，会把大家统一组织起来，形成统一的意见。但美国机构发布的项目计划书却得出结论，认为土著居民的做法不民主，所以应该通过美国援助的培训项目，告诉土著居民：与世界上其他社会相比，你们的做法是如此的不民主，因此必须引进代议制民主。

另一个援助项目呼吁加强选举监督，并认为 2008 年和 2009 年举行的全国公投，应该重新举办一次，因为有些地区的参选率竟然达到100%，而莫拉莱斯在这些地区的支持率也接近 100%，这种事情闻所未闻。但这种指责站不住脚，因为许多省份的投票方式是民众聚集在一起统一行动，时至今日，这依旧是许多土著群体使用的投票方式。

其中有一个项目为玻利维亚新闻协会提供了 36 450 美元的资助，宣称其目的是保卫言论自由，方法是"监督并记录针对记者的违法和威胁行为，提高玻利维亚记者的职业水平以及新闻报道的客观公正性"。但它的工作重点却是培训记者如何对付政府，并抵制委内瑞拉在玻利维亚日益增长的影响力。美国大使馆对记者心存忌惮，"玻利维亚记者协会谴责莫拉莱斯政府的所作所为，他们认为拉莱斯政府的行为，诸如彻底控制国家电视台、让政府官员担任电视台的董事等，在民主政府的统治下是绝对不会发生的"。在托托拉地区还有一个项目，其项目书透露"居民期待在未来几个月内收到无线电发报机，形成自己的通信网络，这是一个由委内瑞拉人资助的项目，受到了政府的大力提倡"。这份项目书在后面写道，2008 年是"自回归民主以来，言论自由最恶劣的一年，有人在数百名暴徒的攻击下身亡"。部分攻击是由圣克鲁斯青年团及其盟友发动的。有案例显示："一名警察朝记者喷射胡椒喷雾剂，只是因这名记者试图接近圣克鲁斯青年团的副主席。"美国国家民主捐赠基金会批评埃沃·莫拉莱斯总统谴责《真理报》的言论，但事实是：这家报纸几年来一直公开发表种族歧视言论，不仅包括种族歧视漫画，还涉及种族歧视的评论。

◎ 奥巴马总统的谎言

20 世纪后半叶，就如同在本地区其他国家一样（比如海地），玻利维亚的美国大使馆掌握着巨大的权力，通常比该国政府的权力还要大。在拉丁美洲地区所有的美国大使馆中，位于拉巴斯的美国大使馆规模排名第二（稍小于美国驻巴西大使馆），尽管这个国家只有 900 万人口。近 50 年来，美国大使馆策划了数次政变，它让"美国的"独裁者乌戈·班塞尔①上台执政，当民主的曙光初照大地，美国指示公共关系专家帮助"美国的总统"贡尼上台执政，邀请聪明绝顶的经济学家杰佛瑞·萨克斯按照美国的模式"重构"玻利维亚经济。如今，美国以人类为敌，为那些犯罪的政客提供政治庇护（贡尼）。但美国对此不以为耻，反以为荣，并沾沾自喜，自鸣得意。后来，争取社会

---

① 乌戈·班塞尔·苏亚雷斯（1926 ~ 2005），玻利维亚军人和政治人物，曾在 1971 年 ~ 1978 年和 1997 年 ~ 2001 年两次出任总统。

主义运动党在大选中获胜，建立了社会主义政府，这标志着玻利维亚首次摆脱了美国的控制。这时，力量对比的天平发生了倾斜，玻利维亚政府开始向美国大使馆发号施令，而不再是美国大使馆对玻利维亚政府指手画脚，这导致玻利维亚政府与美国大使馆之间的关系越来越紧张。玻利维亚驻英国大使玛丽亚·贝阿特丽兹·索维龙对我说："在莫拉莱斯总统上台之前，美国大使拥有巨大的影响力，甚至我们国内的一些问题都要由他们来做决定。"她接着说："我们国家需要独立的主权，人民要当家做主，不容外来干涉。但是，美国前大使戈登伯格与反对派有牵连。"

争取社会主义运动党领导的政府指责美国大使戈登伯格有"颠覆政府的举动"，其中包括在"罢免选举"之前"蓄意散播谣言"，企图将所有反对派统一在自己麾下。2007年底，美国大使馆开始与反对派人士在梅迪亚卢纳公开会面。有一次，戈登伯格大使与一位支持反对派的商业巨头在圣克鲁斯会面时被人拍照。还有一次，戈登伯格大使与哥伦比亚大毒枭会面，后者已经被圣克鲁斯警察拘捕，这次会面也被人拍照。莫拉莱斯总统向公众展示了这些照片，并宣称那个大毒枭与哥伦比亚右翼反对派准军事组织有瓜葛。美国大使对此作出回应并断言，谁也不能确认照片中的人就是美国大使戈登伯格。

后来，戈登伯格被驱逐出境，罪名是他在跟争取社会主义运动党领导的政府进行斗争的关键时期与反对派人士会面。2008年，这位美国大使在与反对派省长鲁本·科斯塔斯秘密会面时被拍照。美国大使喜欢科斯塔斯这类人，有一份电报写道："科斯塔斯愿意与美国合作，这使他成为美国人忠实可靠的伙伴。"这份电报还夸奖他"在政治上很有悟性，能利用新闻媒体为梅迪亚卢纳地区争取利益"。

2009年的9月，玻利维亚政府对美国大使馆的愤怒程度达到了顶点，于是美国大使戈登伯格被驱逐出境。美国没有任命新的驻玻利维亚大使，美国大使馆被降级为代办级。作为报复，美国把玻利维亚驻华盛顿大使也驱逐出境。这位被从华盛顿驱逐的大使古斯塔沃·古斯曼说道："长久以来，美国大使干涉玻利维亚的国内事务，破坏我国的主权，把我们视为一个香蕉共和国①。"

戈登伯格的历史背景很有趣，在 2006 年，当布什总统任命他为玻利维亚大使时，让人觉得非常意外。在 1994 年至 1996 年间，他是美国国务院波斯尼亚办公室的司务员，同时兼任时任大使理查德·霍尔布鲁克②的特别助理。霍尔布鲁克不仅在斡旋当事国签订《代顿和平协议》③中发挥了重要作用，后来还介入 1999 年北约针对塞尔维亚的军事行动。在 2004 年至 2006 年之间，戈登伯格担任赴科索沃的普里什蒂纳④使团团长，换句话说，他曾经受命前往科索沃破坏其他国家的宪法。

圣克鲁斯公民委员会的领导肯定喜欢戈登伯格，公民委员会的副主席说："我对戈登伯格的整体印象是，他在政治上很有分寸。与前两任大使相比，事实确实如此。前两任大使都大张旗鼓地介入当地事务，与之相比，戈登伯格先生就显得很有分寸。"美国大使馆一直对莫拉莱斯总统充满敌意，前两任大使公开地阻止莫拉莱斯上台。2002 年，莫拉莱斯距离赢得总统大选仅一步之遥，布什在玻利维亚总统大选期间公开威胁："有些人想把玻利维亚再次变为古柯输出国，如果你们选择让这种人上台执政，那么美国将不再为玻利维亚提供援助。"

2003 年，布什总统的第二任驻玻利维亚大使是大卫·格林利，

---

① 香蕉共和国，是指经济结构单一（通常是香蕉、可可、咖啡等经济作物）、拥有不民主或不稳定政府的国家，通常是对那些贪污盛行、被外国势力控制的国家的贬称，尤其是中美洲和加勒比海的小国。
② 理查德·霍尔布鲁克，美国著名外交家，是美国的阿富汗和巴基斯坦问题特使。2010 年病故，2011 年追获诺贝尔和平奖。
③ 代顿和平协议（Dayton Accords），波黑内战中的交战各方，主要是前南斯拉夫联盟、克罗地亚和波黑三国，在 1995 年 12 月 14 日于巴黎所签订的协定，同意中止长达 3 年 8 个月的血腥内战。
④ 普里什蒂纳，科索沃共和国首都，位于该国东北部。

此人与玻利维亚前政府有多年交情。他曾经在 1965 年至 1967 年间参加了玻利维亚和平使团，并在这个国家结识了他的妻子。在 1977 年至 1979 年之间，他在拉巴斯的美国大使馆里任政治专员。根据一家智库的记录，他处理的事务包括：共产主义、军事政变、"秃鹰行动"（遍布南美大陆的恐怖组织，由军事领袖奥古斯托·皮诺切特创建，美国政府提供资助）。1987 年至 1989 年之间，他作为使团团长重返玻利维亚。在上任美国驻玻利维亚大使后，他公开打压争取社会主义运动党的崛起。例如，在 2003 年 3 月，他给当时的总统卡洛斯·梅萨写了一封信，断言争取社会主义运动党计划在夏季发动政变，事实证明这完全是谎言。争取社会主义运动党领导的政府认为，奥巴马当选美国总统后情况可能会有所好转，但实际情况并没什么改变。实际上，人们普遍认为奥巴马总统已经向玻利维亚派遣了一支特别部队，而且还在洪都拉斯发生政变之后支持该国举行的非法选举。莫拉莱斯总统在 2009 年说："奥巴马总统在特立尼达和多巴哥共和国向我们宣称，无论国家大小，一律公平对待，但这是对整个拉丁美洲撒谎。"

当我在拉巴斯的时候，采访了美国大使馆的代办约翰·克里默，他在尼加拉瓜、阿根廷、哥伦比亚的美国大使馆都工作过。他禁止我在采访过程中录音，但可以做笔记。他说："布什政府令美国颜面扫地，这是事实。"他否认跟那些基金会有任何关联，比如人权基金会和联合美国组织，他对这些基金会卷入弗洛雷斯的阴谋也持怀疑态度。很显然，美国大使馆了解这些组织，并获得过它们提交的报告。克里默对我说，美国一贯的策略是对玻利维亚政府保持警惕，现在出现了一个有趣的现象：争取社会主义运动党内部出现了越来越强大的反对力量，他们对党的领袖不满。对此，苏克雷地区的参议员门多萨也曾对我说："莫拉莱斯现在很害怕，我们的新策略使得反对派渗透到政府及争取社会主义运动党内部，目的是为了从内部夺取权力。"此外，美国大使馆显然与东部的激进组织保持着联系，因为克里默为青年团和其他激进反对派的暴力行径作辩护，他认为暴力出于自卫，当采访行将结束之时，他说："保护自己是一件很自然的事情。"

在分裂玻利维亚这个问题上，国际社会也负有一定的责任。我与英国驻拉巴斯大使奈杰尔·贝克进行过谈话，他似乎支持自治论者，他说："我认为玻利维亚未来的前途……是实行联邦制，这个国家地形复杂，各地民俗风情差异很大，且经济结构各不相同，这些因素对玻利维亚推行更大程度的地区自治提供了有利条件。"他认为美国的意图是善良的："我认为，历史将证明美国在玻利维亚的所作所为是正确的，美国试图与所有政治派别以及不同政治背景的民族合作，建立并完善玻利维亚的民主制度。"根据维基解密披露的信息，反对派政客在大选期间公开地向美国大使馆寻求支持。一份电报写道，其中一名反对派政客"以全国反对派领导的身份站出来"，但这份电报的前面谈及他与大使馆的官员会面时，已经"私下里表示，为了竞选总统，有兴趣获得美国的支持"。

在莫拉莱斯上台后，美国最担忧的是玻利维亚将摆脱美国的传统势力，与其他国家建立同盟或者密切的经济关系，其后果是美国这个老财主会受到轻视。在美国国际开发署的众多项目中，有一位名为爱德华多·罗德里格斯·贝尔塞[①] 的项目顾问，他是玻利维亚前总统，曾作出过许多富有争议的决策，他决定让玻利维亚唯一的防空系统退役，而这一防空系统购自中国。贝尔塞的这一举措将令玻利维亚彻底处于美国的军事控制之下。过去，美国人习惯了跟贝尔塞这种人打交道，但莫拉莱斯总统却不遵循这一套规则。与此同时，因为中国对玻利维亚锂矿资源的需求，开始公开亲近争取社会主义运动党政府，而

---

① 爱德华多·罗德里格斯·贝尔塞，2005 年 6 月，卡洛斯·梅萨总统因反对党发动大规模示威游行、罢工封路等抗议活动被迫辞职，参众议长皆放弃继任权力，议会选举最高法院院长罗德里格斯为临时总统。

且中国人没有介入玻利维亚政府的内部事务，这与美国形成了鲜明的对比。中国的出现为玻利维亚提供了一个美国之外的投资选择，这让美国的政策制定者们忧心忡忡。其实参与者不仅有中国，2008 年，玻利维亚与俄罗斯天然气工业股份公司联合开发玻利维亚的天然气资源。玻利维亚的油气公司 YPFB 是被政府国有化的企业，它将开发南美第二大油气储备区。玻利维亚的油气田都集中在该国东南部。

在美国阻拦玻利维亚购买捷克的军机之后，玻利维亚宣布将从中国和俄罗斯购买更多的军事设备。最让美国担忧的是，委内瑞拉和古巴在玻利维亚的存在感倍增，这让美国人感到害怕，在美国大使馆发往华盛顿的电报里，对此进行了非常频繁的讨论。一份从拉巴斯发出的电报写道："古巴和委内瑞拉不断地给玻利维亚提出建议，并进行干预、提供支援，这让人很担忧。"在美国罗列的"担忧"事项中，不仅有"古巴医生以及为偏僻地区设立的医院"，还有委内瑞拉向小企业提供的小额贷款。与美国国际开发署不同，"委内瑞拉的资助完全没有透明度和可行性，这会进一步破坏民主进程"。尤其是委内瑞拉对媒体的资助，更是一个特别"严重的问题"，这一点我们已经讨论过，在美国国家民主捐赠基金会的项目中，这被视为一场由代理人发动的战争。有一份电报忧心忡忡地表示："在公众毫不知情的状况下，媒体被收买，这改变了玻利维亚领袖们的处境。"换句话说，就是反对莫拉莱斯总统的人会有所减少。这份电报甚至注意到，玻利维亚的主流媒体《真理报》"总体看来，是反政府的"。

2008 年 2 月，媒体爆料称，一名玻利维亚富布莱特①学者被要求前往古巴和委内瑞拉刺探情报。约翰·亚历山大·范·沙伊克说，美国大使馆的地区安全官员文森特·库珀要求他提供在玻利维亚接触到

---

① 富布莱特，即詹姆斯·威廉·富布莱特，美国政治家，阿肯色州民主党人，1945～1974年任国会参议员。他以倡导国际合作而著称，发起并推动国会通过设立富布莱特奖学金的法案，即富布莱特项目。

的信息，比如"所有委内瑞拉和古巴医生的姓名、住址以及他们所从事的活动"。这种说法受到了美国和平护卫队^①正式成员以及助理人员的证实，库珀同样要求他们收集古巴人和委内瑞拉人的情报。在这件事被曝光后第三天，美国宣布库珀将不再返回玻利维亚工作。莫拉莱斯总统称之为"玻利维亚驱逐了一个北美间谍"，此举是正义的谴责。许多人认为这只是冰山一角，吉恩·弗里德曼·罗达夫斯基是一名居住在拉巴斯的美国记者，就是他曝光了间谍事件，他对我说："我们有一个共同的朋友沙伊克，2007年12月他联系上了我。随后，我花了数月的时间才联系上和平护卫队的志愿者们，因为我听说了许多传闻，但无法证实真伪。根据和平护卫队代理队长的笔记，文森特·库珀来到玻利维亚后，给队员们下达了一些不合时宜的指令。"

和平护卫队的志愿者们陷入了道德上的两难困境。和平护卫队的队长和助理人员向美国大使馆抱怨道："一些孩子对大使馆的指示感到非常忧虑，比如，有一个女孩正准备跟一个古巴家庭一起生活，但她不知道自己是否应该去收集这家人的信息。"和平护卫队对此表示抗议，认为他们不应该为美国政府从事情报收集工作。4个月之后，沙伊克接到了同样的指令。弗里德曼·罗达夫斯基说："总之，奥巴马总统上台后，美国和玻利维亚之间的关系没有发生任何变化。"美国大使对此类事件矢口否认，他只是评论说，这些指令违反美国政策。玻利维亚政府第一次获得了美国从事间谍活动的确凿证据：美国正在利用驻外机构收集情报。弗里德曼·罗达夫斯基说："每次莫拉莱斯总统谈到美国和玻利维亚的关系时，总是说美国正在干涉玻利维亚事务，那么该事件一定会被提及，因为这是唯一一件有确凿证据证明美国正在从事间谍活动的事件。"后来，玻利维亚外交部部长要求建立

---

① 和平护卫队（Peace Corps），是一个由美国联邦政府管理的美国志愿者组织。组织使命包括三个目标：提供技术支持，帮助美国境外的人了解美国文化，帮助美国人了解其他国家的文化。

信息交换机制，因为目前美国援助的项目"不透明，我们怀疑美国留学生被用来监视我们"，但是美国没有答应这个请求。

2008 年还爆发了另外一起具有争议性的事件，有一支名为"特种作战部队"的警察队伍，被牵扯进了一桩监控丑闻之中，原因是这支部队被用来收集清剿毒品走私之外的情报。这支部队的赞助者是美国人，他们只接受美国大使馆指派的任务。由于人们不知道他们究竟在从事什么工作，因此难以获得民众的支持。于是，这支部队很快被政府解散。

美国总是有数不清的托词。1997 年，缉毒局代理局长詹姆斯·米尔福德在向国会作证时说："情报收集机构和特别行动小组是在玻利维亚缉毒行动中最富有工作成效的执法部门，它们已经成功地运作了 4 年，这是美国缉毒局和玻利维亚国家警察局合作的结果，这两个部门负责处理敏感情报，并调查玻利维亚最重大、最复杂的罪犯案件。"

美国在玻利维亚建立的执法机构已经存在了相当长的时间，其借口是打击毒品犯罪。但这些机构可以从事其他活动，无人能核实他们是否在收集情报。后来，莫拉莱斯总统断言中情局试图向国有石油企业 YPFB 渗透，突破点就是市场总监罗德里戈·卡拉斯科，他在美国参与了数门"培训课程"，内容涉及情报、安保、政治等内容。卡拉斯科曾经是特别作战部队的队员。事后，美国大使馆的工作人员抱怨说："中情局所面临的驱逐威胁表明，只要莫拉莱斯不喜欢你，那么我们中的任何人都有可能被错误地驱赶甚至控告。"但是，美国间谍活动的范围确实很广泛，美国大使馆在电报中暗示"敏感报告"的内容随处可见，这是谍报的委婉说法。一份电报写道，有一名争取社会主义运动党的官员，被许多"政治分析家"视为"激进人士"，他正在"强行通过"一项富有争议性的提案，然后说道："敏感报告指出，拉米雷兹可能存在弱点，我们可以指控他贪污腐败以及贩卖人口。"

◎ 流氓成性的美国

当我在苏克雷的时候，我与一位名为恩里克·科特斯的大学教授交谈，他是美国与玻利维亚关系方面的专家。他说："玻利维亚仍然是一个附属国，这种附属关系自建国以来就存在，我们一直依赖于美国主导的国际货币基金组织。"然后他又说："玻利维亚、寡头、跨国机构之间存在一种三角关系。寡头总是追逐来自国际上的金钱，当寡头们失去权力时，他们会选择使用武力阻止历史发展。在这个三角关系之间，发生了弗洛雷斯、潘多大屠杀、莱奥波尔多等事件。"迈向民主的道路并非一帆风顺，这个过程有可能会遭到破坏。他继续说："玻利维亚出现过法西斯统治，也出现过独裁者，民主的进程尚未结束。美国总统卡特开始推行所谓'可控的民主进程'，但我们认为这是一个新阶段的开始。这个阶段的核心问题是争夺自然资源，美玻双方都有控制自然资源的欲望，这也是两国冲突的核心。"虽然争取社会主义运动党正在开启一段谋求国家独立的进程，但他认为美国仍然有能力阻止这个进程。"政变不是阻止这一进程的唯一手段。历史表明，美国还有其他策略，比如利用类似于美国国际开发署这样的政府机构，渗透到玻利维亚政府的内部。"当然，政变是美国在玻利维亚所使用的传统手段。

2008 年，解密文件揭露了 1971 年右翼将军乌戈·班塞尔发动军事政变的情况，当时美国提供了资金和政治支持。班塞尔的统治延续到了 1978 年（后来他又返回政坛，不过这次是通过民主选举上台执政，在位时间为 1997 年至 2001 年）。这场政变造成了 110 人死亡、数百人受伤，持续时间长达 3 天，美国国务院否认了美国支持这次政变的说法。班塞尔的独裁统治是工会组织的一场噩梦，对于那些反对他"只顾外国资本的利益而进行结构性调整"的人同样是一场噩梦。

他违背法定诉讼程序逮捕了 14 000 名玻利维亚人，其中有 8 000 多人遭到折磨，估计有 200 人失踪。班塞尔在臭名昭著的巴拿马美洲学校（古利克堡①）接受美国人训练，之后又去得克萨斯州的胡德堡军事基地②受训，毕业后在华盛顿做大使随员。

解密文件显示，经尼克松政府签字确认，美国为那些准备推翻左翼独裁者胡安·何塞·托雷斯③统治的政客和军人提供了 41 万美元的资助。在 1971 年 7 月，国务卿基辛格主持了一次有 40 名代表参加的会议，会议讨论了反对派中可能会参加政变的人员，只有这些人才可能获得美国的资金援助。副国务卿亚历克西斯·约翰逊问道："我们是不是正在组织一次政变？"最后，政变计划被批准通过。同一天，玻利维亚的圣克鲁斯爆发政变，国家安全委员会的一名职员向基辛格报告，中情局已经把钱转交给两名高级别的反对派成员手中。

一个月前，尼克松和基辛格讨论了如何应对玻利维亚领导者极左化的问题，对话如下：

基辛格：我们在玻利维亚遇到大麻烦了。

尼克松：我知道。康纳利谈及了此事。你想怎么样办？

基辛格：我已经告诉中情局的副局长托马斯·卡拉迈辛斯，让他开始行动，动作要快。驻玻利维亚大使也在场，他本性懦弱，但也认为我们必须动武，否则将会前功尽弃。

尼克松：是。

基辛格：行动时间预计是星期一。

---

① 美洲学校，其前身为"美国陆军加勒比海训练中心"。在第二次世界大战结束后，美国政府和军方为了在拉美和加勒比地区培植自己的势力，以"帮助拉美和加勒比各国军队实现职业化"的名义，在巴拿马古利克堡组建了"美国陆军加勒比海训练中心"，20 世纪 60 年代，美国军方将该训练中心迁往本土的本宁堡军事基地，并正式更名为"美洲学校"。
② 胡德堡军事基地，位于美国德克萨斯州基林市外，以美国内战时期南军将领约翰·胡德命名，是美国陆军现役装甲部队最大的本土基地。
③ 胡安·何塞·托雷斯，1970 年 10 月至 1971 年 8 月任玻利维亚总统。

尼克松：卡拉迈辛斯认为我们需要什么？是一次政变吗？

基辛格：我们会根据实际情况来采取相应的行动。他们还有两个月的时间来对付我们。他们已经赶走了和平护卫队，那是一个有利用价值的组织，如今他们还想赶走美国的情报机构和军人。我不知道是否应该搞一次政变，但我们必须研究一下当地的形势。

40 年过去了，情况几乎没有任何改变。根据维基解密披露的电报显示，随着玻利维亚政治形势变得混乱，美国大使馆正在考虑发动一次军事政变。其中一份电报写道："情况很明显，军队内部出现了分裂，有可能不执行政府的命令。"另一份电报抱怨道："军事指挥官出于对法律的信仰，要求我们提供政变所需要的宪法依据，这样他们才认为其行动具备'政治合法性'。"毫无疑问，这些想法传递进了美国大使馆。一份电报说："武装力量总司令维尔弗雷多·巴尔加斯·巴尔德斯，无论是在公开场合还是私下里，都支持美国和玻利维亚建立军事关系，他与我们在工作层面上保持着密切的合作，甚至在 12 月 13 日为 3 名军事代表团（军事代表团隶属于美国国防部）成员颁发奖章。但他的公开言论激怒了玻利维亚的部分军官，这引起了美国大使馆的注意。"美国有理由感到高兴，因为有一份电报写道："莫拉莱斯在军队里没有建立起自己的朋友圈（即使他的总统府部长胡安·金塔纳做到了这一点），军队对参与政治事务怀有戒心。2003 年在埃尔阿尔托① 爆发的军队和平民之间的血腥冲突，致使玻利维亚军人非常担心发生类似的事件。贡尼政府在那次冲突中倒台。"美国支持贡尼政府，但如今贡尼却流亡美国。

最后我们得知，在美国人眼里，巴尔德斯总司令不太可靠，这份电报写道："巴尔德斯是个谜，一些军官怀疑他可能支持发动政变，

---

① 埃尔阿尔托市，位于玻利维亚的首都拉巴斯附近。

至少他在 12 月 8 日发表那番言论之前，大家都认为他是一个'机会主义者'。"这份电报郁闷地说："我们无法相信他的保证。"

这简直是厚颜无耻的历史修正主义。美国国际开发署认为在 1985 年至 2003 年之间，"这场游戏的基本规则都被自由化了，无论是在经济方面还是政治方面。多元化的民主机构蓬勃发展，这得益于资助者的大力支持，因此才成果斐然。在 1952 年至 1985 年之间，公民通过社团组织公平地参与社会活动，成为民众社会参与的主要形式"，当时正值玻利维亚政府"开始改变国家的经济政策和民主实践的时候"。美国国际开发署这是在讲童话故事，它继续说道："多元化的公民社会开始出现，而且发展势头积极向上，特别是在社区团体方面。"实际上，这里所描绘的现象，正是发生在玻利维亚的经济和社会进行"休克主义"改革的时期。当时的玻利维亚总统是维克多·帕斯·埃斯登索罗[①]，他是美国支持的独裁者乌戈·班塞尔的拥护者。埃斯登索罗的统治从 1985 年一直延续到 1989 年。为了拯救濒临破产的经济，他完全接纳了新自由主义的处方，他镇压工会，解雇了 3 万名矿工，对大部分国有企业进行私有化。他和他的继任者贡尼总统使玻利维亚社会四分五裂，这为莫拉莱斯政府上台执政提供了肥沃的土壤。

美国需要一套严格的理论框架去定义公民社会，为此，美国国际开发署利用了拉里·戴蒙德的研究成果。戴蒙德是斯坦福大学教授、胡佛研究院研究员，曾经担任伊朗民主项目的协调员。同时，他还是联盟驻伊拉克临时管理当局（Coaliotion Provisional Authority）的高级顾问，也是美国国家民主基金会《民主杂志》的创始人和合作总编。他曾经为美国国务院效劳，在世界银行和美国国际开发署任职。换句话说，他是为玻利维亚设计民主的完美知识分子。

---

① 维克多·帕斯·埃斯登索罗（1907～2001），玻利维亚民族主义革命运动领袖，先后四次担任总统。

玻利维亚发现了美国武器和军人。2007 年 6 月，20 岁的美国女子唐娜·泰丁在拉巴斯机场被拘留，她从迈阿密乘飞机而来。玻利维亚官员在她的行李中发现了 500 发 0.45 毫米口径的子弹。泰丁在报关时声称携带的是乳酪而非武器，前来机场迎接她的是美国驻拉巴斯大使馆工作人员的妻子。美国大使菲利普·戈德堡说那些子弹只是用作射击训练，声称泰丁不知道应该向海关申报。这也许是真的，但这件事至少说明，美国人觉得自己可以在玻利维亚为所欲为，而且不会受到任何惩罚。玻利维亚移民局局长马加力·塞加拉写道："这件事令人生疑，一名与美国大使馆有密切联系的美国人携带弹药，从迈阿密飞到拉巴斯这座拉丁美洲各地恐怖分子汇聚的城市，而当时这些恐怖分子正受到美国政府的庇护，在这些人中，最著名的便是堪称恐怖分子导师的路易斯·波萨达·卡里莱斯，这一事件是对所有正义机构的嘲讽。"另有一件事发生在 2006 年 3 月，25 岁的加利福尼亚人特里斯顿·杰伊·艾美萝在拉巴斯的两家宾馆引爆了 300 千克炸药，当时他携带着 15 本护照。两年后，安保人员发现有两名美国假记者正在对总统的车辆拍照。

美军把玻利维亚视为自己的军事基地。2010 年 6 月，新闻披露道，奥巴马总统正在全球扩充美国特种作战部队，以对付"基地"组织。《华盛顿邮报》评论道，这些部队被部署在 60 ～ 75 个国家，共计有 4 000 人。分布最广泛的无疑是伊拉克和阿富汗等国家。杰里米·斯卡希尔在《国家》杂志上说，根据"特种部队知情者的可靠消息来源"，玻利维亚也是被部署军队的国家之一。联合特种部队的作用是发动"先发制人或报复性的打击"，但这个说法很含糊，斯卡希尔写道："虽然特种部队的核心任务是培训盟军，但其权限模糊不清。在某些情况下，所谓'培训'，不过是用来掩盖美军单方面行动的幌子。"一名特种部队的知情人士告诉他："美军打着培训的旗号，可以去任何地方，这种做法很聪明。我们在20世纪60年代就是这样做的，还记得越南的'培训团'吗？只是组织形式有所变化而已。"美军经常出现在玻利维亚。

2008年，在玻利维亚特种部队突袭美洲酒店的前几周，伊拉克老兵格雷戈里·米歇尔中尉遭到逮捕，因为他在圣克鲁斯的一家妓院里掏出了手枪。美国大使馆引用"外交豁免权"，将他解救出来。维基解密还显示，隶属于禁毒事务分队的C-130运输机和直升机被用于运送"缉毒人员和军队"。在另一份文件中，美国大使馆注意到，有人指控美国缉毒局、美军以及玻利维亚国家警察一同乘坐飞机，从科恰班巴的"一个美军基地"起飞，共同去参加禁毒活动。对于这件事情，电报写道："美国是在支持玻利维亚在奇莫雷机场的缉毒工作，虽然那里有美国官员，但玻利维亚没有属于美国的军事基地。"实际上，美军有自己的军事基地。根据维基解密披露的信息，美国大使馆非常希望建立"两军交流机制"，并签订驻军协议，但玻利维亚政府闭口不谈此事，而且拒绝接受美国提出的"第98条款"，此条款规定，美国公民不必接受国际刑事法院的审判。这说明美国是一个流氓成性的国家，它根本没有打算遵守国际法。

但美国知道，美军仍然能迅速控制玻利维亚。有一份电报写道："玻利维亚已经有两年没有购买军火，他们快速部署部队的能力值得怀疑。"

◎ 美国：快向我说声"谢谢"

2006年初，从拉巴斯发出的一份电报写道，"在过去的数十年里，美国为玻利维亚提供了数十亿美元的援助"，接着美国大使说，美国政府有时候希望听到莫拉莱斯总统"对我们说几句感激的话，或者向美国说声谢谢"，但时至今日，莫拉莱斯政府和他的政党还没有表达对美国的感激之情，因为从 2005 年起，美国就一直试图推翻莫拉莱斯及其政府，其手段就是在玻利维亚"扩大民主"。从多个角度看，如今的玻利维亚已经是世界上最民主的国家之一。当你在这个国家四处走动，并仔细观察之后，就能感受到该国公民在政治和社区工作方面的参与度，即使在国家层面上也是如此，但无论是美国还是英国，他们在这一点上明显不如玻利维亚。美国在拉丁美洲的外交政策可以用一句话来概括：如果美国认为该国人民的投票是"正确的"，那么，美国就说这是"民主"的选举；如果美国认为他们的投票是"错误的"，并且某些政党的存在威胁到所谓的"自然秩序"，或者说威胁到美国的利益和外国企业的利益，那么，美国就会组织颠覆行动，使该国政府失去对社会的控制。在此，我们只是集中讨论了玻利维亚的具体情况，但是在委内瑞拉、厄瓜多尔、巴西、秘鲁等国家，美国也在不断地使用着同样的伎俩。

有一份电报写道："2005 年 12 月，莫拉莱斯当选总统，在玻利维亚引发了一场政治地震，人们对玻利维亚的期待一扫而空。与此同时，社会上出现了新的裂痕，这为玻利维亚实施各种改革措施提供了机会。"这些新的机会让美国感到忧虑，因为这种"榜样的病毒"会造成严重威胁：一个政府不仅能够满足公民的需要，还能使国家经济出现增长。美国甚至贬低莫拉莱斯总统在应对气候变化方面所发挥的作用，宣称莫拉莱斯总统"玩弄手段，以提高自己的国际地位"。美国数十年来对玻利维亚社会的支配权正在逐步丧失。在美国人的记忆里，玻利维亚人民第一次根据自己的需要、理念和希望来决定自己的命运，而这些都不再专属于美国人了。正因为如此，美国开始向玻利维亚的民主政府宣战。实际上，不仅是玻利维亚，在美国人的眼里，任何拒绝为美国利益而损害本国人民利益的民主政府，都没有存在的意义。在那帮巧取豪夺者看来，拉丁美洲的土著居民是他们掠夺财富和资源的障碍。不仅如此，当金融危机到来之后，他们发现对美国本土人民的剥削也愈加困难。那帮巧取豪夺者，在国外和国内都遇到了麻烦。

第三部分
强化统治
美国向国内人民开战

美国的寡头们不仅在国外巧取豪夺，如今竟把黑手伸向了本国居民，为了控制美国社会，寡头们在美国掀起了骇人听闻的毒品战争和监狱私有化运动。无论是土著印第安人，还是占美国人口"百分之九十九"的普通民众，都成为寡头们掠夺的对象，甚至是尚未走出校园的学生，也已经背负上了沉重的债务。只能在饥肠辘辘和流落街头的悲惨状态中生活的社会底层，日益衰微的工人组织，为开采自然资源而疯狂的大资本家……一场善恶大决战正在美国轰轰烈烈地上演。

第⑩章

美国土著和土地
祭坛上的美国人民

◎ 穷困潦倒的美国土著

当我与他们相遇之时，经济危机的迷雾仍然弥漫在上空，三分之二的德拉瓦部落①成员没有工作，他们生活在贫困之中。为此，部落制定了一个创造工作机会的简单规划：生产照明器材。土著社会已经采用分布式照明，所以他们熟知这个产业，如今他们希望生产LED灯，但却无从下手，因为没有人为他们提供启动资金。他们不是白人，在干旱的印第安保留区内，他们没有充足的自然资源，所以金融寡头们，也就是那帮勒索美国人民的巧取豪夺者，拒绝了他们的投资请求。这是数个世纪以来，美洲原始部落与掠夺者和金融寡头之间，为了尊严而展开斗争的新阶段，原始部落被置于难以发展的境地，他们的损失仍然在继续。能言善辩的部落主席克里·霍尔顿对我说："经济彻底地走向崩溃，银行不愿冒任何风险，除非你有两倍于所需贷款的资产，否则寡头们不会感兴趣。"这意味着富人可以向银行贷款，但穷人却束手无策。

现代美国东部的原住民属于德拉瓦族，他们居住的地区包括新泽

---

① 德拉瓦人，是操阿尔冈昆语的北美印第安部落联盟，居住大西洋沿岸，约自今德拉瓦州亨洛彭角至长岛西部，尤其集中于德拉瓦河流域一带地方。德拉瓦人以农业为主，辅以渔、猎。

西州、纽约州、特拉华州和宾夕法尼亚州。1778年，他们与新成立的政府签订了一份正式条约。在此后的200年里，这个族群的人民被大规模屠杀，幸存者不得不背井离乡，如今他们被称之为德拉瓦族，这是白人对他们的称呼，用来表示从西海岸迁徙到俄克拉何马州的土著族群。即使到了21世纪，他们仍然受到征服者的野蛮对待，这些征服者不再是当年抢夺土地的英国殖民者，而是现代社会中的金融家。

这个土著族群中的大多数人目前处于失业状态，他们背负了难以偿还的债务，居住在那块已经生活了150年的土地上，他们前景渺茫，因为不断地受到金融界的打击。但德拉瓦部落居民的社会运作效率很高，甚至高于那些屠杀他们祖先、如今还喜欢自吹自擂具有"突出民主性"的政府。德拉瓦部落有一个规模很小的部落议事会，由6名本族成员组成，里面有长者，也有年轻人，他们一起决定族内的大小事务。克里·霍尔顿谴责了金融界的行为，他认为德拉瓦族之所以沦落到今天的境地，是因为长久以来金融家对土著部落的剥削所致。

德拉瓦族部落只从事赌场经营，这是白人政权夺走他们的土地之时，留给他们的安慰性礼物。德拉瓦族本想利用赌场作为跳板，建立其他类型的经济模式，其中包括发展绿色能源产业。但德拉瓦族部落无法获得项目启动资金。克里·霍尔顿说："虽然我们自己能开创一些事业，但前提是能获得数百万美元的启动资金。银行不会为我们提供帮助，但我们仍然希望能够创造更多地工作机会，虽然赌场能够创造一部分工作机会，但单靠赌场生意无法满足这个需求，而且是远远不够。"德拉瓦族部落通过融资的方式收购了一家企业，并持有多数股份，建立起美国主要的半导体照明分销网络。"我们为进军制造业做好了一切准备。"克里·霍尔顿继续说，"我们只需要买进元器件的资金，然后签订合同，但这很困难，因为我们即使签署了合同，也找不到为我们提供资金的金融机构。"在金融危机中，美国形成了一个残酷的信贷市场，而这个 1 500 多人的部落就成为众多原住民中的受害者之一。

如同发生在美国的一切负面事情一样，资金匮乏正在折磨着这些贫困部落。金融家认为对部落投资的风险过高，因为相对于其他的社会群体，这些部落的收入模式过于单一。金融危机爆发之后，美洲原住民受影响的程度特别严重，因为许多部落完全依赖赌场的收入，而赌博并不是刚性消费，经济萧条时期必然会遭到最大的打击。许多部落也像德拉瓦族一样，赌场收入是它们税收的基础。当地自治政府利用税收发展社会福利和教育事业，这一点跟市政府和州政府的做法一样。经济一旦不景气，赌场收入就会下降，这意味着他们必须削减关键性的社会福利和社会服务。

◎ 赌场泡沫

在金融泡沫期间，许多部落受到诱惑，他们纷纷扩张高端业务。自从 1666 年起，马山图克特佩科特族①定居于康涅狄格州的保留地，2008 年 4 月，他们宣布斥资 7 亿美元，为其快活林赌场兴建一座"令人震惊"的新度假酒店，这几乎是世界上最大的酒店。除此之外，在其附近还要兴建一座希尔顿酒店。但是就在那个夏天，酒店开业后几天不久，雷曼兄弟银行破产倒闭了。接着，全球经济陷入萧条之中。不久之后，这个部落的人民便开始挣扎着偿还高利率的债务。2010 年 1 月，这个部落与其主要债权人达成了一份债务清偿延缓协议，并对 23 亿美元的债务进行了重组。约瑟夫·卡尔特是哈佛大学美洲印第安部落经济研究项目的联合总监，他对我说："这并不稀奇，在金

---

① 马山图克特佩科特族（Mashantucket Pequot），操阿尔冈昆语的印第安人，住在今康涅狄格州泰晤士河谷。

融危机之前，大量现金涌入了部落，他们疯狂地投资，结果最后遭到了沉重的打击。"

然而，在这次经济危机中，部落的自治政府面临着更加广泛的挑战。如今他们很难吸引到高质量的投资，因为部落自治政府没有地方政府的税收实力，不过，目前地方政府的日子也不好过，一方面面临着预算压力，另一方面背负着各个地方政府之间的三角债务①。部落自治始于 20 世纪 70 年代，当时福特总统和尼克松总统在这个问题上作出过很大让步。虽然在美国建国之前，这些印第安部落就生活在这片土地上，但他们真正拥有自决权的时间只有 45 年。银行界把他们视为可以掠夺的对象，美洲银行总经理、部落融资专家杰弗里·凯里说："政府根本没有花哪怕一点儿时间去考虑如何处理部落债务的问题。"许多人认为部落融资是最糟糕的银行业务。

政府对赌博业的保护也逐渐消失，宏观经济环境继续恶化。与拥有广泛税收基础的州政府和地方政府相比，那些依赖于有限资产的阶层面临更大的困难。部落资产还受到额外的限制，它们处于受到联邦政府信托的状态，这相当于部落资产的所有权掌握在联邦政府手上，这就限制了资产进入债券市场或资本市场的能力。

霍尔顿告诉我："经济危机提醒我们一件事，我们不能完全依靠赌博产业，我们必须进行多元化经营，以保障我们的福利和满足人们的各种需求。许多人都认为赌博业非常可靠，但实际情形并非如此。"凯里补充说："如今，进行多元化经营是发展部落经济的主题。现在我们加大了对基础设施和公民服务的投资力度，与非部落政府的合作也在逐步加深。"在阿拉巴马州，宝池溪印第安族与地方政府在一系列问题上进行合作，包括社会治安和维护道路等问题，这些合作是部

---

① 三角债务，是人们对企业之间超过托收承付期或约定付款期应当付而未付的拖欠货款的俗称，是企业之间拖欠货款所形成的连锁债务关系。通常由甲企业欠乙企业的债，乙企业欠丙企业的债，丙企业又欠甲企业的债以及与此类似的债务关系构成。

落和非部落之间合作的典范，在全美起到了示范效应。

但部落面临的情况越来越严重，未来的形势也不明朗，奥巴马总统决定大幅度削减印第安部落贷款保证计划的资金，而部落偿还贷款完全依赖这个计划。2012 年，该项援助计划被削减了三分之二，仅剩 300 万美元，而在 2010 年这个数字高达 800 万美元。印第安事务助理国务卿拉里·爱柯·霍克说："根据现实预算情况，目前我们需要做出削减计划。"但这全是谎言。霍尔顿又说："奥巴马政府试图有所作为，但未能惠及部落人群，后者几乎什么都得不到。"部落发行的经济发展债券几乎没有价值，因为它们缺少发展经济的基础设施。休斯敦大学的教授、研究美国部落金融的主要学者加文·克拉克森对我说："奇怪的是，银行又开始向他们放贷，但破坏已经形成，奥巴马政府提出的贷款削减提案，将破坏针对部落的贷款保证计划。"他接着说："印第安人受到了严峻的考验，而且，这是一个被人非法操纵的考验。"

奥巴马推行的经济刺激计划，包括为印第安部落发行 20 亿美元的免税债券。但市场形势不好，借贷条件过于苛刻，即使印第安部落持有一定的债券配额，金融机构仍然把他们拒之于门外，霍尔顿说："虽然这些债券是为我们准备的，但实际上无法使用，所以这些债券形同废纸。"贷款保证计划是为那些无法进入资本市场的印第安人制定的，但这个计划即将失败，因为华盛顿用行动证明，美洲原住民无法吸引投资。就像过去的殖民者一样，美国政府在印第安人的土地上签订合同，转身就背叛他们。今天的银行仍然将印第安部落视为赚取快钱并肆意压榨的海绵，一旦遇到经济危机，部落会被马上抛弃。例如，2011 年，证券交易委员会发现，美联银行把一批债务抵押债券高价卖给了墨西哥的祖尼印第安部落[①]，最终，这家银行向证券交易

---

① 祖尼人，属于北美印第安普韦布洛人，居住在新墨西哥州中西部与亚利桑那州交界处。

委员支付了 1 100 万美元的罚款，这在当时引起了媒体的关注。对于那些熟知印第安人经济的专家来说，这并不是新鲜事，霍尔顿说："银行显然是在占部落的便宜，特别是从事赌博业务的部落，正是他们打击的对象。在商业圈里，土著和非土著受到的待遇截然不同。银行可以随意掏空你的腰包，我们处境艰难，在跟外界接触时，你最好不要让他们知道你是土著居民。"

巧取豪夺者必须设法让穷人永远贫穷落后，那些家伙就是这样对待本国土著居民的。霍尔顿说："大型零售银行很乐意躲在从事赌博业务的印第安部落背后，赚取大笔金钱。但每当要求它们支援部落经济运转的时候，他们就会推三阻四，简直是难于登天。"这不是偶然现象，帮助土著社会加强自我管理的能力，从而不再依赖于国家的救济，这将降低土著社会对现行制度的依赖，但巧取豪夺者绝对不允许发生这种事情。

土著部落遭遇的困境是野蛮的金融界长期操纵的结果，但这种情况几乎不可避免。与此同时，美银美林①银行估计，在过去 10 年里，他们发行的与部落相关的有价证券达 170 亿美元，在部落市场筹集到 250 亿美元的资金。但这些统计数字具有误导性，因为大部分资金会流入成功的、有信誉的部落。杰弗里·凯里说："紧缩政策对各部落造成的影响相差很大，最急需支持的部落却最难以获得资金。印第安部落发现，当他们最需要财政帮助的时候，政府却开始实行财政紧缩政策。"

时至今日，印第安人部落仍然受到金融危机余波的冲击。我们可以把部落分成三类。第一类是从事赌博业的部落，其经济结构单一，当遇到经济剧烈下行的时候，大部分部落的收入会骤降 30% 以上。

---

① 美银美林集团，全球规模最大的金融机构之一，2008 年由美国银行收购美林证券合并而成。目前，美银美林集团在 150 多个国家提供客户服务，主要业务包括商业贷款、债券、IPO 和并购交易等金融服务。

在佛罗里达州，2006 年塞米诺族^①在美银美林银行的帮助下，以 9.65 亿美元买下了硬石国际集团。《华尔街日报》在头版赞扬了这桩交易，金融媒体更对此拍掌称好。当金融危机来袭的时候，经济形势变得极其严峻，任期已久的部落首领不得不退位。

第二类部落受经济危机的影响不大，因为他们承接了政府的防务合同，这些合同在经济危机中得以继续履行。蒙大纳州的福莱德海德保留地有一家名叫"S&K 电子"的企业，他们生产装在钢盔内部的冷却风扇，主要用于伊拉克和阿富汗战场。在内布拉斯加州，当地最大的部落从事生产野外测试用的军事装备，他们负责把士兵们准备带到野外的包裹整理齐备。约瑟夫·卡尔特说："虽然从事制造业的部落也面临经济危机的考验，但因为战争的缘故，我们与政府签订的合同比较稳定。"

最后一类部落的失业率高达 70%～80%，它们几乎得不到任何投资，这类部落既没有赌博业，也无法获得政府合同。经济危机对它们影响很大，从 20 世纪 90 年代开始，互联网泡沫日渐膨胀，有几个金融机构开始将目光投到部落身上，因为这些部落在 20 世纪 70 年代获得政治自决权之后，经济上也开始自主经营，它们还获得了自然资源，并且受 1988 年政府颁布的《博彩法》（Gaming Act）保护。现在，能够从他们身上快速地赚钱了，整个金融界都为之振奋。美林银行在 20 世纪 60 年代就与部落有定期的业务往来，而富国银行^②和美洲银行^③在特定领域也与部落有业务往来。当部落拥有自决权之后，许多部落获得了定居地或其他补偿，比如土地补偿金和自然资源补偿

---

① 塞米诺人（Seminole），操穆斯科格语的北美印第安部落，为克里克人的旁支。
② 美国富国银行，创立于 1852 年，全球市值最高的银行，是一家提供全能服务的银行，业务范围包括社区银行、投资和保险、抵押贷款、专门借款、公司贷款、个人贷款和房地产贷款等。
③ 美洲银行，成立时间可以追溯到 1784 年的马萨诸塞州银行，是美国历史上最悠久的银行之一，以资产计是美国第一大商业银行。

金，这些都可以变为可投资的资产。从 2000 年开始后的 10 年里，有50 ～ 100 个部落获得了可投资的资产，而本地银行无法对这些资产的价值提供担保。美银美林银行关于部落融资方面的专家约瑟夫·卡尔特说："我认为，印第安部落在美国历史上一直是被猎食的对象。"

由于部落获得了自治权，所以他们面临的挑战也随之增加。他们必须考虑采用何种发展策略的问题，但他们在这方面没有经验，金融界将他们视为一个潜在的猎物。卡尔特说："部落需要时间学习，这对他们来说是一个挑战。我认为，弱肉强食的现象已经延续了数百年，而且这种现象还会继续下去，捕猎者不仅包括金融机构，还有土地和资源开发商。"联邦政府带头发起了对部落的大规模"袭击"。美国有 565 个部落，他们中的大多数仍处于贫困线之下，而且失业率很高。

◎ 削山采煤：阿巴拉契亚在颤抖

那些巧取豪夺的恶霸，过去他们从美洲土著手中掠夺土地，如今却试图榨取更多的利润，甚至毁灭土著居民，他们的贪婪似乎永远无法得到满足。在现代美国社会中，巧取豪夺者从事掠夺活动的典型事例，包括为开发肮脏的煤炭资源而破坏美丽的山峰。实际上，因人为原因而导致的全球气候变暖现象，始终像幽灵般盘旋在人类的上空，但大企业似乎对此不以为意。他们认为这种事情需要大家共同承担后果，目前还是应该把重点放在如何赚取利润上。"削平山头采煤技术"是一种相对新颖的采煤方法，即把山顶炸掉，直接攫取山中的煤炭资源。这种采煤方法在美国东部的阿巴拉契亚地区变得越来越普遍，其破坏力巨大，不仅对附近的居民区造成损害，还破坏自然环境。但追逐利润是寡头们的重中之重，这种方法仍然会继续被使用，但人们的反抗也会随之而来。

48 岁的弗农·霍尔托姆是三个孩子的父亲，他是西弗吉尼亚州的内奥玛小镇居民，他就生活在一座山顶被削平的矿山山脚。2009 年，他不得不离开小镇，因为他再也无法居住下去。他对我说："爆炸声持续不断，采煤企业每周的爆炸当量相当于投在广岛上的原子弹，你会感觉到如同地震一般，虽然有时听不见声音，但能感觉到爆炸造成的震动。"如今，他成为反对破坏美国自然景观的斗士，参与创办了《煤河山观察报》。为此，他陷入危险之中，这也是他离开内奥玛的另一个原因，他受到了梅西能源公司①的死亡威胁。梅西能源公司规模庞大，是削山采矿的急先锋。霍尔托姆抱怨爆炸产生的粉尘飘落到社区，他说："真正的问题是粉尘，石头被炸碎之后，数亿年形成的岩石组织被炸飞到空气之中，爆炸的副产品粉尘飘落到社区内，继而被人们吸入肺中。政府应该禁止这种采矿方式，但遗憾的是至今没有采取任何措施，他们甚至不认为这是个问题。"

他记得有一次在上班时，途经湿地堡小学，学校的上空笼罩着扬尘。"管理机构从来不进行调查研究。"虽然这是几年前发生的事情，但每提及此他仍然很气愤。

越来越多的科学研究表明，削山采煤给附近社区居民的健康带来不利影响。2011 年 7 月，业内发布的《社区健康杂志》刊登了一份研究报告指出，在阿巴拉契亚地区中部，受削山采煤影响的 120 万社区居民中，有 6 万例癌症病例与采煤业有直接关系。就在前一个月，西弗吉尼亚大学的一项研究表明，阿巴拉契亚削山采煤地区出生的婴儿，畸形率高于非采矿区，这其中包括神经系统和胃肠系统缺陷。

令人悲哀的是，政府部门成为采矿寡头们的俘虏，他们更多是代表采矿企业的利益而非人民的。政府不再利用手中的权力制定采矿规则，却想尽办法让大企业的行为合法化。政府腐败透顶，在立法者和

---

① 梅西能源公司，美国第四大煤炭企业。

企业之间安装了一扇旋转门，站在门边的检查员在花费了数年时间"管束"采煤业之后，他们连眼睛都不眨一下就跳槽到采煤企业工作。霍尔托姆说："我们做过几次民意测验，发现人们普遍反对削山采煤，但很不幸，政府不顾是非对错，政客与资助他们选举的大企业沆瀣一气，根本没有为人民发声。"西弗吉尼亚选举日当天，民主党和共和党争相向削山采煤企业示好。他又说道："然而考虑到采煤企业既支持民主党，也支持共和党，所以两党其实都一样，都是煤党。"

自然资源保护委员会的宣传总监梅丽莎·沃格对我说："科学家越来越重视削山采煤对人体的影响。上个月有两项重要的研究表明，削山采煤造成婴儿畸形率和患癌率升高。激进分子已经向华盛顿反映过这个问题，控诉削山采煤无异于谋杀，并且表达了我们的反对意见。"

当然，寡头的幕僚们马上跳出来解释道：这是投资！摩根大通公司的美国矿业分析师约翰·布里吉斯说："削山采煤有助于阿巴拉契亚地区的经济发展，能够降低生产成本，提高劳动生产率，因为采矿界竞争激烈。"根据他的荒谬逻辑，孩子们即使死于癌症，他们的父母也要感谢采矿企业。但他也不得不承认，当前这些破坏者的日子不好过。"现实情况是，大好机会一去不复返，生产成本也在上涨。环境游说团体反对削山采煤，这导致我们难以获得采矿批准函。"采煤企业众口一词，反映了全球企业共同的商业利益，这一点我们在海地也有所领教："我们正在创造工作机会！"阿奇煤炭公司负责政府公关的副总裁德克·斯隆说："毫无疑问，美国此时的经济很困难，创造工作机会是美国社会的重中之重，但环境保护组织却在妨碍我们创造工作机会。"阿奇煤炭公司堪称环境法规破坏者中性质最为恶劣的了。2010年，采煤企业和当地政客极度仇视环境保护机构，因为后者促使政府提高了削山采煤的门槛。此后，立法会又暂停了80个采矿项目的审批流程，因为这些项目需要进行"进一步评估"。采煤企业从地下采煤的成本持续上涨，这对采煤企业也造成了打击。布里吉斯说："如今我们已经失去良机，生产成本也在上升。"

　　"阿巴拉契亚人声讨运动"是一个平民组织，连尼·库姆是这个组织的负责人，声讨运动的目的是反对削山采煤。库姆说："毫无疑问，声讨运动确实产生了一定的作用，事情在几年前发生了积极变化。在这之前，采矿企业已经获得了全权委托书，如果他们取得了采矿许可证，那么许可证会自动生效，他们就可以肆意采矿。经过我们这个组织以及其他组织的共同努力，我们采取了一些直接行动，并与其他机构进行合作，尤其是负责颁发采矿许可证的环境保护局，最终，大约在一年前，环境保护局暂停了 80 个采矿项目，要求对这些项目作进一步的评估，并拒绝颁发数个重要的采矿许可证。"他又说道："我敢打赌，再过 5 年，削山采煤这种采矿方式就会绝迹，这是驱使我们冲向终点线的最重要的动力，我们正在把工作重点转移到扩大运动的范围之上，努力使声讨运动覆盖整个国家。我要吹点牛皮，我认为几乎所有人都知道我们所做的事情，但在 6 年前，根本没有人知晓此事。"

　　阿巴拉契亚的居民们为自己的家园和保护自然环境的权利进行了斗争，这件事情说明，资本扩张的过程可以被阻止，前提是有更多的群众加入到抗议的队伍中来，他们拒绝受企业宣传的影响，实际上，要打败那帮巧取豪夺的寡头们，这是关键所在。共和党和民主党都依赖采煤企业的捐赠去赢得大选，所以在现有政治体制内部，无论如何抗争都没有效果。

　　这场斗争越来越困难，因为企业财大气粗，他们可以用数百万美元贿赂参选的官员，影响全国性媒体，让华盛顿听到他们的声音。阿巴拉契亚的居民虽然没有那么多钱，但他们的声音仍然没有被喧嚣的谎言所吞没。库姆说："我们的策略是形成公共意见，再形成政治意志。"官方的政治体制已经失效，我们只能从外围展开工作，通过自己的渠道发声，让人们清晰地意识到，寡头们的欲望永无止境，他们的魔爪已经伸向我们生活的方方面面。

◎ 采气企业：狂野的西部罪犯

　　资本的势力在美国疯狂扩张，抵御这股势力的堡垒之一就是负责执法的监管机构。正是因为这个原因，监管机构饱受攻击。我在华盛顿时，宾夕法尼亚州的一口天然气井突然发生爆炸，数千加仑的液体涌入当地的河流之中，这些液体中包含有毒化学物质，爆炸事件迫使数千个当地家庭撤离。这次安全事故引发了人们对使用水力压裂法开采天然气的争议，这种开采方法的支持者声称，只有使用这种方法，才能结束美国对外国石油的依赖，并减少温室气体排放。

　　"水力压裂法"虽然发明了数十年，而且已经广为人知，但直到21世纪初，在美国发现了大量页岩气储备之后，这种方法才被广泛应用，寡头们几乎无法掩饰心中的狂喜。马塞勒斯页岩区跨越纽约州、宾夕法尼亚州、西弗吉尼亚州，是美国最大的天然气储藏区。如果不加以任何限制，那么在进入22世纪之后，这个地区可能会出现10万口天然气井。水力压裂法需要把液体压入页岩中，然后释放出天然气。许多国家认为页岩气是未来主要的能源形式，因为石油资源接近枯竭。就在采矿企业为这块新的前沿阵地大唱赞歌的时候，美国的人民站出来反对这种开采技术，因为这会损害居民健康和破坏环境，使人民罹患上癌症和其他疾病。夸德里拉资源公司是第一个在英国开采页岩气的公司，因为考虑到在英格兰西北部的黑潭开采一口天然气井，可能导致附近发生小型地震，它最终放弃开采。在美国，社区居民准备与页岩气开采企业进行抗争，各州都通过立法以防止某些大企业犯禁。在开采页岩气过程中，用于腐蚀岩石的液体将会污染水资源，清洁水源行动组织的迈伦·阿诺维特对我说："显然，水污染是一个严重的问题，与空气质量一样，会对我们造成巨大的影响。"他继续说："我们要确保水源不受污染，防止未经处理的废水进入河流。"

采气企业的行径就如同狂野的西部罪犯一般。宾夕法尼亚州环保局发现，自 2010 年以来，存在违法问题的天然气开采点，高达 1 200 个，每 6 口井中就有 1 口。很显然，使用水力压裂法开采天然气的企业，其环境管理水平低下，他们的操作失误将对当地居民造成严重的影响。阿诺维特说："河流被污染，气井发生爆炸，钻井平台出现泄漏。州政府虽然采取了应对措施，但并未公开宣布，'如果再发生类似问题，就停止开采'。"那些采矿企业甚至拒绝透露使用了何种化学物质。得克萨斯州众议院通过法案，要求使用水力压裂法开采天然气的企业公布使用的化学物质。得克萨斯州法案的发起人共和党议员吉姆·凯弗说："虽然得克萨斯州还没有出现污染案例，但人们要求公布开采过程中使用液体的成分。"然而，得克萨斯铁路委员会主席伊丽莎白·艾姆斯·琼斯竟然在美国能源部听证会上说，从地质学角度来看，"化学物质不会进入地表水中"，因为水力压裂法所用的液体是在很深的地底下使用。最早发现大储量页岩气的地方就在得克萨斯州，特别是其西南部。最近又发现了一个大型储藏区，从墨西哥边境一直延伸到圣安东尼奥市，被称为过去 50 年里发现的最大的陆地石油和天然气储藏区。此后，加利福尼亚州、宾夕法尼亚州、新泽西州、纽约州相继通过了法案，禁止使用水力压裂法开采石油和天然气。

在抵制水力压裂法这件事情上，环境保护局是美国人民对抗大企业的唯一堡垒，但它的反应速度极慢，人们不禁对此感到担忧。环境保护局的发言人在与我的谈话中，甚至不愿表明自己的立场。当然，由于它是一家可能影响美国企业利润的机构，因此遭到众多企业的围攻。环境保护局前总顾问雷·路德维泽斯基说："我们将丧失数年的时间，因为我们还要从国外进口天然气。"路德维泽斯基自 20 世纪 90 年代开始就供职于环境保护局，如今在吉布森·杜恩律师事务所工作。这就是巧取豪夺者所使用的方法之一：利用一切可能的借口。对采用水力压裂法一事而言，他们的借口是美国不得不依赖于进口外国石油。这种情况确实严重，但令他们这样说的真正原因在于，开采页岩气能够给他们带来财富。

◎ 善恶大决战：商业寡头 VS 美国环保局

1998 年，美国第二大采煤企业阿奇煤炭公司公布了一项计划，建造弗吉尼亚州历史上最大的削山采煤矿场，因为此地煤炭储量巨大。采煤场预计占地 3 000 英亩。这家总部位于密苏里州的企业，花费了 10 年的时间克服了各种后勤困难之后，终于在 2007 年获得了美国陆军工程兵团颁发的生产许可证。但该项目在 2009 年遇到了障碍，环境保护局根据《清洁水源法案》吊销了项目许可证。它判定，阿奇的这个新项目"可能导致鱼类等野生动物资源遭到不可逆转的破坏"。这个项目至今仍处于停滞状态。阿奇煤炭公司向环境保护局提起诉讼。

你也许会认为，环境保护局在做着维护美国环境和公众的本职工作，但它的行为确实损害了美国大企业的利益，因此成为华盛顿各大企业公认的头号敌人。与其他许多事情一样，这是共和党及其在商业圈的盟友们的杰作。

美国商会环境和监管方面的总监威廉·科瓦奇对我说："这种过度管制始于奥巴马上台执政。他上台才 4 个月，在温室气体排放方面的动作很大，这是明显的事实。他们还罗列了许多需要重新编撰的规章制度。"很多人认为阻止全球变暖、拯救地球本应是一件好事，但像美国商会这样的极端团体居然公开唱反调；当然，它代表的是美国金融寡头的利益；同时，它们也是华盛顿最有影响力的游说团体，只关心赚取金钱，即使世界面临崩溃也与它们无关。美国商会公布了一份"因过度监管而遭否决的项目"名单，其中包括阿奇煤炭公司的削山采煤项目。

美国环境保护局饱受攻击，并不是因为做错了事，而是它的地位特殊；它是最有权势、最活跃的监管机构，其执法范围覆盖了大部分美国企业。当然，美国商会一定会搬出那些老生常谈的借口，宣称企业必须享有充分的自主权，"环境保护局几乎不考虑如何避免丧失工作机会，也不顾环境保护行动造成的后果"。按照美国商会的想法，企业可以被允许做任何事情，因为任何对企业主扩张或者敛财的限制，都会影响企业的雇用人数。双方之间的斗争如同善恶大决战，但事实上，那些商业寡头正在逐步获得权力。普通人就像老鼠一样在资本积累的竞争中不停地奔跑，生存空间却变得越来越小。共和党对金融寡头们最忠诚，于是他们试图把监督权从环境保护局转移到国会，其中包括禁止环境保护局监控碳排放。

环境保护局局长琳达·杰克逊对国会说："污染大户将不受法律的限制，他们可以把污染物排放到天空、河流和大地之中。"我与资深民主党人士、众议院能源和商务委员会的高级委员亨利·韦克斯曼进行过谈话，据他反映："共和党否定科学。他们不仅否决限制性措施，还提出一项议案，认为环境保护局对碳排放所做的限定是一个威胁。"美国的政治体制，不仅把土地视为可消费的商品，甚至连美国人民也被视为消费品。数十年来，美国人民作为牺牲品，一直被摆放在那个为金融寡头们敛财而设立的祭坛上。

第11章

占领华尔街
"百分之九十九"运动

◎ 草根运动：占领华尔街

2011 年初，当时我在华盛顿，听说在《金融时报》办事处所在的街道不远处有抗议活动，有人在美洲银行前静坐示威，我便决定写一篇新闻报道此事。组织这次抗议活动的团体名为"美国拒绝削减"（US uncut），他们在全美 50 座城市举行抗议示威活动，反对美国政府大规模削减公共服务开支，并将节省下来的资金去援助引发金融危机的贪婪企业。这种抗议活动最初源自一个英国团体，它最主要的要求是对英国的富人征收高额赋税。

当然，富人们一直在顽强抵抗。政府可以利用这些高额税收弥补财政赤字。美国的抗议者掌握大量证据，其中包括一份 2008 年美国国会的研究报告。这份研究报告认为，有三分之二的美国企业利用法律漏洞和避税天堂偷税漏税。美洲银行是第一个被集体指控的目标，因为这家银行的存款额位居世界第一。也是这家银行，在金融危机爆发后从联邦政府处获得 450 亿美元救助资金，这一点让抗议者倍感愤怒。我决定联系美洲银行，听一听他们如何看待这场似乎合理的抗议。这家银行的发言人有所保留地说："我认为抗议活动不是针对我们，2009 年我们就已经偿还所有救助金和利息。我们公司的运作完全遵循相关税法，所有待交的税款都已经上交完毕。"

美国的抗议活动受到了英国同类活动的启发，后者也上了新闻头条。英国的抗议对象是零售商 Topshop 及其老板菲利普·格林以及电信公司沃达丰，自发的示威活动在这两家公司位于伦敦和其他城市的营业部展开。这两家企业在避税方面很有名气。

美国经济从这场大衰退中缓慢恢复，步履蹒跚，但美国企业在此期间获得的利润却创造了记录。实际上，许多人不明白为何美国没有在短时间内发起类似的抗议活动。我与"美国拒绝削减"运动的负责人通话，以了解他们的目标。华盛顿地区的组织者里兹维·库雷希说："在英国，人们自发组织的抗议示威运动相当成功。"他们称美国的团体组织呈现分散化、扁平化的趋势，他们利用网站作为消息传播的中心。这是一场草根运动，"目的是抵制政府的预算削减计划，呼吁企业停止偷税漏税"。

这场运动的组织者希望引导威斯康星州麦迪逊市的工会组织参与其中，让工人的示威活动发展成为一个更加广泛的"进步茶党运动"，他们把运动重点从争取权益转化为对大企业和银行发动进攻。"美国拒绝削减"运动把其抗议重点放在 2011 年政府预算中被砍掉的公共机构支出。库雷希说："我们有个想法，就是让人们利用各种力量，把银行与学校联系在一起，抗议削减佩尔助学金。"佩尔助学金设立的目的在于帮助来自低收入家庭的大学生。此后，这场运动似乎逐渐平息，"占领运动"的先行者们被人们遗忘。虽然抗议运动已经爆发，媒体对此也进行了报道，但不久之后，抗议人群就各回各家。

2011 年 9 月的一天，当时我身处纽约，我看到网上有一条关于华尔街抗议的消息，其中表达了人们希望占领华尔街地区的愿望，并使之成为一个自由民主的讲台，人们可以在那里公开讨论美国亟需解决的问题。我联系上该网站的责任编辑，表示希望能对此进行报道。

他则感到困惑，不明白我为何认为这件事情会有报道价值，他说："你当然可以去报道，但这样的事情经常发生。"尽管如此，我还是如同一名积极分子一样，前往参加该活动。这次抗议活动与以往类似的活动有所不同；抗议者的激情被完全点燃了。在接下来的数周或者数月之内，"占领华尔街"运动，或称之为"百分之九十九"运动，开始冲击美国政坛。

我在《金融时报》上报道了这场运动的每一个细节，经常同我一起前往参加运动的是我的同事香农·邦德。我们从正面近距离观察了这场反抗美国金融寡头的运动。这场运动就像野火一样迅速蔓延。在波士顿，数百名示威者到政府大楼前游行示威；在芝加哥，抗议者在美联储大楼外面敲鼓；在纽约，诺贝尔经济学奖获得者约瑟夫·斯蒂格利茨、演员苏珊·萨兰登、制片人迈克尔·摩尔等人都来到祖科蒂公园，大力声援这场运动。虽然公园内禁止搭设帐篷和放置睡袋，但抗议者仍然建立了临时定居点，里面包括睡觉区、示威牌制作区、免费的医疗救护、衣服、卫生间和食品等。另一个区域则挤满了携带笔记本工作的人，旁边还堆放着大量视频制作设备。

有一天，我在祖科蒂公园遇到了维多利亚·索贝尔。她告诉我她父母一辈子都在为吃穿拼命工作，这就是为何这位 21 岁的库伯联盟学院[①] 学生，在曼哈顿睡了近 3 周也不打算回家的原因。在运动的第一天就到这里声援的她介绍说："我已经对我们现行的金融制度感到厌恶。在我见到的所有人之中，我的父母工作最为勤奋，但这么多年了，他们仍然还在为生计奔波忙碌，这就是我们这些人面对的现实，这不是虚构的故事。"她接着说："现实很残酷，我们每时每刻都在经历。"她告诉我她不是"占领华尔街"抗议者中的典型代表，因为

---

① 库伯联盟学院是一所位于美国纽约州纽约市曼哈顿地区的著名私立大学，亦为美国境内少数能提供全部学生全额奖学金的院校。

这里没有典型，她说道："我们来自不同的阶层，有不同的意识形态，我们之间差异很大。"人们希望能促使这个迄今为止人类最疯狂的金钱和贪欲中心，创造出一个行之有效的、公平的社会环境。索贝尔继续说："人们斗志昂扬，我们正处于关键时刻，我们必须讨论结构性问题和可持续性发展问题，我们要创造一个有利于解决问题的环境。"她清楚地知道，新闻媒体总是在抹黑那些胆敢挑战寡头利益或公共利益的人，因此，她认为抗议者要树立良好的形象。她告诉我："我们必须谨慎地向外界表达我们希望得到的东西。我们志存高远，已经作好了长期斗争的准备。"

有一些观察家，包括奥巴马总统的前顾问范·琼斯在内，呼吁"占领华尔街"的抗议者开始采用一种"渐进式"的茶党①运动，"你会看到一个美国之秋，就如同阿拉伯民主运动一样"，琼斯说。

纽约的抗议活动进入了第三周，洛杉矶、波士顿、芝加哥也发生了类似的抗议活动，以至于美联储主席本·伯南克被要求在国会作证时回答关于愈演愈烈的抗议运动的相关问题。"跟其他人一样，我对目前的经济状况也不满。"伯南克说，他认为抗议者是在表达对当前的经济和政治状况的不满。

当然，"占领华尔街"运动以及相关的抗议活动在民主党内没有获得多少支持，除了少数几位左翼党员。"我认为这场运动反映了人们心中开始出现的气愤和失望，因为在过去几年里，布什政府和奥巴马政府都没有将那些犯罪分子绳之以法。"在哥伦比亚教授《美国种族主义历史》课程的教授埃里克·方纳对我说。他说如果按照历史的观点进行评判，目前"占领华尔街"运动虽然看上去缺乏组织，但这

---

① 茶党（Tea Party），学术界普遍认为，茶党不是一个政党而是草根运动，茶党运动是右翼民粹主义运动，发端于1773年的美国东北部的波士顿，是革命的代名词。2009年4月15日是美国纳税日，新生的茶党发动了全国性的游行示威活动。2010年1月底，全美茶党分支有1 134个。

并不代表它不会发展成为大型的群众运动。他接着说道："20 世纪
30 年代，工人的罢工运动也非常散乱，他们的要求很琐碎，但最终
还是发展成为现代工人运动。"方纳的一些学生也参加了这场运动，
其中很多人是 2008 年奥巴马竞选时的支持者。方纳说道："我认为
这是向奥巴马政府发出的警示信号，他们曾经的热情不复存在。"

　　"'占领华尔街'让我们明白了一个事实，民主党和共和党被同
一伙人操纵。"参加了这场运动的耶鲁大学前教授格大卫·雷伯这么
对我说。他还说："如果真的存在民主，那么每个人都应该有权利去
影响财富的产生和分配过程。我认为'占领华尔街'运动充满希望，
人们意识到 2008 年听到的承诺都是谎言。市场被人为操纵，欠债也
可以不还。"

◎ 运动起飞：无产阶级联合起来

　　在祖科蒂公园，人们围坐成半圆形，倾听积极分子向众人演讲，
抗议者称之为"联合国大会"。实际上，这是一个公共论坛，人们可
以公开讨论政治和经济问题，并制定行动计划。为了放大发言人的声
音，人们相互重复那些发言人讲过的话，产生一种你呼我应的效应。
一位发言人宣布，威瑞森电信公司有 4.5 万名工人将要参与游行示威
活动。另一位发言人则呼吁更多的人前去参加清晨的抗议活动，他们
前往美国广播公司早间节目《早安美国》的演播厅。占领运动期间，
不断有来自纽约和全国各地的工会组织前来现场表示支持。有一次，
警察在布鲁克林大桥逮捕了 700 名游行示威者，执法者命令公共汽车
把被逮捕的示威者带走。拥有 3.8 万名会员的交通运输工会，拒绝了
警察和运输管理部门的征调。此外，还有一位联邦法官撤销了警察的
命令。在这些热心人士提供的英雄主义般的帮助下，我获得与工会组

织交谈的机会，以了解他们如何看待这次针对"百分之一的人"发动的起义。工会发言人吉姆·甘农对我说："示威者与工人以及工人家庭之间产生了共鸣。有人希望我们为华尔街的崩溃来买单，他们希望我们牺牲我们的工作、工资和福利，我们正将一切公布于世。"甘农说工会已经联络了"占领华尔街"的组织者，询问了关于如何提供帮助的问题，他告诉我："他们说目前不需要帮助，他们有自己的组织。所以，我们只在道义上提供支持，在未来的几周或几个月里，如果有必要，我们就提供物质方面的援助。"

利用这次反华尔街运动，美国工会借机为会员争取利益。此时，集体谈判权①在全美都遭到责难，在与威斯康星州州长斯考特·沃克进行了长期斗争之后，政府部门的员工失去了集体谈判权。另一方面，拥有5.4万名会员的纽约政府员工联合会，接受了一份保持他们薪酬三年不变的协议，这相当于为纽约州节省了4亿美元。虽然工人运动在这次经济危机中遭到了损失工作机会、失业率提高、州政府预算削减的打击，面临着极其恶劣的政治环境，但他们仍然展示出对遍及美国各地抗议活动的支持。

数百名来自纽约最大的地产服务业工会的成员，在曼哈顿市中心的纽约证券交易所门前举行了大规模的抗议活动，他们呼吁修改劳动合同，给予工人"公平"的待遇。这个工会代表了全美12万名办公室清洁工和物业管理人员，他们在费城和华盛顿也举行了抗议活动。60岁的法德拉·莫库李克，在市中心的辉瑞制药公司办公楼里做清洁工，他告诉我："我能送我的孩子去学校读书，能填饱肚子，并支付得起租金。年轻一代应该能够过得更好。我所拥有的东西，希望他们也能够拥有。"

---

① 集体谈判是指劳方集体性地通过工会，与资方谈判雇用条件，而资方必须参与，而谈判结果具有法律约束力。其目的是希望劳资双方能够在一个较平等的情况下订立雇用条件，以保障劳方应有的权益。而集体谈判权就是一些国家及地区赋予劳工的一种权利。

　　"占领华尔街"运动的代表奈利尼·斯坦普说："是时候与工人联合起来了，我们每个人都要参加战斗。我们已经失去了养老金，抵押的房产也被没收，连学生都背负着巨额债务。""最初几天对我们来说很困难，因为我们中的大多数人没有经历过真正的民主，现在我们体会到了民主。"丹尼·加尔萨对我说道，他今年 26 岁，来自加利福尼亚州的萨克拉门托，自称在伊拉克战斗过。他继续说："每个人都有自己的意见，有平等的表决权。"他的目标是"结束企业代表选民的权利"，他要求政府与企业划清界线，提高低收入居民的福利，"局外人以为我们毫无目标，但这是一场真正的革命"。24 岁的大卫·古德是一名艺术家，也是防治艾滋病的宣传人员，他说："这场运动并不是要推翻政府，而是让人们认清社会上存在的不平等现象，我们的社会安全体系正在遭受到破坏。"他补充说："我们救助的人，竟然占据着前所未见的高额利润……我希望国会能够对他们课以重税，我希望银行和华尔街承担他们应该承担的责任。"

　　我继续追踪不断涌出的对金融界的愤怒。纽约时代广场的游行队伍唱起"占领华尔街，占领时代广场，占领一切地方"的歌曲，骑马的警察拦住游行者的去路，将他们驱赶至人行道。利百加是一名从费城来的学生，她没有透露其姓氏，只说她此番前来是为了参加游行示威活动。她说："我认为，最重要的是组建一个对美国现实不满的政党。我来这里，就是为了抗议不平等，抗议大企业霸占全部社会资源。"

◎ 学费飙升：大学生破灭的梦想

　　实际上，也有很多学生参与了这场运动，他们是被金融寡头消费的另一个群体。当金融危机来袭之时，美国高校，包括一些顶尖的大学都被政府抛弃了。在"占领华尔街"运动爆发前夕，加利福尼亚州给予加州大学的资金预算削减 6.5 亿美元。加州大学是一所杰出的大学，我于 2004 年至 2005 年在此就读，其校区分布在加州 10 个地区，学校的资金缺口达到 25 亿美元。在密歇根州，高等教育经费支出已经连续下跌十几年；金融危机期间，高等教育经费又削减了 15%，州政府负担的教育经费比例下降到 22%，这是有史以来最低的比例。相比而言，在 1968 年，州政府负担了 60% 的教育经费。"这是一剂可能导致长期灾难的药方，"积极倡导兴办教育的美国教育委员会主席莫利·科比特·布罗德对我说，"创造出口的工作岗位正在发生大规模转移，我们需要有技能、受过教育的人才。如果我们年轻的一代人因为没钱上大学，那么我们在未来必将遭到报应。"

金融危机爆发后，失业率飙升，许多年轻人走进大学躲避就业。但上大学的费用却持续上升，因为金融寡头们敏锐地察觉到，如果能将公立大学市场化，那绝对是个赚钱的好机会。"这为家庭开支带来了巨大的负担。"密歇根州立大学校长委员会的执行董事迈克尔·布吕斯这么对我说。密歇根大学是该地区最好的大学，今年的学费比去年上涨了 6.6%。加州大学则上涨了 9.8%，而且这是在之前就已经增长了 8% 的基础上，学费的再次上涨。校方计划进一步提高学费，借以应对州政府削减教育经费。

加州大学洛杉矶分校的教育学教授彼得·麦克拉伦对我说："加州大学系统遇到了困境，本来，合格的学生都应该能上得起大学，但现在几乎所有人都无法担负高额的学费。这不是一个被延后的梦想，而是一个破灭的梦想。"学生的负债水平也大幅提高。学生贷款额在 2011 年第二季度蹿升至 5 500 亿美元，但在 1999 年同期，这个数字仅为 900 亿美元。面对如此高额的教育账单，许多学生改变了理想中的求学目标。"我注意到教育质量出现大幅度下滑，"加州大学圣克鲁兹分校社会系的毕业生维克托·桑切斯对我说，"你会发现许多人感到失望，继续深造的积极性也渐渐消弭，因为他们也关注投入和产出比。"

学生贷款额增长了近 7 倍，从 1999 年的 800 亿美元增长到 2011 年 6 月底的 5 500 亿美元，美国教育部则估计高达 8 050 亿美元。20～24 岁年轻人的失业率接近 15%，而社会上的平均失业率为 9.1%，这对学生偿还贷款来说是个坏消息。学生贷款逾期不还的比例从 2003 年的 6.5%，上升到 2011 年 6 月的 11.2%，逾期无法偿还信用卡的比例为 12.2%。穆迪评级公司的报告说："学生借贷和还贷的前景令人感到不安，与其他消费信用市场不同，虽然经济在整体上有所改善，但学生贷款没有改善的迹象。"

38 岁的阿尔贝托·古铁雷斯是加州大学洛杉矶分校的博士研究生，他告诉我，他必须借更多的钱，并通过兼职赚取生活费，每月他需要支付 3 000 美元的房屋抵押贷款。他有一些助学金，但远远无法满足他的需求。"加州大学是一所公立大学，所以经费削减得很多，资金十分短缺。"为了渡过难关，古铁雷斯又借了 1 万美元。他继续说："我毕业时将会背负 2 万美元的债务，我从来没有欠过这么多钱。"在目前的情况下，古铁雷斯不可能像银行那样获得政府的救助。他计划在取得学位后，在高校谋一份工作，因为到外面找工作太困难了。他觉得自己有可能会债务违约，他说："在加利福尼亚州，没有大学发出招聘信息，我只能去其他地方找工作，但估计也只能找临时性的。我希望能获得一份临时教员的工作，此外再打几份零工。"

学费开支大幅增长，对贫穷学生产生的影响远远超过其他群体。2010 年到 2011 年，平均每个家庭在教育方面的支出减少了 9%，但年收入在 3.5 万美元以下的家庭，教育支出却增加了 14%。为了应付学费上涨，低收入家庭的父母要从薪水中拿出更多的钱，或者去贷款。虽然有更多的学生获得了助学金和奖学金，但这些学生几乎都来自中等收入和高收入家庭。为了应对教育经费削减的议案，加州大学提高了学费水平，这使得申请助学金的大学生人数飙升。"显然，形势越来越艰难，我们对此非常忧虑。"加州大学系统管理学生助学金事务的副主任南希·柯立芝对我说。她表示，符合获得助学金标准的学生越来越多，所有收入层次的家庭都在增加借贷。就业情况也很严峻，这将影响学生未来偿付贷款的能力。柯立芝说："我们尚未发现人们薪酬大幅下滑的情况，但收入增长正在趋缓是事实，毕业参加工作五年内的学生对此深有体会。"

加州大学和加州公立大学系统取消了一部分课程，包括护理学、计算机技术等，甚至还有一些经典课程。加州大学的里弗赛德分校因为资金短缺，不得不暂缓成立医学院的计划。"我们担心大学越来越接近市场体系，而不是为社会利益去创造知识。"美国大学教授联合会公共政策办公室主任约翰·柯蒂斯这样说。随后，他又补充道："这些情况迫使接受高等教育的学生往追逐利润的方向发展，而不是鼓励他们追求自己的兴趣。"

不仅学生深受其害，教师也在抱怨薪水下调、养老金萎缩、缺少长期稳定的职位，因此他们难以保证教学质量，也难以成为高级教师。布罗德说："最有才华的教师已经离职，他们回老家或去其他国家，也可能进入了收入比较高的私立大学。"自2008年金融危机发生以来，公立学校和私立大学的工资水平差距，每年都在扩大。柯蒂斯说："现实情况是，全职教师的工资水平在过去几年一直停滞不前，学校在聘请教授时，出现了不为应聘者提供终身教职的趋势。"由于教授课业的前景变得不明朗，教学质量难免下降，他又说："当教学工作不再稳定，学术自由就危险了。他们不会提出有争议性的观点，也没有时间与学生一起研讨……他们甚至没有时间去教授课业。"这个结果对寡头们来说很完美，因为严厉批评当前体制的学者会减少。

◎战斗还没有结束

回到"占领华尔街"运动这个话题上，最后，祖科蒂公园的所有者布鲁克菲尔德地产公司以示威者制造垃圾为借口，要求他们离开公园。布鲁克菲尔德地产公司请纽约警察前去清理公园，市长迈克尔·布隆伯格说，示威者必须暂时离开。"占领华尔街"运动的负责人认为，布鲁克菲尔德地产公司的清场计划是一场"驱逐"行动，并呼吁支持者前来公园参与"非暴力行动"。除此之外，运动的组织者也请来清洁人员在最后期限前清理垃圾。清晨7点，也就是清场的最后期限过后不久，市政府说，布鲁克菲尔德地产公司已经延后清场工作。纽约市副市长凯斯·霍洛维宣称："布鲁克菲尔德地产公司相信他们能与示威者达成协议，保证公园的清洁、安全，不影响其他公众继续使用。公园的状况要与市民生活和市区的商业氛围相吻合，我们会继续监视公园里的状况。"

驻扎在祖科蒂公园的姚泰穆·马龙说："在这件事情上，他们有所退让，说明运动展示出了强大的力量。"60岁的新泽西老电工理查德·阿德奥说："我们除了感受到企业的贪婪之后，让我们感到欣慰的是，工会支持我们发动的占领华尔街运动。"阿德奥跟随国际电工兄弟会一道前来参与这次活动。"我们尊重他们的意见，也相信他们。"一些企业高管也表示理解示威者的心声，甚至连寡头的发言人也表示支持，黑石公司的首席执行官劳伦斯·芬克说抗议者让他"很激动"，他认为寡头们"漠视这场抗议运动"是愚蠢的行为。

10月10日，我们前往新闻集团的首席执行官鲁伯特·默多克位于纽约的家。抗议者在他居住的第五大道的建筑物前大喊道："默多克，交出你该交的钱！"他们喊了10分钟，组织者集结队伍前往下一个抗议点——戴维·科赫的家。戴维·科赫是科赫工业集团的联合创始人，也是右翼茶党团体的资助者。"默多克是最大的坏蛋，但世上还有很多坏蛋百万富翁和亿万富翁！"一名示威者高呼道。大多数标语牌和漫画都呼吁政府对富人征收重税，减少社会的不平等。"占领华尔街"运动宣称这是一次"百分之九十九"运动，意思是其余百分之一的美国人控制着国家大部分财富。这次游行标志着纽约的抗议活动开始实施新的策略，此前的抗议活动仅集中在华尔街。"我认为这是个很好的策略。那些大富翁是这个体系中贪婪者的代表人物。"63岁的积极分子泰德·奥尔巴赫如此说。"我们不会停手，除非政府高官出来与我们对话。""不同信仰联盟"的成员帕特里夏·马尔科姆说，"让我们从百万富翁开始，这就是为什么我们前往其住处的原因"。埃里克·布里丁是一名旁观者，来自曼哈顿上东区一家艺术品拍卖行，他说他支持这次游行示威活动，"这是获得媒体关注的好方法，也许会有一些富人关注我们的行动"。

"占领华尔街"运动公布了一份文件，上面罗列了抗议者的种种诉求，涵盖了集体谈判权、禁止拷打外国公民、企业对政客的潜在影响等内容，演员蒂姆·罗宾斯说："这是一场草根运动，虽然有些凌乱且缺乏组织，但充满了激情。"示威者激动得犹如过重大节日一般，他们穿着戏装，一起歌唱："谴责华尔街，支持老百姓。"有一位发言者引起了众人的一阵骚动："我们必须开始向富人征税！"大多数示威者都带着自己撰写的标语，有的标语表达了反战思想，有的则谴责政府野蛮的政策。绝大部分示威者把斗争矛头指向金融圈以及不断加剧的不公平现象。一名示威者的标语牌上写着："富人饭来张口，99%的美国人饥肠辘辘！"这句话表达了人们对"1%的美国人控制40%美国财富"的愤慨。

在我参加的最后一次游行示威活动中，直升飞机在天空中不停盘旋，纽约警察用金属路障疏导大批步行的人群。很多学生举着牌子呼呼减轻他们的债务。29 岁的安妮·蒙泰莱奥内毕业于俄勒冈艺术学院，她说："我们的社会没有创造足够的工作机会来吸纳大学毕业生。""情况很糟糕，所有人都想参加抗议活动。"罗斯·富恩特斯补充说，这位 23 岁的年轻人手持自由社会主义党的标牌。他说奥巴马在 2008 年参加总统竞选时，激励了一批像他这样的年轻人，但如今幻想却破灭了。"奥巴马拉开了一场伟大的竞选，但竞选结束之后他便关上了希望之门。"他说道。虽然参加抗议活动的主体是年轻人，但也有老年人参加。"是时候站出来表达人们希望进行深度改革的时候了。"70 岁的艺术品销售代理商芭芭拉对我说道，芭芭拉的丈夫名叫约翰，退休前曾是一名出版商，如今也是七十高龄了。芭芭拉表示她希望美国政府能够对富裕人群征收重税，她还希望能够重新启用《格拉斯—斯蒂格尔法案》①，该法案颁布于大萧条时期，要求剥离商业银行的投资业务，但这个法案在 1999 年被废除，所以她说："情况在过去 40 年里越变越坏。"

◎ 江河日下的美国工人和工会

58 岁的帕特·布紫性格温和，他的人生经历了一段"下坡路"：此前，他一直在制造潜艇的电船公司担任机械工一职，公司位于康涅狄格州的长岛海峡，距离他家不远。在他职业生涯的早期，大约是在 20 世纪 80 年代，康涅狄格州南部的造船业非常繁荣，当时公司雇用了 3 万名工人，布紫就是其中一员。如今，他是一名检验员，而这里的造船业在过去 20 年里已经解雇了 2 万名工人，其中许多人至今未能找到工作，有些人只能接受外地的低薪工作。那些仍然在造船厂工

① 《格拉斯 - 斯蒂格尔法案》，又称《1933 年银行法》，是 20 世纪 30 年代大危机后的美国立法，该立法将投资银行业务和商业银行业务进行严格地划分，保证商业银行避免证券业的风险。该法案禁止银行包销和经营公司证券，只能购买由美联储批准的债券。

作的人生活也很困难。布紫对我说："在 20 世纪 80 年代，为了在与另一家造船厂竞争过程中保持竞争力，我们压低了工资。而如今，我们的工资已经有 5 年没有调整过，这种情况让人很痛苦，因为生活成本在不断地上涨。"他接着说："我是一名工人，在过去几十年里，工人的日子过得非常困苦。如果没有工会，我的生活可能会更糟。我认为每个人都要加入工会，如果法律是公平的，你能看到人们会自我组织起来。"

经济指标印证了布紫最近几年感受到的痛苦，而其他美国中产阶级也同样承受着巨大的经济压力。2006 年以后，美国的平均工资不断下滑，根本无力弥补 2000 ~ 2001 年金融危机造成的损失。1999 年，美国家庭平均年收入达到巅峰时期，为 53 252 美元。美国男性工人的工资变动趋势更让人绝望，布鲁金斯学会的高级研究员迈克尔·格林斯通对我说："20 世纪 70 年代以来，美国男性薪资水平变动十分剧烈。"在 2009 年，25 ~ 65 岁的全职男性工人人均年收入为 4.8 万美元，扣除物价因素，基本上与 1969 年的薪资水平持平。另一方面，在这 40 年间，2% 的高收入男性收入激增了 75%，但普通美国男性的收入不仅没有增长，还出现了急速下滑的现象。由于劳动力市场变得更加细化，也更加富有弹性，越来越多的男性开始兼职，或签订短期工作合同。如果把这些兼职工人包括在内，美国男性工人的平均工资自 1970 年以来下降了 28%，格林斯通说："这是一个惊人的数字，我认为一切都发生了变化。相较而言，扣除物价因素，这意味着美国又回到了 20 世纪 50 年代的水平，我认为美国历史上还没有出现过如此大规模的、系统性的、长期性的收入水平下滑现象。"

越来越少的美国男性能够稳定保持每周工作 40 小时的规律了，这意味着他们养家糊口的能力在减弱。"这种现象改变了美国家庭的特征。"格林斯通说。另一方面，美国男人的"生活故事"已经支离破碎，一名男性中产阶级已经不可能追随其父亲的足迹去选择一份能够获得培训、参加工会的职业。在如今的美国，经济体系的基础已经发生了变动，出现了计算机化、高新技术普及以及全球贸易扩张，Facebook 已经取代钢铁成为美国的新形象。

纽约大学教授理查德·森尼特对我说："新资本主义，即金融产业、文化产业、高新技术，都需要优秀的人才，能力一般的男性，其事业将停滞不前；而高层次的男性则会变得更加抢手。"森尼特著有《新资本主义文化》一书。他表示，为了弥补这一点，工会应该重新考虑工作方式，要更加注重工人的"生活故事"，而不仅仅关注工资水平。康涅狄格州的人们抱怨导致他们深陷困境的几个原因包括：工会会员待遇下降、工资因利润下降、生产成本上涨、工厂被转移到海外、薪酬停滞不前，因此产生了现代"打零工"阶层，无产阶级只能不停地做兼职。

此外，自从 20 世纪 70 年代开始，布雷顿森林体系再也不能为实体经济作出贡献，相反，它还出现了拖垮经济的现象。而在布雷顿森林体系崩溃之后，美国社会出现了经济金融化的现象。"最近我在教堂的停车场遇到一对夫妇，那位丈夫对我说：'我们难以承受生活的重担了！'"康涅狄格州的民主党议员乔·考特尼回忆说。"那位丈夫也没有获得食品救济券或其他救济。"考特尼是康涅狄格州造船业在国会中的代言人，但他就像生活在这个产业衰败的城市里的许多人一样，除了谴责自由贸易协定之外，也认为：从里根时期起，工会的实力就在不断地下降。"随着工会成员越来越少，自由贸易协定最终诞生了。康涅狄格州工会原来实力很强大，后来逐渐没落，最后变得一文不值。"在 20 世纪 50 年代，约 33% 的美国工人加入了工会，但到了 2006 年，这个数字下降到了 12%。

约翰·奥尔森是康涅狄格州的美国劳工总会与产业劳工组织主席，

他担当此职位已经长达 23 年。奥尔森直截了当地把工资停滞不前的原因归咎于工会在数十年间遭受到的打压，他说："只要你看一下工资下降的曲线和工会会员数量下降的曲线，就会发现它们的走势完全吻合。"布紫说："在新资本主义下，人们很难从工作中赢得尊严，正如我们所见，当富人越来越富的时候，我们能承担的东西却越来越少。"布紫的妻女都没有工作，家庭重担就压在他一人身上。"我如今没办法每周都带家人外出吃饭了，只能两周一次。"布紫表示，他对未来并不感到乐观。他记得当他还是个孩子的时候，父母和兄弟姐妹总是"一起出去吃饭"。母亲也不必外出工作，那时候他父亲供职于海岸警备队，领的薪水足够家人过得舒舒服服。"我们不会缺乏食物或其他东西，柜子里也有很多衣服。"但这样的好日子已经一去不复返了。他又说道："现在，如果夫妻双方仅有一人外出工作，那他们是无法供养整个家庭的，甚至两个人都去工作也难以做到。"

金融危机之后，情况更加严重，许多人没有任何收入。20 世纪 70 年代之后，没有任何收入的人在美国总人口的占比从 6% 增加到 18%。马里兰州拉哥市一个由纳税人资助的职业中心，里面的学员多是 50 多岁的老人，他们都在试图重新学习一门技能，因为他们原来会的技能如今已经被淘汰，想要在新时代获得工作就必须学习新技能。金融危机爆发后，56 岁的伯特·史密斯失去了在保险公司的工作，彼时他在这个行业里已经干了 30 年。他对我说："我重新找工作非常困难，因为我的技能已经没有用处，我现在去求职，只能找到一些薪酬很低的工作。"然而，妻儿仍然需要供养，他不得不违背自己的意愿马上去找工作，他说："我希望能做得更好，但如果你太看重自己，就会沮丧。""至少我还有机会再找到一份工作。"他的话有几分为美国开脱的意味，"有几个国家的经济早就崩溃了。"

访问完职业中心后，我与 52 岁的约翰·哈里斯交谈了一会儿。

240

哈里斯以前在一家化学企业工作，年薪 15 万美元；失业两年后，他搬到了宾夕法尼亚州和新泽西州交界处的新希望镇，那里房租低廉。虽然他有宾夕法尼亚大学电气工程的学历，但同样难以找到工作，他说："我能够胜任大多数工作，但问题是雇主不愿意再雇用任何人。"

生活变得越来越艰辛，失业的这两年，哈里斯一直接受政府提供的失业保险。失业保险是州政府和联邦政府共同筹集的基金，规模高达数十亿美元，为因经济危机而失业的人员提供定期补助。但就在上个月，他拿完了最后一笔补助。彼时，大约有 730 万美国工人在接收各种形式的失业补助，每周大约不超过 300 美元。在 2007 年 12 月，领取补助金的失业人数为 280 万。一般来说，州政府负责提供补助的时间为 26 周，联邦政府提供的补助不超过 73 周。但由于失业人数不断增加，州政府和联邦政府越来越希望限制补助费用的支出。

截至 2010 年 6 月，失业补助金累计发放了 1 594 亿美元，而截至 2006 年 6 月时，这个数字只有 311 亿美元。如今，议会的议员们希望削减预算，于是盯上了失业补助金。"现在有些人开始大肆宣扬，声称这些失业者没有积极地找工作。我认为，所有人都担心这种宣传会影响失业补助计划。"简·奥兹对我说，她是美国劳工部就业和培训部的助理部长。

2011 年，美国有 6 个州采取了史无前例的措施，它们计划削减失业补助金，并试图缩短为期 26 周的标准补助期。密歇根州、密苏里州、南卡罗来纳州把补助期缩短到最长不超过 20 周，而佛罗里达的削减计划则更夸张，竟然缩短到 12 周。还有许多州为失业保险的发放额设限，佛罗里达规定每周最多不超过 275 美元。"从 2008 年开始，失业索赔数额居高不下。"全国就业法项目的分析师乔治·文特沃斯对我说。

大量索赔的后果是，30 个州的失业信托基金（企业以个人所得税的形式上交的失业保险费用）失去了支付能力。简·奥兹表示："大多数州没有考虑到这种极端情况，本来信托基金的规模就在缩小，但现在政府还要继续减税，比如取消营业税。"联邦失业补助是对州失业补助的补充，如今也遇到了麻烦。在失业现象高发期内，一般在州政府的补助结束之后，美国国会会延长数周的失业补助，最长的补助周数长达 99 周，但各州的具体情况有所不同。由于失业率长期居高不下，国会不得不从国家总收入中借用其他资金来发放失业补助。

拥护发放失业保险的人认为，失业保险对下行中的美国经济有重大影响，并称之为"对工人的保释"，因为失业者每花费 1 美元补助金，就能为美国经济贡献 2 美元，这是美国劳工部的计算。"人们拿到失业补助后，不会压在床垫底下，这些钱会被马上转移到当地经济中。"简·奥兹说。从哈里斯的生活状况来看，情况似乎有点儿不乐观，他表示："生活很困难，我不会轻易花一分钱。"哈里斯还要供两个女儿上大学，他说："情况越来越糟糕，但当我身处困境之时，我就会想到这个国家还有很多人的处境比我还要糟糕。"

◎ 分而治之：双层工资结构

寡头们击败工人阶级和工会的办法之一，是实行所谓的"双层"工资结构。2011 年 9 月，联合汽车工会与通用汽车公司达成协议，给予老员工和新员工不同的工资待遇。不久之后，克莱斯勒汽车公司与联合汽车工会也达成了一份协议，该协议承诺创造 2 100 个工作机会。虽然协议内容没有公开，但估计该协议也规定了"双层"工资结构，这件事反映出工会在经济危机下的弱势地位，因为企业威胁大量裁员，除非工会同意降低谈判门槛，否则无法取得任何结果。这种谈判手法在 2007 年的底特律出现过，当时联合汽车工会与三大汽车公司签合同，实行"双层"工资结构，新员工每小时的工资为 14 美元，老员工的工资几乎是这个数目的 2 倍。

"双层"工资结构始于 20 世纪 80 年代，当时是里根总统执政的时期，但这个新制度的寿命不长。几年后，工资发放制度很快回归到"单层"工资结构。布鲁金斯学会的劳工关系专家盖理·波特里斯说："在 20 世纪 80 年代初期，很多人接受了'双层'工资结构，当时人们认为这是一个很大的变革，最终工会作出了巨大的让步。"如今，"双层"工资结构再次出现，这反映出工会运动承受了很大的压力，共和党在全美发动对工会的攻击。"这是一个非常困难的时期，"美国劳工总会与产业劳工组织的首席幕僚西娅·李对我说，"在工会覆盖的产业里有很多人失业，比如制造业和建筑业，我们的生存都有问题。经济不景气，失业率也很高，我们很难通过谈判取得对我们有利的条件。"

威斯康星州政府职员在经历漫长的斗争之后，最终失去集体谈判的权利。他们在斗争过程中甚至占领了威斯康星州的首府，而且还史无前例地取消了保守派议会举行的选举。波特里斯说："最近几年出现的趋势是，削弱政府职员的谈判能力，我觉得这种情况会持续下去，换句话说，工会无力扭转局面。"这种趋势不仅出现在像得克萨斯州这样保守的州，其他州也发生了类似的事情。即使在工会的大本营，诸如俄亥俄州、密歇根州、威斯康星州，不仅州长来自民主党，在议会中民主党也占大多数，但工会仍然被迫作出重大让步。

劳工经济学家认为，"双层"工资结构在短期内会很流行，因为老员工能维持高工资。"但这主要是一种用来对付工会的手段。"波特里斯说道，"从长远看，大多数工会成员会处于底层。工会领导会被频繁更换，'双层'工资结构将会被废除，底层的工会成员不会长期投票支持这种工资结构。"

　　"在私人企业里，如果企业将要倒闭，工会乐于签订合同帮助业主渡过难关。"美国卡车司机工会的战略研究部主任伊恩·戈尔德说道，卡车司机工会与最大的卡车企业 YRC 全球公司在 2008 年签署协议，共同承诺采取"双层"工资结构。金融市场崩溃后，货运量跌至低谷，YRC 认为如果工会不作出更大的让步，企业将无法生存下去。"在这种情况下，我最不希望雇主完蛋。该做的事我们就要去做。"戈尔德说道。工会会员数量也在减少。自 2008 年初开始，美国卡车司机工会会员减少了一半，有的会员被解雇了，有的则退出了。"这是我们工会历史上的关键时刻。"他接着说道。

　　虽然工会组织对政府的攻击显得很新奇，而且吸引了很多注意力，但戈尔德认为对私营企业的攻击更加精妙，而且这种攻击从自 20 世纪 80 年代就开始了。"类似于对威斯康星州政府职员的那种公然攻击，在私营企业里已经存在数十年了。在这个过程中，整个美国的工会组织都觉醒了。"作为"占领华尔街"运动的一部分，纽约州最大的私营企业工会组织考虑到老合同即将到期，预计将会谈判新合同，于是策划在金融区举行集会。加入这场集会的还有苏富比拍卖行的员工，他们与雇主进行长达 2 个月的斗争。威瑞森电信公司的员工也来了，他们正竭尽全力争取获得新的合同。

　　自 50 年前有记录以来，美国人目前的生活境遇最为窘迫，经济增长乏力，无法支撑居民收入的增长。2010 年，4 620 万美国人生活在贫困线之下。根据美国人口统计局的数据，贫困家庭的标准是 4 口之家的年收入低于 22 314 美元，贫困个人的标准是年收入低于 11 139 美元。这使得美国人口贫困率上升到了 15.1%，这是自 1993 年以来最高的比率，几乎比前一年增加了 1%。"贫困率高达 15.1%，这确实骇人听闻，"加州大学的圣塔巴巴拉分校研究贫困问题的教授爱丽丝·奥康纳对我说，"我们目前的处境，很像 20 世纪 60 年代打那场'消灭贫困之战'之时的处境，情势令人头晕目眩。这是对大萧条时期的一种可怕描述，但摆脱大萧条的过程更为可怕，因为最贫困的人被彻底地抛弃了。"

在这次经济下滑之后，美国人中间出现了"两种速度"的恢复，一方面，美国的富裕人群依然维持着他们的消费习惯和生活方式；另一方面，多到破纪录的普通美国人陷入到贫困的泥潭中。"收入下降，贫困率上升，健康保险覆盖率下降或勉强维持。有关美国人幸福感的新闻都是坏消息。"布鲁金斯学会的高级研究员罗恩·哈斯金斯说。生活在贫困中的美国儿童高达 25%。2011 年，儿童贫困率是 1960 年以来最高的，而且分析家认为这种情况近期内不会有所改变。"考虑到在接下来的几年里，失业率特别是长期失业率，将继续维持在高位水平，我们预计这种低收入、高贫困率的格局会持续很多年。"哈斯金斯补充道。

就在贫困数据公布的同时，益普索·门德尔松媒介研究集团公布了一组有关美国最富裕阶层的数据。这家集团的年度报告说，家庭年收入 10 万美元以上的有 4 420 万户，去年是 4 410 万户。这些家庭的消费水平在之前出现了某种程度的下降之后，又稳步回升到 14 000 亿美元。"他们的生活稳定下来了，"益普索·门德尔松媒介研究集团的总裁鲍勃·舒尔曼说道，"每个人都能感觉到收入下降了。但当你缺少零花钱时，感觉会更加明显。但富人所受到的伤害并不大。"这项研究采访了 14 405 个富裕的成年人，发现"他们有足够的金钱去安排下一年度将要进行的活动，比如旅游、重新装修、投资，而投资是他们最喜欢做的事情"。但绝大部分美国人过着普通的生活，在这个将他们视为垃圾的社会里，他们仍然在挣扎着苟活下去。然而，随时被抛弃的可能也无时无刻不笼罩着他们。

第12章

贫困的美国

穷人只能自求多福

◎ 饥肠辘辘

经济危机造成的后果之一是数百万美国人无力养活自己。在华盛顿，我的电脑屏幕上贴着一张黄色的小纸条，上面写着一行小字：有4 410万美国人在经济危机之后要靠食品券生活，不过，食品券项目已经被改名为"补充营养援助计划"。美国依靠食品券生活的人数达到了历史之最，这简直不可思议，因为靠救济生活的美国人占到所有成年人的三分之一，我觉得这个数字肯定有错误。

第二天，我前往华盛顿的一处社会保障办公室，办公室很脏，且年久失修。刚走出纽约大道，我遇到了32岁的杰米·克里明斯，她来自加利福尼亚州，正在抽烟，与男朋友一起等待救济。我与他们交谈起来，她向我倾诉了他们的痛苦处境，就如同这个国家数百万人的遭遇一样，似乎穷人命中注定就是要为富人的金融罪恶埋单。克里明斯的男朋友是一个半瞎的残疾人，已经领取补助数年，但克里明斯对此还毫无经验。她第一次领取食品券，是在她竭尽全力找工作的时候。经济的不景气让这对伴侣丢了工作，他们便想来华盛顿碰碰运气，但这里仍然有机会。克里明斯说："我们除了来这里别无选择，我唯一的目的就是赶紧找到一份工作，因此我可能每周需要申请5份工作。"

她特别强调"工作"一词。她表示，上一份工作还是在2010年初，那已经一年多前的事情了，当时她为美国人口普查局做季节性调查工作。她继续说："在加利福尼亚州照顾我男朋友罗纳德，起码也会有一份收入，但在这里，我一分钱都没有。"由于没有住处，他们目前只能借住在华盛顿北郊的朋友家里。克里明斯说她很难改变这种令人沮丧的现状："我们赚到的钱，供养我一人都不够，更何况两个人。在加利福尼亚州，你至少还能在餐馆里使用食品券，但在这里可不行。"

他们每月领取的食品券价值130美元，用于购买食品，但这点儿钱根本填不饱肚子，更无法让人舒坦地活着。那些巧取豪夺的资本家们不希望看到当今世界最富裕的国家会有人因饥饿而死。但无论你怎么将就，每周的花销也绝对不止32美元。克里明斯对我说："虽然有许多救济项目，也有一些教堂提供食物，但我们还是吃不饱。"因为领取救助的前提是，你必须证明自己处于赤贫状态，收入水平必须在政府公布的贫困线以下，流动资产要低于2 000美元，且不能有房产。救济款会直接转入一张银行卡，每月月初会自动转账。我与克里明斯、罗纳德一起进入社保办公室，这里既狭小又破旧。里面的求助者大吼大叫，大约是因为他们的食品券申请被拒绝了。

由于高失业率居高不下，在2011年之前的3年间，申请食品券的美国公民数量暴增1 700万人，增长率为61%。美国农业部预计只有66%的申请者符合救济条件，合计约7 000万人，接近美国人口的四分之一。此外，赤字鹰派①并没有注意到救济项目对促进社区消费、拉动国民经济的作用。美国农业部估计，救济金中每5美元的消费便能为当地产生9美元的经济效应，很少有人把食品券束之高阁。在21世纪初的最后几年里，有记录显示，在接受救

---

① 赤字鹰派，是指对财政赤字的关注程度很高，对消灭赤字持强硬态度的人士。

济的家庭中，44%的户主是拉丁美洲裔或非裔美国人，他们构成了美国人口的29%。

我希望能与政府负责救济管理的人员进行交谈。在削减开支的恶意争斗中，竟有达690亿美元的救济项目"毫发无损"地通过了。这很让人感到诧异，因为共和党总是极力削减任何能够帮助穷人摆脱贫困和死亡的援助经费，这一次他们为什么没有反对分发食品券呢？这其中的原因必定与金钱有关。随后，我采访到了美国农业部中主管食品、营养、消费服务的副部长凯文·康坎农，食品券的事务就是他负责的其中一项工作，他对我说："食品券之所以获得政治支持，是因为它有利于广大农民以及农场主。在美国，能从食品券中获益的地区，几乎都是共和党的地盘。"食品券只能用于购买食品，例如牙膏、纸巾等非食品则无法使用，因此这一项目对连锁超市以及上下游产业会很有利。归根到底，还是大企业决定了食品券项目的生死。美国农业部的发言人珍·丹尼尔补充说："我们优先考虑的是以最低的价格满足人们的食品需求。"

家庭领取食品券的时间没有限制，但单身且没有孩子的人只能领3个月。丹尼尔说："通过这一救济项目，我们可以了解这些申请者的实际情况。我们相关的社会服务部门也可以借此帮助他们找工作，我们还专门为他们开设了工作培训课程。"根据美国农业部的数据，符合领取食品券者，平均会领取9个月，这必然导致单身且没有孩子的申请者长期无法获得食品。康坎农说："我们总是喜欢炫耀美国的伟大，但这些残酷而真实的数据告诉我们，美国确实有些公民连温饱的需求都没得到满足，对于领取食品券的公民以及罗列在此的其他救济项目，我想说的是，这些申请者们从来没有像现在这样迫切地需要救济，除了20世纪30年代的大萧条时代，我们还没有遇到像今天这样的情况。"

经济危机迫使许多中产阶级家庭领取使用食品券，这导致更多的食品企业开始考虑是否应该接受这种支付方式。在经济危机爆发之前，美国科思科仓储式连锁店和 BJ 仓储式连锁店没有参与救济项目，但后来它们都加入其中。科思科被迫在纽约市开设了能接受食品券的新店面，因为他们意识到过去没有参加救济项目是错误的决定。但许多人仍然抱怨，虽然有许多新的食品企业加入，救济项目提供的福利还是无法满足正常人的温饱需求。

食品研究行动中心主席吉姆·韦尔说："所有的证据表明，这不足以维持人们正常的饮食需求，救济项目只能让人填饱肚子，保证人们不会严重地营养不良。"韦尔在食品研究行动中心从事公共研究和宣传活动。资金匮乏只是造成人们营养不良的原因之一，"他们生活在被称为'食品沙漠'的地方，那里缺少健康食品，即使有合格的食品，其价格也过于昂贵"，亚历山德拉·阿什布鲁克说，她是华盛顿地区消除饥饿组织的对外协调员。

◎ 流落街头

我前往华盛顿吉拉德街的家庭庇护所，与 25 岁的朱阿奎娜·米勒进行交谈。这位年轻的单身母亲有两个孩子，住在公共福利项目提供的临时庇护所内，但寡头们正在垂涎公共福利项目。朱阿奎娜·米勒出身于收养家庭，青春期在四处游荡中度过，几乎没有经历过稳定的家庭生活，因此临时庇护所这个新家对她来说弥足珍贵。她告诉我，她每月的收入为 306 美元。"如果没有这个地方，我都不知道我们该如何是好。"说话的时候她正坐在套房里的椅子上，周围摆满了儿童玩具，她继续说："从 17 岁起，我就失去了家。"位于吉拉德街的家庭庇护所，是一处为美国无家可归者提供的集体住所。在次贷危机爆发之后，美国无家可归者大幅增加，这个庇护所提供了 20 套住房，供有家庭成员的无家可归者居住。此外，这里还提供辅助服务，比如对药物滥用的治疗以及职业培训。米勒边走进卧室边说道："我必须抓紧时间，有一门课马上就要开始了！"她在执法部门找到了一份工作。然而，不幸的是，虽然她觉得这里像一个家，但这只是临时住所，而且她已经在此居住了 6 个月，马上就要到期了。自从 2007 年开始，她就向政府申请永久居住房，但至今仍然在等待中。

就在数个街区之外的地方，国会议员们已经通过了一份预算草案，悄然无声地大幅削减改善贫苦人群居住环境的项目，即那些居住环境恶劣或没有固定住所的美国人。"我们将看到实实在在的影响。"史蒂夫·伯格对我说，他是全国消除无家可归者联盟的副主席，这个组织正在制定一项联邦政策。次贷危机使情况变得更加恶劣，在美国历史上，向社会提供住房的问题从来没有像今天这样严重，但对于共和党的议员以及他们代表的大资本而言，这些问题都无关紧要。

对于无家可归的人来说，还有更糟糕的消息在等待他们：两个由美国住房及城市发展部运作的项目被取消了。社区发展基金会正在各大城市招募人员，以搜集那些流浪街头无家可归者的数据，并把他们转移到固定居住点。美国共和党建议削减该项目 62% 的资金，但奥巴马总统建议只削减 8%。预算最后批准为社区发展基金会提供 33 亿美元的资金，这相当于削减了 6.5 亿美元，即在 2010 财年的基础之上削减 16%。

"2011 年对社区发展基金和公共住房基金的削减影响重大，将会给美国家庭带来真正的痛苦，因为经济尚在恢复之中。"罗伯特·梅嫩德斯对我说道，他是新泽西州参议院主席以及参议院下属的住房委员会主席。受打击最大的是监管各城市住房项目的政府雇员，比如像吉拉德街的家庭庇护所，日后将会难以为继。

第二个受影响较严重的是公共出租屋项目，这些出租屋房租低廉，正是朱阿奎娜·米勒渴望却不可得的套房。预算最终为公共住房运作基金提供46亿资金，这比2010年的数额降低了1.49亿美元。史蒂夫·伯格对我说："2011年将回归到资金长期匮乏的状态，我们能做的就是对住房进行修缮维护。从事房地产行业的人都知道，如果要修缮住房，必须用栅木板把房子隔离起来，这会造成更多的无家可归者。"

由于美国经济不景气，加上出现了房地产违约危机以及高失业率，人们无家可归的问题变得愈发严重，许多人根本无法承担住房租金。2005～2008年，无法负担住房还贷的人数有所减少，但经济危机之后，这个数目再次增加，主要原因是失业率居高不下。削减联邦预算的时机非常不妙，彼时也正逢州以及地方预算处于低潮期，因为从传统上来说，联邦政府应帮助地方政府渡过难关，但新的联邦预算正好反其道而行之。

住房和城市发展部的副部长助理马克·约翰斯通表示："为了统计无家可归者的实际数目，我们随机选取了一个晚上，通过'数人头'的方式进行了实地考察。"2010年1月的一个晚上，约翰斯通发现有65万人住在公园、火车站以及无家可归者庇护所，约翰斯通说"大约有200万人无家可归，这类人员流动性很大，当天晚上可能仍在流动中"。州政府在每个无家可归者身上所耗费的治安及医疗费用平均达4万美元。

◎ 奥巴马政府管理失控

在政治体制运转失效的情况下，无家可归者拥有住房的愿望就是空想（即使符合经济规律也无济于事）。在预算大幅度削减的情况下，那些最贫困的美国人，再次沦为大资本家的牺牲品，尽管他们从来没有听说过信贷违约互换① 或抵押担保证券② 这些金融词汇。

受害者吉利·杰克斯是寡头们的牺牲品之一。2007 年圣诞节，她发现自己已经无力偿还房产抵押贷款。在失去企业债券交易员这份工作 18 个月之后，她别无选择，只能申请延期还款。她对我说："我给银行（负责收缴房地产抵押贷款的机构）客服打电话，请求给予我 6 个月的延缓期。"但银行拒绝了她的请求。几个月后，她在一家小债券公司找到了一份工作，便提出在 12 个月内偿还拖欠银行的款项，以便维持抵押。银行再次拒绝，并开始着手收回抵押房产。

2008 年，杰克斯获得一线生机，她签署了联邦政府住房可偿付调整计划（Home Affordable Modification Program），该计划的目的在于帮助数百万已购房但又面临违约的美国人。在接下来的 3 年里，杰克斯一共打了 3 场官司，都是在住房可偿付调整计划的指导下进行的。然而，直到现在，她仍然在争取保住抵押房产，而未偿还的余额已经高达 5 万美元，比原来的抵押额都要高，因为她每个月还要为"这场注定失败的官司"支付费用。她对我说："我认为这是一场政治游戏，老百姓在人为制造的房地产泡沫中成为牺牲品，这场戏就是要让老百姓误以为有人在帮他们，但这其实只是一个谎言。"

2009 年 2 月，奥巴马在一个热闹的场合宣布了住房可偿付调整计划，但执行过该计划的人普遍认为，这是一个失败的计划。截至 2011 年 10 月，735 464 名房主签署了这一计划，大约占预计目标人数的 20%。这个计划涉及价值 299 亿美元的房产，由美国财政部运

---

① 信贷违约互换，即贷款或信用违约保险，基于银行或其他金融机构在提供金融产品后，可能出现债务人违约，为了保障债权人权益，衍生出针对债务人违约的保险产品，旨在转移债权人风险。当借款人向贷款人（银行或其他金融机构）申请贷款时，贷款人为了保障贷款安全，以支付保费为前提向保险人（多为保险公司）投保，若借款人违约，由保险人代偿。
② 抵押担保证券是最早的资产证券化品种，20 世纪 60 年代诞生于美国。它主要由美国住房专业银行及储蓄机构利用其贷出的住房抵押贷款发行的一种资产证券化商品。其基本结构是，把贷出的住房抵押贷款中符合一定条件的贷款集中起来，形成一个抵押贷款的集合体，利用贷款集合体定期发生的本金及利息的现金流入发行证券，并由政府机构或政府背景的金融机构对该证券进行担保。

作，计划帮助 300 万～ 400 万名美国房主缓解抵押贷款压力，避免房产被剥夺。财政部在 2010 年 11 月的报告中说，新参加这个计划的房主从前一个月的 4 万名，下降到了 2.6 万名。奥巴马政府连续 3 个季度向美洲银行和摩根大通银行发出威胁，宣称将要收回资金，因为这两家银行没有遵守法律规定。根据美国财政部的说法，美国政府已经为这项计划提供了 6.66 亿美元的资金支持。摩根大通方面表示："我对我们的表现感到失望，我们将继续努力改进我们的业务流程和管控水平。"美洲银行补充说："虽然我们对这个决定感到失望，但这些财政救助政策并不能促使我们为有需要的客户服务。"

与此同时，违约危机丝毫没有减弱的征兆。穆迪公司的首席经济学家马克·詹迪说："抵押贷款账户违约数目高达 350 万起，或者说接近这个数目，实际情况是我们有 5 000 多万个一级抵押贷款账户尚未还清，所以存在大量的贷款。因此，我们要认真地处理 3 年或 4 年才能清理完违约账户。"来自政客、法庭、国会的压力越来越大，美国的银行界处理违约的程序开始十分粗暴。

菲利斯·考德威尔是财政部房主资格保护办公室的主任，负责监控住房可偿付调整计划的执行情况，他说目前处理拖欠债务的程序，并没有预计到会出现如此严重的违约危机，他说："当违约风波在全国爆发的时候，产生了连锁反应，客户服务遇到了麻烦，人们的电话打不进来，文件也不翼而飞。"房主对住房可偿付调整计划心存怨言，他们认为，这项计划并没有对有利于银行而非违约者的不公平条款进行调整。瓦尔帕莱索大学法律系副教授艾伦·怀特说："最后，那些为提供抵押贷款的银行并没有真正执行住房可偿付调整计划，而财政部也没有表现出要强制执行的意愿。"艾伦·怀特专门研究违约问题，他认为住房可偿付调整计划主要是维护抵押贷款提供者的利益，而非房主的。怀特又说："人们对抵押贷款的提供方感到特别失望，最大的四个提供方就是美国最大的四家银行，房主打不通银行的电话，文件需要提交三四次才能成功，抵押贷款的提供方在运作方面确实存在问题。"房屋居住权是人类实现繁荣的先决条件，而在美国，一旦你陷入贫困，没有人会提供帮助，你只能自求多福。

◎ 从乌托邦到人间地狱

住在纽约的时候，我想了解纽约上东区或曼哈顿区①之外的人民居住情况，布鲁克林区的一个住房建设项目引起了我的注意，据称这个项目正在按照计划推进中。

数十年来，居住在布朗斯维尔的诺波朱阿里大厦的住户一直被目无法纪的大厦业主摆布，住户们希望有人能拯救他们于水火。于是，他们找到了前纽约大都会队的棒球强击手莫·冯恩以及他经营的奥姆耐纽约有限公司。根据该公司的对外宣传，冯恩将重修这个由 5 栋建筑物构成的破败的建筑群，该建筑群被缉毒官员们戏称为"新杰克城"。1991 年，韦斯利·斯奈普斯②曾在这里拍摄过一部电影；在电影中，毒品犯将这个建筑群变为买卖毒品的绝佳场所。经过奥姆耐纽约有限公司的整修，这个建筑群将变成一个清洁、功能齐全的综合住宅小区。

2007 年 6 月，奥姆耐纽约有限公司花费了 2 000 万美元，夺得了这个包括 365 个住宅单元的地产项目。在交易之后不久，为了抓捕贩毒分子，警察在这里逮捕了 35 名居民。这一行动暗含着警察部门的某种意图：在接下来的几个月内，建筑群里出现了十几个安保摄像机镜头，用以监视大厦内的安保情况；警察部门的目标是安装 400 个这样的摄像机镜头。摄像机镜头的安装由一家名为"安全监视"的安

---

① 纽约上东区和曼哈顿区，是纽约最昂贵也是最受欢迎的住宅地区域，被称为纽约的"黄金海岸"，这里居住着纽约最富有的人群，是名副其实的富人区。
② 韦斯利·斯奈普斯，好莱坞著名黑人演员，代表作有《死亡游戏》《刀锋战士》等。

保公司承担，他们将原来的监视时间从早上 8 点到下午 4 点，扩大到 24 小时全天候监视。莫·冯恩穿着一套破旧的条纹西装，带领受邀前来的记者在这个建筑群里转了一圈介绍情况，周围挤满了他的铁杆粉丝。冯恩耐心地给粉丝们签字留念，但童话故事到此结束，奥姆耐公司带来的现实由此开始。对那些被允许留下来的住户来说，未来似乎终于出现曙光。他们得到承诺，每个人都会拥有新炉子、新厨房、新窗户，其中两栋最破旧的大楼，即 230 号和 240 号，将会被彻底翻修。然而对于另一类住户而言，冯恩的到来简直是个噩耗，因为他们收到了驱逐令，日后他们将流落街头。此外，被彻底翻修的 230、240 号大楼在整修过程中，导致建筑群内到处尘土飞扬，垃圾遍地。这是财大气粗的美国开发商驱逐"钉子户"的惯用手段。

诺波朱阿里建筑群始建于 1972 年，地处贫困的布朗斯维尔区，周围是普通民宅和停车场。"当时是一个好地方。"45 岁的住户委员会的主席波莱特·杰克逊·福布斯这么对我说。从这个建筑群有住户入住开始，她一直认为这是个宜居的地方。她说："我们甚至有可视对讲机，你能看到谁在你楼下转悠；而公共空间被打扫得非常整洁！"这一建筑群最初的开发商是乔·杰弗里斯·埃尔，他是一位毕业于宾夕法尼亚州大学的地产经理。杰克逊·福布斯说："在这里，有 20 家住户分别是警察、护士、客车司机、教授。总之，住在这里的人家从事着各种各样的职业，这里堪称乌托邦式的宜居地。"

20 世纪 80 年代初，这座建筑群不再归杰弗里斯·埃尔管理，情况就此恶化。10 年之间，建筑群的所有权四次易手。杰克逊·福布斯说："周围的治安状况变得很可怕，流浪者四处游荡，瘾君子躲在阴暗处吸毒，小区内没有任何安保人员，毒品犯罪开始泛滥，我们都成了受害者。"最后，居民们自发成立了住户委员会。林登不动产成为这个建筑群的新主人。杰克逊·福布斯说："他们进驻后进行了一番修缮。

他们请来一组安保人员，之后毒品犯罪从这里消失了。当时，这里的人们甚至常常夜不闭户。"后来，林登不动产被爆出窃取和挪用基金的丑闻，他们利用其中一栋楼的整修作为掩人耳目、转移钱财的烟幕。1992年，警察逮捕了数名犯罪分子，这个建筑群的所有权再度易手。

阿布杜尔·拉赫曼·法拉汗花费了1 000万美元抢得这一建筑群的所有权，但他被美国艺术评论杂志《村声》（*The Village Voice*）杂志评为纽约十大最恶劣的开发商之一。他的管理期延续到2006年，后来法院将它的管理权判给西部中心管理公司。杰克逊·福布斯说："在法拉汗的管理下，这一建筑群彻底陷入混乱，没有电梯，没有热水，没有修缮，也没有任何安保人员和措施。"最后，法拉汗被发现伙同他人利用建筑群骗取政府提供的旅馆服务基金补贴——他们将其中两栋楼腾空，然后与纽约市游民服务局签约，将它们改造成无家可归者的庇护所。在这一过程中，法拉汗利用每个住宅单元从联邦处骗取补贴3 000美元，而普通出租房补贴只有68美元。最后，法拉汗因骗取联邦补助被逮捕。住户委员会于2002年2月开始对法拉汗的公司提起诉讼，这场官司一打就是5年，在代理律师米米·罗森博格的倾力相助下，住户委员会终于在2007年取得官司的胜利，法拉汗的公司宣布破产，诺波朱阿里大厦建筑群被出售。住户们借机提出了严苛的条件：必须获得2 800万美元的翻修费，恢复这里原来良好的治安环境，住户们重新缴纳租金，偿还法拉汗的应付欠款；而棒球强击手莫·冯恩旗下的奥姆耐纽约有限公司是唯一一能满足住户们条件的公司。

◎ 让穷人自生自灭

如今，只要踏进这个建筑群，你就会遇到对新的管理公司愤懑不满的住户。清理建筑群的工作正在进行中，这项工作由警察和西部中心管理公司共同承担。根据西部中心管理公司的说法，有些住户拖欠租金长达 14 个月，因此这部分住户收到了驱逐令。多萝西·菲尔茨就是其中之一，她是 2005 年卡特里娜飓风的受灾者，她与卧床不起的丈夫住在这个建筑群附近的一辆厢式货车上。

西部中心管理公司的助理经理艾丽西娅·艾伦，得知菲尔茨的情况后，将她的情况向公司反映，公司同意在建筑群内为她寻找一间房子。菲尔茨的住所就在 240 号楼上，这栋楼自莫·冯恩 2007 年 7 月启动重修项目以来，一直处于施工之中。当你走进这栋建筑，会发现里面堆满了垃圾袋，到处遍布垃圾和灰尘。地板上堆放着玻璃、水管、水泥、砖块、塑料箱等建筑材料，这里显然成了建筑工地。菲尔茨夫妇与其他 16 个人就住在这栋沦为施工现场的大楼里，他们的居住环境非常糟糕。多萝西·菲尔茨的丈夫迈克尔在枪击事故后失去了双腿，终日卧病在床。他们居住的单元没有任何自然光，只有一盏光线黯淡的黄色电灯，角落里的电视机发出噼噼啪啪的声响。

多萝西·菲尔茨对我说："他们为我们提供这个地方的时候，并没说需要缴纳租金，如今却让我们缴纳 5 000 美元的租金，真是活见鬼，我到哪里去弄这笔钱？""我现在快要活不下去了。"迈克尔在床上说道，"我现在经常呕吐，这太可怕了，尘土从窗户里飘进来，我甚至开始咳痰。"多萝西·菲尔茨附和道："这里除了被垃圾包围之外，还能看见四周布满了虫子和死猫。"多萝西·菲尔茨向我展示了一份医生的诊断书，说明她的呼吸道问题与周围环境有关。在 240 号楼的前面堆放着许多石棉，这说明这栋楼的地下室正在进行管道改造，承担该工程的是纽约绝缘公司，这家公司没有官方网站，也不接听我的采访电话。后来，西部中心管理公司的人赶来现场，想把竖着的石棉竖牌拿走，因为他们意识到工程在 2007 年 12 月就已经结束。后来，杰克逊·福布斯告诉我，在法拉汗管理这个建筑群的时候，曾经打算更换管道，但石棉标牌竖立起来后，工程就停滞不前。为此，她召集住户委员会举行会议，讨论石棉对人体健康造成的危害。

28岁的迈克·戈尼是建筑承包商DV集团的项目经理，他说："240号楼内有16个人赖着不走，他们赶不走这些人。"不过，西部中心管理公司说，住在240号楼的16人中，只有一半的人赖着不走，另外8人是合法住户，他们得到西部中心管理公司的批准居留于此。有一位母亲带着4岁的儿子住在240号楼里，她说在他们被业主从之前的房子里赶出来后，没有人为他们娘俩安排新的住处："他们没有让我们移居到新的住处，因为我们拖欠了4 000美元的租金。"福利机构声称要带走她的儿子，因为她连租金也无法支付。她接着说："我的儿子还小，而且患有哮喘病，你认为这里的灰尘对他的健康有利吗？我不想住在这栋楼里，我原来住在37号综合楼，他们把我转移到这个地方。"

230号楼坐落在广场对面，楼的外墙贴着标语："此楼严禁居民入住。除佩戴安全帽的工人外，其他人员禁止入内。"在一个公共节假日期间，我走访这栋建筑，发现工地暂停施工，而楼里居然还居住着10个人。他们赖在这栋楼里不走，并且认为是西部中心管理公司泄露了他们的行踪，尽管DV集团的项目经理声称不知道此事。之前，DV集团的一名工人被一块从天而降的砖头砸伤了头部，因此他们出了一个规定：在此施工的所有工人都必须戴上安全帽，但滞留在此的居民却没有佩戴安全帽。在走访过程中，我发现一名54岁名叫欧内斯特·贝瑟尔的居民，在上下楼梯时爬下楼梯，还拖着一个轮椅，原来他只有一条腿，而且患有精神病。他告诉我，他只能爬着下楼，因为电梯只允许建筑工人使用，而每次下楼都要花费他一个小时。根据西部中心管理公司的说法，贝瑟尔住在这座综合大楼里已经有一年了。

69岁的罗丝玛丽·乔伊纳是居住于230号楼的另一位居民，她声称自己是被别人从另一栋楼的房间里强行拉到该地的。西部中心管理公司承认这是事实，但同时也指责乔伊纳从来没有缴纳过房租。如今，她滞留在 230 号楼里，仪容不整、神情沮丧。在西部中心管理公司的办公室里，里面的工作人员却告诉我说，她是被同屋的室友赶出来的，乔伊纳希望把自己的衣服放回原来的房间，但西部中心管理公司拒绝给她钥匙。

230 号楼就像一个爆炸现场，到处是瓦砾、衣服、塑料瓶、废弃垃圾、电器、水泥、砖石、木头、金属。每一户住户的大门上都被涂上不同的标示颜色：已经装修完毕的住房大门颜色为灰色；如果房子有人居住，那么大门颜色为红色；那些所谓"赖着不走"的人大部分都是老人，根据西部中心管理公司的说法，这些人基本上都是瘾君子，之后必须被驱逐离开这里。亚斯温德·辛格是 DV 集团的项目经理，他说出了令人难以置信的话："这栋楼里没有人居住。"我问他住在这里是否安全，他回答说"不安全"，并且表示，这栋楼的地下室里堆放着石棉，就跟 240 号楼一样，但外面没有放任何有关工程进展的标示。拉维·古克拉尔是整个装修工程的项目经理，他说："我们服从命令，这些滞留的居民总会有被驱逐走的一天。"

凯史·富瑞斯是西部中心管理公司的总经理助理，我在施工现场采访的时候，他对我说："我们应该在开工前把居住在这里的人转移走。不同的人有不同的工作方式，虽然在这种情况下施工并不违法，但这对他们不公平。"有个自称"砍伐者"的人说："他们不过是在装模作样，只是想让外人看起来一切正常而已。实际上，大楼里面什么都没有做。""砍伐者"就站在西部中心管理公司的办公室外，准备向他们报告一个周末发生的异常情况。他对我说："他们告诉我，监控录下的内容要三天后才能看。如今三天已经过去，他们又说大楼内的摄像头早就无法工作了。""砍伐者"曾在几天前凌晨 4 点，看到有个陌生人从大楼的安全出口走出来。他说："那天早晨，我把这个情况告诉了保安，但他们说无法播放录像内容！我的意思是，那个地方两个月前还死过人，他们应该装好摄像头，我觉得他们根本没有录像。"美国的穷人得不到尊重，因为对于寡头们而言，这些已经被榨干了的穷人似乎已经失去利用价值。但很不幸，寡头们很快就意识到，这些失去希望的穷人还能为他们提供一个赚钱机会——那就是把他们关到牢房里，即所谓的"毒品战争"。

第13章

监狱风云
监狱是笔大生意

◎ 美国成为一座大监狱

如同拉丁美洲，美国在国内也发动了毒品战争，其目的也是十分赤裸裸——控制社会，这种控制主要针对黑人和拉丁裔美国人。据称，美国监狱里关押的囚犯 60% 都属于以上两种人，但实际上他们仅占美国总人口的 30%。监狱成为巧取豪夺者的工具，寡头们凭此赚取了数十亿美元的利润。实际上，过去 30 年里，私营监狱浪潮式兴起，几乎与毒品战争的兴起完全同步。一项研究表明，相对于州监狱中有色人种的比例，私营监狱中有色人种的比例要高出 10%。美国一半的犯人都有与毒品相关的罪行，而那些巧取豪夺的金融罪犯却鲜少被抓进监狱里：在美国监狱中，与金融犯罪有关罪犯仅占 0.4%。

把成千上万的美国人关进监狱的运动，始于 20 世纪 80 年代，当时政府出台针对毒品犯罪的"最低量刑标准"，这意味着只要与毒品有关，一律不加考虑全关进监狱，哪怕你只是私存了一点儿毒品。与此同时，政客们纷纷运用手中的权力，为打击毒品犯罪站台撑腰，他们宣称自己的愿望是维护"法律和秩序"，但实际上他们只希望出台更多的惩罚性措施。这些政客们相互攻讦，借以证明谁在这个问题上态度更加强硬。寡头们为他们提供了部分支持，因为他们嗅到了金钱的味道。私人企业主们则把触角伸到州立监狱中，因为他们在联邦体系中占有有利地位，他们劝说投机分子在县城兴建监狱，并创造出所谓的"监狱泡沫"（prison bubble）。这些私人企业主进入城镇后，对城镇的居民说，你们可以创造出一个超过自身司法需要的大型监狱，多余的床位[①] 可以用于满足联邦政府的需要。在得克萨斯州，有十几个县加入了"监狱泡沫"计划，这让纳税人承担了更多的赋税，因为根本没有足够的罪犯被投放进监狱。这时，私人企业违背合同，让当地的纳税人背负由此衍生的债务。这就是资本主义的运行方式：风险社会化，利润私人化。这种制度给人类造成的悲剧和浪费骇人听闻。

截至 2007 年，"监狱泡沫"计划已经实行了 20 年，美国的监狱人口增加了 3 倍，达到 160 万人，几乎每 10 个成年人中就有 1 个在监狱里，这个比例堪称独步全球。在这些罪犯中，有 9% 的人被关押在私人监狱内，投入到每个罪犯身上的平均成本为 2.5 万美元。对于那些企图谋取暴利的寡头们来说，不幸的事情发生了，监狱泡沫开始破裂：2011 年犯人数量的增速相比之前的 5 年有所下降；而自 2010 年起，在持续增长了 20 年之后，犯人数量开始下降。但可以肯定的是，这些私人企业一定能想出聪明绝顶的办法来维持这一有利可图的业务。

我在纽约的时候，就已经明显感觉到监狱私有化运动在兴起。寡头们借口说，州政府赤字问题若想得到解决，美国人民就必须把"成本高昂"的监狱交给私人企业经营。寡头们利用相同的借口把黑手伸向其他公共机构，而且获得了成功，尽管无人得知这是否真的能为州政府节约开支。寡头们愿望很简单：在获得一个产业或机构之后，马上提出更多要求。他们的贪欲永远得不到满足。所以，佛罗里达州计划对 29 座监狱进行私有化。我曾与亚特兰大投资银行一位专门研究

---

① 美国计算监狱规模的计量单位与医院或酒店十分相似，都是以"床"为单位的。

监狱私有化的分析师交谈过，他表示："佛罗里达州的监狱私有化是美国历史上最大的私有化项目。"亚利桑那州也举行了一系列听证会，计划增加数千张私人运营的监狱床位。俄亥俄州宣布卖掉 5 座州监狱以筹集 2 亿美元资金，这些事件非同小可。还有另外一些人装模作样地充当私人分包商，宣称这是解决州财政资金短缺的方法。

佛罗里达州的监狱私有化运动出现了新的变化：不仅要将新建造的监狱外包给私人企业，现有的监狱床位也要外包出去。我与佛罗里达州的一位参议员通过电话，他表示相当热衷于推动此事。他当选参议员后没有代表美国人民的利益，而是充当寡头们的代言人，尽管如此，他的理由仍然值得一听。"佛罗里达州的监狱大概有 5% 被私有化了，"这位颇具影响力的共和党参议员亚历山大对我说，"这次私有化扩大运动，将使三分之一的监狱私有化。"随着时间的推移，亚历山大和他同样主张监狱私有化的盟友希望得到 100% 的市场"占有率"。公众将一无所有，这就是"美国方式"。"我认为竞争可以让我们生活更美好。这是美国人的看法：首先私有化一部分监狱，让我们创造竞争的环境。"但后来州政府发现亏损了 2 500 万美元，因为有 3 800 名监狱管理人员在私有化进程中失去工作，而这州政府需要为此向他们提供补偿。狱警原本就是州政府中薪酬最低的群体，"在私有化过程中，他们不仅失去了工作，还丧失了抵押品赎回权"。

约翰·里韦拉说，他是警察慈善协会的主席，这个协会代表佛罗里达州的狱警，主张反对监狱私有化。里韦拉他接着说："他们的汽车将会被没收，以后也无法承担医疗费用，州政府必须收容他们。而那些年纪大的狱警，州政府还要花钱为他们提供其他工作岗位。"主张私营监狱的议员（大部分是共和党议员）以及众多的承包商，宣称私人企业能以较低的成本运行监狱，其基本手段是压低员工的工资和福利待遇。根据统计出来的数字，分析师表示，私营监狱对于减少财政赤字的影响其实并不乐观，因为私有化节省下来的资金，最后又花在了其他地方，比如员工流动性增大，因私营监狱无法行使豁免权而引发的更多官司等。

　　一般而言，私人企业总是挑肥拣瘦，他们只抓捕消耗成本最低的罪犯，而把成本较高的重罪犯交给州政府处理。"私营监狱的成本和州监狱的成本难以比较，因为私营监狱不收纳重罪犯，"美国狱警业的分析师斯科特·汉森说道，"在得克萨斯州，私营监狱不接收重罪犯人。"私营监狱只接收身体健康的犯人，不会接纳那些固执的麻烦制造者，即有恶劣行为的重罪犯。州监狱承担了重罪犯的成本，但许多州政府却没意识到这一阴谋，或者说即使意识到了，但因私人监狱的利益链太过强大，因此也不敢制止这种行为。在私营监狱里，狱警缺乏经验，且人数远低于罪犯的人数，因此存在着监狱暴动、罪犯逃跑的巨大风险。私营监狱不接收真正的重罪犯原因在于他们计划把监狱当作大学宿舍来运作。

◎ 监狱私有化的诱惑

　　私营监狱的兴趣在于关押更多的轻罪犯，这样可以提高监狱的利润水平。州监狱的成本是固定的，无论监狱是满员还是半满，其运作方式并无二致。私营监狱则按人头数获得收入，这相当于鼓励私营监狱关押更多犯人。有时候，这种状况会演化成为腐败行为，比如私营监狱贿赂法官，让后者将更多轻罪犯送入监狱。虽然这是极端情况，但也说明私营监狱确实存在不良动机。2011 年 2 月，宾夕法尼亚州路泽恩县的一名无知的法官就成了帮助寡头们巧取豪夺的工具，他收受一家私营监狱的贿赂，答应他们进行极为严酷的审判，保证这家私营监狱装满犯人。

里韦拉说："这根本无法为州政府节约开支，例如，他们最近告诉议会和社区，每年将会节约 2 200 万美元，但如今他们已经比预算多花了 2 500 万美元。私营监狱所有者宣称他们能够以更低的成本运营监狱，即使他们真的能够做到，但届时他们一定寻找机会吞噬掉那部分节省下来的资金……监狱里的狱警人数不足，也可能会造成严重的后果。2010 年，在亚利桑那州的欣曼县发生了一起 3 名囚犯从私营监狱越狱的事件，官方检查后发现这家私人公司存在管理漏洞，狱警们缺乏专业的培训。风险是客观存在的，如果监狱的狱警人数不足，后果非常严重。"

当然，私营监狱的公司高层在政治领域都是大玩家，他们在全国竞选时慷慨捐出大笔资金。在现实中，监狱私有化更多地涉及如何运作人际关系，而非控制监狱成本。这其中的道理很简单：如果你的动机是利用公众安全赚取利润，那么对于外界而言，这是个非常糟糕的想法。政府的主要责任是为人民服务，企业的主要责任是对投资者负责。"我想起了一句古老的格言：如果一件事听起来过于美好以至于不像是真的，那可能就不是真的。"大卫·法蒂对我说，他是美国公民自由联盟全国监狱项目的主管。他接着说："他们宣称私人企业不仅能够以更低的成本完成这件事，还能够为投资者带来可观的利润，这听上去就不太可信，实际上这就是一个错误。"法蒂的说法完全正确。

事实上，有两家大型企业主导了美国监狱私有化的进程：美国矫正公司（Corrections Corporation of America）以及 GEO 集团（GEO Group）。在过去 10 年里，这两个"巨无霸"吞并了众多小公司，垄断了市场。2010 年，GEO 收购了业内排行第三的上市公司卡奈尔（Cornell），收购费用达 7.3 亿美元，从而与美国狱警公司形成"双头垄断"的市场格局。他们因为无颜面对公众，所以拒绝接受我的采访。这种垄断是资本主义的另一个特征：权力和资本的集中。实际上，这两家公司并没有优良的业绩，他们甚至债台高筑，而且债务还在持续攀升，公司终日忙于还债。但运作这两家公司的寡头们坚信，未来他们能够获得更多的业务：在 2006 年到 2011 年之间，矫正公司的股价上涨了 7.5%，因此，华尔街乐于为他们提供低息贷款。

政客不过是政治奴隶：他们为手握真正权力的人工作，或是为了获得有权势之人的资助而工作，真正有权势的人不是胆大包天的参议员，而是蚕食社会资源、掠夺社会财富的商业巨头。这两家私营监狱公司已经拥有 300 家监狱，但监狱内的状况却日趋恶化。美国如今有13.5 万名囚犯被关押在私营监狱中，占各州囚犯总和的 7%，联邦囚犯总和的 16%，私营监狱还试图扩大市场份额。在与投资者的交流中，这两家公司的发言人坦率地表示他们希望加快监狱私有化，因此他们要在选举中进行战略性捐助。他们在做生意上颇有一套，法蒂先生说："我们正处于监狱政策的转折点上。30 年来，囚犯人数第一次出现下降。"毫无疑问，私营监狱一定会蓄意地、有远见地支持和利用那些能增加囚犯数量的政客。正如艾森豪威尔对军工联合体发出的警告一样[1]，如今我们正面对着监狱联合体的威胁，因为他们认为，囚犯就是金钱，所以必须创造更多的囚犯。

监狱联合体雇用警察去控制穷人，经常把穷人视为社会垃圾。我曾跟随两名警察在纽约的布鲁克林区兜了一圈，他们不断地流露出对穷人的蔑视，无休止地谈论着肤浅的社会学见识，使用的都是极端保守的词汇。他们乘坐一辆警车，值班时间从下午 3 点 30 分到晚上 11点 30 分。他们发自肺腑地蔑视自己的同胞，警官卡瓦奈拉在经过一个住宅区时直接说："（他们都是）一群肮脏的人。这些遭人厌弃的低收入群体，他们不尊重自己，也不尊重我们，他们不尊重任何人。"

---

[1] 艾森豪威尔总统在即将离开白宫时说："小心军工联合体。"让人们警惕军工联合体在美国政治和工业舞台上的霸主地位。

◎ 司法体系的崩溃

就在私营监狱赚取利润的同时，公共司法系统遭到野蛮打击，因为政府要照顾到寡头们的优先利益。在纽约，我在布鲁克林区遇到正在为丈夫等待法庭传讯的吉米·布恩·阿摩司，当时已经是下午 4 点，但她从早晨就开始在此等待。"我厌倦等待"，她对我说，她丈夫在 23 小时前被逮捕，原因是他在街上抢劫了一名妇女，她声称丈夫抢劫的原因是无钱医治糖尿病。她说道："我很担心他，因为他已经被抓很久了，没有人告诉我他的现状，我不知道他是否有胰岛素或其他药物。"

美国法律规定，法院必须在犯罪分子被捕后 23 个小时内发出传讯。但联邦司法系统和州司法系统皆因预算削减而遭到破坏，这个规定通常无法执行。据抽样统计，2011 年的某个周末，布鲁克林区内有 57% 的法庭传讯不得不延期，但纽约甚至美国的法庭传讯延期问题，并非是州政府或联邦政府削减预算造成的唯一后果，受伤害最严重的人应该是那些最贫困、最缺少安全保护的人，这就是公共服务预算削减后最常见的后果。阿摩司夫人是纽约众多的受害人之一，他们本不应该承受这些由于州政府削减司法系统预算而造成的痛苦，而美国宪法明文规定要确保司法系统的正常运转。

2011 年，纽约将司法系统原计划的 26 亿美元预算砍掉了 1.7 亿美元，相当于削减了 6.5%，导致法庭传讯延期问题变得更加严重。如今，纽约的法庭在下午 4 点 30 分就停止办公，而平时要工作到下午 5 点。由于法官赶时间下班，所以工作起来就匆匆忙忙，根本没有足够时间收集各种必要的信息。纽约原来有旨在帮助妇女的家庭专用夜间传讯法庭，妇女可以在下班后前往法庭，因为她们在白天可能没有时间出庭。如今这项公共服务被取消了，这使得妇女可能成为家暴的受害者或者其他形式的受害者。

纽约的小额索偿法庭在曼哈顿区、布朗克斯区、皇后区同样存在，本来每周会有四个晚上对外开放，如今只能开放一晚（斯塔恩岛上的小额索偿法庭则从原来的每周开放一次变成每个月一次）。小额索偿法庭是房客与房主打官司、消费者挑战大企业的地方，但这两个重要的功能现在正在丧失。纽约州警官联合会的主席丹尼斯·夸克说："在斯塔恩岛上，如果你想起诉梅西百货公司，就苦等9个月。""毫无疑问，我们的工作士气比前几年更加低落，"布鲁克林地区的一名刑事辩护律师霍华德·施瓦兹补充说，"工作人员减少了，但工作量却增加了。"他说如今委托人进入法庭审理程序需要更长的时间，案子的办理时间也在延长，法官对传讯延期的重视程度也大不如前，这都是因为工作负担过重。他说道："这个系统的负担太过沉重。"2011年，纽约司法系统总共辞退了441名员工，大约占员工总数的3%，而2010年还有2 000名员工退休，这使得城市中的失业大军更加庞大。留下来的员工承担的任务都十分繁重。夸克补充说："预算削减影响到了整个司法系统，每个人的工作量都过大，这会影响他们在法庭上的表现，最后会影响到司法公正。"

美国自诩遵守法律，却从司法系统里挪走资金，严重影响美国人获得司法公正的权利。司法人员只能草率地收集和分析案件证据，囚犯在监狱中需要经历漫长的等待才能进入法庭，而对于那些无力保护自己的人来说，他们丧失了能够帮助他们抵御街头暴力和家庭暴力的支持力量。实际上，政府根本没有必要削减司法预算。纽约紧急实施的"百万富翁税收计划"① 已经3年，年税收数额高达138亿美元。这个税收政策主要针对年收入超过50万美元的人群，其收入税将从

---

① "百万富翁税收计划"是美国总统奥巴马敦促国会整改联邦所得税法的计划之一，其目的是要增加财政税收，削减财政赤字，并且希望就此使得税收系统变得更加精简、公平。

2.1%上调至8.97%。如果政府继续执行这项税收政策，很多纽约司法系统面临的问题就能迎刃而解，人们的等待时间也可以缩短，比如吉米·布恩·阿摩司遇到的情况。但为了继续压榨美国人民，寡头们不允许出现这种情况，他们信奉的意识形态是"阶级战争"。

然而，在世界许多地方，寡头们无休止的虚假宣传已经开始变得软弱乏力，人民正在收回属于自己的权利，这也是我们的希望所在。

第四部分

奋起反抗

革命浪潮风起云涌

世界局势风起云涌。战争、操纵、欺诈、政变在多个国家频频上演。究其原因，因为在美国人眼中，只有能够被美国"操纵的民主"，才是"真正的民主"。如今，世界各国开始奋起反抗，南美洲左翼政党纷纷上台执政，试图挣脱美国套在他们身上的枷锁。委内瑞拉的查韦斯，墨西哥的萨帕塔民族解放军，不惧强权，奋起抵抗，突尼斯和埃及的民主浪潮已经席卷了中东和北非。用革命的艺术引领艺术的革命，拿起这个有力的武器，与奴役我们的寡头们彻底决裂！

第14章

地盘之争
美国：拉丁美洲是我们的后院

◎ 门罗主义：争夺拉丁美洲的宣言

21 世纪初，西半球出现了民主变革，自从谋杀犯哥伦布抵达美洲大陆并认为自己到达了印度次大陆以来（他实际上是"发现"了已经有人居住的美洲），这次变革是所有变革中最大的一次。自 1823 年开始，美国出现了所谓的"门罗主义"①，西半球被美国的政策制定者们称为"自家的后院"，这片广袤的陆地上蕴藏着丰富的资源，美国的精英阶层正打算大肆进攻，将其丰富的资源收入囊中，同时也为殖民地国家的卖国贼提供丰厚的"回报"，这种情况维持了两个世纪之久。

1823 年 12 月 2 日，美国总统詹姆斯·门罗在国会发表演说时，他大胆的言辞构成了所谓的"门罗主义"的基础。门罗说，美洲国家"不再是欧洲列强将来殖民的对象"。对于被殖民的民族来说，这似乎是一个好消息。但实际上，门罗是希望美国能够取代欧洲列强，成为美洲的统治者。他继续说："出于我们坦率的天性，加上我国和欧洲各国间的友好关系，我们宣布：如果欧洲列强企图把其制度扩张到本半球的任何区域，我们便认为此举危及我们的和平与安全。"他这

---

① 1823 年，美国总统门罗向国会提出咨文，宣称："今后欧洲任何列强不得把美洲大陆已经独立自由的国家当作将来殖民的对象。"他又称，美国不干涉欧洲列强的内部事务，也不容许欧洲列强干预美洲的事务。这项咨文就是通常所说的"门罗宣言"。

是想告诉欧洲列强一个简单的事实："这片大陆如今是我们的了！"实际情况确实这样。在赤裸裸的帝国主义政策的指导下，美国打着动听的旗号，在19世纪60年代通过西班牙战争夺取了古巴（美国至今仍然非法占据着关塔那摩湾），又于1898年夺取了波多黎各（至今为美国占有）。

"二战"之后，欧洲列强纷纷垮台，帝国主义的统治难以为继，各国为争取独立和自由的革命风起浪涌。就在欧洲殖民者倒下的同时，美国崛起为超级大国，其国内那群善于巧取豪夺的寡头，不希望在接下来与苏联的冷战对峙中失去对西半球"后院"的控制。然而，直接占领他国法理难容，因为美国人民讨厌帝国及帝国主义，因此演变为由美国情报部门代劳：一旦哪个拉丁美洲政权拒绝保护美国的商业利益，那么它将被美国秘密机构颠覆，这样也就避免引起美国人民的注意。美国策划的第一次政变发生在1954年的危地马拉，当时的总统哈科沃·阿本斯是中间偏左派人士，他把美国联合果品公司的土地分配给无地可耕的农民，这一举动惹恼了美国，美国中情局组织发动政变推翻了阿本斯政府，并扶植起一个军事独裁政权，由此引发该国历史上最残酷血腥的内战，直接导致20万人死亡。

任何南美洲国家，一旦左翼政府被选举上台，美国会马上秘密策动一场反民主的侵略战争。1963年的多米尼加共和国，1964年的巴西，1970年的尼加拉瓜，1973年的智利……这些政府都由民主选出产生，而推翻这些它们的多数是新纳粹和法西斯分子。所有这一切都打着与"邪恶帝国"苏联作斗争的旗号，就如同今天打着与伊斯兰极端主义作斗争的旗号一样。不管是昔日还是今天，似乎有了这杆大旗，美国就可以为所欲为。拉丁美洲有数十万人惨遭屠杀，而这些屠杀的帮凶在美国可谓家喻户晓：引发危地马拉血雨腥风的杜勒斯，扶植智利独裁者的基辛格，支持法西斯组织尼加拉瓜反抗军对抗民主选出的桑地诺政权的里根总统。在美国的主流文化中，这几个人被视为英雄，但美洲其他地区的人民并不这样认为。为美国企业效劳数十年的经济顾问约翰·珀金斯，最后写出了《一个经济杀手的自白》（*The Confession of An Economic Hit Man*）一书，其中透露了他的经历。在一次采访中，约翰·珀金斯表示："我们的任务就是建立美利坚帝国，就是要尽可能地创造机会，让资源流入美国，流入我们的企业和政府中。在现实中，我们成功地做到了这一点。我们在战后 50 年里建立起人类历史上最庞大的帝国。我们很少动用军事力量，伊拉克只是一个极端的个案，军事打击成为最后的手段。美利坚帝国与历史上其他帝国不同，我们的首要手段是经济操纵、欺骗、造假等，诱导他人选择美国的生活方式，美利坚帝国依靠的便是我们这些经济杀手，我个人更是深陷其中。"

虽然经历过一段被剥削和屠杀的历史，当 21 世纪来临之时，西半球的人民仍然十分乐观。西半球，特别是拉丁美洲，终于摆脱了帝国主义的沉重镣铐，正在走向胜利。智利、玻利维亚、巴西、委内瑞拉的民选领导人终于站起来拒绝北方恶霸前来捣乱。他们制定本国的经济政策，把土地财产分配给生活在这片土地上的国民，而非富裕的大企业和迈阿密的流亡分子，他们不再被动地承受着美国的颠覆，而是时刻准备与美国进行战斗。

在玻利维亚，东部潘多等省的法西斯准军事武装屠杀土著农民，传统的白人精英群体试图发动武装暴动，推翻民选总统埃沃·莫拉莱斯，因为他无法容忍美国在自己的国境内胡作非为：他驱逐了美国大使，还将引发屠杀的省长绳之以法。在一系列雷厉风行的举动之后，拉丁美洲地区经过民主选举产生的左翼领袖，全部都站出来在联合国支持莫拉莱斯，因为他们清楚，只要团结起来，才能避免被美国铁蹄碾碎的命运。

委内瑞拉的查韦斯紧随其后，他也驱逐了美国大使。他的举动无可厚非。2002年，美国发动政变，将他驱逐下台两天，并扶植了一个亿万富翁上台。在这个富翁短暂的执政期内，宪法和民主制度被废除。委内瑞拉讲西班牙语的地区立即爆发反抗，数十万人上街游行，支持查韦斯这个将人民与矿产的地位看得同等重要的领导人。最终，查韦斯得以重新上台执政，委内瑞拉人民正变得越来越强大，他们不允许历史悲剧重演。

新一代的南美洲左翼领袖不再卑躬屈膝，他们与过去的领导人截然不同。他们清楚地了解美国中情局和美国民主基金会等美国政府组织的本质。无可避免地，他们被蓄意拖入战争泥潭，玻利维亚的土著居民武装起来准备战斗，他们没有像智利总统阿连德那样具有争议的和平主义观点，而是坚信一个理念：如果右翼势力企图清算民主，我们将用武力捍卫。冷战已经结束，美国政府和新闻媒体再也无法将这些中间偏左的政治家污蔑为苏联特务。然而，《华盛顿邮报》还是无耻地把查韦斯描绘成独裁者，但事实上，在当今世界查韦斯是被民众选举为总统次数最多的人。在中东，美国也同样奉行支持独裁者的无耻政策，但其帝国主义行径在那片大地却陷入泥潭，使得美国人暂时无暇顾及拉丁美洲。有人认为，如果没有发生"9·11"事件，查韦斯的革命早就成为历史，莫拉莱斯也不会上台执政。

1975年，美国资助的"秃鹰行动"是一个覆盖整个拉丁美洲的恐怖组织，其首领是美国精挑细选出来的皮诺切特将军。美国以为，凭借这样一个组织就能够高枕无忧。可如今形势发生了逆转，当费尔南多·卢戈在巴拉圭当选总统后，整个南美洲开始变成一个主张独立自主的左翼阵营。不幸的是，2012年卢戈的统治被推翻，他称这次事变是"披着司法外衣的议会政变"。尽管如此，拉丁美洲仍然让人们第一次看到了希望，各国的同盟关系正在得到逐渐加强。民主、经济公平、尊严将再次回归这片大陆，而美国在该地的影响力正在逐渐凋零。

◎美国：建立"正确"的民主制度

2008年，历史社会学家、思想史家佩里·安德森写了一篇文章，其中提出一个问题：为何在"二战"后资产阶级允许民主制度在土耳其蓬勃发展，却不允许禁止其在西班牙的发展？他用两小段文字解释了20世纪"西方民主"的历史问题。关于"二战"后的西班牙，他写道："对佛朗哥将军而言，民主化的西班牙简直不可想象，因为有可能导致政局如同火山喷发般再度陷入混乱，不仅军队会变得不可靠，教会和资本也会失去安全。"

对佛朗哥以及支持他的大资本而言，独裁是唯一的选择。但他们其实不必过分担心，在佛朗哥长达36年的独裁统治下，"经济得到长足发展，西班牙社会由此发生巨大变化，激进的民众运动烟消云散，民主制度不再是大资本的威胁。至此，独裁统治完成了其历史使命，而之前软弱无能的波旁王朝①的社会主义者甚至无力恢复被佛朗哥推翻的共和国"。换句话说，此时在西班牙实行民主制度是安全的，因此西班牙在1976年开始逐步向西方议会民主制度过渡。安德森接着说："西班牙的经验让美国发现了未来民主制度的发展路线，这条路线是拉丁美洲的独裁者们在20世纪70年代重复走的道路，皮诺切特就是一个典型案例。由于选民会感激政府赋予公民以自由，因此这个时候推行西方式民主制度便不会再引发社会动荡。"

这种没有危害的民主，虽然有利于既定的利益获得者，但却违背

---

① 1975年11月20日，以铁腕统治西班牙达39年之久的佛朗哥去世。22日，胡安·卡洛斯被立为西班牙国王，他是西班牙波旁王朝末代国王阿方索十三世之孙，其父为巴塞罗那伯爵。

了大众的意愿。尽管如此，在美国政府的大力推动下，这种民主制度在世界各地普遍建立起来。任何违背这种"共识"的国家都要遭到来自美国的严厉惩罚。那些不接受"共识"的领袖，会遭到美国及西方媒体的大肆攻击与诽谤。而如果有的国家追求真正的民主，美国就会扶植起一个独裁者，为建立"正确"的民主制度做准备。历史上多次出现"失控"的民主，比如海地的阿里斯蒂德，伊朗的摩萨台①。而那些帮助美国维持"正确"的民主秩序的人都是些臭名昭著之徒，比如尼加拉瓜的反抗军，印度尼西亚的苏哈托。但今天发生的事就是明天的历史，国际关系已经发生了翻天覆地的变化，我们正在经历这场博弈的最新阶段，也许是最后阶段。这次博弈的一方是全世界人民，他们需要那种重视人民而非光顾着大企业、大资本利益的民主制度，另一方则是统治阶层，他们的想法与世界人民的愿望恰好相反。

但令美国人失望的是，拉丁美洲却成了反抗"无危害民主"的主要抵抗力量。这可能是巧合，因为美国及其盟友认为南美洲无关紧要，因此还没来得及去扑灭这股力量（美国尝试过）。西方及其在发展中国家的代理人发现了一种深得他们喜爱的民主形式，那就是让散漫的人民群众每隔 4 年就在两个党派中挑选一个候选者上台执政，而这两个党派中的候选者，全部都是大企业主的代表。但这种民主形式在拉丁美洲遭到彻底遗弃，我们在西方搞的民主闹剧（以及通过模仿美国而建立起的国家）在拉丁美洲人民心中失去了吸引力。拉丁美洲独特的民主形式有益于本地人民，他们发展出了一些真正代表人民的政党，比如埃沃·莫拉莱斯领导的争取社会主义运动党，这一党派有原则、有目标，党员们为了使社会走上正轨，公正而严厉打击一切蓄意破坏政治秩序的行为。

---

① 穆罕默德·摩萨台，1951 年至 1953 年间出任民选的伊朗首相，但在 1953 年被美国中央情报局策动的政变推翻。

当美国的主流媒体逐渐开始报道南美洲真正的民主状况后，寡头们的看门口狗开始感到害怕，因为数十年以来，他们一直在热情洋溢地兜售美式民主，却不知道世界上还有其他类型的民主，如今再装傻充愣已经不太现实了。我们可以预见他们接下来的反应：他们下意识地鄙视拉丁美洲的民主运动，这是数个世纪以来美国不加思索地控制他人的必然结果，是类似于长期称霸校园，并由此获得自我满足的恶霸心理。有一天，当他再次去抢夺穷孩子的糖果时，发现穷孩子竟然奋起反抗了，他将难以接受这个事实，美国同样如此。

对佩里·安德森而言，虽然佛朗哥破坏了西班牙的公民社会，但西班牙"已经成为获取自由的模板：不是让世界安全去迎合民主，而是让民主安全迎合世界"。各种历史因素在拉丁美洲交汇，这里成为让世界安全去迎合民主的最后机会，这次战役的重要性不容低估：如果战役失败，我们或许没有第二次机会。

◎ 委内瑞拉：查韦斯的绝地大反击

加拉加斯是委内瑞拉的首都，人们可以在这里轻易体会到这个国家的矛盾。市中心有农贸市场，宽敞的大街两边矗立着现代化的摩天大楼，市郊山峦起伏，城市精英们居住的街道不仅绿树绿树成荫，还散布着崭新的公寓大厦和妙不可言的意大利肉饼店。但对外国人来说，加拉加斯最著名的地方当数西班牙语居民区，这儿有成千上万间临时住房组成的巨大贫民区，这些贫民区分布在拥挤的山脚之下，查韦斯的支持者大多来自这里。2002 年，在美国的支持下，委内瑞拉爆发政变，查韦斯被驱逐下台，成千上万的支持者从贫民区里蜂拥而出，跑下山岗，冲向总统府。我在加拉加斯乘坐新建成的缆车参观了这些贫民区。之所以开通缆车，是为了把不同的贫民区联系起来。等待乘坐缆车的人排起了长长的队伍，因为如果乘坐公共汽车，通常需要两个小时才能穿越贫民区内曲折的山路；而乘坐缆车走完这段路途只需要 17 分钟，并且仅需花费 1 毛钱。加拉加斯的缆车改变了成千上万委内瑞拉极端贫困者的生活。这些缆车技术先进，运行起来没有任何问题。当然，它们看上去像会耗费大量的资金。当你走过贫民区的时候，会发现到处都是关于查韦斯的涂鸦——去世之后的他成了委内瑞拉人的神灵。有些涂鸦是用模版印制的，显然是由查韦斯政府专门设计的；还有一些涂鸦是随手创作的，彰显出人们对他的感激之情。

　　委内瑞拉本应该是世界上最富有的国家之一。它是世界上第二大原油储备国，但却到处充满贫民窟，国家极端的贫穷落后，这让人感到很困惑。在查韦斯之前的数个世纪里，开采原油完全是为了寡头们的利益：金钱流入西方跨国企业及其股东以及寡头在委内瑞拉的代理人的腰包。在查韦斯的领导下，通过开采自然资源获得的财富，第一次使整个社会受益，特别是那些最贫穷的人。教师团体和医生团体被派往贫民区，以帮助改善贫困、落后的境况。在查韦斯的领导下，委内瑞拉成为拉丁美洲地区消除贫困最成功的国家，一举超越了巴西和玻利维亚。当然，这并不意味着该国不存在其他问题，或者说查韦斯的思想体系没有任何瑕疵；比如，缺乏司法独立就是问题之一，因为查韦斯对国家实行绝对控制，委内瑞拉的食品也十分匮乏，通货膨胀率居高不下。毫无疑问，有些问题是社会精英们蓄意制造的，他们想搞垮这个国家的经济，以便把查韦斯的接班人尼古拉斯·马杜罗驱赶下台。在查韦斯执政初期，他们就曾发动过大规模的攻击，这就如同 20 世纪 70 年代之时，尼克松对智利说过的话：让他们的"经济发出惨叫声"，为此美国支持皮诺切特将军推翻了智利的民主制度。但美国这一伎俩在委内瑞拉似乎没有得逞，虽然在 2014 年爆发了反政府抗议活动，活动的名称为"赶走马杜罗"，但查韦斯的支持者仍然赢得民主选举并组建了政府。将来寡头们会怎么采取何种行动呢？

美国媒体对此表现得歇斯底里，查韦斯被它们比喻为萨达姆、波尔布特①、伊迪·阿明②，媒体人甚至还跟随愚蠢的美国前国防部部长拉姆斯菲尔德一起叫喊，将查韦斯污蔑为希特勒。道格拉斯·麦金农在《华盛顿邮报》上写道："查韦斯先生与这些独裁者有共同之处，那就是通过杀人和践踏人权去实现个人目的。"但查韦斯是世界上最具有民主信誉的人，1987 年他在民主大选中大获全胜，1999 年再次赢得了委内瑞拉人民的支持，获批修改宪法。2000 年 7 月，他又一次赢得大选，全国 60% 的选票投给了他，这让自诩民主的美国和英国相形见绌。2000 年 12 月，查韦斯赢得了一次呼吁国家监督工会选举的公投。根据查韦斯在 1999 年颁布的宪法，只要收集到 20% 的选民签字，就可以举行罢免总统的公投。反对派在 2004 年 8 月做到了这一点，于是发生了罢免查韦斯的公投运动。查韦斯在公投中再次胜出：59% 的人投票说"不"。这次公投是世界上最成功的选举较量。这意味着查韦斯在 9 年里赢得 3 次大选，4 次公投，即使是在世界范围内，我们也难以找到民主支持度如此高的领导人。这与乔治·布什形成了鲜明的对比，关于 2000 年布什参选总统一事，如今我们可以毫无争议地说，他之所以能够赢得选举，是因为他使用卑劣的手段偷取选票，这与"香蕉共和国"内普遍存在的独裁者发动政变并无二致。

近几十年来，委内瑞拉还发生了更令人惊讶的事：2002 年，右翼组织发动政变，企图武力推翻民选总统。记者伊娃·戈林格在她的《查韦斯的密码：粉碎美国干预委内瑞拉内政》（*The Chávez Code：Cracking US Intervention in Venezuela*）一书中，披露了众多前美国政

---

① 波尔布特，原柬埔寨共产党（红色高棉）总书记。1976 年至 1979 年间出任民主柬埔寨总理。他是一个"极左"主义者，其"极左"政策普遍受到国际社会的谴责。
② 伊迪·阿明，乌干达前总统，行伍出身。1968 年集国家军权于一身，1971 年发动军事政变，推翻米尔顿·奥博特政权，1976 年任终身总统，任职期间驱逐 8 万名亚洲人出境，屠杀和迫害国内的阿乔利族、兰吉族和其他部族达 10 万～30 万人。

府的解密文件，曝光了美国如何通过支持各种机构发动政变的内幕。右翼组织的政变虽然在短时间内获得了成功，但最后还是以失败告终，因为加拉加斯数十万被压迫的群众站上街头，要求大资本家支持的军政府释放查韦斯。

美国为何满嘴谎言？为何对查韦斯进行恶意中伤？这是由美国的政治和经济政策决定的。查韦斯领导下的委内瑞拉为拉丁美洲树立了一个榜样，或者说为全世界树立了一个榜样，它告诉人们怎样的社会才能称得上平等。在选举之后，查韦斯提出了一个计划，他称之为"玻利瓦尔计划"，名字取自 19 世纪拉丁美洲伟大的解放者西蒙·玻利瓦尔，该计划的目的是大规模消除委内瑞拉严重的贫困现象。此后，数百家免费医院拔地而起，众多普通民众第一次享受到医疗护理的服务；地方上建立起人民委员会，可以行使自主决定权；从 1998 年到 2006 年，委内瑞拉的婴儿死亡率下降了 18.2%；2003 年至 2006 年间，委内瑞拉最贫穷阶层的收入增加了 150%。委内瑞拉拥有极为丰富的自然资源，其石油财富在开采数十年之后第一次回馈给本国人民，而不是落到贪婪的外国人或者外国人在委内瑞拉的走狗精英阶层的腰包中。

对美国而言，这样的榜样无疑十分危险，人们对公正的渴望可能会四处蔓延。20 世纪 70 年代，智利在社会主义者阿连德的领导下也进行过类似的改革，基辛格称之为"可能会传染给他国的病毒"。掠夺世界人民的寡头们肯定会继续想方设法消灭这个榜样，但在墨西哥东南部山峦隐现的地平线上，为生存和尊严而战的烈火正在熊熊燃烧。

第15章

自由战士

一场争夺市场的世界大战

◎ 萨帕塔民族解放军

欧文泰克（Oventik）距离圣克里斯托瓦尔—德拉斯卡萨斯有两小时的车程，这是一个西班牙殖民者的城镇，地处墨西哥恰帕斯州的高原上。路况还算不错，只是有些颠簸不平，经常看到小动物在路上四处乱窜。道路两边不时还能看见用煤渣砌块修建的房子，屋顶上罩着波纹铁皮，房子里住着世界上最贫穷的人。路旁一块腐朽的木头路标上写着：你现在进入了萨帕塔主义者[①]的土地。旁边有一道大门，门口有 4 个守卫，他们都戴着巴拉克拉法帽，用黑纱罩住头部，上面挖了两个窟窿露出眼睛。他们是萨帕塔民族解放军成员，在墨西哥最贫穷的州里，这支军队正在做顽强的抵抗。

一条悠长的道路穿越这个地区，沿路望去，两边的建筑物上都是壁画：不断地出现切·格瓦拉[②]和埃米利阿诺·萨帕塔[③]的画面。我请

[①] 萨帕塔主义运动，是拉丁美洲国家为维护印第安原住民的权利而战斗，反对新自由主义经济模式和全球化的斗争。本文的萨帕塔主义者，是指为土生印第安人的权利而战斗，反抗西班牙帝国主义，反对自由贸易和全球化的印第安人，他们的组织被称为萨帕塔民族解放军。

[②] 切·格瓦拉，1928 年 6 月 14 日生于阿根廷，是阿根廷的马克思主义革命家、医师、作家、游击队队长、军事理论家、国际政治家及古巴革命的核心人物。1967 年在玻利维亚被捕，继而被杀。切·格瓦拉死后，他的肖像已成为反主流文化的普遍象征、全球流行文化的标志，同时也是第三世界共产革命运动中的英雄和西方左翼运动的象征。

[③] 埃米利阿诺·萨帕塔，墨西哥农民起义的著名领袖，在 1910 至 1917 年墨西哥资产阶级革命中作出过卓越的贡献。

求进入房屋，门卫拿着我的护照进去请示，半小时后他返回告诉我：
"你可以进来，但不许采访。"欧文泰克是分布在墨西哥恰帕斯州境
内的 13 块顽强的根据地之一。1994 年 1 月 1 日，土著组织萨帕塔民
族解放军发动起义，通过武装斗争控制了该地区，起义当天恰好是美
国和加拿大在《北美自由贸易协议》上签字生效的日子。根据该协议，
墨西哥被迫废除了土地公有制，这项由宪法规定的条款已经实施了将
近一个世纪。最终，土著居民的愤怒全面爆发。

　　数个世纪以来，土著居民一直遭到大地主的歧视和压迫。《北美
自由贸易协议》属于新自由主义范畴，目的是取消墨西哥的主权，美
国人为此作了数年的努力。墨西哥宪法第 27 条规定允许墨西哥存在
"合作农场"，这是一种墨西哥革命后产生的土地所有权制度，农民
有权使用土地从事生产。这条公正的、人性化的法律在 1991 年被废
除，宪法第 27 条按照美国的意愿进行了修改。墨西哥总统卡洛斯·萨
利纳斯按照布雷顿森林体系的规定修改了《农业法》。萨利纳斯还启
动了所谓的土地权认证程序，把公有土地分割成更小的单元。这一举
动相当于把国家主权拱手让给外国资本家，这成了萨帕塔民族解放军
起义的导火索。这支军队的名字取自自由革命战士埃米利阿诺·萨帕
塔，他在 20 世纪领导墨西哥人民取得了第一次革命的胜利，从外国
资本家手中夺回墨西哥的土地。

　　通向卡拉科尔（Caracol）的道路漫长且泥泞不堪。道路两边的木
质建筑物体现出对"女性尊严"的崇拜，还有一座医院、一所学校和
一个篮球场。我的向导不善言辞，戴着巴拉克拉法帽的他只露出两只
眼睛，里面充满了疑虑。卡拉科尔对萨帕塔主义者来说意义非凡，"以
最慢的脚步行走"是他们常用的一句格言，意思是说他们可以等最后
一名成员准备好了再前进。道路两边还有许多关于蜗牛的壁画，还有
"缓慢但向前"字样的涂鸦，这再次说明他们要以蜗牛的速度前进，

但他们一旦准备完毕，将勇往直前。萨帕塔主义者把沉默当作一种学习方式，人们要倾听而不是叫嚷。有传言说他们在准备好之后会再次发动起义。我在那里采访的时候，萨帕塔主义者正在组建小学，我意识到这一传言有可能是真的。有经验的萨帕塔主义者会在小学里授课，"传授萨帕塔主义的自由理念和行动：他们所取得的成功，遭遇过的失败，面临的问题以及解决方案。也就是哪些事情已经取得进展，哪些事情陷入困境，哪些事情让我们困惑，因为这些事情在未来将会重复出现"。这些都是萨帕塔民族解放军副司令马科斯[①]的名言，马科斯曾在巴黎度过一段艰苦的岁月，后返回恰帕斯州参与萨帕塔民族解放军。在卡拉科尔，这里的土著居民有一种世界上罕有的当家作主的感觉，尤其是我身处之地。墨西哥军队对土著地区发动过无数次进攻，但都无法攻破，由此可看出此地的非凡。萨帕塔主义者被称为墨西哥境内组织性最强的土著抵抗团体，部分原因在于他们在 20 世纪 90 年代中期进行过几次艰苦的战斗，其结果是战斗双方签订了《圣德鲁斯协定》（San Andrés Accords），墨西哥政府承认他们享有一定程度上的自治。

◎ 教堂中的屠杀事件

我们继续向山间行进。云雾缭绕和广阔的草地之间坐落着安哥提耳，这是一个土著聚居的小镇，萨帕塔主义者参与了小镇的部分管理。1996 年，这里发生了对萨帕塔主义者最野蛮的屠杀，准军事部队开枪杀死了 45 名正在教堂做忏悔的人。许多人怀疑墨西哥政府实施的这次屠杀受到了美国的支持，或者说美国至少是帮凶。那场屠杀持续

---

① 墨西哥政府声称，马科斯的真实身份是塔毛利帕斯州坦皮科的拉法埃尔·塞巴斯蒂安·纪廉·文森特（Rafael Sebastián Guillén Vicente）。

了数个小时，但附近军事哨卡里的士兵没有参与其中。第二天，人们看见士兵在擦拭教堂墙壁上的血迹，曾经有一段时间，墨西哥政府雇用民兵团对付萨帕塔主义者。

我到达安哥提耳那天，恰好遇到倾盆大雨，我沿着大街走进一处篮球场，这个篮球场属于萨帕塔民族解放军。整个村子的人都来为自己支持的篮球队加油助威。与欧文泰克一样，这里的房子外墙和建筑物上画满了壁画，其中的人物都是拉丁美洲左翼革命分子。有带着巴拉克拉法帽的圣徒，有不同肤色的孩子手拉着手。一个土著居民走近我们，问我们有没有看到为纪念大屠杀遇难者建立的纪念碑，他还为我们指明了前往纪念碑的方向。那座纪念碑有数十英尺高，在云雾中半隐半现，不久之后整座村庄也淹没在云雾之中。纪念碑由黏土建成，上面刻画着 45 名哭泣的遇难者。我向山下走了几步，打算去参观大屠杀的原址。但教堂已经不复存在（大屠杀之后被拆毁），如今由一座露天会堂取而代之。露天会堂有一堵墙，墙上固定着木质十字架，用以纪念每个遇难者，其中还有几个孩子和孕妇。有一名土著居民走近我们，我告诉他我自英国而来。他问我："你为什么没有在我朋友被杀之前来？"我无言以对。

回到圣克里斯托瓦尔，我与罗伯特·畅清·奥尔特加坐在一起，他是一名年轻的积极分子，很早之前就参加了革命。我们在镇子中心广场的咖啡馆里喝咖啡。"1994 年 1 月 1 日的起义让许多人大吃一惊。我父亲说土著居民已经有 50 年没有发动起义了，"奥尔特加告诉我，"起义的主张获得了很多人的理解和支持，因为这种主张是正义的，在国际上也产生了共鸣。"他接着说："我当时还很年轻，对武装革命抱有很大的激情，《马科斯宣言》（*The Communiqués of Marcos*）是一种新的战斗语言，充满了诗歌般的韵味，深受摇滚乐的影响。但当时的形势很严峻，我们被禁止随便离开屋子。"墨西哥的民主革命以失败告终，政治家们脱离人民群众，穷人的教育体系和卫生体系走向崩溃，这极不正常，因为墨西哥资源丰富，地理位置也很优越。

◎ 自由贸易的奴隶

1994 年元旦，萨帕塔民族解放军发动起义，媒体进行了大量跟踪报道，国际社会也给予了很多同情，这有力地阻止了墨西哥政府的野蛮军事反击。萨帕塔主义者占领圣克里斯托瓦尔之后，许多人拿着用木头雕刻的枪，表达反抗的意愿。但墨西哥军队过于强大，为了避免大量伤亡，起义军撤退到拉坎敦地区的森林里。几周之后，美国摩根大通银行发布了一份题为《墨西哥的政治形势》的备忘录，其中罗列了西方资本家的忧虑。这份备忘录写道："（墨西哥）政府必须消灭萨帕塔主义者，以证明能够有效地保证国土和安全政策的实施。"

白人统治者在殖民时代已经埋下祸患的种子，他们对土著居民进行残酷的剥削，推行歹毒的种族主义政策，由此导致这次运动的爆发。几个世纪以来，白人入侵者把土著居民当作儿童一样进行管束，通过种族家长式的统治，让土著居民认为自己是儿童。他们先后沦为白人的枪口及其设计的经济制度下的奴隶，这一切终于在 1994 年发生了改变。"土著人民站起来了，"奥尔特加说，"他们不仅拥有了自由，还赢得了应有的尊严。政府耗费大量的资金企图扼杀这次运动，美国对此表示担忧。"实质上，政府试图把土著居民全部赶走，至少在被那些资本家看中的土地上，土著居民必须被迁走。墨西哥的白人社会，实际上仍然认为印第安人是贫穷的次等人种。

尽管如此，土著居民还是争取到了设立自治区的权利。这是一个很大的成就，但他们也面临着巨大的压力，有来自墨西哥中央政府的，也有来自美国武装的墨西哥军队的。如今，这群人不能踏入卡拉科尔半步。在自治区内，萨帕塔主义者有自己的驾驶执照、机动车牌照，这是一个真正的独立王国。奥尔特加表示："他们不断地进行自治区建设，以抵抗外部势力。虽然现在媒体不再关注他们，但萨帕塔主义者并不在意是否被人关注，他们正在集中精力进行建设，努力改善现状。"一位大学教授对我说："他们能够存活下来全赖国际的支持。"这句话也许说对了一部分，但他们真正能够存活下来的原因在于团结一致以对抗压迫者。

美国为墨西哥军队提供训练已经有数十年历史，他们传授镇压反叛组织的方法，而且为墨西哥政府提供了数十亿美元的资金，用以从事缉毒战争，但缉毒只是一个幌子，实际上是打击持不同政见者，包括萨帕塔主义者。奥尔特加对我说："对于世界上很多人而言，美国是一个危险的敌人。《北美自由贸易协议》是一个灾难。政府制定了诸多土地私有化措施，作为自由贸易协定的一部分，这导致农民的土地被迫出售或被查封。"《北美自由贸易协议》摧毁了墨西哥很多繁荣的工业区，缉毒刑警用子弹控制了这个国家。正如《纽约时报》所说："《北美自由贸易协议》产生的结果事与愿违……当跨国企业选择从他国供应商那儿进口货物之后，它们本国的经济遭到了重创。"但《纽约时报》有一点没有提到：《北美自由贸易协议》设计的目标就是进行破坏。具体地说，《北美自由贸易协议》本就是要把墨西哥变成一个比之前更加彻底的奴隶国家。

墨西哥政府现行的经济模式深受布雷顿森林体系和《金融时报》编辑部的称赞，即高经济增长率，为外国投资者提供巨额回报（这一点不能公开），难以逾越的社会鸿沟。例如，墨西哥在 2010 年的经济增率为 5.5%，这个数字创十年以来的新高，但就在这一年，墨西哥的贫困人口增加了 300 万，共计 5 200 万墨西哥人生活在国家贫困线之下，这几乎占墨西哥总人口的一半。《金融时报》在赞美这种现状之时用的标题是"残忍的繁荣"。只有对穷人残忍，才能使富人繁荣，这就是经济全球化的箴言。

"这不仅是为了美国，还为了国际资本家的利益。"加斯帕·莫魁霍说，他是恰帕斯州的一名知识分子，大部分时间都待在圣克里斯托瓦尔的一家萨帕塔主义者经营的咖啡馆里，他又说："非洲、亚洲、拉丁美洲，到处都有这种现象，人们难以与之抗衡。"1992年，萨帕塔民族解放军的副司令马科斯说，帝国主义国家针对穷人的战争是第四次世界大战。第三次世界大战是美苏冷战，最后资本主义获胜，这些胜利者随即发动了第四次世界大战，这是一场关于争夺市场的战争，一场军工企业和金融资本家发动的战争，他们正在稳步向前推进，力图摧毁其他国家的文化和经济。从这个意义上讲，我们看到的是资本主义的最后阶段，第四次世界大战是一场推行资本主义生活方式的战争。

"美国有很多战争计划，有的叫'哥伦比亚计划'，有的叫'梅里达计划'"，莫魁霍说，他声称自己是《拉坎敦宣言》（*Declaration of Lacandon*）的忠实信徒，这一宣言概括了萨帕塔主义者的目标。他继续说道："美国控制西半球的行动已经持续了200多年，它的兴趣不仅在于控制拉丁美洲，还在中东开启新的战事，在亚洲也在不断地挑衅中国。美国人动用残暴的军队，为此每年投入数十亿美元的资金。他们不仅没有变弱，反而越来越强大，他们集中更加强大的力量对付墨西哥。美利坚帝国目前几乎没有弱点，萨帕塔民族解放军很难找到取胜的机会。"

莫魁霍所言不虚，但萨帕塔主义者还是让世人看到了希望——他们创建了革命根据地，并成为抵抗运动的中心；他们还展示出如何利用现代技术获得公众支持，以抵御世界强国的镇压；他们让那些强国只能像嗜血的秃鹰一样，绷着脸对他们虎视眈眈。自从土著居民试图掌握自己的命运以来，他们就遭到了来自各方的残酷镇压。最近几年，情况变得更加复杂，在《北美自由贸易协议》生效后，受到"有利的投资环境"等经济因素的吸引，大资本家门纷纷向恰帕斯州汇聚，他们企图大赚一笔之后就立即撤退。如今，跟许多美国的卫星国一样，墨西哥"对跨国企业的门户大开"，这是新自由主义者的说法；更加准确的说法是"墨西哥正在被低价出售"。这些资本家们正在试图控制墨西哥的政治进程，以彻底消灭民众反抗力量，争取把整个墨西哥全部出售。墨西哥国有石油公司是墨西哥人民最后的财产，但目前也处于待售状态。

　　土著居民在保护自己土地的斗争过程中，面对的敌人不仅有联邦政府或州政府，还有政府背后的势力，即私人财阀和跨国公司，这些幕后掌舵人试图攫取自然资源。无论是水资源还是石油资源，凡是有利用价值的资源，他们都想据为己有。墨西哥政府只是一个中间人，在跨国企业和墨西哥自然资源之间起到桥梁的作用，它为外国企业的掠夺披上合法的外衣，这样后者就有充分的理由赶走土著居民，继而开发土地资源。墨西哥政府声称非常重视人权，但实际上，他们丝毫不关心本国国民的人权。世界上有许多国家都跟墨西哥一样，笼罩在在美国的阴影之下。

　　"事实上，在过去的20年里，针对民众的暴力事件层出不穷，人权状况持续恶化。"古比·查马德斯说，他是圣克里斯托瓦尔的福亚巴人权中心的工作人员，主要关注萨帕塔主义者的人权问题。查马德斯他又说："从前，没人敢反对建设大型工程项目，大家甚至一致赞同。但如今情况有所不同，当那些家伙席卷而来的时候，人民勇敢地站出来反对他们的计划，并阻止他们的行动，因此暴力活动有所上升，因为他们对人民的镇压越来越残酷。他们也不想深陷如此境地，这让人尴尬不已，所有关于发达国家关于帮助发展中国家发展和现代化的言论都是谎言。"罗莎·卢森堡也说：人只有在动的时候，才会知道自己是否是被锁链束缚。

◎ 大兵压境：军队和人权组织都是罪犯

墨西哥政府跟所有美国的盟友一样，每天都在鼓吹人权至上，但人民大众根本看不见人权的踪影。土著人民曾经默默无闻，彼时政府也宣称国内民众享有充分的自由，内部不存在任何矛盾。当土著人民揭竿而起、试图掌握自己的命运之后，他们成了政府的敌人，他们不再是政府口中的"好土著"。但萨帕塔主义者赢得了世界的同情，墨西哥军队只能退让。政府宣称"和平"再次降临恰帕斯州，但500年的残酷和野蛮统治需要很长的时间才能得到纠正。土著居民将会在自治的道路上继续前行，与之相伴的暴力行径也会继续发生。查马德斯在他的办公室里对我说："土著居民的人权没有保障。当他们反对建设大型工程或政府从事的其他类似活动时，政府就会动用国家力量前来镇压，甚至将土著居民赶走。""至高无上"的大资本再次把人民当成勒索的对象。国家对贫穷的土著居民发起的进攻是全方位的，包括经济、社会、政治、军事等方方面面。

迄今为止，毒品战争引发的暴力事件正在墨西哥蔓延，但尚未抵达恰帕斯州。这场毒品战争是墨西哥总统费利佩·卡尔德龙在2006年发起的，战火蔓延到几乎除恰帕斯州之外的所有州。恰帕斯州之所以没有被卷入其中，可能是因为自1994年起，该州的军事化程度就很高；大多数州的军事存在随着毒品战争的进行而逐步加强。自从毒品战争爆发后，在美国的支持和援助下，很多土著地区的人权遭到大规模的、系统性的侵犯。在恰帕斯州，毒品战争被当作向这个州派遣更多部队的借口。查马德斯说："他们在加强恰帕斯州的防御能力，根据我们的经验，只要军队数量越多，暴力水平就越高，两者之间存在很强的关联性。恰帕斯州的情况出现了新的变化，之前军队被用来对付萨帕塔民族解放军，如今他们的作战目标变得模棱两可，既可以用来对付解放军，也可以用来对付毒品犯。他们打着缉毒的旗号为所欲为。"这是一个耳熟能详的故事，我们在洪都拉斯、哥伦比亚、秘鲁都听说过。墨西哥政府从美国主人那里又学会了一种新的策略：如果某个组织对抗政府，就污蔑其涉嫌有组织犯罪，于是政府可以名正言顺地采取任何打击行动。查马德斯继续说："他们的行动步骤很简单——质疑那个组织的合法性，贬损其可信性，把社会抗议和保护人权称为犯罪。凡是与政府口径不一致的行为，也被认定为犯罪。这就是恰帕斯州的现状。"

这是一种古老的控制策略，目的在于摧毁萨帕塔民族解放军的根据地，因为这支部队不断进行抵抗。政府心中充满恐惧，他们为此装备了价值数十亿美元的镇压武器，这是一种为实现大资本家利益而充当代理人的典型做法。除了暴力镇压之外，他们已经无计可施。换句话说，墨西哥人民缴纳税款供养的军队，现在正在为外国资本的利益服务。

恰帕斯州美丽的群山和城镇之间驻扎着 7 万名士兵，这个数目从 1994 年开始就不断增加，是墨西哥其他地区兵力的总和。从 1995 年至 1999 年，墨西哥的人权状况不断恶化，主要原因是政府不断派遣军队和准军事武装镇压土著居民。如今情况有所好转，但军队仍然驻扎在当地，他们定时前来勒索钱财，放置路障，破坏环境。军队过去的策略是镇压人民，如今变为从事犯罪活动：军队以及支持他们的人权组织全是罪犯。这也是一场意识形态的斗争，有人散播谣言，声称萨帕塔主义者是偷盗别人钱财的富人。

莫魁霍说："从某些角度看，这个国家的情况比 1994 年要加恶劣。1994 年之后，这个国家爆发了一场肮脏的战争，有 1 万人死亡，还有许多人失踪。2002 年，又爆发了另外一场新的战争，7 万人遭到迫害，5 万人被迫迁徙，1.5 万人失踪。最近 6 年形势持续恶化，国家一半的人口，也就是 5 000 万人陷入贫困之中，1 500 万人被排斥在劳动市场之外，只能从事不正规的工作。一半的人口处于极度贫困状态，这是丛林法则的真实反映。这个国家还存在其他问题，比如资本主义制度变得愈发残暴，政府对任何抗议活动的回应就是军事镇压。从这个角度看，自 1994 年开始，这个国家处于军事控制状态。国家有对抗人民起义的策略，却没有减少贫困现象的策略。政府竭泽而渔，试图削弱萨帕塔主义者的抵抗。事实上，墨西哥政府的确有足够的政治实力和军事实力去消灭萨帕塔民族解放军，继而摧毁支持他们的民众基础，现在政府正在朝这个方向努力。"

土著居民仍然生活在极度贫困中，他们没有电力供应，也没有自来水，他们被置于种族隔离的状态。1994 年至 1995 年期间取得的成就发生了倒退，无论是萨帕塔主义者还是其他人民，他们通过民众运动所获得的成果很容易被政府清算。当我在墨西哥的时候，革命制度党^①（Partido Revolucionario Institucional）再次上台执政；截至 2000 年，该党的"完美独裁"统治已经持续了 90 年，这是一个腐败的、侵犯人权的政党。

像往常一样，美国总是站在反动派一边。像历史上所有的帝国一样，美利坚帝国会耗尽自己的实力，在这个帝国及其寡头们消失很久之后，我们可以下此结论。但如今，当少数人仍然可以通过贪婪的手段获得大量财富的时候，真理只能保持沉默，神话时代的浪潮仍然汹涌澎湃，冲垮了一个又一个政权。

---

① 革命制度党是墨西哥的一个主要政党，于 1929 年成立，革命制度党从 1929 年起在墨西哥连续执政 71 年。2000 年 7 月，国家行动党赢得大选，同年 12 月上台执政，革命制度党失去执政权。2012 年 7 月革命制度党候选人培尼亚·涅托就任新任总统，革命制度党再次执政。

第16章

革命分子
催泪弹和子弹上有"美国制造"

◎ 新生代的觉醒

2011年1月25日，有人策划在埃及首都开罗举行一次游行示威活动，社交网站上出现了大量公开宣传这次活动的信息，这在之前从未出现过。人们知道星期二将要发生某些事情，但不知道具体会发生什么。当天埃及所发生的一切，搅动了"二战"后美利坚帝国在中东建立的秩序。埃及人民发动起义，推翻了腐败的胡斯尼·穆巴拉克政权，穆巴拉克是受到美国支持的独裁者。民众要求国家赋予公民应有的权利，在接下来的暴力冲突中，军人和警察射杀了数百名埃及人，后者不过是在争取更美好的生活。他们就是所谓的"失去的一代"，因为这代年轻人不仅没有工作，还生活在恐怖统治之下。最初使人民走上街头的原因是该国糟糕的经济状况，人民忍饥挨饿的现象随处可见。获得食品的权利是一个人起码的尊严，但这个政体却使人们失去了填饱肚子的机会。最后，即便我们不知道这能否称得上是一场战争，但埃及人民终于赢得了胜利。埃及军队拒绝大规模屠杀人民，这让埃及民众心怀感激。

当我抵达开罗的时候，事情已经过去一年有余，我希望深入了解这场革命。虽然这场革命仅仅削弱了政府权力，没有推翻该国政体，但我仍然想了解这场革命的组织形式以及革命为我们提供的经验教训。埃及人民受到了国内独裁者的压迫，而且这个独裁者获得了世界上最强大国家的支持。这是我第一次来到埃及首都开罗，发现街头上弥漫着一种疯狂的气氛，狭窄的人行道和马路上，行人和车辆急速地奔跑。

我遇到一名积极分子，名叫莎拉·阿卜德热赫曼，在埃及革命期间，她在咖啡馆和香草大街张贴宣传画。在 2011 年 1 月革命爆发之前，这位 24 岁的胸怀抱负的女演员并不关心政治。如今她忍不住称自己是革命分子，声称要为自己和民族争取尊严。在那些令人兴奋的日子过去 15 个月后，像许多在革命中充当前锋的年轻人一样，她感到十分沮丧。她对我说："我们曾经料想过，在革命结束之后，我们可能过得比穆巴拉克时代更加悲惨。我不想撒谎，我认为军队会跟人民站在一起，但实际情况似乎是他们迫使穆巴拉克下台，借以保住这个政体，而不是加以摧毁。我想说的是，现在的掌权者是罪犯，实际上他们的所作所为比穆巴拉克更为恶劣。"她接着又说："如今，在我的同辈人之中，一半的人成为瞎子、瘸子甚至已经死亡。暴力冲突层出不穷，局势失去控制，当人们在踢足球时，有 70 个孩子被杀害。他们还谋杀了 25 名警察。"但她又说："我对我们这一代人抱有希望，虽然在此之前，他们像我一样完全不关心政治，如果你去问他们中的任何人关于政治的话题，或者当今天下大事，或者本地区的战争与和平问题，他们定会一无所知，他们只知道歌手和足球运动员的名字，但如今情况已经截然不同。"他们已经幡然醒悟。

◎ 埃及革命：子弹上写着"美国制造"

过去，美国支持独裁者穆巴拉克。之后，取代穆巴拉克掌管国家政权的是埃及武装部队最高委员会①，这个独裁体系同样得到了美国的支持。再后来，美国又支持通过发动政变上台的阿卜杜勒·法塔赫·塞西政权。自从 1981 年穆巴拉克上台之后，美国就一直为这个政权提供最大限度的支持。穆巴拉克政权竟然利用穆斯林兄弟会②作借口，宣称埃及如果实行民主制度，穆斯林兄弟会将会全面接管政权，这让美国惊恐万分。埃及政府的做法荒唐可笑：将持不同政见者送上军事法庭，还进行严刑拷打。任何试图建立政治组织的尝试，都会激怒这个歹毒的政权。因此，埃及与美国在中东支持的许多其他国家一样，缺乏自由的左翼政党，埃及在这方面也是一片空白。

最初，埃及独裁者纳赛尔③奉行与苏联结盟的外交政策，在他的统治结束之后，美国依旧寝食难安，因为它担心谋求独立的阿拉伯民族主义浪潮会席卷中东地区，那意味着该地区将会实行社会主义制度并推行国有化，因此美国势必要将其扼杀。美国采取的行动之一便是大力支持极端伊斯兰组织进行扩张，比如巴勒斯坦的哈马斯。这些极端势力虽然实现了某种程度上的联合，但并未真正团结在一起。当起义的浪潮为埃及带来了民主之后，穆斯林兄弟会以穆巴拉克政权破坏公民社会为理由，赢得了大选。穆斯林兄弟会之所以取得成功，究其原因，是因为该组织有自己的领袖，同时获得了媒体的支持，也许最重要的原因是受到了上帝的眷顾。

埃及的识字率非常低，人民受教育水平不高，在这种情况下，众多的选民被这个政党所吸引，但实际上，穆斯林兄弟会在起义中并非领导者，最初他们保持沉默，后来成为起义的追随者。这场革命有一

① 埃及武装部队最高委员会，由埃及武装部队各个分支的领导人以及参谋长和国防部长等人组成，该委员会平时并无常规议事日程安排，只有在紧急情况下才会集中磋商。
② 穆斯林兄弟会，成立于1928年，是一个以伊斯兰逊尼派传统势力为主而形成的宗教与政治团体，他们的目标在于让《古兰经》与圣行成为伊斯兰家庭与国家最主要的核心价值。
③ 纳赛尔，全名迦玛尔·阿卜杜尔·纳赛尔（1918～1970），埃及第二任总统，他被认为是历史上最重要的埃及领导人之一。

个优点，那就是缺乏强有力的领导者，但这也有一定的弊端。

美国的所作所为让阿卜德热赫曼气愤不已。她说："革命爆发之前，在我们这一代人之中，有很多人力挺奥巴马，我们被他充满希望的演讲所吸引，他在媒体中的形象使我们满怀理想主义的憧憬，但我目睹的事实却与之大相径庭，我第一次接触到的催泪弹是美国制造的。此外，奥巴马和希拉里的声明竟然如出一辙，'我们正在尝试，看看该如何应对局势'。他们太让人失望，只知道一味地追求自己的利益。"她接着又说："我的意思是，他们与好莱坞或者美国文化宣传的不同，他们与美国人民的意愿也不同。美国人民有别于美国政府，美国的外交政策前后矛盾，他们只顾自己的利益，他们无法忍受别人比他们过得更好。"

美国很快就开始与穆斯林兄弟会接触，把他们视为抵挡极端势力沙拉菲派① （Salafis）的堡垒。穆斯林兄弟会大言不惭地说，他们与埃及武装部队最高委员会达成了协议，并与美国参议员约翰·麦凯恩等外国显要人物举行了会面。但事实上，这些"努力"不过是巩固了埃及的附庸国地位。阿卜德热赫曼说："你可以把埃及想象为一个躺在伤员堆里的女人，她浑身都在流血，但却从头到尾被人覆盖起来。现实情况是，一切都被起义推翻，所以你能看到这些腐烂、肮脏不堪以及受感染的伤员。"

美国每年为埃及军方提供 13 亿美元的资助，此外还举行联合军事训练。作为对埃及大规模屠杀抗议者的响应，美国国会在 2011 年10 月通过法案，规定埃及必须证明正在实行民主制度，但 13 亿美元还是以子弹的形式送给了埃及人民。

这笔巨额军事援助为美国的寡头带来了好处，最后变为美国军工企业的订单。此外，埃及军队用美国援助进行投资。例如，M1 艾布

① 沙拉菲派，伊斯兰教强硬派别，鼓吹绝对遵守教法，拒绝一切"革新"，属于极端保守势力。

拉姆斯坦克① 运到埃及时还是散装的零部件，需要在埃及本地进行组装，这就催生了坦克装配生意。许多武器装配厂是与西方企业合资创办的，比如：埃及与吉普② 共同组建的合资工厂主要生产装甲车和商用车辆。"由于军队信息不透明，我们无法得知埃及方面在合资企业中所占的份额是 15％还是 40％，"谢里夫·阿卜杜勒·霍多斯在开罗对我说，他是一名记者，我们相识于纽约的一次民主集合，"合资企业有如此大的操作空间，我们对此却知之甚少。"

数十年以来，埃及在外交政策方面紧紧追随美国。自从 2006 年起，埃及加强了对加沙地区的包围，同时还允许美国军舰通过苏伊士运河，但这些政策都是违背了埃及民意。当穆巴拉克倒台后，埃及是世界上唯有的三个没有与伊朗建立外交关系的国家之一，其他两个是美国和以色列。穆巴拉克刚刚倒台，阿拉伯联盟的秘书长被任命为埃及外交部部长，他质问为何埃及的外交政策要受他人摆布，他认为埃及应该立即与伊朗建立外交关系，并开放进出加沙的拉法赫过境点③。几个月后，他被解除了职务。

美国支持埃及军方，它所扮演角色对埃及的独裁统治至关重要。穆巴拉克在埃及掌权长达 30 年，但军方的统治已经有 60 年的历史，军队是埃及内部的独立王国。霍多斯说："美国的口径与埃及官方媒体始终保持一致，一开始声称支持穆巴拉克，但当美国发现穆巴拉克的统治无法维持下去的时候，便见风使舵，声称穆巴拉克必须下台。在穆巴拉克下台之后，美国又声称支持穆巴拉克的后继者埃及武装部队最高委员会。美国媒体的报道十分肤浅，关于埃及的新闻报道浮光掠影，他们最初把事件描绘为一场对西方友好的、由脸谱引发的、以

---

① M1 艾布拉姆坦克，是"二战"后美国装备的第三代主战坦克，1985 年开始在美军服役，现已成为美国陆军主力坦克。
② 吉普公司，美国著名汽车生产商克莱斯勒公司下属企业。
③ 拉法赫过境点，位于埃及西奈半岛，是埃及与巴勒斯坦地区的交界处。

一群青年人为领导核心的政治运动，而且他们还不断地将其称呼为和平革命，但到了1月28日，有100座警察哨卡被焚烧，暴力冲突不断升级。他们按照自己的意愿对事件进行人为地过滤，始终不愿意揭露军方滥用武力的行径，从运动一开始，美国媒体就在进行歪曲报道。事实上，10月份有17名科普特①基督徒被杀害，《纽约时报》称之为'教派纷争'，但实际上是军队杀害了这些人。这类报道扭曲了埃及所发生的一切。"

美国国务卿希拉里当时说："我们认为穆巴拉克政权非常强大。"这实际上就是在抗议者面前支持独裁统治。但后来形势有变，当他们清楚地发现穆巴拉克的统治难以维持的时候，西方媒体改变了腔调。霍多斯告诉我："人们喜欢安德森·库珀②，他从一开始便来到此地，用西方典型的速记法对事件进行报道：穆巴拉克政府和抗议者分别都说了些什么。但就在这时，埃及当局派出骑着骆驼的暴徒攻击记者，库珀被击中头部。第二天，他就改变了腔调，现在他的说法是，'这是一场反抗30年独裁统治的民众大起义'，这话说得没错。"

穆巴拉克的独裁统治让奥巴马政府别无选择，因为发生了这样的暴力事件，美国只能支持抗议者。最后，奥巴马政府认为穆巴拉克必须下台。但美国一直在幕后进行谈判，以确定穆巴拉克倒台之后的权力继承者：最初选定的人选是奥马尔·苏莱曼，他是埃及情报部门的负责人。2011年2月，当时中情局主任莱昂·帕内塔甚至认为穆巴拉克在找到接班人之前就会倒台。奥巴马政府希望看到未来的埃及掌权者是一个世俗的年轻人，他不会对西方新自由主义接管阿拉伯世界的企图构成威胁。但这个愿望落空了，阿拉伯世界的民主浪潮并未满足美国的胃口。从美国国务院和白宫在那段时间里举行的新闻发布会

---

① 科普特，即科普特人，原为阿拉伯人对古埃及人的称呼，意为"埃及的基督教徒"，现指埃及信仰基督教的民族。
② 安德森·库珀，美国知名的CNN记者，也是一名新闻主播和作家。

来看，我们可以清楚地得出结论，在起义初期，美国政府支持穆巴拉克。后来，穆巴拉克难以为继，美国政府才作出改变。当时，发生在埃及军方、穆巴拉克、美国政府三者之间的真正故事，至今仍然不为人所知，但可以肯定的是，他们之间进行了某种交易，导致埃及军方决定牺牲穆巴拉克，并接管埃及政权。然后，由美国出面进行支持。

　　美国在阿拉伯的民主浪潮这个问题上采取双重标准。如果抗议活动发生在对美国不友好的国家，美国就会选择支持抗议者，但埃及是一个例外，美国像对待巴林这样的国家一样保持了沉默①。如果美国要在中东地区执行统一的政策，就需要与该地区的公民政治力量建立起真正的政治联盟，但美国做不到这一点。"我认为，那种声称奥巴马是阿拉伯民主浪潮的幕后主使的说法是在侮辱所有的阿拉伯人，是对我们这一代人的侮辱，是对解放广场上所有当事人的侮辱，"争取民主运动积极分子苏拉娅·莫拉叶夫说，"当时有许多说法，诸如'仅靠抗议者将一事无成'。奥马尔·苏莱曼②说过一段著名的话：'他们受到了国外政府以及外国组织的鼓动或支持，这些外国人抱有政治野心。'但实际情况并非如此。人们之所以涌上街头完全是出自本能，来自社会各个阶层的人聚集在一起，其中不仅包括年轻人和自由分子，还有工人、梦想破灭的政府官员，甚至有开小差的军人。那些认为某个国家，特别是美国在背后操纵我们的说法，是对我们极大的侮辱，因为在解放广场上，我们坚持了189天，期间我们有一条口号就是反对穆巴拉克和奥马尔·苏莱曼充当美国的代理人。示威者还说，'这就是美国的资金援助所做的事情，它们被用来屠杀人民'。你能看到催泪弹和子弹壳上有"美国制造"的字样。美国从来没有支持过这次

---

① 巴林王国从2011年2月14日开始，也发生了抗议示威活动，运动初期示威者要求政府提供更多的工作岗位和政治自由，赋予什叶派平等权利，示威人群中甚至有人提出了推翻王室的口号。
② 奥马尔·苏莱曼，埃及政治家，原埃及副总统。2011年1月29日被穆巴拉克总统任命为埃及副总统，2月11日苏莱曼宣布穆巴拉克退位，他本人停止担任副总统职位，权力转移到埃及军方手中。

革命，我认为美国一直为军队提供资助来屠杀人民，对此，美国负有不可推卸的责任。"

◎ 革命经济学

埃及革命爆发后，国际货币基金组织没有像往常那样要求埃及进行经济结构调整，而是寻找更加间接的方式重塑埃及。2011 年 6 月，国际货币基金组织为埃及提供 32 亿美元的贷款，而且没有"附带条件"，这无论让谁听了都感到难以置信，但埃及军方却拒绝国际货币基金组织的"好意"，因为如果军方接受了贷款，政治上就会陷入被动。但埃及需要外国的资金，需要进口很多货物，但剩余的外汇储备只能满足 3 个月的开支。埃及政府最后正式申请 32 亿美元贷款，此时，国际货币基金组织了解到埃及政府的绝望处境，随之要求对方提出经济改革方案。最后的结果是埃及政府提出了整整 8 页纸的经济改革计划，内容全部是穆巴拉克时代的经济政策，其中包括诸如"调整经济结构""扩大税收来源""提高增值税""提高销售税"等颇具诱惑力的词语。

埃及在爆发革命之前，实行的是一种极端的资本主义制度，这符合布雷顿森林体系的规则，即富人变得更富，穷人变得更穷。在此基础上，穷人不断地遭受折磨，军队残酷地镇压罢工，政府在革命爆发后不久便通过一项法律，为罢工和其他拒绝工作的行为定罪，凡违犯者要在监狱服刑一年。2011 年 12 月，德尔塔公交车公司（Delta Bus Company）举行了一场持续了 12 天的规模巨大的罢工，政府虽然被迫作出承诺，但最后还是拒绝履行承诺。于是，工人再次发动罢工，这次军队击败了罢工者，他们让士兵去开公交车。

革命不可能无缘无故地发生，注意到这一点尤为重要。这次革命是底层民众努力 10 年的结果。霍多斯说："这需要花费数年的时间去联结各种势力，才能爆发规模如此大的草根运动，我认为持续 18 天的乌托邦运动是成功的，我们创造出了一个有自己的原则和价值观的'解放广场共和国'，我们希望在这个国家的其他地方也能实现这些原则和价值观。穆巴拉克倒台被视为是一个伟大的时刻，虽然许多人认为这是一个巨大的胜利，但我觉得言之尚早。我们应该保持那股冲劲，奋勇直前。"他继续说："我认为革命不仅在于人们的思想，更应该成为人们的生活状态，所以革命不会停止。革命比我们想象的更加复杂，但我要说这次革命的斗争经验来之不易。有些人说革命永无止境，你必须不断地去改善现状。如果人民凝聚成一股力量，任谁也无法阻拦，我坚信没有什么能够阻挡革命的洪流。"

实际上，在革命爆发之前，埃及已经发生了一件史无前例的事情：在没有工会组织的情况下，工人进行了长达 7 年的罢工。虽然有些国家发生过持续 10 年的罢工，但那是因为有工会、工党或者社会主义党从中组织。"在埃及，我认为这是一个奇迹，我们在没有工会组织的情况下，掀起了一场长达 7 年的罢工浪潮。"胡萨姆·艾尔·哈马拉维对我说，他是革命家和组织者。埃及的社会结构与苏联和东欧非常相似，政府任命工厂官员并声称他们能够代表工厂，实际上他们对工厂不起任何作用。恰恰相反，正是由于国家工会的背叛，前几次大罢工都以失败而告终；在历史上，这些国家工会总是与警察站在一起，他们干预工人的独立运动。不过，即使没有工人自己的工会组织，罢工潮也如期而至。在 1968 年至 1977 年之间，埃及人民看到由工人和学生所领导的社会斗争逐步升级。

1977 年，在一次小规模的起义被镇压后，埃及社会进入一段风平浪静的时期。从那时起，直至 2005 年，穆巴拉克成功地逐一消灭了胆敢走上街头的组织。艾尔·哈马拉维说："穆巴拉克政府虽然没有实行极权主义，但也可以称得上是独裁统治。穆巴拉克就是政府，这家伙眼里容不下任何人，我们有一位偏远地区的族长被他赶到英国，除了几位年轻随从之外什么都不允许带走。实际上，穆巴拉克思想极端保守，根本不懂政治，但他周围有一群人在替他牢牢地控制这个国家。"革命的种子在 2006 年 12 月的一次大规模罢工浪潮中生根。"像往常一样，政府的御用工会没有参与工人的行动，但当工厂即将倒闭时，他们眼看自己的赃款就要灰飞烟灭，才不得不加入到普通工人的行列。这是国家工会之所以冲向起义前线的唯一原因。"艾尔·哈马拉维说道。起义开始之时，只有 3 个独立工会参与其中，但如今埃及出现了一个工会联合会，它宣称能够代表国内 200 万埃及工人。

最初，纳塞尔依附苏联，美国直到安瓦尔·萨达特① 时代才成为埃及的统治者。但根据艾尔·哈马拉维的说法，纳塞尔实则已经为萨达特留下了相关的政策基础，1968 年前后，埃及进行了一系列政策调整。人们普遍认为埃及在 1974 年开启了新自由主义时代，即萨达特的"开放"政策；实际上，新自由主义时代始于 1968 年。

1970 年，美国提出了"罗杰斯计划"，这是由美国国务卿威廉·罗杰斯提出的，目的是结束以色列和巴勒斯坦之间的武装冲突。纳塞尔已经承认了以色列国，并认为以色列和巴勒斯坦的边界线是合法的。但真正把埃及彻底推进美国阵营的人是萨达特，之所以这样说，不仅是因为他效忠并隶属于西方帝国主义，还在于他所实施的一系列经济政策。萨达特时期的埃及和皮诺切特时期的智利是最早开始新自由主义改革的国家，并因此饱尝恶果：埃及在 1974 年发生骚乱，智利在 1973 年发生军事政变。由于埃及的工人运动蓬勃兴起，政府的新自由主义经济改革被拖延到了 1977 年。艾尔·哈马拉维说："他们只有到了'反恐战争'爆发的时候，才有勇气去进行经济改革。"从多

① 安瓦尔·萨达特，埃及前总统，1970 ～ 1981 年在任，埃及与阿拉伯世界的杰出政治家。

个方面来看，反恐战争与新自由主义总是携手前行。1992 年，埃及开始了一场肮脏的战争，穆巴拉克与国际货币基金组织签署协议，决定进行经济改革和结构性调整，其中包括一些耳熟能详的条款，比如对外国资本和本地少数精英有利的新自由主义改革。

为了了解埃及为何缺少一个强有力的左翼政党，我们必须抛弃西方媒体对这次革命的描述，西方媒体宣称这次突发的革命是由年轻而又西化的中产阶级发起，他们借用了社交网络的力量。实际上，这场革命的根源要追溯到 2004 年。当时，从开罗到亚历山大，工人们开展了英雄般的斗争，这次斗争发挥了思想启蒙的作用，整个尼罗河三角洲的工人都参与其中。2004 年，腐败的穆巴拉克政府的公开继承人贾迈勒①向他在国际货币基金组织的强盗朋友提交了一份资产清单，企图进一步对国有资产进行私有化。全国的工人奋起反抗，成功地举行了一系列没有传统工会参与的大罢工。传统工会都是穆巴拉克统治集团的帮凶，他们协助穆巴拉克控制埃及局势。工人们举行了一系列罢工，2004 年，埃及总共爆发了 202 次工人集体行动。截至 2007 年，这个数目是 2004 年的 3 倍之多，达到了 614 次，但工人罢工经常遭到警察部队的野蛮镇压。

◎ 将革命进行到底

人们必须打破这个令人窒息的局面。艾尔·哈马拉维说："我并不认为这场革命取得了成功，除非我们真的打败美利坚帝国主义。埃及与该区域以及整个国际环境都是息息相关的，这是一个三维立体结构。毫无疑问，像我这样的左翼人士都抱有一个信念：如果革命仅限

---

① 贾迈勒·穆巴拉克，1963 年生，埃及总统、民族民主党主席穆罕默德·胡斯尼·穆巴拉克和妻子苏珊·穆巴拉克的次子。目前担任民族民主党副总书记兼政策委员会主席。

于此地，而不能输出到其他地方，那么我们的革命注定会遭到彻底失败，你无法在独裁的海洋中建立民主的孤岛。埃及是美利坚帝国在这个地区皇冠上的一颗明珠，美国人不会主动离开埃及，以色列人不会主动离开埃及，土耳其人不会主动离开埃及，欧洲人也不会主动离开埃及。"换句话说，如果埃及的革命遭到失败，那么整个中东的革命都将面临失败，帝国主义的乌云将笼罩此地。"埃及当前的政治危机，完全是由发生在 11 年前的巴勒斯坦起义① 引起的。20 世纪 90 年代，埃及风平浪静，因为大家一盘散沙，无所作为，转折点是巴勒斯坦起义。这是埃及 30 年以来第一次街头运动，而且整个地区都被动员起来，但人们在 10 分钟之后就开始讨论自家门前的事情，这时警察出现了，他们开始镇压群众，于是人们开始大喊'打倒穆巴拉克'！我第一次听到人们喊'打倒穆巴拉克'是在 2002 年。在这之前，这简直就不可想象的事情，20 世纪 90 年代没有人胆敢喊出这个口号。巴勒斯坦问题是根源所在。"

　　西方不会保持沉默，他们总是试图干预。但革命者的疑问是：你会接受他们的干预吗？你会组织起来去对抗干预吗？那些为西方寡头服务的本地独裁者一直是人民革命的对象，从伊朗国王到印尼的苏哈托，都是如此。虽然美国是人类历史上最强大的国家，但只要你充当美国的傀儡，人民革命就会如期而至。美国人无计可施，因为人们总会有新的办法去推翻独裁者。纳瓦勒·埃尔·萨达维是中东著名的女权作家，她积极地参与埃及革命。对她来说，起义是她生命中的最高追求，因为她倾其一生都用来推翻这个国家的独裁统治。我前往开罗尼罗河边的一栋高楼中拜会了她，她的家位于 13 层的一居室公寓中。埃尔·萨达维说："海湾国家都是美国的殖民地。哪里有石油，哪里

---

① 巴勒斯坦起义，是指发生在 2000 年的巴勒斯坦群众起义事件，又称"阿克萨群众起义"。2000 年 9 月 28 日，以色列反对党领袖沙龙拜访了圣地圣殿山，该地对犹太人、穆斯林和基督徒都具有重要的宗教意义。沙龙的行动被许多巴勒斯坦人团体认为是故意的挑衅的行为，因而引发了暴乱。

就有美国。我们虽然推翻了埃及的独裁者，但政体本身却完好无损，诸如军事、经济、媒体、教育等方面，与之前相比并未发生变化。"所以，我问她是否失去了对大革命的希望，她笑言："没有，没有，我很乐观，我还没有失去希望。希望就是力量，希望使我保持微笑，希望使我活下去。我是一个作家，一个小说家，我需要希望，我不能活在凄凉之中。只要我们还有年轻人，我们能去解放广场，我就有希望。我们生活在残酷的丛林中，而非正常的社会里。这是关于如何认识权力的问题：当爷爷拥有金钱、声望和权力，他可以去强奸孙女，这就是权力。当我们抛弃这种心态，你会发现主宰这个世界的不是权力，而是公正、自由、博爱、平等，我们还需要更加彻底的思想革命，如同在解放广场上的革命，我们要把权力连根拔起。"

在埃及邻近的萨赫勒地区，人们即将结束霸权思想对他们的奴役。

第17章

成功的挑战
一个实现思想解放的国家

◎ 阿拉伯民主运动的导火索

2011 年 1 月，我在布尔吉巴大街上遇到了正在参加抗议活动的穆斯塔法和卡马尔，他们正在参与一场抗议活动，目的是推翻统治这个国家长达 23 年的独裁者。在此后的一年里，突尼斯发生了重大改变。我们在一家名为"鸦片酒吧"的餐厅一起用餐，这家餐厅坐落在一条法式林荫大道上，该道路的名字取自于本·阿里上台之前的一位独裁者①。"我们从前做不到这一点，可以说毫无可能。"25 岁的穆斯塔法说，他来自突尼斯北部的塔巴卡，"我想说，以前我唯一能跟你谈论的是本·阿里②是如何伟大，他是一个什么样的好人。"卡马尔面无表情地对我说："如果你在酒吧里谈论政治时，正好被警察听到，他们会把你关进监狱。如今，我们可以畅所欲言。"

来到突尼斯之后，我常听人们说起本·阿里时代如何镇压群众，警察如何滥用权力等话题。我觉得非常奇怪，因为我从未听说过这些事情。在这个美国和法国支持的暴君被推翻前，西方没有人关心我们所支持的突尼斯，我们根本不知道这里实际上是一个警察国家，而且突尼斯竟然还是英国最受欢迎的旅游目的地。

---

① 此处是指哈比卜·布尔吉巴，1956 年 3 月 20 日，法国承认突尼斯独立，布尔吉巴出任首任总统，后 3 次连任，1975 年 3 月被选举为终身总统，1987 年 11 月 7 日因政变辞职，由总理本·阿里接任。
② 本·阿里，1987 年 11 月，本·阿里接任突尼斯总统。1989 年 4 月，突尼斯举行总统和立法选举，本·阿里当选总统，执政党宪政民主联盟获全部议席。此后，本·阿里连续蝉联该国总统职位。

自 1987 年本·阿里发动政变上台起，美国就为突尼斯提供军事援助，这些年来援助总额累计已经达到 3.49 亿美元。本·阿里受训于马里兰州霍拉伯特堡（Fort Holabird）的美国前陆军情报学院，世界上许多大独裁者都毕业于这个学院。西方世界对突尼斯军队镇压民众一直抱着默许的态度，但在伊斯兰复兴党通过民主选举上台之后，西方态度发生了巨变，媒体开始大肆宣扬对这个伊斯兰政党的恐惧心理。这种做法，与美国为腐败的独裁者提供武器，以支持他将西方的"价值观"强加给突尼斯人的做法一样，让人觉得非常熟悉。弗朗茨·法农①曾写过一本书，名叫《大地上的受苦者》（*The Wretched of the Earth*），其中写道："土著刚抛锚上岸，殖民者就感到恐慌，他们立刻派好心人前来接待，给土著讲述西方价值观的特别之处和丰富内涵。"任何心智正常的突尼斯人都明白，支持独裁者最符合西方的价值观。最初，当大街上的突尼斯人被狙击手射杀时，美国国务卿希拉里说道，"美国不选边站"，并且声称她很担忧"骚乱"会给突尼斯与美国之间的关系带来不利影响。

最后，突尼斯的冲突造成了 200 人死亡。在革命取得胜利之后，希拉里和法国总统萨科齐转而赞扬突尼斯出现的"进展"，并明确地表达了他们的忧虑，他们害怕伊斯兰复兴党会在突尼斯推行伊朗式的独裁统治。然而，像皮诺切特式的独裁统治在美国心目中却是可以接受的。

对于人民发起的推翻独裁者的起义，美国有一套固定的反应模式，事实表明，美国的所作所为完全符合该模式，其基本步骤如下：当无法判断起义能否取得成功时，就公开地表达对抗议者的矛盾心情，但暗地里支持独裁者。当独裁者似乎坚持不住的时候，转而公开支持起义，但继续暗中支持已经失去民心的政体及其头面人物。这种方式在

---

① 弗朗茨·法农，法国马提尼克作家、散文家、心理分析学家以及革命家。

埃及使用过：长期受难的埃及人虽然推翻了穆巴拉克的统治，但穆巴拉克创造的政治体制仍然存在。突尼斯的情况有所不同。按照法农的说法是：本来身处后台的人，却走向了前台；本来身处前台的人，却回到了后台（指本·阿里逃往沙特阿拉伯）。对伊斯兰复兴党的恐惧并不恰当，实则反映了西方总是企图牢牢控制局面的欲望。

1979 年，残害人民但得到西方支持的伊朗国王被推翻，如今的突尼斯局势与之相比，有许多不同之处。

第一，伊斯兰复兴党组成了一个执政联盟，其中有世俗的社会主义党和社会民主党。伊斯兰复兴党的主席蒙瑟夫·马佐基是世俗的人权积极分子，在过去几十年里，得到美国支持的突尼斯政府残酷迫害持不同政见者，而马佐基一直与这种暴行作斗争。

第二，突尼斯的公民社会愿意参与民主进程，他们的热情不断高涨。在遍布独裁者的中东（这些独裁者都得到了美国的支持），你能看到一个光怪陆离的现象：伊斯兰教是反对现状的唯一力量。世俗主义左派运动的活动空间被挤压一空，原因是自纳塞尔在埃及推行泛阿拉伯民族主义[1]之后，他非常担心美国进行干预，于是消灭了该地区的左派，这也得到了以色列的支持，因为以色列对于其被占领土上的世俗民族主义势力法塔赫[2]充满忧虑。现如今，本·阿里已经亡命他国，锅里的水已经沸腾，锅盖也被揭开，这就为年轻人提供了充足的活动空间。实际上，每个人都获得了活动空间，他们可以自由地参与政治，思考过去想都不敢想的问题，他们的未来有更为广阔的天地。实现梦想需要时间，也许需要几代人的时间，但世俗的左派终于取得了发展的机会，这无疑会造成更加深远的影响。年轻的世俗左派懂得如何使

---

① 泛阿拉伯民族主义，又称"阿拉伯民族主义"，是一种民族主义思想，颂扬阿拉伯民族、语言及文学，并诉求阿拉伯世界的政治统一。其中心思想是阿拉伯世界从大西洋至阿拉伯海的所有人建立一个有着共同语言、文化、宗教与历史遗产的国家。
② 法塔赫，巴勒斯坦民族解放运动的简称，该组织成立于 1959 年，由亚西尔·阿拉法特创立，是巴勒斯坦解放组织中最大的派别，主要活动区域是约旦河西岸地区。

用各种技巧，他们在阿拉伯的民主浪潮中发挥了很大的作用，特别是在突尼斯和埃及的革命，他们发动了大规模的工人运动。相反，虽然宗教人士与美国支持的独裁政权互为仇敌，但随着警察国家的灭亡，他们的影响力也在逐渐消退。他们不仅缺乏后劲，而且其政策也需要经受大量的考验。

第三，突尼斯有一支行为高尚的军队，他们不像埃及军队那样鲁莽行事。在军队拒绝镇压国民后，本·阿里不得不逃往国外，这使得军队大受国民欢迎。有少数人担心军队会发动政变，推翻突尼斯革命后产生的民主政权。突尼斯人经常提起一句话："军队与人民站在一起。"这是可以理解的：如果这次革命没有军队的同情和支持，本·阿里可能还在台上，布尔吉巴大道会血流成河。在鸦片酒吧里，穆斯塔法告诉我，他要投票给 CPR 党①，这是一个世俗的左翼政党，党魁是马尔祖基②。穆斯塔法认为该党的政策有利于经济发展以及保护妇女权利。他告诉我，他不惧怕伊斯兰复兴党，"我喜欢他们"。而卡马尔则投票给伊斯兰复兴党，因为他认为他们是"好人……他们不是极端分子"。

显然，西方国家担心的是世俗的左翼革命，因为它反对西方在过去 40 年里建立起的新自由主义秩序，这突破了西方国家的利益底线。当时大家都在推测掌权者将要在突尼斯实行何种政策，而执政党也没有精力去进行更多的探索（哪怕是想也不敢想），所以突尼斯严格按照美国和布雷顿森林体系的要求行事，将许多国有资产私有化，这让本·阿里的钱包鼓了起来。他们架空政府机构，挪用燃油和粮食补贴。许多人把伊斯兰复兴党比作土耳其的正义与发展党，众人皆知，正义

---

① CPR 党，指保卫共和大会党，是突尼斯共和国一个世俗主义政党，成立于 2001 年，主张建立真正的共和体制和尊重人民意愿的民主制度。党主席为蒙塞夫·马尔祖基。
② 蒙瑟夫·马尔祖基，突尼斯人权活动家、政治家和医生。2011 年 12 月 12 日，他当选第四任总统，成为 2011 年革命后首位民主选举产生的总统。

与发展党是外国商业和国际大资本的最爱，它私有化了大量公共资产，包括土耳其烟草专卖公司，这是该党与国际货币基金组织达成的结构调整计划的一部分，借以换取 160 亿美元的贷款。在埃尔多安成为土耳其的新苏丹之前，正义与发展党已经成为商业媒体的宠儿。这就是我对突尼斯的忧虑，因为这儿存在新自由主义分子。正如法农所言："对独立的崇拜，正在转化为独立的魔咒。西方国家对突尼斯威逼利诱，迫使这个年轻的国家回归到昔日被殖民的道路上。"突尼斯或许存在另外一个结果：继续忍饥挨饿走独立发展的道路。

随着突尼斯独裁统治的结束，经济问题开始凸显，失业率高达45%。这让穆斯塔法和卡马尔感到忧虑，此时他们还都是学生。穆斯塔法说："我希望政府帮助人们获得工作，也许可以再办几所大学。"如果按照布雷顿森林体系的法则，去制定一个国家的发展模式，那么全世界的实践结果都可以证明，那将是一场灾难。伊斯兰复兴党应该寻找新的发展理念，这样才能生存下来。

首都突尼斯城的情况不能代表全国，越是依赖大资本和海岸旅游业，国家就越发贫困。政府必须迅速拿出切实可行的方案，否则会造成更加严重的社会动荡。这次革命的导火索是穆哈默德·布阿齐齐事件，后来，有一条街道以他的名字命名。他在距离突尼斯城 200 公里的贫困小镇西迪布济德①自焚身亡，这一事件成为突尼斯革命的导火索。如果国家情况没有改善，这样的悲剧会再次发生。人们对社会的期望都很高，穆斯塔法告诉我："之前，我只知道吃喝、吸烟、睡觉，如今我需要考虑更多的事情。"人们的心中都感到恐惧。卡马尔喝了一口啤酒后对我说："有些东西让我忐忑不安，人们变得麻木不仁。人们希望军队枪毙了那群无用的家伙。"他马上补充说："维基解密帮助我们认识到，之前的本·阿里政权有多么腐败。"

---

① 突尼斯共和国中部城市，西迪布济德省首府。

作为对协助赶走暴君的回应，向维基解密透露消息的切尔西·曼宁[①]面临 3 年的监狱生活。与此同时，那些支持了本·阿里 23 年的美国政客和政策制定者，开始在电视屏幕上赞美阿拉伯的民主浪潮，这真是莫大的讽刺。也就是在这个时候，伟大的自由主义总统奥巴马指示美国司法部起诉朱利安·阿桑奇[②]，正是因为有勇敢的阿桑奇以及曼宁的协助，中东地区才释放出无与伦比的群众力量。但他们却被美国政府污蔑为"高科技恐怖分子"，这真是一个黑白颠倒的世界！

◎ 革命的熊熊烈火

在推翻了美国支持的独裁者本·阿里之后，突尼斯马上取得了几项成果：成立了对媒体、腐败现象和人权进行调查的委员会，言论自由蓬勃发展。如今，人们有精力对一些迫切的政治问题、经济问题、文化问题、社会问题进行辩论。第一次出现了独立的委员会来监督选举，委员会由公民群体中的知名人物组成，他们来自各个社会团体。还有，公民社会工作进展迅速，出现了数百个新机构，他们不仅从事人权工作，还涉足了很多新的社会领域，比如，公民教育、媒体运动、如何通过互联网动员年轻人以及让他们学会宽容。

我拜访了阿卜杜勒·巴塞特·本·哈桑，他是阿拉伯人权基金会会长，会面地点位于突尼斯城的城东。他对我说："我认为，革命促使我们思考另外一个问题，那就是我们到底应该构建何种国际关系。新的国际秩序应该更加平等和相互尊重。我自从 1990 年就开始从事人权工作。我认为在独裁统治时期，欧洲和西方国家没有对本·阿里

---

① 切尔西·曼宁，美国陆军上等兵，他利用职务之便，下载了 25 万份美国政府的机密资料，转交给维基解密。他在网络上向另一位黑客艾德里安·拉莫夸耀此事，遭到举报。
② 朱利安·阿桑奇，1971 年 7 月 3 日出生于澳大利亚东北海岸的汤斯维尔市，被称为"黑客罗宾汉"，他是维基解密的创始人。

的政权进行有力的反制。革命让突尼斯人民重获尊严，人权重返我们的日常生活。在革命之前，我们的国家形象非常糟糕。如今，我们为西方乃至全世界留下一个崭新的印象：我们该如何做阿拉伯人，我们又是怎样为民主和自由而战斗。"

如今，街头上的口号体现着公民政治、经济和社会权利，诸如工作的权利、健康的权利、受教育的权利。实际上，不同社会组织之间的平等关系，城乡之间的平等关系，内陆和沿海之间的关系，都是权利问题。革命使得这些问题公开化，但这类问题不只是突尼斯人的问题，而是世界性问题。

哈桑又说："在过去两年里，人权工作遇到的阻力很大。争取人权是反抗压迫的一种途径，我们培训了数千名阿拉伯人，教会他们如何记录侵犯人权事件，如何撰写人权报告，如何组织群众运动。这是我们所取得的成绩：让人们学会如何反抗。"

阿拉伯国家面临的问题，不仅是数十年独裁统治的问题，也是数个世纪以来权力自上而下高度集中的问题。突尼斯革命开创了一个政治改革的时代，改革是一个漫长的过程。在旧体制消失后，所有的社会角色都试图重新定义自己的角色。哈桑说："我们翘首以待，这将是一个阿拉伯人追求自由的年代，推翻这些丑陋和恐怖的政权。我们将释放这些国家的潜力，但同时我们也意识到这个过程异常艰辛。当你打开房门，迎接这些变革的时候，你需要有合适的工具，因为你将面对纷繁复杂的问题。"与陷入混乱的其他阿拉伯国家相比，突尼斯的优势在于拥有一个强大的公民社会，这里有强大的工会组织、律师协会、人权同盟、法官联合会、记者联合会。年轻人毕业后，能够找到一份工作，然后去参加某个联合会，在这是你批评政府而又不必担心被逮捕的唯一地方。

突尼斯是世界上最古老的国家之一：有大约 3 000 年的历史，古代的迦太基①就位于突尼斯。在阿拉伯世界中，突尼斯是第一个向美国派驻大使的国家。突尼斯有漫长的社会进步史：早在 1846 年，突尼斯就禁止奴隶交易，这比美国早 17 年，比法国早 2 年。在阿拉伯国家中，突尼斯是第一个拥有宪法的国家。1956 年，突尼斯在本地区首先制定了家庭法，解放妇女，并废除了一夫多妻制。突尼斯的工人运动形成于 1927 年，在阿拉伯国家中最为强大。公民参与和接受教育在这个国家中有深厚的根基，因此公众受教育程度比较高。1970 年，国家预算中的 40% 用于教育开支，当你开始大力发展教育事业，那么就会培养出具备批评精神的公民。

◎ 恐惧之墙的倒塌

在本·阿里的独裁统治之下，民间组织受到打压，甚至精英阶层也受到压制。哈桑说："新一代人与本·阿里那个时代的人差别很大，不仅突尼斯城里那些年龄介于 18 至 30 岁的人，其他地区的年轻人也持有相同的看法，'我们不能接受这类腐朽的政体。阿拉伯国家的政体已经过时，而突尼斯的政体更是愚蠢至极、故步自封'，只要时机一到，人们便会抛弃这种政体。"突尼斯人感到他们不仅受到警察的压迫，他们的尊严还受到统治这个国家的政体和家族的攻击，本·阿里家族侵占和偷窃了突尼斯的一切。从多个角度看，第一次起义是反抗这种对人民尊严的侮辱。

哈桑说道："你可以忍受压迫，但有时你无法接受对尊严的侮辱。"革命的发源地是西迪布济德市，因为那里的工会强大，本地精英们也反对政府。"发生革命是可能的，因为所有社会成员都参与其中，革

---

① 迦太基，存在时间大约在公元前 8 世纪到公元前 146 年，坐落于非洲北海岸（今突尼斯），与罗马隔海相望，最后在三次布匿战争中被罗马击败，迦太基城被夷为平地。

命口号也发挥了重要作用，革命是为了尊严和自由，而不是宗教原因。革命是为了解决部落问题、家庭问题以及区域问题，这使得本·阿里无力镇压，因为革命是在争取人民最基本的权利。"从革命的最终结果来看，这个政权的内部机制实则非常虚弱，虽然看上去似乎很强大，但那都是假象。局势是爆炸性的，皆因西迪布济德市爆发的第一次示威游行，警察没有前去阻拦。西迪布济德市的游行示威持续了2天，其他小城市紧随其后。没有人在政治上对游行示威活动表达反对意见，但在各个城市中出现了暴力对抗，而且越来越激烈。此后，警察选择支持抗议者。本·阿里的政党没有组织反示威游行活动，独裁者被彻底地孤立。

我与艾哈迈德·布阿扎伊交谈，他所在的党派反对独裁统治，他们为削弱本·阿里政权而努力。他说："我们与本·阿里做了长期的斗争，西方对突尼斯复兴党的惧怕出自本能，因为复兴党正在制定使这个国家和人民走向独立的政策。幸运的是，这些政策比本·阿里时代的政策更能保护突尼斯人民的利益。我很乐观，我对突尼斯人民很有信心。在历史上，我们的人民就是先驱力量。革命代表进步，但西方害怕伊斯兰主义，我认为他们仍然试图在突尼斯推翻复兴党，他们正在犯巨大的错误，因为我们突尼斯人是革命先驱，是自由派斗士，而且我们是爱国主义者，绝不允许外国人控制突尼斯的政权，所以复兴党一定会取得自己的成就。除非发生政变，但政变意味着灾难，阿尔及利亚政变造成20万人死于内战。"他进一步对我说，革命影响了公民的灵魂。"自由是一个奇特的东西。我正在思考今天去内政部的事情，那儿原来是拷打囚犯的地方，这让我意识到那儿已经发生了变化以及发生了何种变化。实际上，最显而易见的是人们改变得如此迅速，如今，你可以自由地表达自己的观点。现在，如果遇到穿制服的警察，我不再感到害怕，因为他们不会随随便便就逮捕我，而从前我总是心惊胆战，因为他们可能把我关进监狱，而且我还不知道要待多久才能重获自由。如今有所不同，公民和警察之间形成了全新的关系，警察不再让人感到害怕，这种变化非常迅速。"

恐惧之墙轰然倒塌，你能看到那堵墙倒塌的过程，甚至能在街上感受到这个过程。突尼斯人不再沉默，他们不再像过去那样对权威顶礼膜拜，有人静坐抗议，有人游行示威，突尼斯人实现了思想解放。

第**18**章

文化武器
革命的艺术与艺术的革命

◎ 艺术与革命

苏拉娅·莫拉叶夫是一名政治积极分子，也是一家艺术展示馆的馆长。在穆巴拉克被赶下台之后，她走进开罗的市政厅画廊，她以为这儿还会像往常那样受人冷落。她的朋友曾经热情地希望在市政厅画廊举办涂鸦和版画作品展览，但每次都遭到拒绝。

如今情况有所不同，她对我说："我走近他们的时候，以为没人会理我，因为我没有资质，也没有背景。但如今人们对涂鸦和街头艺术的兴趣与日俱增，这就是为何我要来这里的原因。"埃及艺术界发生了根本性的变革，而苏拉娅就是受益者之一。这种改变始于埃及革命，革命导致社会上出现了大量墙上绘画和粘贴画。苏拉娅说："革命对埃及的艺术造成了巨大的影响，如今艺术形式更加多样化，产生了大量的革命题材作品。"

在整个阿拉伯世界都能看到这种现象，因为人们在阿拉伯的民主浪潮中砸开了身上的锁链。西方情报官员不必再通过秘密渠道去掌握埃及"街头"上的革命热度，他们只需要看看街头上的绘画就会一目了然。在阿拉伯语里，这被称为"广场艺术"，在地中海东部诸国的城市中，到处都有描绘着快乐、哀伤、迷失等复杂情感的艺术。

"艺术在埃及革命中发挥了主要作用。在很大程度上，我们可以说西方没有真正的街头绘画和涂鸦这类艺术形式，而在我们这里随处可见。"奥马尔·欧扎普说，他是开罗市郊"爱说话的狒狒"画廊的廊主之一，他继续说道："每幅作品都会传递一种信息，有可能是关于政治方面的，也可能是经济方面的。总之，这些作品代表了埃及人民的思想感情。"另一位廊主亚当·马罗德说："城市中的各个角落里，突然出现了大量呼吁人们奋起反抗的字画，有的是匆忙写下的字迹，有的是政治讽刺蜡笔画。亲眼目睹这种艺术形式的迅速发展，让人心花怒放，激动异常。对我来说，没有什么比墙上的涂鸦更能体现个人的创作自由。"

这种艺术形式不仅出现在中东。凡是革命爆发之地，这种艺术就会蓬勃发展，人民要反抗极权政府，就用笔和砖去描绘支离破碎的社会。对于许多年轻人而言，独裁统治严格管控言论自由，因此街头艺术就成为"完美的犯罪"。

"我认为革命过程中的艺术创作属于革命的一部分，并且还会随着革命继续发展。"甘泽尔说，他是埃及最杰出的街头艺术家，在抗议示威活动达到巅峰时，他曾因张贴个人作品而被捕。他所画的关于警察部队杀死殉道者的彩色图画点缀了开罗，而他的蒙太奇作品罗列了抗议者所遭受的巨大痛苦，他把这些苦难与美国支持下的军政府联系起来。甘泽尔补充说，艺术走出画廊，意味着艺术家走近人民大众，这表明艺术创作走向"民主化"。甘泽尔说："大街属于全体公民。由资本控制的街头广告可以自由地展示，而贴近实际的艺术却被排除在外。画廊有存在的必要，但不应该是人们体验艺术的唯一选择。"

在危机四伏的欧洲，在充满愤怒的西班牙、德国、法国、希腊，年轻人利用城市的墙壁作画布，表达自己的意愿。艾佛尔是一名德国艺术家，他在伦敦拥有画廊，但这位 39 岁的资深艺术家的主要创作方式是在石板上画窗户，使之看上去像单调乏味的建筑物，他说："生活是我们所处环境的反映，无论发生了什么，我都试图把现实转化为艺术。"甘泽尔对艺术也有类似的看法："我感到艺术创作的核心是其适应社会的能力。"

在过去的 10 年里，街头艺术吸引了西方青年一代艺术家，激发了他们的想象力，代表人物是英国艺术家班克斯①。英国西部城市布里斯托尔因班克斯而获得了人们的广泛关注，有一大批涂鸦画家追随班克斯的足迹从事创作活动，他们的名声迅速传播，成为"全球化"艺术家。对新生代艺术家来说，艺术创作仅仅是为了赚钱的时代已经结束，他们已经不再崇拜杰夫·昆斯②和达米恩·赫斯特③。英国青年艺术家④（Young British Artists）运动产生的对后现代主义的讽刺，在遍及世界各地的人道危机面前立即土崩瓦解。现在的青年艺术家觉得他们有必要通过艺术反映全球的混乱局面。他们不想仅仅成为反思者，而是要参与到斗争中去，渴望能为他们带来真正的、可触摸到的改变。从这个角度看，不仅艺术创作的地点发生了改变，即从画廊走向街头，而且艺术的内容也发生了改变。

"革命前，我们的作品都是陈腔滥调，试图表达一些没有意义的事情。"卡勒德·哈菲兹说，他是一位杰出的埃及艺术家，在传统画廊艺术中拥有自己的位置。

"自从'9·11'事件之后，艺术实践越来越多地表达政治观点。阿拉伯世界的民主浪潮加速了这个过程。"现代的反抗艺术家继承了艺术反抗的传统，这种传统有数百年的历史，其中不乏伟大的艺术家，

---

① 班克斯，英国涂鸦大师，他的作品以讽刺社会和政治性评论为主，创作形式有雕塑、壁画及装置，作品涉及不同语境。由于他的真实面目从未示人，又坚持匿名创作，因此其身份成谜。

② 杰夫·昆斯，美国当代著名的波普艺术家，其不锈钢雕塑作品《悬挂的心》曾在纽约拍出 2 600 多万美元的高价，创下了在世艺术家作品成交价的新纪录。

③ 达米恩·赫斯特，新一代英国艺术家的主要代表人物之一。他主导了 90 年代的英国艺术发展并享有很高的国际声誉，1995 年获得英国当代艺术大奖特纳奖。

④ 英国青年艺术家，由英国视觉艺术家组成的一个松散团体，于 1988 年首次在伦敦举办画展。

比如毕加索①和戈雅②。即使反抗艺术有如此丰富多彩和令人骄傲的历史，但未来的前景更令人激动。随着暴政的终结，艺术已经民主化，一是因为拥有文化修养的大众越来越喜欢追求美学；二是因为发生了技术革命，任何有创作欲望的年轻人都能使用摄像机、喷雾罐、画笔从事艺术创造。

◎ 用艺术改变世界

　　最近火爆的街头革命艺术，猛烈地冲击着许多传统艺术圈里的大艺术家，这种趋势与人民的政治觉醒有关。1999 年，西雅图爆发了反对世界贸易组织的抗议活动，这是一次影响深远的抗议，现场产生了各种形式的艺术，有的是关于社会方面的抗议，有的是关于政治方面的抗议。某些关于艺术的基本理念也发生了剧烈变化。比如，艺术是什么，艺术应该在什么地方展示以及由谁创作艺术。以画廊作为依托的艺术形式被新的艺术形式所击败，但传统的艺术形式也正在奋起直追。在西方，传统的画廊艺术家正在发起反击，埃及的情况也是如此。哈菲兹说："我们应该明白，目前中东仍然非常保守，街头艺术不是画廊艺术，但我们身处革命之中，我们利用艺术动员群众。有些涂鸦画得非常棒，我个人认为变革即将到来。"他补充说："我从年轻一代人身上学到了很多东西，比如甘泽尔。"甘泽尔同意他的看法，并认为埃及的传统艺术裹足不前，没有为新生一代展示出足够的激情。他说道："我认为大多数传统艺术精英由于无法运用艺术手段参与革命，所以他们没有资格为革命代言或融入新社会。他们中的许多人像

---

① 毕加索（1881～1973），西班牙画家、雕塑家，法国共产党党员。是现代艺术的创始人，西方现代派绘画的主要代表。
② 戈雅（1746～1828），西班牙浪漫主义画派画家，画风奇异多变，对后世的现实主义画派、浪漫主义画派和印象派都有很大的影响。

普通公民一样参加了革命运动，也像其他所有人一样进行了抗议，但他们很少有人通过艺术参与革命。"

当然，艺术本身无法引发社会变革，但艺术在培养革命想象力方面发挥的作用越来越重要。我们仅仅通过报纸和书籍获取有关世界如何运作的知识，会使我们经常产生蔑视他人或听天由命的冲动，这些冲动在年轻人身上普遍存在，如果坏消息接踵而至，这些冲动出现的次数也会随之增加。如果看不到自己理想的情景，或违背本性的东西，年轻人就会产生蔑视心理，并采取相关行动。实际情况就是如此，年轻人一般对所谓的"主流"政治感到厌恶，如果他们能在艺术的帮助下去理解各种大道理，而不是使用日常争论不休的俗套说法，年轻人就会轻而易举地接受这些道理。

有些人说所有艺术都是政治，这就如同说所有政客都是政治一样，虽然理论上正确，但在实际情况中，大多数政客会在危急关头改变他们的政治信念，变为模范的政治指导员。权力是一种动机，而政治追随权力。艺术界的指导员也是如此，他们的任务是创造并推销生产出来的产品，他们对品牌的作用有着深刻的理解，也明白报纸上大肆鼓吹的"争议"究竟是什么意思，或者谁是这些争议的"知名买家"，在这里根本不存在所谓的"政治性"。实际上，品牌是与政治相互对立，因为品牌不会质疑当前的状况，但能够接受各种假说，这些假说可能很暴力，或者很不公平，还要谋取尽可能多的金钱和名声。真正的政治艺术，与平庸而又见异思迁的传统艺术不同，前者总是试图改变世界，而非止步于观察世界。它谋求向人们展示当代社会意识中的噩梦，深入调查社会裂痕，揭示人们竭尽全力加以克制的秘密和恐惧。它重新设计各种形象和符号，最终为我们提供一种重新解释世界的手段。把广大的人民群众集合起来可以发动革命，但这不是艺术的创作风格，更像是创造一种主流意识形态。主流意识形态使我们的生活产生幸福的错觉，使我们只想着释放暴力，而不顾暴力造成的死亡。在中东、东亚、非洲、拉丁美洲，我们都能看到暴力过后留下来的尸体。

◎ 艺术界的旗手们

我采访了数位著名的音乐家和演员，他们都是坚决的反战、反寡头政治分子。"大举进攻乐队"[①]（Massive Attack）的主唱罗伯特·德纳贾在政治上一直很高调。在伊拉克战争到来之际，他与"电台司令"[②]（Radiohead）演唱组的汤姆·约克在《新音乐快递》（*The New Musical Express*）杂志刊登了一整页的广告，谴责美国的军事行动。他告诉我："我们的文化，我们看到的政治，我们听到的新闻，我们面临的选择，皆出自于媒体的宣传，这种现象应该引起人们的高度重视。"既然新闻与政治如此之紧密，那么为何有人要在艺术和政治之间设置障碍呢？他敏锐地对我说："把两件本应联系在一起的事情拆分开来，符合许多人的商业利益和政治利益。我认为，如果你只是为音乐而做音乐，不想牵涉政治，纯粹从事音乐创作，那是在逃避现实。在绝大多数时间里，政治和音乐是一个密不可分的整体，这一点毋庸置疑。"

盖尔·加西亚·贝纳尔是一位墨西哥演员，他从来不忌讳发表自己的政治观点，他对拉丁美洲的政治具有真知灼见的看法。除政治之外，他对其他领域也颇有见地。他在电影《摩托日记》（*The Motorcycle Diaries*）中扮演切·格瓦拉，他敢于承认自己属于左派。远在 1994 年《北美自由贸易协议》生效当天，当萨帕塔主义者在墨西哥的恰帕斯省起义时，他就已经是一名积极分子。"人们对我说，

---

① 大举进攻乐队，来自英国布里斯托，活跃于 20 世纪 90 年代，是著名的电子音乐界乐队。
② 电台司令，来自英国牛津的摇滚乐队，被誉为当代最伟大的摇滚乐队之一。

'你是一个演员，不要谈论政治，你不了解政治'。"贝纳尔告诉我，"现在有些人的思想仍然非常落后，他们认为如果你不是'专家'，就不能谈论政治。这种想法极其荒谬，因为我们就是政治动物。"他接着又说："作为演员，你要去亲身探究那些不确定的领域，不要轻信已有的想法和答案，所以，有时候我不能马上明确地表明我的立场，因为我不相信已有的宣传手册。仅仅是发表一些挑衅性的言论或问一些无法回答的糟糕问题，这远远不够，真正激励人心的是，观众对你提出新问题，表达新感受，而不是你强加给他们的观点或者答案，这两种情况产生的效果截然不同。"

贝纳尔对拉丁美洲的前途表示乐观，特别是近十年以来，由民主左翼政府掀起的"粉红色浪潮"[①]（Pink Tide）席卷了拉丁美洲。目前，我们还看不到退潮的迹象。贝纳尔说："正如斯拉沃热·齐泽克[②]所言，布什应该获得诺贝尔和平奖，因为他把美国的霸权连根拔起，凭借一人之力彻底地摧毁了美国。如今，我们生活在一个截然不同的世界里，例如，阿根廷的第一大贸易伙伴是中国，巴西也是如此。从这个角度看，未来充满希望，我们熟悉的世界已经不复存在，如今一切截然不同。我认为，左派在20世纪60年代、70年代、80年代留下了大量'债务'，这是一些本应该由他们完成的任务。

阿根廷是唯一一个把参与政变以及军政府成员投入监狱的国家，能做到这一点的国家绝无仅有，这就是我为何支持总统克里斯蒂娜·基什内尔[③]的原因。"贝纳尔是娱乐界少有的人物，因为他有自己的政治观点，并且能使用正确的知识作出符合逻辑的解释。在如今的世界

---

① 粉红色浪潮，是指拉美民主的新左翼政治运动。从1998年的委内瑞拉开始，新左翼在巴西、阿根廷、玻利维亚、厄瓜多尔等国，通过自由且公正的选举击败了政治中间派和左翼，在拉美大地掀起了一股势不可挡的"粉红色浪潮"。
② 斯拉沃热·齐泽克，斯洛文尼亚卢布尔雅那大学社会学和哲学高级研究员，社会学家，哲学家，文化批判家、心理分析理论家。
③ 克里斯蒂娜·基什内尔，阿根廷律师、政治家，阿根廷总统。2007年初次赢得总统大选，2011年10月，克里斯蒂娜以绝对优势赢得连任，2015年12月卸任。她是阿根廷第一位由民主选举产生的女总统。

里,大多数明星都采取某种温和的、模棱两可的"社会行动主义"(Social Activism), 其谈话内容绝不会超越公关人员为他们准备的发言稿, 具有贝纳尔这样品质的人凤毛麟角,他说:"我希望运动员更多地参与到政治生活中,记得巴西球员苏格拉底①曾经对军政府大加指责,再比如 1968 年美国从事美国黑人民权运动的那些人,他们的举动意义深远,事过之后,让人觉得不可思议。但如今人们不愿介入任何事。"

戴蒙·亚邦是英国另类摇滚乐团布勒合唱团②(Blur and Gorillaz) 的主唱,他也是反战和减免债务运动的先锋。他住在伦敦南部,我在其家中与他会谈。他对我说:"在我看来,我们对伊拉克战争的态度是一种无能的表现,因为我们无法形成一个共同的声音,向世界宣示战争是一个可怕的、糟糕的想法。"他严厉批评那些懦弱到可耻的音乐家,他们竟然没有支持"大举进攻乐队"的罗伯特·德纳贾③。"我很难找到知音。我不想说出那些具体的人名,因为我尊敬他们。不知何故,他们保持沉默,拒绝与我们站在一起……许多现在被认为是反战的人,开始之时并没有加入我们的反战阵营。"

汤姆·莫瑞洛是"暴力反抗机器乐队"④(Rage Against the Machine) 的吉他手,有一次他评论道:"一首好歌可以让你手舞足蹈地与女朋友一起演唱。一首伟大的歌曲能摧毁警察的警车,让郊区燃起熊熊大火。我只对创作伟大的歌曲感兴趣。"当我遇到"电台司令"主唱汤姆·约克的时候,我问他如何看待政治与创作之间的紧张关系。他说:"我觉得这两者在逻辑上无法调和,民意投票结果也表明它们不是一回事儿,我觉得答案可能在于,你如何看待艺术和音乐的内涵

---

① 苏格拉底·布拉济莱罗·奥利维拉,巴西著名足球运动员,出生于巴西西北部的帕拉州府境兰第。
② 布勒合唱团,被称为英伦摇滚三大天团之一,发迹于 20 世纪 80 年代初期,号称 20 世纪 90 年代之后最具代表性的英国乐团。
③ 罗伯特·德纳贾,一直批评英国政府的政策,他强烈反对 2003 年的伊拉克战争。
④ 暴力反抗机器乐队,美国的说唱金属乐队,1991 年成立于加州洛杉矶,2000 年一度解散,2007 年后乐队成员又重新开始一起演出。这支乐队以其左翼的政治倾向而闻名,在他们的许多作品中都有体现。

和外延。如果你认为音乐只是可以播放的塑料唱片，政治只会发生在议会里，那就没有讨论的必要了，因为这样的讨论毫无意义。"但当我问他如何看待政治说客的引诱时，他说道："你无法改变他们。一般情况是，他们从你这里拿走的东西要远远多于他们送给你的礼物。"虽然他对政治充满激情，但似乎不愿意充当这个时代的意见领袖。"花时间思考这些事情就如同在一片不毛之地上游荡，纯属浪费时间。即使身处大学校园，你对某些事情进行了一些思考，接着你会看到人们对此争论得面红耳赤，心中不免会觉得乏味至极，心生厌恶，你会马上逃离令人作呕的争论。"

关于美国穷凶极恶并在全世界为非作歹这件事，我问他应该如何看待美国人民，他大声说道："美国人民一无所知！但我认为关于伊拉克战争这件事值得玩味，因为主流媒体花费了很长的时间才扭转了公众的态度，改变人们的看法本身就是一件大事。当他们开始重新审视伊拉克战事之时，真相才能大白于天下。"

◎ 艺术和政治

政治和艺术的交汇处一直关系紧张，世界上一些比较保守的艺术家称政治艺术为"煽风点火的道具"。他们认为，如果你置身于政治领域，那么你的艺术就会变得粗劣。但世界处于变化之中。彼得·肯纳德说："艺术界有一种非常消极的态度，认为艺术作品不应该公开地表达政治观点。"肯纳德是伦敦皇家艺术学院摄影术的高级讲师，是英国最重要的政治艺术家之一，当然，他还是我的父亲。他又说："有的作品可能含有政治暗示，但那只不过是艺术界兜售作品的技巧而已。我们平时理解的艺术过度强调美学效果，我认为唯一可以改变这一点的是由世界危机而产生的压力，而艺术确实在这种压力下发生改变。"

324

如果你仔细观察肯纳德的作品，你会发现除了赏心悦目之外，还反映了世间的凄凉和残酷。穷人看着自己的账单痛哭流涕，军火商用数百万美元的武器玩轮盘赌博游戏，犯有战争罪的美英士兵却获得荣誉奖章。不过，尽管他的作品令人伤感，但他获得了葛兰西①式"悲观的知识分子，乐观的个人意志"型哲学家的称号：他的信念是"批评艺术"有能力改变世界和人的态度。他说："人们的确可以通过艺术去批评世界，他们能把新闻中看到的图像进行转化，把不同的新闻图像联系在一起，因而产生新的寓意，借以展示世界上事物是如何相联系的。所以，照片蒙太奇②能把不同照片所代表的事件联系在一起，向人们展示世界上各种事物的联系方式。在传媒界，我们看到的任何事情都是孤立的，比如广告和新闻，这些事情独立而无关联。当你把事情放在一起来观察，就能体会到事情之间的联系，这样做非常重要。"

在类似于巴勒斯坦的地方，面对支离破碎的世界，用艺术表达某些含义是非常流行的做法。在约旦河西岸和加沙地带被占领土上，对深陷困境中的人们来说，最感人和最强大的证据是2001年2月举办的一场名叫"100个沙希德，100条命"的展览，这次展览是对2000年10月以色列暴行活动升级的一次抗议，展览的目的是纪念在暴行中遇害的100个受害者，展览的物品是那100个受害者遗留下来的日常用品，这些都是他们平时最珍爱的东西。展览品都是由一小群研究人员收集所得。这个展览会的事例说明艺术创作正在逐渐政治化，在文学里如此，在艺术里也如此，在全世界都是如此。

肯纳德说："我认为人们不像从前那样喜欢讽刺和怀疑了，人们正在努力地寻找他们与世界之间的联系，因为世界是如此强烈地冲击着我们的生活，我们无法漠视这个危机四伏的世界，最后现实情况就

---

① 安东尼奥·葛兰西（Gramscian，1891～1937），意大利共产党领袖。他批判唯心主义文艺观和克罗齐的"艺术即直觉"的观点，坚持历史唯物主义和无产阶级党性原则。葛兰西奠定了意大利马克思主义文艺理论的基础。
② 照片蒙太奇，通过一张以上的照片拼接在一起，组成一个故事，表达创作者思想的一种表现形式。

进入了他们的作品之中。这并不意味着他们会把现实情况直接放进作品，而是通过他们的作品透露出人们的焦虑，他们不知道该如何生活，也不知道该为这个世界做些什么。"

显然，在政治上直言不讳可能会招致危险，即使在所谓的自由社会里也是如此。那些拥有经济和政治权力的人，总是带着怀疑的目光看待艺术家，尤其是对于那些直言不讳的艺术家，他们更是疑虑重重。自由创作的艺术与残酷无情的权力在逻辑上形同水火。

几年之前，肯纳德受戴蒙·亚邦的委托制作了一幅蒙太奇照片，参加了奥林奇公司举办的"点亮伦敦"的商业活动，他的蒙太奇照片包含了圣母玛利亚、核裁军标志、光环、地球等元素，但这幅照片没有通过奥林奇公司的审核，理由是照片会冒犯"祖母和小孩子"。肯纳德说："画廊里的所有大型展览都需要私人赞助，因为公共基金已经没有经费资助展览。私人赞助者希望通过艺术品使自己的公司引人注目，他们喜欢像目光敏锐的达明安·赫斯特[①]那样的画家，他的作品一般没有特别的针对性。然而，如果你的作品有政治针对性，就很难获得赞助，没有赞助就无法举办大型的艺术展览会，这反过来又会影响你获得赞助的能力。"

那么，赞助制度是否阻碍了人们表达不同意见？他说道："实际上，体制外的人正在寻找自己的表达空间，要么在空间广阔的大街上一起工作，要么在自己狭小的空间创作。所以，我们有很多种工作方式，有许多人在一起努力工作。"审查制度是一种新现象吗？他答道："不是新现象，审查永远都存在。在 21 世纪里，所有的政治作品都是秘密创作的，很多作品是在作者死后才被允许展出，或作品的主题已经不会造成社会危害。审查不是新生事物，且它的力量越来越强大，因

---

① 达明安·赫斯特，1965 年出生于英国布里斯托尔。1986～1989 年先后就读于利兹的雅各布克莱默艺术学院和伦敦大学哥德史密斯学院，他是英国著名当代艺术家。

为私人的资助对艺术世界是如此的重要，如果失去私人赞助，艺术世界就无法运转。"正如肯纳德在一篇为《卫报》撰写的评论文章中所言："在自由市场经济里，人们不愿谈及审查制度这件事情，因为它使人想起《查泰莱夫人的情人》①（Lady Chatterley）和张伯伦勋爵②。"

　　艺术家的日常生活受政治和暴力干扰，在后"9·11"时代的英格兰，可能还是一件新鲜事，但在北爱尔兰已经有数十年的历史。北爱尔兰艺术家利亚姆·凯利写道："有一段时间，北爱尔兰在政治上极其混乱（1968年至1998年间政府军和爱尔兰共和军③停火），当时的情形没有称道之处，只有各种审问和请愿。在这段时间里，土地和领土的主题不断地出现在反抗艺术作品里。"威利·多尔蒂在1987年创作的装置艺术④作品《在墙上》就是其中一例。凯利说："我们是艺术家，也是被殖民的人，我们与殖民者的看法不一样。"

　　阿根廷经济在2001年崩溃后，艺术创作的数量也呈现出爆炸性的增长。由于中产阶级的资产消耗殆尽，阿根廷50%的人口陷入贫困之中，很多人开始利用周围的空地从事艺术创作，借以表达自己的哀怨，寄希望于变革。沿海城市马德普拉塔的一群艺术家，占用了一些经济崩溃后被遗弃的建筑物，他们在里面创作装置艺术作品。

　　类似的情况也发生在墨西哥的恰帕斯地区，萨帕塔主义者正在为土地权而战。古斯塔沃是一位著名的壁画家，来自萨帕塔主义者控制的墨西哥南部地区，他经常去欧洲展示自己的作品，这些作品都是他与同伴共同完成的，代表了世界上最激动人心的流行运动。他说："如

---

① 《查泰莱夫人的情人》，是英国作家劳伦斯的最后一部长篇小说，西方十大情爱经典小说之一。
② 张伯伦（1869～1940），曾任英国首相，保守党领袖，1938年与希特勒签订出卖捷克斯洛伐克的《慕尼黑协定》，纵容法西斯侵略。
③ 爱尔兰共和军（Irish Republican Army，英文简称IRA），是反对英国政府的武装组织，长时间通过暴力活动实现政治诉求。1919年由旨在建立独立的爱尔兰共和国的民族主义军事组织"爱尔兰义勇军"改编而成，目的是与驻在爱尔兰的英军作战。
④ 装置艺术，是指艺术家在特定的时空环境里，将人类日常生活中的已消费或未消费过的物质文化实体，进行艺术性地有效选择、利用、改造、组合，以令其演绎出新的展示个体或群体丰富的精神文化意蕴的艺术形态。

同我们生活中的所有活动一样，我们相互交往的方式，我们梦想形成的方式，我们把这一切糅合在一起，创造出具有文化价值的作品。我们把这些作品放置在墙上，就如同其他壁画一样，这不是一个简单的工作，无法凭一己之力完成。我们不是为某一个特定的人群而去创作，而是为全社会工作，这一定会对人们产生影响，我们真心希望通过自己的工作回报社会。本着这个原则，一种动态的、能够使生活更加丰富多彩的合作创作关系诞生了，这种合作关系能激发更多的梦想，创造更多的机会。"

在阿富汗这种受塔利班控制的地方，摄影记者托马斯·德沃夏克说："摄影被全面禁止。"他在 2001 年访问了阿富汗，彼时的阿富汗，禁止一切对人甚至动物的形象进行摄影。坎大哈的摄影师告诉德沃夏克，之前阿富汗的护照上不允许张贴照片，但后来又被允许了，所以塔利班成员也来摄影馆拍照，他们不仅会化妆，还拿着枪，站在装饰有各种鲜花的合成背景前照相。这些照片成为他们自己的艺术品，纵是千言万语，也不如一张如此自恋而又伤风败俗的照片能够更好地描绘塔利班的统治。人类喜欢艺术和照片的天性不可磨灭，这个小故事足以证明这一点。在世界各地那些受独裁统治的地方，你都能听到人们用艺术进行抗争的各种故事。

自从 2010 年 1 月地震袭击了海地之后，海地社会遭到重创，艺术家杰瑞·罗山姆伯特挺身而出，他用壁画和涂鸦装饰了太子港，表达自己的希望和对国家未来的担忧。"我不是很喜欢政治。"罗山姆伯特对我说，但又补充道，由于地震造成的破坏太严重，所以他必须有所表示。"我有责任为我的国家发声，因为情况真的很严重。对我来说，最好的办法就是表达我的观点，为这个社会提供有价值的思想。"他的艺术作品属于另外一种交流方式，那是一种能够让社会听得见的呐喊，而自然灾害使整个社会变得寂静无声。"有些人在报纸上或电视上做这件事，但我觉得涂鸦更能表达我的想法，我很喜欢这种方式。"

艺术的春天也扩展到了南美洲。智利学生的抗议活动掀起了一股涂鸦和漫画的浪潮，在圣地亚哥和其他几个城市的街头上，涂鸦和漫画随处可见。巴西政治漫画家卡洛斯·拉特福^①在智利抗议期间前往智利，他说他看到艺术系的学生和路人在墙壁上创作漫画和油画，借以支持抗议活动，他们创作热情之高在拉丁美洲前所未闻。自从1999年西雅图爆发抗议世界贸易组织的活动之后，跨境艺术传播就变得非常活跃。埃及以及中东地区对拉特福作品的需求量很大。甚至在1月25日埃及革命爆发前，拉特福就收到抗议者的请求，恳请他为抗议者创作艺术作品。他说："这令人大吃一惊，我经常进行创作，也有人向我索要作品，但这次与众不同，他们提出了更为具体的要求。他们觉得漫画和绘画能为抗议活动提供帮助。"

在叙利亚内战初期，该国最著名的漫画家是阿里·法扎特^②，他在某个夜晚开车行驶在大马士革时受到攻击。几个暴徒对他说："我们要打断你的手，让你停止作画！"接着，他们真的对他施暴，最后法扎特被丢在路旁。"这只是一个警告。"他们对法扎特说。在洪都拉斯，2009年政变之后，最先遭到逮捕的两个人分别是总统曼努埃尔·塞拉亚和漫画家艾伦·麦克唐纳，后者发表了几幅漫画，支持被废黜的总统。2003年，时任美国国务卿科林·鲍威尔前往联合国，发表了那篇臭名昭著、纰漏百出的关于伊拉克存在大规模杀伤武器的演讲，并表示将要进攻伊拉克。在演讲之前，美国政府要求联合国用蓝色幕布遮住毕加索的反战名作《格尔尼卡》，这是一幅挂毯画，此前一直挂在联合国总部中供人欣赏。这件事情似乎违反常识，为什么

---

① 卡洛斯·拉特福，生于1968年，巴西政治漫画家。他的著作涉及反全球化，反资本主义，反美国的军事干预等。
② 阿里·法扎特，生于1951年，是一名叙利亚政治漫画家。他在叙利亚、阿拉伯世界以及其他国际的报纸上出版了超过1.5万张讽刺画，现任阿拉伯漫画家协会主席。

世界上最强大的国家会害怕一幅挂在联合国总部中一间房子里的装饰画呢？新晋级为世界超级大国的美国，为什么要关注生活在北京的一个人，仅仅因为他在工作室里摆放了一堆种子？"艺术，特别是漫画，能让你顿时理解那些晦涩生硬的政治语言，"卡洛斯·拉特福说，他的漫画成为全世界起义者随身携带的物品，"我们有能力嘲笑独裁者，当然，独裁者不喜欢这种幽默。"

◎ 街头艺术和大众传媒的力量

"街头艺术"是一个富有争议的词语，它应该是对一个艺术流派的称呼，而非传统定义所言：在室外从事艺术创作即为"街头艺术"。斯翁作为这个领域里少有的几位女性艺术家之一，她认为传统定义是错误的。她说："如果说在室外工作，就叫街头艺术，如果在室内工作，那就是一种装置艺术。对我来说，这似乎不合适。"许多街头艺术家认为，精英艺术家们对新艺术形式心存恐惧，所以，他们才企图用贴标签的办法贬低街头艺术。艾佛尔说："人们似乎总是试图为新生事物起一个名字，如果他们不知道名字，就无法理解这个事物，我不喜欢这样。"一个世纪前，法国政论家蒲鲁东[①]提醒我们，私人财产相当于盗窃而来的赃物，用私人财产作为画布来表达自己的想法，是为这些财富赎罪，并将其归还公众。在关键时刻，一些银行的建筑或商店的门面会成为你的画布，也许是我们的画布，对，一定是我们的画布，因为涂鸦是一种最利他的艺术形式。当我们漫步在街头，就会发现涂鸦所用的颜色和复杂的构图方式都是为了我们自己的利益，艺术家们已经为此付出了大量的金钱甚至法律成本。那些出现在建筑

---

① 蒲鲁东（1809～1865），法国政论家、经济学家、小资产阶级思想家、社会主义者，是无政府主义创始人之一。

物、墙壁、交通枢纽、学校里的商业广告，之所以被放置在那里，是为了操控我们，赚取我们的血汗钱。然而，当无孔不入的广告偷偷侵入到公共场所的每个角落，甚至私人空间时，我们从来没有看到过执法人员的出现。像班克斯这样的艺术家，仍然无法凭借一人之力抵抗呆板的主流媒体。这个过程被赫伯特·马尔库塞[①]称为"镇压中的宽容"，或者是情境决定行为论者居伊·德波[②]口中的"景观社会"[③]。对所有艺术家而言，在寡头的控制下试图利用艺术去推翻寡头的统治，这个过程注定充满危险。

要想攻入主流媒体的堡垒，可以从反战题材或批评社会不公平入手，因为对社会持批评态度的人很容易接受这类作品。1992 年西雅图抗议活动[④]结束之后数周，娜奥米·克莱恩[⑤]出版了《拒绝商标》（*No Logo*）一书，她在书中提到，耐克公司开始雇用年轻涂鸦艺术家为其产品设计涂鸦海报，使之风靡街头。由于这些大企业也在不断地使用创新手段，对于那些不愿放弃为高盛投资公司的大厅做装饰的艺术家来说，他们未来的日子将会举步维艰。1930 年，墨西哥壁画艺术家迭戈·里维拉[⑥]曾经受邀为洛克菲勒位于曼哈顿的总部做壁画，他在壁画中描绘了工人五一大游行的细节和列宁的形象。洛克菲勒勃然大怒，要求他抹掉列宁的形象，但里维拉拒不妥协，最后，洛克菲勒下

---

① 赫伯特·马尔库塞（1898～1979），德裔美籍哲学家和社会理论家，他的一生都在美国从事社会研究与教学工作，他是哲学家、美学家、法兰克福学派左翼主要代表，被西方誉为"新左派哲学家"。
② 居伊·德波（1931～1994），法国哲学家、马克思主义理论家、国际字母主义成员、国际情境主义创始者、电影导演。
③ 景观社会，按照居伊·德波的说法，是指发达资本主义社会已进入影像物品生产与物品影像消费为主的景观社会，景观已成为一种物化了的世界观，而景观本质上不过是"以影像为中介的人们之间的社会关系"，"景观就是商品完全成功的殖民化社会生活的时刻"。因此，与马克思分析的商品社会相比，这是一种役人于无形的更加异化的社会。
④ 西雅图抗议活动，是指 1992 年世界贸易组织西雅图会议期间，爆发了震惊世界的反全球化示威。
⑤ 娜奥米·克莱恩，1970 年生于加拿大蒙特利尔，记者、畅销书作家、社会活动家、反全球化分子、电影制片人，以其对全球化的批判闻名于世。
⑥ 迭戈·里维拉（1886～1957），墨西哥著名画家，20 世纪最负盛名的壁画家之一，被视为墨西哥国宝级人物。

令移除了整幅壁画。

艺术家不应该随波逐流，而是要凭借自身强大的道德力量去挑战极权主义对人民明目张胆的镇压，或者大企业对人民无形的压迫。艺术具有创造性的表达力，由于可以打破常规，可以对社会顶层精英产生威慑力。美国人就对反战艺术心存恐惧，当时任美国国务卿科林·鲍威尔为 2003 年入侵伊拉克寻找借口的时候，他在联合国发表了一次臭名昭著的演说，在这次通篇谎言的演说中，他声称伊拉克存在大规模杀伤性武器。与此同时，作为联合国的永久陈列品，毕加索的反战杰作《格尔尼卡》挂毯画却被美国用蓝色的窗帘遮盖住。长久以来，艺术产业的知识分子和学者声称政治艺术不过是一种粗俗的鼓动宣传，或者是拙劣的打油诗，但这些人在新一代艺术家眼里不过是一群愚蠢之徒，因为新一代艺术家并不认为自己的任务是创作漂亮的图画，或是绞尽脑汁地为董事会的会议室提供巧妙的设计方案。他们在这场波澜壮阔的追求正义的运动中发挥各自的独创性，这场运动仍然处于早期，因此尚未成型，但它的实质性内容正在逐渐充实，确定性正在增加。新一代艺术家内化了布莱希特①（Brecht）那句永恒的格言："艺术不是一面反映社会的镜子，而是一把锻造现实的锤子。"

新技术和社交媒体的爆炸式增长对这场运动起到了重大的推动作用。脸谱和推特成为积极分子组织群众运动的有力工具。更为关键的是，他们通过这些社交媒体传播各种图片，这加速了艺术的"民主化"进程，因为这种方式要比参观画廊更方便有效，以前人们只能依靠画廊这种方式组织群众力量。卡洛斯·拉特福说："特别是在去年，我利用脸谱和推特传播我的艺术作品，这也成为我推出个人作品的重要方式。如果我根据不同的题材创作一张漫画，并上传到社交网站，有

---

① 贝尔托·布莱希特（1898～1956），著名的德国戏剧家与诗人。1951 年因对戏剧的贡献而获国家奖金，1955 年获列宁和平奖金。

时候在短短的 15 分钟之内就能获得 3 000 次的点击量。上传到网上的漫画像野火一样迅速传播，实在是让人叹为观止。"艺术作品在画廊之外的地方传播，受众人群也随之改变。在革命的浪潮中，艺术家的目标是让更多的人接触到这类作品。街头艺术的本质在某种程度上就是政治，而画廊却不是。看过街头艺术的人会选择参加革命，而那些在周日懒洋洋的下午去参观画廊的人是不会投身革命的。如今，墙壁成为画廊，参观人数爆炸式增长。艾佛尔说："我利用这些空间为活着的人或者路过此地的人服务，毫无疑问，我在与每一位路过的人对话。没有人要求我这么做，我也不能要求观众有某种固定的反应。"

克日什托夫·沃迪奇科是一位波兰艺术家，在哈佛大学担任教授，他在影像投射艺术方面久负盛名。在南非实行种族隔离期间，他把纳粹的标志投射到南非驻伦敦大使馆的建筑上。在过去 40 年里，他用艺术表达自己的信仰，但他说他从来没有像现在这样兴奋过。他说道："在 1968 年，有些人对艺术的批评是合理的，他们认为艺术在选择传播媒介方面过于保守，因此没有影响到真正需要它的人。当时的艺术家沉迷于创作一些张贴画，而真正需要他们做的是融入大众媒体。反抗文化的地理格局被新的通信技术彻底改变了。"

◎ 占领文化：吹响独立战争的号角

当纽约的占领华尔街运动达到最高潮的时候，有一天晚上，我也加入了游行队伍，当我走过布鲁克林大桥的时候，感觉自己就如同一个揭竿而起的超级英雄。举目望去，可以看到威瑞森① 大楼矗立在布鲁克林大桥脚下，大楼在灯光下的投影仿佛是蝙蝠侠在高谭市② 向邪

---

① 威瑞森，美国电信运营公司，是美国最大的本地电话公司、最大的无线通信公司，全世界最大的印刷黄页和在线黄页信息提供商。
② 高谭市，美国 DC 漫画公司所创造的虚拟城市，蝙蝠侠的故乡。

恶帝国发动进攻。一个巨大的"99%"影像在大楼上闪动，同时还有许多口号，诸如"一个新世界，一切皆有可能""占领地球，我们必胜"。抗议人群爆发出一阵阵欢呼声，无人知晓这是谁引发的。

威瑞森公司因处理罢工问题不当，正陷入舆论漩涡之中，公司的办公大楼看上去雄伟高大，巍然屹立，似乎难以逾越。但此时此刻，大楼仿佛被劫持一般，面对这个局面，不仅警察难以出手干预，而威瑞森公司也无力自保。究竟谁是投影者，出现了种种传言，但几天后真相大白，原来是一家名为"人类黎明"（Dawn of Man）的纽约制片公司，虽然这家公司已经成立了数年，但像这次介入政治事件尚属首次。许多公司存在类似的现象，2011年的运动把它们推向了抗议的前沿。

来自科罗拉多州的年轻艺术家马克斯·诺瓦说："就个人而言，我深受鼓舞。占领运动不仅出于政治目的，更重要的是关注如何改变现状，让更多的人意识到存在的问题。"占领运动从一开始就使用了大量的标语和艺术作品。走进祖科蒂公园，首先映入眼帘的是每个人独立制作的标语牌，有些标语牌是用比萨饼纸盒制作而成，有的标语牌使用了专业的照片蒙太奇。显然，人们需要新的方法来表达不满，而不仅仅是通过高声大喊。诺瓦告诉我，当天晚上的投影是从附近一家居民中投射出去的，"警察试图去检查那个公寓，但他们没有得逞，因为他们没有搜查证。亲眼目睹艺术成为至关重要的因素，真是妙不可言。如果你去看看在占领华尔街运动中从事艺术创作的群体，就会发现他们的文化和艺术氛围明显超越了其他人群。众多艺术家慕名而来"。

根据克日什托夫·沃迪奇科的理论，他把政治艺术分成了两类：直接的和间接的。"在波兰前政权的统治下，我得到了一些经验教训，前政权在表面上维持着一种开放的形象，或者说向世人展现出一幅人性化的面孔，这让人感到它似乎变得越来越民主。实际上，持不同政见者难以对这个政权发起任何挑战。艺术家虽然获准发言，也可以与政治打交道，你可以使用隐喻的方式表达自己，但是不能过于直接。一旦艺术家变得直言不讳，锋芒毕露，或被政府视为艺术家中的政治活跃分子，那么你就会有牢狱之灾，或者被永久禁言。"拉特福就是典型的事例，他的作品在以色列遭到查禁，因为他的漫画辛辣地讽刺了以色列政府对待巴勒斯坦人的方式。在巴西，他因漫画问题被逮捕三次。他说："我信奉切·格瓦拉提出的国际主义、人民团结主义。如果我掌握了某项技能，就应该利用这个技能为社会运动提供服务。艺术家不能忽视艺术是改变现实的一种工具，如今更是如此。"

在反抗巧取豪夺者的过程中，文化是最有力的斗争手段之一，反抗文化客观存在，它遍布全球且相互联系，从占领华尔街运动到巴勒斯坦人反抗以色列国的镇压，美国的寡头们身陷内外交困之中。世界上99%的人口是寡头体制的受害者，他们被置于奴隶的地位，但他们意识到，他们与其他国家的人民是同生死共患难的战友，而与本国身处社会顶层的寡头们势不两立。就如同那些持不同政见的艺术家们，我们必须利用一切手段改变现状，粉碎寡头们的统治，打垮寡头们组成的邪恶联盟，创造一个更加公平的未来，这就是需要我们完成的任务。借用阿兰达蒂·洛伊① 的话，现在我们必须停止崇拜压迫我们的暴君，他们不过是行尸走肉，我们应该学会自爱。至此，你一定知道该如何行动：武装起来，加入我们的独立战争，与奴役我们的寡头们彻底决裂。

---

① 阿兰达蒂·洛伊，1961 年生于印度，是一名用英语写作的印度作家，同时还是一位致力于社会公平和经济对等的左派分子，以猛烈批判政治和社会著称，被福布斯评为"30位全球女性典范"的第二名。

　　一场骗局正在我们的世界里悄然上演。这场骗局集合了众多玩家，从跨国企业到银行，从共同基金与对冲基金，再到保险公司。事实上，我们投入到社会中的资金或多或少也会参与其中。虽然我们不知道是谁在操控这些机构，但是可以肯定的是：他们掌控着这个世界的实权，美国政府为他们撑腰，在万不得已的时候，他们还会出动美国军队。不过，勒索者离不开媒体的支持。他们利用媒体为这个勒索网络的贪婪行为披上道德的外衣，富人从穷人手里窃取资源的行为被美化成"为解救穷人而推行的大无私的项目"。在《这个经济杀手绝对冷》一书问世后，不少好奇的读者都向我询问：如果我前文所说的内容均属实，那么为什么这些如同黑手党的精英分子能够逍遥法外，而所有人都被蒙在鼓里，对事实真相一无所知？答案就是媒体。这就是我在后记中需要解释的内容。

　　当然，最主要的原因是：媒体受勒索者的掌控。所以媒体一定把勒索者的利益放在优先位置。在美国，6家公司掌握了90%的媒体。在英国，默多克·鲁伯特旗下的新闻国际传媒公司即使关闭了《世界新闻报》（*News of the World*），依然掌握着34%的英国报刊发行量；如果电话窃听丑闻没有东窗事发，这家公司几乎能100%地控制英国天空广播公司（BSkyB）。

其次，每一个身居高位的人都在思考正确的事情。在担任《金融时报》记者的时候，我就明白：从本质上来说，勒索者和媒体乃一丘之貉，而记者都在无意识中为它们服务。因此，根本就不需要类似洗脑这样的强化训练。作为一名记者，编辑人员已经限定了什么话该说，什么话不该说；只有与他们融合在一起，你才能接触到这些思想机构的内核。最终，当一切尘埃落定，我们就是好人。另一方面，猜谜游戏仍然在继续：西方国家的媒体系统并不存在有效的审查制度。而媒体系统的诱人之处在于你不需要告诉记者报道什么，他们也会条件反射般地去维护现状。媒体掌控者奉行所谓"你尽管报道你喜欢的话题，无论什么内容我们都喜欢"的理念，但当你试图碰触"自由媒体"的底线时，等待你的估计就是炒鱿鱼。正如第15章里罗莎·卢森堡所言：人只有在动的时候，才会知道自己是否被锁链束缚。但媒体中很少有记者真的"动起来"，所以他们深信媒体是自由的。但是我确信，媒体并不是自由的。

当我在观察行业里的新晋记者时，我发现他们逐渐被这些机构磨去了棱角，逐渐融入媒体系统之中，他们失去了自己的主见。温斯顿·丘吉尔曾说过：如果你在20岁的时候不是激进的社会主义者，你就是没有良心；如果你在35岁的时候不是保守派，那你就是没有脑子。丘吉尔只说对了一半，因为他说错了原因。在媒体界，如果你在30岁的时候还不是保守派，并不意味着你没有脑子，只能说明你尚未被保守的媒体机构打磨得足够圆滑，你还没有成为他们想要的样子而已。随着年龄的增长，人们逐渐丧失理想主义，这绝非偶然。这是媒体系统根除激进思想、控制上位之人的一套方法。所以，你不再公开表达那些与众不同的观点，脱离了之前的理想主义。如果你依然坚持原来的思维模式，那你很快就会被打上"独行侠"或者其他更可怕的烙印，如"幼稚""不成熟"等。在这种"群体思维"的压迫下，想必很少人能把这项工作当成事业而全身心地投入其中，更别提保持头脑清醒了。所以，长久以来，很少人尝试与众不同的做法。我的经验告诉我，这并非玩弄权术：人们没有想"我要成为一名新自由主义好战分子，这样才能在报刊媒体界爬得更高"。但是人们为了成为体制化思维的一部分，逐渐地磨平了自己"尖锐的锋芒"，他们的观点也变得更加平和。如果你供职于像《金融时报》这样的机构，你就会发现：所有人对全球经济的作用都有统一的看法，如果你不同意，就会被排除在外。当然，这也是权力体系的运作方式。他们从来都不会提拔异见分子或思维方式与众不同的人，否则，他们的统治将难以维持。

非人道

由于商业媒体在掩盖经济系统的欺诈行为中起关键作用，所以其旗下的报刊，如《金融时报》，便会竭尽全力去掩盖骗局背后的交易；识别资本家身份的最佳方式就是阅读这些报刊。对金融媒体专家来说，尤其是我这种独立于媒体系统之外的人，这是了解世界根基下的脓疮的最佳途径。心理分析学家艾瑞克·弗洛姆在其巨作《健全的社会》（*The Sane Society*）中写道："千千万万的人都有同类的精神病态，并不能使这些人变成健全的人。"委内瑞拉总统乌戈·查韦斯死后，《CBS新闻》的报道便是最好的佐证。它很好地揭示了勒索者所操控的媒体如何以非人道的优先次序以及全球经济体系为报道重点。查韦斯是委内瑞拉民选领导人，他在摆脱赤贫、降低贫困率方面做出了重大贡献；记者在谈完其去世对石油市场造成的影响后，继续说道："查韦斯将委内瑞拉的石油财富转化为社会福利项目，包括国营食品超市、贫困家庭的现金补贴、免费诊所和普及教育等方面。但是，与靠石油发迹的中东城市里闪闪发光的建筑，尤其是迪拜的世界第一高楼、卢浮宫以及古根海姆分馆相比，这些成就根本就微不足道。"

通过经济增长和自由化来减少贫困，根植于资本主义的意识之中，在他们看来这是理所当然的事情，为那些被自己国家的矿藏财富拒之门外的穷人提供免费医疗和教育，根本就是无关紧要的事情。在这个世界上，人类本身无足轻重，重要的是物质财富，那些金碧辉煌的建筑能让富人感觉自己举足轻重，且享有尊贵的社会地位。几乎每个领域都是如此，然而在媒体溢美之词背后的勾当却鲜为人知。举个例子，在南非的马里卡纳血案造成 34 名矿工丧生时，我正在为《金融时报》写一份市场报告，而《金融时报》刊登了一篇标题为《隆明：梦魇一般的谋杀》（*Lonmin: killings cast a long shadow*）博客文章。所谓的"梦魇"并不是指矿工的死亡为其家人带来的影响，也不是指雇用这些矿工的隆明铂族金属公司应该承担的刑事责任。相反，这篇文章所指的悲剧是："当勒斯滕堡马瑞康纳矿区的枪击案细节曝光后，处于风暴眼的隆明铂族金属公司在约翰内斯堡的股价于周五早上暴跌了 10%。"更恶劣的是，这篇文章还表示："这么大规模的一场悲剧势必会影响政坛和经济局势，造成社会影响；毫无疑问，肯定也会影响投资气候。"各位看客，这简直是商业媒体界的最高罪行！谋杀工人，那是掠夺生命！影响投资气候？只是危机而已！南非的《商业日

340

报》（*Business Day*）在报道该血案的后续时，也将目光集中在对投资者的影响上。"经济学家发出警告：致命的马瑞康纳枪声会让投资者望而却步。"他们如此说道。

类似这种非人道的案例不胜枚举。《华尔街日报》的一篇报道提到印度尼西亚独裁者苏哈托将军（他在美国军队的支持下制造了大屠杀）的死亡时，写道："这个人让印度尼西亚在国际社会上占据了举足轻重的地位，其积极贡献值得我们尊敬。"就是这个人，在东帝汶制造了 20 世纪最惨绝人寰的种族灭绝大屠杀。不过，他是很好的商业写作材料，非常适合拿来写一些吹捧文章。保守派哥伦比亚总统阿尔瓦罗·乌里韦（Alvaro Uribe）退位后，《金融时报》发表了一篇文章，题名为《救世主之后，后继有谁？》而阿尔瓦罗·乌里韦也在幕后策划了大规模屠杀，他与超级暴力的右翼准军事部队联手抵制"哥伦比亚革命武装力量"（FARC）以及其他不同政见者。"他留下一个非常大的坑，等待后人将其填满。"《金融时报》如此总结道。如果要计算一下屠杀多少人才能超越这位总统的话，这句话是千真万确的。

通常情况下，你都可以通过了解领导者对跨国企业和外资的友善程度，感受到金融媒体和其他媒体的正能量。在巴西总统路易斯·伊纳西奥·卢拉·达席尔瓦的任职期间（2003～2010 年），因为他所实施的社会改革（改革本身是好的）没有触及到这个国家的资本规则而被西方媒体奉为掌上明珠。然而，玻利维亚总统埃沃·莫拉莱斯和委内瑞拉总统乌戈·查韦斯在获得政权后，通过国有化和取消开发合同将政权交还给人民，所以，他们被诽谤为独裁者和恐怖分子。《华尔街日报》上的一篇名为《玻利维亚已经成为了流氓国家》的文章指出："玻利维亚就像是一个陪替氏培养皿，不断培养出集团罪犯、激进的政客和宗教原教旨主义毒瘤等。"如果你将人民的利益放在首位，触碰了那1%的精英的底线，勒索者媒体将对你实施惩罚。

前不久，我在休假的时候看了一本《经济学人》。你可能会想，这本杂志无非就是写一写美国勒索者的狡诈交易罢了，可让我震惊的是，他们居然对自己的行为不加任何掩饰。其中有一篇关于安哥拉的文章，名为《垮台的经济神童》，对安哥拉的经济衰退表示极度沉痛。这本杂志散发出浓浓的资本主义味道，文章表示："5月7日，政府宣布取消燃料补贴，此前这项开支占据GDP的4.5%。补贴严重扰乱了市场，还导致了走私活动，所以取消补贴是个明智的举措。这项举措将给穷人造成沉重的打击，尤其是在这样一个高度不平等的社会里。"这句话原封不动地取自原文，居然说一项"将给穷人造成沉重打击"的政策是"明智之举"。如果你是有钱的投资者或当地的寡头执政者，这确实是明智之举，因为贴钱给最穷的人民，让他们付得起油费、过得起日子的国家根本就不重要。事实上，认为任何对穷人的政府干预行为都是"破坏市场"的自由市场意识形态，采取这一步不仅是"明智之举"，而且是"必然之举"。消除贫困是"必然的"。

遮羞布

当我离开勒索者的媒体，尝试为一些报刊提供稿件时，我以为它们在政治立场上更契合我的观点，结果却发现了更多令人不安的事实：勒索者控制了整个大众媒体。主流媒体中的自由主义派和左翼人士都在金钱和个人利益面前妥协了，更别说保守派人士。而正是这些激进的方式才能保证媒体的自由和公正。他们给勒索者留下了好战的印象，而事实上他们只是在维护基础原则。

我从中认识到，其实这些报刊就和英国的《卫报》（西方国家里最具影响力的左翼日报）一样，是最具有偏见和自以为是的机构。这些机构充斥着各式各样的毕业于牛津和哈佛这样的私立学校，以为自己是为正义而反抗企业和国家政权的自由主义者。但是，如果你稍微往他们左边站一点儿，你就会发现：他们在自己的左翼设下了极其谨慎的防护，让所有人都无法触及那个区域。美国的《纽约时报》也是这样。

经过深入调查后，我发现其实《卫报》私下里也参与了骗局，依赖勒索者来保障其日常报道工作。如果你在其官网上点击"城市"这一栏，你会发现这一栏是由新自由主义推崇者洛克菲勒基金会赞助的。这样的事情层出不穷。企业力量已经将其魔爪牢牢地嵌入了《卫报》。再深挖一下这个网站，你会发现可持续商业区里的《社会影响》栏的赞助商是矿业巨头英美资源集团（Anglo American Plc），《可持续生活》栏的赞助商是消费品巨头联合利华。这些企业任由报刊发表关于企业社会责任的废话，通过这种方式来改善他们的形象，以减少开拓疆域、获取利益的障碍。《卫报》的官方说法是：赞助对他们的新闻报道没有任何影响。不过，根据我的经验判断，这句话可能不完全正确。当我在萨尔瓦多的内哈帕做报道时，那里的居民明明就住在一个巨大的蓄水区里，却买不起干净的饮用水。

我梳理好报道交给同事，SABMiller 啤酒公司却在我们要求援引的时候对文章的内容表现出了非常严肃的态度。他们发给我一份有关内哈帕的联合报告，这份报告是这家啤酒公司和牛津饥荒救济委员共同撰写的（这表明了非政府组织也没能逃脱勒索者的魔爪）。最后，我们的文章里只是稍微提了下 SABMiller 啤酒公司，引用了他们其中一名发言人的话。没过几天，我就留意到《卫报》在其网站上发表了一篇新闻报道，当然，新闻报道所在的栏目是由比尔及梅林达·盖茨基金会赞助的。这篇报道是一份对SABMiller啤酒公司拉丁美洲片区总裁卡尔·里贝特（Karl Lippert）的采访稿，全文共900个单词，读起来就像是企业的媒体通稿。他絮絮叨叨地强调了SABMiller啤酒公司恪守承诺，责无旁贷地致力于用水安全。接着，他又花了大量篇幅来回应我们在文章中有关财团控制内哈帕水源的指控。我觉得很奇怪，《卫报》竟然会把这些内容当成新闻报道！根本就没有人知道里贝特是谁，而且他在那篇文章里一直在谈论我们之前的报道。后来我才发现，《卫报》的网站上有一个"合伙人"区是由SABMiller啤酒公司赞助的。

在美国，与《卫报》相似的行为也不少，甚至可以说是更加恶劣。至少《卫报》不支持2002年针对乌戈·查韦斯的反民主政变，《纽约时报》却支持这样的行为。政变发生两天后，《纽约时报》这样形容瓦解民主并中止宪法的百万富翁暴君时表示："掌管总统府的人，从演讲内容冗长而含糊的民粹主义者变成精心推敲演讲稿中每一个字的温雅商人。"《纽约时报》的另一篇文章则写道："昨日乌戈·查韦斯退位后，再无自称独裁者的人阻碍委内瑞拉的民主了。查韦斯先生是一位蛊惑民心的政客，在军队的干涉下退位，将政权交给了备受尊崇的商业领导者佩德罗·卡尔莫纳（Pedro Carmona）。"

如果这些英国和美国主流媒体都是如此的极端，那么我们还有什么可期待的？

《卫报》和《纽约时报》所编织的骗局比鲁伯特·默多克和《金融时报》编织的骗局更具说服力，因为他们限定了哪些激进观点是可以接受的，告诉了我们能走多远，怎么做才能"受人尊敬"

并保住主流媒体里的记者生涯。这不但束缚了我们的想象力，强迫我们崇拜压迫者，还在暗中破坏可能揭穿事实的领导者和在民众运动时制造出为正义而战的假象。骗局渗透到了大众媒体的每一个角落，除非打破这种束缚，否则我们将没有任何自由可言。

好在这种束缚正在渐渐地消解。不受财团控制的独立媒体正在全世界悄然兴起，并摆脱了勒索者掌控全局的命运。我们即将迎来令人振奋的媒体时代，而不再是传统的媒体。人们正在经历一场巨大的、不可逆转的权力大转变。两百多年来，上层阶级掌控了所有知识产物的渠道，从报刊到非印刷媒体，包括所有一切影响人们社会观点的方式。但是现在，随着互联网的出现，开始涌现了许多规避死气沉沉的系统方法。毋庸置疑，这将会让勒索者惊慌。他们已经掌控媒体太久了，久到丝毫没有想放手的意思。

从西班牙到希腊，人民运动已经获得了真正的权力，而且大部分都绕过了陈腐的媒体系统。在西班牙2015年12月的选举中，即使面对着满怀敌意的主流媒体，仅成立两年时间的社会民主力量党（Podemos）依然成功地赢得了21%的选票。在前几个月的英国，杰里米·科尔宾（Jeremy Corbyn）以压倒性的优势当选为劳工党主席，打破了沉寂已久的英国改革现状，他也面临着现代最激烈的媒体政治暗杀活动。有类似遭遇的还有美国参议员伯尼·桑德斯（Bernie Sanders），在大众媒体大肆抹黑他公开自称"社会主义分子"的行为时，依然在民主党提名中大获全胜。同时，希腊激进左翼政党的Syriza也赢得了希腊的政权，并且大受欢迎，他同样跨越了传统寡头执政者操控的媒体所设下的障碍。可行的范围正在扩大。人们不再局限于传统新闻渠道，也不再盲目地相信曾经深信无疑的媒体，人们开始看破谎言、寻求真相。西方政治中心的瓦解也将造成媒体中心的瓦解。

当这两个中心一并瓦解之后，我们就能狠狠地盯住这些扰乱经济的腐败机器，将它丢进历史的垃圾箱里。西方的政治中心和媒体中心不能再控制任何东西了。

马特·肯纳德

伦敦

2016 年 1 月

一个战时国防部部长的自述与反思

《责任》这本书是我在2006 ～ 2011 年指挥伊拉克与阿富汗战争的亲身经历。我们最初取得的军事胜利，正因我们的短视、错误政策及在战场和华盛顿的内部冲突而被挥霍殆尽，战争已变成为避免失败而无谓坚持的野蛮冲突。

为挽救这两场战争，我与白宫、国会、五角大楼及军方高层之间展开了激烈斗争。通过回顾国会、白宫、国家安全班底的决策过程，我认为他们更关注的是党派之争和媒体宣传，而非保护将士和取得战争胜利。对此，我深感愤怒和失望。而我与五角大楼、军方高层的官僚斗争则是为了将国防部的角色从战争策划者转变为发动者，并将军队打造成一支胜利之师。

期间，我见证了诸多热点事件，如增兵与撤军、部署欧洲导弹防御系统、叙利亚和伊朗核危机、前线换帅风波、关塔那摩虐囚案、猎杀本·拉登和维基泄密等，而这些事件背后还有许多鲜为人知的隐情。

[美] 罗伯特·盖茨 ◎著
陈逾前　迩东晨　王正林 ◎译

中资海派出品
定　价：69.80 元

一部令美国政府尴尬不安的批判之作
曝光当权执政者众多不为人知的绝密隐情

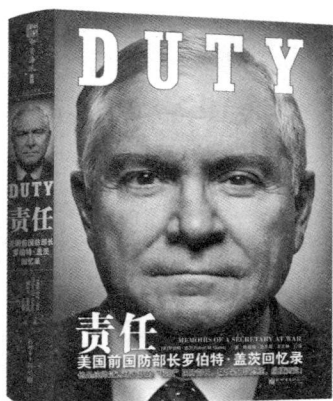

无法回避的大国冲突及对地理宿命的抗争

在本书中，卡普兰以地理为主线，通过地图导出地缘政治，并将地理作为手术刀，结合其毕生的观察、发现和相关理论来剖析国际关系和全球化中无法解释的冲突。同时，他将地理与历史完美融合，生动诠释地理如何塑造人类历史，并对当前世界地缘政治热点进行深入解析，预测未来全球事件的演化。

通过考察各地方的气候、地势和所处地理位置，卡普兰回顾了世界历史上发生的热点事件，并将他的研究所得用以分析各地的危机，如欧洲、俄罗斯、中国、印度、土耳其、伊朗和中东，全面地预测了欧亚大陆的下一次冲突周期。

而最为重要的是，卡普兰为我们展示了展示了应如何通过地图和人口学研究等工具，进一步解读各国的外交政策，从而找到更深层和更强大的方式来看待世界。

[美] 罗伯特·D.卡普兰 ◎著
涵 朴 ◎译

中资海派出品
定 价：59.80 元

详解世界地缘政治的历史脉络
预测未来全球事件演变的开创性巨著
亚马逊政治类畅销书榜首

布什和切尼的白宫岁月

布什与切尼，一个是初入政坛的总统，一个是深谙政治的冷酷副总统，他们在8年任期里经历了恐怖袭击、两场战争、金融海啸等一系列重大危机，成为继尼克松政府后最具争议与戏剧性的总统任期。

在这部近800页的厚重作品中，《纽约时报》驻白宫首席记者彼得·贝克向读者展示了当代历史上意义最深远的总统任期，细述布什与切尼如何侥幸夺占白宫，一度被视为民族英雄而轻松连任，最终又在各种指责与背叛中告别政坛的曲折历程和内幕经历。对于两场失败的反恐战争，空前艰难的经济危机、各种不堪的外交困境，以及如何勾心斗角，赢得竞选与党派之争，本书都进行了精彩的再现。

[美] 彼得·贝克 ◎著
李文远　潘丽君　王文佳 ◎译

中资海派出品
定　价：89.80元

真实记录布什—切尼政府的执政内幕
立体呈现美国烈焰四射的交火时代

全方位披露反恐时代白宫决策的台前幕后
立体再现美国与世界、白宫与国会、布什与切尼的激烈交火

全景呈现未来 100 年世界地缘格局演变
精准掌控 21 世纪人类命运的发展主线

弗里德曼以世界领导人的大棋局视野,结合其敏锐洞察力及有关历史、地理政治学的探讨,以地缘政治为切入点,拨开层层迷雾,大胆提出人口、经济、政治等方面的分析与预测,对全球局势进行精妙解析。

在本书中,作者对美国还将统治世界100年信心十足,同时对美国未来面对的挑战进行了巧妙推演。未来世界局势将如何演变?大国之间的冲突是否无法避免?中国的全面民族复兴将从何处寻找突破口?美国将在21世纪后半叶迎来黄金时期?本书呈现了透明的全球发展演进路线,帮助读者精准掌控21世纪世界发展脉搏。

[美] 乔治·弗里德曼 ◎著
魏宗雷 杰宁娜 ◎译
魏宗雷 ◎专业审

中资海派出品
定 价: 49.80 元

《纽约时报》《新闻周刊》《出版商周刊》《参考消息》
CNN等多家权威媒体鼎力推荐

厘清世界大国博弈脉络,洞悉未来 100 年全球演进路线

剖析欧洲时局动荡根源
试论不可阻挡的政治危机及全球权利转移趋向

在本书中，乔治·弗里德曼将关注点放在过去500年间始终作为世界文明摇篮的欧洲。欧洲文明断层线已经存在数百年，它也是两次世界大战及多场政治军事冲突爆发的根源。现代欧洲格局的形成与欧盟的建立缓和了曾导致欧洲分裂的地缘政治紧张局势。此时，文明断层线已被唤醒，与20世纪初同样危险的"燃点"正在酝酿。

通过对历史与文化的大量分析，凭借宽广的地缘战略视野及深刻缜密的思考，弗里德曼审视了欧洲的地缘政治导火索：好战的俄罗斯、内乱的中东以及欧盟内部交困的政治及经济局势，三场危机的根源差异巨大，随着形势不断恶化并开始彼此助燃，似乎都会导致欧洲政治版图的进一步破裂。

[美] 乔治·弗里德曼 ◎著
王祖宁 ◎译

中资海派出品
定 价：45.00 元

梳理欧洲衰落和崛起的历史脉络，详述欧洲的信仰与文明冲突
预测21世纪文明断层及日益激化的地缘政治危局

"iHappy书友会" 会员申请表

姓　名（以身份证为准）：_____　　性　别：_____

年　龄：_____　　　　　　　　职　业：_____

手机号码：_____　　　　　　　E-mail：_____

邮寄地址：_____　　　　　　　邮政编码：_____

微信账号：_____　（选填）

请严格按上述格式将相关信息发邮件至中资海派"iHappy书友会"会员服务部。

　　邮　箱：zzhpHYFW@126.com

　　微信联系方式：请扫描二维码或查找zzhpszpublishing关注"中资海派图书"

优惠订购	订阅人		部　门		单位名称		
	地　址						
	电　话				传　真		
	电子邮箱			公司网址		邮　编	
	订购书目						
	付款方式	邮局汇款	深圳市中资海派文化传播有限公司 中国深圳银湖路中国脑库A栋四楼　　　　　邮编：518029				
		银行电汇或转账	户　名：深圳市中资海派文化传播有限公司 开户行：工商银行深圳八卦岭支行 账　号：4000 0273 1920 0685 669 交通银行卡户名：桂林　　卡　号：622260 1310006 765820				
	附注	1. 请将订阅单连同汇款单影印件传真或邮寄，以凭办理。 2. 订阅单请用正楷填写清楚，以便以最快方式送达。 3. 咨询热线：0755-25970306 转 158、168　　传　真：0755-25970309 转 825 E-mail：szmiss@126.com				

→利用本订购单订购一律享受九折特价优惠。

→团购30本以上八五折优惠。